DER KINDER BROCK HAUS

Tiere

Mit Texten von Marcus Würmli
und Illustrationen von Werner Ring

F.A. BROCKHAUS
Mannheim · Leipzig

Die Deutsche Bibliothek – CIP Einheitsaufnahme

Ein Titeldatensatz für diese Publikation ist bei der
Deutschen Bibliothek erhältlich.

Das Wort BROCKHAUS ist für den Verlag
Bibliographisches Institut & F. A. Brockhaus AG
als Marke geschützt.

Das Werk wurde in neuer Rechtschreibung verfasst.

Redaktion Kristina Petersen, Nizza
Lektorat Susanne Warmuth, Darmstadt

Layout Norbert Wessel
Herstellung Claudia Rönsch
Satz Sigrid Hecker, Mannheim
Umschlaggestaltung Hans Helfersdorfer, Heidelberg

Druck und Bindung STALLING GmbH, Oldenburg

Printed in Germany
ISBN 3-7653-3011-6

Wie findest du das gesuchte Tier?

In diesem Lexikon werden rund 450 Tiere aus der ganzen Welt vorgestellt, vom Aal bis zum Ziesel, vom Zebra bis zur Agame. Viele Tiere wirst du kennen und von anderen wirst du vermutlich zum ersten Mal lesen.

Du kannst das Lexikon auf verschiedene Weise nutzen: Wenn du ein ganz bestimmtes Tier suchst, das du mit Namen kennst, dann schlägst du es hinten im Stichwortverzeichnis

nach. Dort sind alle Tiere, die in diesem Lexikon vorgestellt sind oder erwähnt werden, mit Seitenzahlen aufgelistet. Die Seitenzahlen sagen dir, wo in diesem Buch du das gesuchte Tier findest.

Vielleicht möchtest du aber auch mehr darüber wissen, in welchem Umfeld ein Tier lebt, von welchen Tieren es gejagt wird und welche es selbst frisst. Wenn du weißt, in welchem

① Zu jedem vorgestelltem Tier gibt es einen **Steckbrief.** In ihm sind die wichtigsten Eigenschaften zusammengefasst: Größe, Merkmale, Ernährung, Vorkommen und Besonderheiten. So kannst du dir einen ersten Eindruck von dem gesuchten Tier verschaffen.

② Jedem Tier in diesem Lexikon ist ein eigener Artikel gewidmet. Wo der Artikel anfängt, erkennst du an dem fetten schwarzen **Stichwort.** Auf einer Seite findest du meistens zwei Tiere. Einige Tiere, die sehr beliebt sind, die besonders interessante Eigenschaften haben oder solche, die vom Aussterben bedroht sind, werden auf einer ganzen Seite vorgestellt.

③ Innerhalb des Artikels gibt es Pfeile: die **Verweispfeile.** Sie bedeuten, dass es zu dem nachfolgend genannten Tier einen eigenen Artikel gibt. Auf welcher Seite du diesen Artikel findest, kannst du hinten im Stichwortverzeichnis unter dem jeweiligen Tiernamen nachschlagen.

▮ HAUS

📋 STECKBRIEF

Größe: Flügelspannweite bis 4 cm

Merkmale: Körper meist grün, Augen goldfarben, Flügel sehr zart

Ernährung: Die Larve frisst Blattläuse, das erwachsene Tier lebt von Pollen und Blütennektar.

Vorkommen: Europa und Asien

Besonderheit: Das Weibchen legt seine Eier auf langen Stielen ab.

Florfliege Nicht jedes Tier, das wir »Fliege« nennen, ist auch eine echte Fliege wie die ▶ Stubenfliege. Die Florfliege mit den goldenen kugelförmigen Augen gehört zum Beispiel zu den Netzflüglern und damit zur

weiteren Verwandtschaft der Schmetterlinge. Ihre vier Flügel sind meist hellgrün und ganz zart. Doch davon darf man sich nicht täuschen lassen: Die Florfliegen und ihre Larven sind richtige Räuber. Sie ernähren sich von Blattläusen, ähnlich wie die ▶ Marienkäfer. Eine Florfliege verjagt im Lauf ihres Lebens etwa 1000 Blattläuse. Sie spritzt ihnen ein Gift ein, das die Blattlaus tötet und gleichzeitig ihren Körperinhalt verflüssigt. Die Larve schlürft dann das Innere des Insekts aus. Zurück bleibt die leere Blattlaushülle. Die Weibchen der Florfliegen setzen ihre Eier auf langen, hauchdünnen Stielen ab. Oft sind es so viele, dass die Gelege wie winzige Rasenflächen aussehen. In der kalten Jahreszeit sucht die Florfliege gerne Zuflucht in Wohnungen. Im Winter fällt sie uns dann besonders auf, weil sie als einziges Insekt aktiv ist und an der Fensterscheibe sitzt. ▮

📋 STECKBRIEF

Größe: Körper 7–11 cm, Schwanz 6–9 cm lang, Gewicht höchstens 25 g

Merkmale: graues Fell, relativ große Ohren, wenig behaarter Schwanz

Ernährung: ursprünglich Samenfresser, im Haus jedoch Allesfresser

Vorkommen: weltweit

Besonderheit: Die Weibchen werden bei Platznot unfruchtbar.

Hausmaus Die Hausmaus stammt ursprünglich aus den Steppengebieten Asiens. Sie ernährte sich dort von Grassamen. Vor etwa 10 000 Jahren begannen die Menschen sesshaft zu werden und aus Gräsern die ersten Getreidesorten zu züchten und anzubauen. Damals schloss sich die Hausmaus dem Menschen an, denn wo Menschen lebten, gab es schon bald Körner in Hülle und Fülle. Zusammen mit dem Menschen verbreitete sich die Hausmaus über Asien und Europa. Später begleitete sie ihn auf den Schiffen in die ganze Welt.

Hausmäuse können sich das ganze Jahr über fortpflanzen. Die Weibchen werfen nach 23-tägiger Schwangerschaft vier bis acht Junge. Diese kommen nackt und blind auf die Welt. Doch bereits nach 30 Tagen sind sie selbstständig und können selbst Junge haben. Wenn sich Hausmäuse massenhaft vermehren, richten sie große Schäden an Getreidevorräten an.

Die weiße Maus, die zu Millionen in Forschungslabors gehalten wird, stammt von der Hausmaus ab. Von ihr gibt es viele spezielle Züchtungen. Ohne dieses Versuchstier wäre die medizinische Forschung sehr viel schwieriger und teurer. ▮

16

Lebensraum dein Tier lebt, beispielsweise im »Garten«, kannst du es dort direkt nachschlagen. Die Inhaltsübersicht auf Seite 9 zeigt dir, wo der gesuchte Lebensraum beginnt. Die Tiere dieses Lebensraums sind nach dem Alphabet sortiert.

Du kannst dich aber auch über die große Bildtafel, die jedem Kapitel vorangestellt ist, »einlesen«: Vielleicht findest du ein Tier besonders interessant oder merkwürdig, oder es ist dir vom Aussehen her vertraut, aber du weißt nicht, wie es heißt. Dann nennt dir die Bildlegende den Namen des Tieres und du kannst unter seinem Stichwort viel Wissenswertes darüber nachlesen.

Außerdem bietet dieses Lexikon noch viele weitere Extrainformationen, die jedem Tierfreund stundenlangen Lesespaß bereiten.

HAUS

STECKBRIEF

Größe: bis 15 mm lang

Merkmale: auffallend lange und haarige Beine

Ernährung: Insekten

Vorkommen: Europa und Asien

Besonderheit: baut dichte, trichterförmige Netze in Zimmerecken

QUIZBOX

Wer oder was hilft der Spinne beim Netzbau?

1. Der Weberknecht

2. Der Wind

3. Eine zweite Spinne

Antwort: 2. Die Spinne befestigt den ersten Faden für ihr Netz an einer erhöhten Stelle, zum Beispiel einer Zweigspitze, und lässt ihn herabhängen. Jetzt muss sie das andere Ende irgendwo festmachen. Dabei hilft ihr der Wind. Schon ein leiser Lufthauch hebt den leichten, dünnen Faden und trägt ihn zu einem festen Zweig. Wenn der Faden einen festen Halt gefunden hat, läuft die Spinne über »Brücken« und beginnt, ihr Netz zu bauen.

Hausspinne In einem Winkel des Kellers lauert die Hausspinne. Sie sitzt am Ende eines Trichters aus Seide, der vorne in eine gerade Fläche ausläuft. Gerät ein Tier auf diese Fläche, so nimmt die Spinne die Erschütterungen, die es verursacht, mit speziellen Haaren wahr. Sie stürzt heraus und spritzt dem Beutetier ein Gift ein. Dann schleppt sie es in die Wohnröhre und verzehrt es in aller Ruhe. Allerdings beißt sie dabei nicht Stück für Stück ab, denn sie kann nicht kauen. Die Spinne verdaut ihr Essen vielmehr außerhalb des Magens: Sie gibt Verdauungsenzyme ab, die das Fleisch des Beutetiers verflüssigen, und saugt dann die Fleischsuppe ein.

Die Haus- oder Winkelspinne sieht mit ihren 1,5 Zentimeter Länge und den langen Beinen bedrohlich aus. Es gibt viele Menschen, die sich vor ihr fürchten. Aber sie kann uns nichts anhaben. Selbst wenn wir sie mit den Fingern fangen, können ihre Giftklauen die menschliche Haut nicht durchdringen. Außerdem ist ihr Gift für uns nicht gefährlich.

DIE SPINNENSEIDE

Sehr viele Spinnen bauen ein Gespinst: Sie halten sich darin auf oder fangen damit ihre Beutetiere. Am berühmtesten sind wohl die großen Radnetze der Kreuzspinnen. Drüsen im Hinterleib der Spinnen erzeugen flüssige Seide, die aus Proteinen besteht. Durch Spinnwarzen wird diese Flüssigkeit nach außen gepresst und erstarrt hier augenblicklich zu einem enorm reißfesten und doch elastischen Faden, der nur sieben Tausendstel Millimeter dick ist. Die Proteine der Seide ordnen sich beim Festwerden zu einer ziehharmonikaartigen Struktur an. Deshalb ist der Faden so elastisch.

Die Spinnen weben ihre Fangnetze übrigens mit verschiedenen Seidenarten. Manche Fäden bleiben klebrig und dienen dazu, Beutetiere festzuhalten. Mit Seidenfäden sorgen die Jungspinnen außerdem für ihre Weiterverbreitung: An einer erhöhten Stelle strecken sie den Hinterleib in die Luft und entlassen einen Seidenfaden. Dieser wird vom Wind hochgehoben. Die Spinne lässt nun so viel Faden austreten, bis er das ganze Tier tragen kann. Dann schwebt das kleine Spinnchen in der Luft und kann kilometerweit verweht werden. Besonders im Frühherbst ist die Luft voll von solchen Seidenfäden. Der Volksmund nennt sie »Mariengarn«. Insgesamt heißt diese warme Zeit im Herbst Altweibersommer.

17

---

4 In den **Infoboxen** erhältst du zusätzliche interessante oder vertiefende Informationen zu den Tieren. Zu welchen Themen es in diesem Lexikon Infoboxen gibt, kannst du im Anhang an das Stichwortverzeichnis auf Seite 300 nachschlagen.

5 Zu jedem Tier gibt es ein oder zwei **Fotos.** Sie zeigen das Tier in einer typischen Situation oder Haltung und helfen dir, sein Aussehen zu bestimmen.

6 Die **Quizboxen** sind quer über das Lexikon verstreut. Sie beziehen sich auf einen interessanten Aspekt der Tiere, die auf der betreffenden Seite vorgestellt werden. Prüfe dein Wissen und beantworte die Quizfrage. Zum Überprüfen der Antwort musst du das Buch auf den Kopf stellen.

Bach und Fluss

1 Eisvogel
2 Eintagsfliege
3 Bachstelze
4 Bisamratte
5 Wasseramsel
6 Biber
7 Wasserspitzmaus
8 Rückenschwimmer
9 Bachforelle
10 Larve der Eintagsfliege
11 Fischotter
12 Flussbarsch
13 Stichling
14 Larve der Köcherfliege
15 Aal
16 Flussperlmuschel
17 Flusskrebs

110   111

1 Jeder Lebensraum hat einen eigenen farbigen Balken, den **Farbcode,** der die Seiten oben und unten kennzeichnet.

2 Jedes neue Lebensraumkapitel wird durch eine große **Bildtafel** eingeleitet. Auf ihr kannst du auf einen Blick die Tiere sehen, die auf den nachfolgenden Seiten vorgestellt werden. Außerdem zeigt das Bild die wichtigsten Merkmale des betreffenden Lebensraums.

3 Jedes Tier auf der Bildtafel hat eine **Nummer.** Wenn du eines der Tiere nicht kennst, findest du in der Spalte links vom Bild eine Wörterliste, die so genannte Bildlegende. Hier stehen die Tiere nach ihren Nummern geordnet.

4 In dieser Spalte sind alle Tiere, die du auf dem Bild siehst, namentlich aufgeführt.

Das Lexikon ist in 23 große Kapitel aufgeteilt, die nach Lebensräumen geordnet sind. Diese reichen von den nahen, heimischen Lebensräumen, wie »Bauernhof« oder »Garten«, bis zu den fernen, exotischen, wie dem »Tropischen Riff« oder dem »Südamerikanischen Regenwald«. Diese Gliederung ordnet die Tiere nicht nach einer streng alphabetischen Reihenfolge, sondern stellt sie in ihren natürlichen Zusammenhang: Deshalb steht der Kakadu nicht neben dem Kaiserpinguin, sondern neben dem Känguru – dem Tier, mit dem er tatsächlich auch zusammenlebt. So erfährst du,

welche Tiere voneinander abhängig sind und wie sie den Lebensraum miteinander teilen.

Jäger und Gejagte, große und kleine Tiere, tag- und nachtaktive, Landbewohner und Wasserbewohner – auf den großen Bildtafeln siehst du alle Tiere eines Lebensraums beisammen. Und wenn du die Artikel eines Kapitels von Anfang bis Ende durchliest, wirst du verstehen, wie sehr die Tiere aufeinander angewiesen sind, wie eng sie zusammenwirken, wie gut die Natur ihr Zusammenleben organisiert hat.

Bach und Fluss

Aal
Bachforelle
Bachstelze
Biber
Bisamratte
Eintagsfliege
Eisvogel
Fischotter
Flussbarsch
Flusskrebs
Flussperlmuschel
Köcherfliege
Rückenschwimmer
Stichling
Wasseramsel
Wasserspitzmaus

Fast alle Bäche entspringen im Gebirge: Aus einer Quelle tritt unterirdisches Grundwasser an die Oberfläche und fließt den Hang hinab. Anfangs – im so genannten Oberlauf – ist der Bach meist sehr ungestüm: Das Wasser bewegt sich schnell und bildet starke Strudel. Tiere wie die Larven von Eintagsfliegen müssen hier gegen die mächtige Strömung ankämpfen und mit besonderen Anpassungen verhindern, dass sie einfach weggeschwemmt werden. Auf seinem Weg ins Tal nimmt der Bach immer wieder Nebenbäche in sich auf und wird dadurch größer. Sein Wasser ist kalt und klar. So lieben es Forellen und Flussperlmuscheln. Wenn sich das Tal weitet, wird der Bach zum größeren Fluss. Das Wasser fließt nun ruhiger, ist aber weiterhin kalt.

In der Ebene verringert der Fluss seine Fließgeschwindigkeit. Dadurch lagern sich viele mitgeführte Sandteilchen und Schlamm ab. Aus dem Fluss wird ein Strom. Sein Wasser erwärmt sich allmählich und fließt langsam

dahin. Ursprünglich bildeten alle Ströme viele Schlingen, die Mäander. Viele dieser Windungen hat man aber schon im 19. und besonders im 20. Jahrhundert begradigt. Oft zwängte man dabei den Strom in ein festes Bett aus Beton. So konnte er nicht mehr über die Ufer treten. Und damit verschwanden die sumpfigen Auwälder. Bei der Mündung ins Meer bildet der Strom ein ausgedehntes Schwemmgebiet mit vielen Armen, das Delta oder Ästuar. Hier gehen die Lebensräume ineinander über. Man weiß nicht mehr richtig, wo das Wasser aufhört und das Festland beginnt, besonders wenn sich auch die Gezeiten bemerkbar machen.

An Flussmündungen finden vor allem viele Vögel Nahrung. Im Frühling und im Herbst halten sich dort Millionen von ziehenden Enten, Gänsen und Watvögeln auf und stärken sich für den Weiterflug. An der Flussmündung mischt sich das Süßwasser des Stromes mit dem Salzwasser des Meeres. Dieses Brackwasser, wie es auch in der Ostsee vorkommt, vertragen nur wenige Fischarten, zum Beispiel der Barsch, der Hecht, der Stichling und die Flunder.

112

5 Auf den Fotos am oberen Seitenrand siehst du besonders charakteristische Ansichten des Lebensraums.

6 In der Spalte links vom Text findest du alle Tiere, die in diesem Kapitel vorgestellt werden, diesmal in alphabetischer Reihenfolge zum leichteren Auffinden der Tiere.

7 Auf jede Bildtafel folgt eine Einführung in den Lebensraum: Hier kannst du nachlesen, was der Unterschied zwischen einem Bach und einem Fluss ist oder wann man von Tundra und wann von Prärie spricht. Du erfährst, was den Lebensraum kennzeichnet und wie sich die dort lebenden Tiere daran angepasst haben.

Haus

Haus

Wenn von Lebensräumen für Tiere die Rede ist, denken wir meistens zuerst an Wälder, Wiesen oder Flüsse. Aber auch in den Häusern der Menschen leben Tiere. Und zwar nicht nur solche, die wir uns mit Absicht in die gute Stube holen, wie etwa Hamster, Meerschweinchen oder Kanarienvögel. Wer sich ein bisschen umsieht, kann alle möglichen tierischen Hausgenossen entdecken. Selbst in modernen Wohnungen findet man Marienkäfer und Florfliegen, Silberfischchen und Stubenfliegen. Auf dem Balkon haben sich vielleicht Amseln oder Spatzen eingenistet. Im Keller leben Asseln und Hausspinnen, manchmal sogar Mäuse und Ratten. Andere weniger beliebte Hausgäste sind Schaben und Bettwanzen. Alte Häuser auf dem Land können richtige Tierparadiese sein: Im Dachstuhl wohnen Steinmarder, Siebenschläfer und Schleiereule. Mauersegler nisten hoch oben im Gemäuer – und mit viel Glück sogar ein Wanderfalkenpaar. Im Lauf der Zeit haben sich immer wieder Tiere dem Menschen eng angeschlossen.

Zu den ersten zählten wohl die Mäuse und die Ratten. In den Vorratskammern und Abfallhaufen des Menschen fanden sie reichlich Nahrung. Deshalb folgten sie ihm überall hin und heute sind sie weltweit verbreitet. Andere Tiere wurden domestiziert, das heißt zu Haustieren gemacht (▶ Bauernhof). Wieder andere leben mit dem Menschen unter einem Dach, ohne ihm zu nutzen oder zu schaden, wie zum Beispiel das Silberfischchen. Tiere, die die Gesellschaft des Menschen lieben, nennen wir Kulturfolger. So hat sich die Amsel vom scheuen Waldtier zum Begleiter des Menschen entwickelt. Kulturflüchter hingegen fühlen sich vom Menschen gestört und gehen ihm möglichst aus dem Weg. Zu ihnen zählen viele selten gewordene Arten wie Auerhahn, Baummarder oder Schwarzstorch.

Assel Asseln gehören nicht gerade zu den Schönheiten unserer Tierwelt. Wir kennen sie meist vom Keller oder vom Garten, wo sie unter Brettern und Steinen oder in dunklen Ritzen hausen. Man sieht es den Asseln nicht sofort an, dass sie zu den Krebsen gehören. Aber die meisten Arten leben tatsächlich im Meer oder am Strand. Feucht muss es sein, das ist für Asseln lebenswichtig. Unsere Kellerasseln sind 1–2 Zentimeter lang und haben einen abgeflachten Körper, der aus einzelnen Ringen besteht. Diese Ringe kann man sich wie die Teile einer Ritterrüstung vorstellen. Sie bestehen aus Chitin, einer festen Substanz, die bei allen Krebsen und Insekten die äußere Hülle bildet. Diese feste Hülle schützt die inneren Organe und verleiht dem Körper Stabilität. Insekten und Krebse besitzen nämlich keine Knochen wie Vögel, Reptilien oder Säugetiere. Deshalb heißt der Chitinpanzer

auch Exoskelett, das »äußere Skelett«. Die Beine der Asseln sind von oben nicht zu sehen. In der Laubschicht der Wälder leben oft Hunderte von Asseln auf einem Quadratmeter. Die Tiere ernähren sich von toten Pflanzenteilen und tragen so zur Bildung von Humus bei. Im Keller finden sie selbst in dem, was wir als »Dreck« bezeichnen, noch etwas Verwertbares zu fressen.

Bettwanze Die Bettwanze müsste eigentlich unter Naturschutz stehen – so selten ist sie geworden! Allerdings gehört dieses Tier nicht zu den netten Hausgenossen und hat die ganze sonst harmlose Gruppe der Wanzen in Verruf gebracht. (Eine Pflanzenwanze, die ▶ Schildwanze, ist im Lebensraum Wiese auf Seite 69 zu sehen.) Nachts verlässt die Bettwanze ihre Verstecke unter Tapeten, in Mauerritzen oder sogar in Steckdosen und überfällt schlafende Menschen. Sie sticht sie mit ihrem Rüssel und saugt ihr Blut, wie eine ▶ Stechmücke. Bettwanzenstiche sind sehr

PARASITEN DES MENSCHEN

Tiere, die auf oder in anderen Tieren leben und sich von ihnen ernähren, nennt man Schmarotzer oder Parasiten. Das Tier, das befallen wird, heißt »Wirt« – so als ob es seine »Gäste« freiwillig beherbergen würde! Dabei sind diese doch meistens rechte Quälgeister. Zu den Parasiten des Menschen zählen außer der Bettwanze zum Beispiel Stech- und Kriebelmücken, Bremsen, Flöhe und Zecken. Noch weit unangenehmer als die Blutsauger sind die Eingeweidewürmer, die sich dauernd im Menschen aufhalten. Dazu gehören der bis zu fünf Meter lange Bandwurm, der Spulwurm oder der Grubenwurm. Der Grubenwurm kommt allerdings nur in tropischen Ländern vor. Dort gibt es noch andere gefährliche Parasiten, zum Beispiel Einzeller, die im Blut des Menschen leben. Sie werden von Stechmücken übertragen und lösen Malaria und Schlafkrankheit aus.

schmerzhaft und jucken heftig. Die Bettwanze ist zwar ein Insekt, sie hat aber selbst als erwachsenes Tier keine Flügel. Dafür ist sie extrem flach und kann in die schmalsten Ritzen kriechen, was ihr auch den Namen »Tapetenflunder« eingebracht hat. Die Tiere sind wahre Hungerkünstler: Sie können ein halbes Jahr fasten und brauchen erst dann wieder eine Blutmahlzeit.

DIE SPRACHE DER BIENEN

Wenn eine Arbeiterin Blumen mit viel Pollen und Nektar gefunden hat, teilt sie das ihren Stockgenossinnen mit. Das tut sie nicht mit Worten, sondern durch Tanzen! Befindet sich die Futterstelle in der Nähe des Stocks, führt sie den einfachen Rundtanz auf. Bei größerer Entfernung benutzt sie den komplizierten Schwänzeltanz. Der heißt so, weil die Biene dabei schwänzelt, also ihren Hinterleib hin- und herbewegt. An der Tanzgeschwindigkeit und der Laufrichtung erkennen die anderen Bienen, wo und in welchem Abstand zum Stock die Futterquelle liegt. Sie können sogar erfahren, wie viel Nektar zu erwarten ist und wie viel Zucker er enthält!

Futtersammeln. Das Futter besteht aus Blütenpollen und Nektar; daraus stellen die Arbeiterinnen Honig her. Jeder Bienenstock hat eine Königin. Nur dieses Weibchen ist fruchtbar und legt pro Tag bis zu 1000 Eier. Jedes Ei wird in eine eigene Wabe gelegt. Daraus schlüpft eine weiße Larve, die sich nach einer Woche verpuppt. Nach weiteren zwei Wochen schlüpft das erwachsene Tier. Im Juni kommen neue Königinnen und Männchen, die Drohnen, auf die Welt. Beim Hochzeitsflug paaren sich die Tiere. Nach der Paarung kehrt nur eine befruchtete Königin zum Stock zurück. Die alte Königin verlässt ihn mit einem Teil ihres Volkes und gründet einen neuen Staat. Die Männchen werden vertrieben und sterben.

STECKBRIEF

Größe: bis 1,5 cm

Merkmale: lebt in Völkern und sammelt Blütenpollen

Ernährung: Blütennektar und Pollen

Vorkommen: weltweit

Besonderheit: Die Bienen eines Schwarms erkennen sich am Geruch.

Biene Auf der ganzen Welt gibt es über 20 000 Bienenarten, aber nur eine davon ist zum Haustier geworden: die Honigbiene. Sie lebt sozial, das heißt zusammen mit vielen Artgenossinnen, in einem Bienenstaat oder Stock. Ein solcher Stock kann mehr als 50 000 Tiere umfassen. Fast alle sind Arbeiterinnen; so nennt man die unfruchtbaren Weibchen. Sie kümmern sich um den Bau der Waben, die Pflege der Larven, den Hausputz und das

Bücherskorpion Um einen Bücherskorpion zu betrachten, braucht man schon eine Lupe. Das putzige Tierchen sieht wirklich wie die Miniaturausgabe eines echten ▶ Skorpions aus – nur ohne den Schwanz mit dem Giftstachel. Geschickt läuft der Bücherskorpion seitwärts und auch rückwärts. Er lebt tatsächlich gerne in Bibliotheken, besonders wenn die Luftfeuchtigkeit in den Räumen etwas höher ist. Er ernährt sich jedoch nicht von Büchern, sondern er fängt Staubläuse, die sich ihrerseits von Schimmelpilzen ernähren. Seine Beute packt der Bücherskorpion mit den Zangen, die vorne an seinem Kopf sitzen. Diese Zangen spielen auch eine Rolle bei der Weiterverbreitung der Miniskorpione: Trächtige Weibchen klammern sich mit ihren Zangen an den Beinen von Fliegen fest und lassen sich als blinde Passagiere in andere Lebensräume transportieren. Und noch etwas

 **STECKBRIEF**

Größe: 5 mm

Merkmale: sieht aus wie ein winziger Skorpion ohne Giftstachel

Ernährung: Kleintiere, besonders Staubläuse

Vorkommen: weltweit

Besonderheit: hängt sich mit seinen Greifscheren an die Beine von Stubenfliegen und lässt sich so weitertransportieren

Besonderes: Die Weibchen der Bücherskorpione treiben Brutpflege. Sie bauen aus Staubkörnern und selbst gesponnener Seide eine Art Iglu. Dort schlüpfen die Larven und werden von der Mutter umsorgt.

Floh Früher war der Menschenfloh kein seltenes Tier, sondern kam selbst in den besten Familien vor. Man kratzte sich ungeniert oder hatte sich längst an den Juckreiz gewöhnt. Wenn ein Floh zufällig einmal in ein Ohr gelangte, sprang er auf der Suche nach einem Ausgang wild umher. Das muss ziemlich unangenehm kitzeln und den armen Befallenen zu aufgeregten und merkwürdigen Verrenkungen veranlassen. Darauf spielt eine deutsche Redensart an: Jemandem einen Floh ins Ohr setzen. Wenn das passiert, tut der andere ganz verrückte Sachen oder hegt einen unerfüllbaren Wunsch.

Flöhe saugen Blut von Säugetieren. Die meisten Arten sind dabei nicht sehr wählerisch. Wenn es sein muss, nimmt der Hundefloh auch mit Menschenblut vorlieb. Selbst der eigentliche Menschenfloh lebte ursprünglich vor allem in den Bauen von Füchsen und Dachsen und gewöhnte sich erst später an den Menschen. Wenn Ratten überhand nehmen, können deren Flöhe ebenfalls auf den Menschen überspringen. Im Mittelalter übertrugen sie dabei die Pest.

Die Larven der Flöhe leben vor allem im Schmutz, der sich in Häusern befindet. Sie halten sich in Bodenritzen auf und fressen

Abfälle oder Blutklümpchen, die erwachsene Flöhe erbrechen. Bei Nahrungsmangel können Flöhe im Puppenstadium lange überleben. Sie schlüpfen erst, wenn sie wieder Leben in ihrer Umgebung feststellen: Sobald sie Erschütterungen wahrnehmen, wissen sie, dass Wirte in der Nähe sind. Dann wird es Zeit hervorzukommen. Deswegen können in unbewohnten Häusern, die lange leer standen, plötzlich wieder Flöhe auftreten!

 STECKBRIEF

Größe: 1–7 mm

Merkmale: seitlich abgeflacht, hellbraun

Ernährung: Blut von Säugetieren, auch vom Menschen

Vorkommen: weltweit

Besonderheit: Flöhe sind sehr gute Springer.

Größe: Flügelspannweite bis 4 cm

Merkmale: Körper meist grün, Augen goldfarben, Flügel sehr zart

Ernährung: Die Larve frisst Blattläuse, das erwachsene Tier lebt von Pollen und Blütennektar.

Vorkommen: Europa und Asien

Besonderheit: Das Weibchen legt seine Eier auf langen Stielen ab.

Florfliege Nicht jedes Tier, das wir »Fliege« nennen, ist auch eine echte Fliege wie die ▶ Stubenfliege. Die Florfliege mit den goldenen kugelförmigen Augen gehört zum Beispiel zu den Netzflüglern und damit zur weiteren Verwandtschaft der Schmetterlinge. Ihre vier Flügel sind meist hellgrün und ganz zart. Doch davon darf man sich nicht täuschen lassen: Die Florfliegen und ihre Larven sind richtige Räuber. Sie ernähren sich von Blattläusen, ähnlich wie die ▶ Marienkäfer. Eine Florfliegenlarve vertilgt im Lauf ihres Lebens etwa 1000 Blattläuse. Sie spritzt ihnen ein Gift ein, das die Blattlaus tötet und gleichzeitig ihren Körperinhalt verflüssigt. Die Larve schlürft dann das Innere des Insekts aus. Zurück bleibt die leere Blattlaushülle. Die Weibchen der Florfliegen setzen ihre Eier auf langen, hauchdünnen Stielen ab. Oft sind es so viele, dass die Gelege wie winzige Rasenflächen aussehen. In der kalten Jahreszeit sucht die Florfliege gerne Zuflucht in Wohnungen. Im Winter fällt sie uns dann besonders auf, weil sie als einziges Insekt aktiv ist und an der Fensterscheibe sitzt.

Größe: Körper 7–11 cm, Schwanz 6–9 cm lang, Gewicht höchstens 25 g

Merkmale: graues Fell, relativ große Ohren, wenig behaarter Schwanz

Ernährung: ursprünglich Samenfresser, im Haus jedoch Allesfresser

Vorkommen: weltweit

Besonderheit: Die Weibchen werden bei Platznot unfruchtbar.

Hausmaus Die Hausmaus stammt ursprünglich aus den Steppengebieten Asiens. Sie ernährte sich dort von Grassamen. Vor etwa 10 000 Jahren begannen die Menschen sesshaft zu werden und aus Gräsern die ersten Getreidesorten zu züchten und anzubauen. Damals schloss sich die Hausmaus dem Menschen an, denn wo Menschen lebten, gab es schon bald Körner in Hülle und Fülle. Zusammen mit dem Menschen verbreitete sich die Hausmaus über Asien und Europa. Später begleitete sie ihn auf den Schiffen in die ganze Welt.

Hausmäuse können sich das ganze Jahr über fortpflanzen. Die Weibchen werfen nach 23-tägiger Schwangerschaft vier bis acht Junge. Diese kommen nackt und blind auf die Welt. Doch bereits nach 30 Tagen sind sie selbstständig und können selbst Junge haben. Wenn sich Hausmäuse massenhaft vermehren, richten sie große Schäden an Getreidevorräten an.

Die weiße Maus, die zu Millionen in Forschungslabors gehalten wird, stammt von der Hausmaus ab. Von ihr gibt es viele spezielle Züchtungen. Ohne dieses Versuchstier wäre die medizinische Forschung sehr viel schwieriger und teurer.

STECKBRIEF

Größe: bis 15 mm lang

Merkmale: auffallend lange und haarige Beine

Ernährung: Insekten

Vorkommen: Europa und Asien

Besonderheit: baut dichte, trichterförmige Netze in Zimmerecken

QUIZBOX

Wer oder was hilft der Spinne beim Netzbau?

1. Der Weberknecht

2. Der Wind

3. Eine zweite Spinne

Antwort:

2. Die Spinne befestigt den ersten Faden für ihr Netz an einer erhöhten Stelle, zum Beispiel einer Zweigspitze, und lässt ihn herabhängen. Jetzt muss sie das andere Ende irgendwo festmachen. Dabei hilft ihr der Wind. Schon ein leiser Lufthauch hebt den leichten Faden an und trägt ihn zu einem anderen Zweig. Wenn der Faden einen festen Halt gefunden hat, läuft die Spinne über die »Brücke« und beginnt, ihr Netz zu bauen.

Hausspinne In einem Winkel des Kellers lauert die Hausspinne. Sie sitzt am Ende eines Trichters aus Seide, der vorne in eine gerade Fläche ausläuft. Gerät ein Tier auf diese Fläche, so nimmt die Spinne die Erschütterungen, die es verursacht, mit speziellen Haaren wahr. Sie stürzt heraus und spritzt dem Beutetier ein Gift ein. Dann schleppt sie es in die Wohnröhre und verzehrt es in aller Ruhe. Allerdings beißt sie dabei nicht Stück für Stück ab, denn sie kann nicht kauen. Die Spinne verdaut ihr Essen vielmehr außerhalb des Magens: Sie gibt Verdauungsenzyme ab, die das Fleisch des Beutetiers verflüssigen, und saugt dann die Fleischsuppe ein.

Die Haus- oder Winkelspinne sieht mit ihren 1,5 Zentimeter Länge und den langen Beinen bedrohlich aus. Es gibt viele Menschen, die sich vor ihr fürchten. Aber sie kann uns nichts anhaben. Selbst wenn wir sie mit den Fingern fangen, können ihre Giftklauen die menschliche Haut nicht durchdringen. Außerdem ist ihr Gift für uns nicht gefährlich. ■

DIE SPINNENSEIDE

Sehr viele Spinnen bauen ein Gespinst: Sie halten sich darin auf oder fangen damit ihre Beutetiere. Am berühmtesten sind wohl die großen Radnetze der Kreuzspinnen. Drüsen im Hinterleib der Spinnen erzeugen flüssige Seide, die aus Proteinen besteht. Durch Spinnwarzen wird diese Flüssigkeit nach außen gepresst und erstarrt hier augenblicklich zu einem enorm reißfesten und doch elastischen Faden, der nur sieben Tausendstel Millimeter dick ist. Die Proteine der Seide ordnen sich beim Festwerden zu einer ziehharmonikaartigen Struktur an. Deshalb ist der Faden so elastisch.

Die Spinnen weben ihre Fangnetze übrigens mit verschiedenen Seidenarten. Manche Fäden bleiben klebrig und dienen dazu, Beutetiere festzuhalten. Mit Seidenfäden sorgen die Jungspinnen außerdem für ihre Weiterverbreitung: An einer erhöhten Stelle strecken sie den Hinterleib in die Luft und entlassen einen Seidenfaden. Dieser wird vom Wind hochgehoben. Die Spinne lässt nun so viel Faden austreten, bis er das ganze Tier tragen kann. Dann schwebt das kleine Spinnchen in der Luft und kann kilometerweit verweht werden. Besonders im Frühherbst ist die Luft voll von solchen Seidenfäden. Der Volksmund nennt sie »Mariengarn«. Insgesamt heißt diese warme Zeit im Herbst Altweibersommer.

BIOLOGISCHE SCHÄDLINGSBEKÄMPFUNG

Um genügend Nahrung für alle Menschen zu produzieren, müssen die Landwirte große Flächen bewirtschaften. Sie bepflanzen sie der Einfachheit halber meist mit nur einer Pflanzenart, zum Beispiel Weizen, Mais oder Kartoffeln. Solche Monokulturen haben jedoch den Nachteil, dass sich Insekten, die gerne Weizen, Mais oder Kartoffelblätter fressen, sehr schnell ausbreiten. Sie richten große Schäden an und können alles kahl fressen. Um die Ernte zu retten, muss man diese Schädlinge bekämpfen. Früher verwendete man nur chemische Spritzgifte, die Insektizide.

Sie töteten die Schädlinge zuverlässig ab, mit ihnen leider aber auch alle anderen Insekten, ja selbst die natürlichen Feinde der Schädlinge. Außerdem reicherten sich die Gifte in der Nahrungskette an und bedrohten so auch die Gesundheit der Menschen. Deshalb versucht man heute, möglichst wenig Spritzmittel einzusetzen. Statt dessen stärkt man die natürlichen Feinde der Schädlinge. Bei einer Blattlausplage sind das zum Beispiel Marienkäfer und ▶ Florfliegen. Inzwischen werden solche »Nützlinge« eigens gezüchtet und bei Bedarf in die freie Natur entlassen.

STECKBRIEF

Größe: 5 mm

Merkmale: schwarze Punkte auf roten oder gelben Flügeldecken

Ernährung: Blattläuse

Vorkommen: Europa, Afrika und Asien

Besonderheit: Die erwachsenen Tiere leben höchstens ein halbes Jahr (wenn sie überwintern), sonst nur 1–2 Monate.

Marienkäfer Diese halbkugeligen Käfer mit den schwarzen oder gelben Punkten auf den Flügeldecken kennt jeder – nicht zuletzt, weil sie als Glücksbringer gelten und weil sie das Vorbild für ein sehr beliebtes Auto waren, den VW Käfer oder englisch Beetle. Nach einem alten Volksglauben entspricht die Zahl der Punkte dem Alter in Jahren. Das stimmt aber nicht. Wenn Marienkäfer geschlüpft sind, verändern sie sich nicht mehr. Sie leben in der Regel nicht länger als ein paar Wochen. Nur die im Herbst geschlüpften Tiere ziehen sich oft zu Hunderten in Schuppen oder Häuser zurück, zum Beispiel in die Falten eines Vorhangs, und überwintern dort. Solche Käfer können dann acht Monate alt werden. Die Zahl der Punkte auf den Flügeldecken hängt davon ab, zu welcher Art sie gehören. Es gibt bei den Marienkäfern Zweipunkte, Siebenpunkte, Zehn-, Dreizehn-, Vierzehn- und Zweiundzwanzigpunkte! Wie die Florfliegen sind auch die Marienkäfer große Blattlausfresser. Man setzt sie deswegen gerne in der biologischen Schädlingsbekämpfung ein. Für den eigenen Überlebenskampf sind die Käfer ebenfalls gut gerüstet: Bei Gefahr sondern sie aus den Beingelenken eine gelbe stinkende Flüssigkeit ab, die jeden Feind verschreckt. Oder sie falten ihre Beine so eng auf der Bauchseite zusammen, dass der Angreifer sie nicht packen kann.

Mauersegler Mauersegler werden oft mit ▶ Schwalben verwechselt. Beide fliegen hervorragend, sind aber nicht miteinander verwandt. Der Mauersegler verbringt praktisch sein gesamtes Leben in der Luft – er schläft sogar im Flug, während sich Schwalben immer wieder irgendwo niedersetzen und ausruhen. Der Mauersegler kommt in ganz Europa vor. Er lebt sehr gesellig. Gemeinsam jagen die Vögel hoch oben in der Luft Insekten. Sie nisten an senkrechten Mauern und Felsen. In der Nähe ihrer Nester stoßen sie hohe spitze Schreie aus. Die Mauersegler sind so gut an den schnellen Flug angepasst, dass sie nicht mehr langsam fliegen können. Ihre Flügel sind ganz schmal, fast sichelförmig. Sie müssen von einem erhöhten Punkt aus starten, um möglichst schnell auf Geschwindigkeit zu kommen. Wenn ein Mauersegler aus dem Nest auf den Boden fällt, kann er nicht mehr aus eigener Kraft losfliegen. Wer ein solches Tier findet, kann ihm einfach helfen – indem er es in die Luft wirft! ▪

STECKBRIEF

Größe: 16 cm lang

Merkmale: sehr schmale Flügel; schneller, wendiger Flug

Ernährung: fliegende Insekten

Vorkommen: Europa, Nordafrika, Asien

Besonderheit: Der Mauersegler schläft im Flug. Vom Boden kann er nicht starten.

Motte »Mein Pullover hat ein Loch!« »Meinem Pelzkragen fallen die Haare aus!« Solche Katastrophenmeldungen aus dem Haushalt sind im Herbst am häufigsten. Dann, wenn die wärmere Kleidung wieder aus dem Schrank geholt wird. In den zurückliegenden Monaten hatte die Kleidermotte Zeit, sich an den Woll- und Pelzsachen gütlich zu tun. Dabei handelt es sich um einen kleinen grauen Schmetterling, der selbst ganz harmlos ist: Er kann nicht einmal Nahrung aufnehmen, weil seine Mundwerkzeuge verkümmert sind! Doch aus den Eiern, die die Kleidermotte legt, schlüpfen gefräßige kleine Raupen. Die bauen sich eine beidseits offene Gespinströhre und fressen von dort aus Löcher in Wollstoffe, Pelze und Teppiche. Kaum zu glauben, dass man diese Fasern, Fäden, Haare tatsächlich verdauen kann. So gesehen ist die Motte ein echter Spezialist. Sie kommt außerdem allein mit dem Wasser aus, das in ihrer Nahrung enthalten ist. Am Ende verwandeln sich die Raupen in Puppen und schlüpfen dann als Schmetterlinge. Zurück bleiben die auffälligen 7–10 Millimeter langen weißlichen Kokons.

In der Familie der Motten gibt es noch weitere Haushaltsschädlinge, zum Beispiel die Pelzmotte, die Tapetenmotte, die Korkmotte und die Kornmotte. Letztere frisst gelagertes Getreide und macht es durch ihre Ausscheidungen ungenießbar. Als Motten bezeichnet man manchmal auch ganz allgemein unscheinbare graue Schmetterlinge, wie etwa Spanner und Eulenfalter. Diese Motten kommen nachts gerne ans Licht. Aber die Kleidermotte ist sicher nicht darunter, weil gerade sie Licht meidet. ▪

STECKBRIEF

Größe: Spannweite 15 mm

Merkmale: In Wollstoffen findet man die spindelförmigen Kokons der Puppen.

Ernährung: Wollhaare

Vorkommen: Europa, Asien, Nordamerika

Besonderheit: Die Weibchen legen bis zu 200 Eier.

STECKBRIEF

Größe: Wanderratte 20–27 cm lang, bis 500 g schwer. Die viel seltenere Hausratte wird 16–22 cm lang und höchstens 250 g schwer.

Merkmale: graubraunes Fell, kleine Ohren

Ernährung: Allesfresser, auch räuberisch

Vorkommen: weltweit

Besonderheit: extrem anpassungsfähiges, sehr intelligentes Tier

Ratte Ratten sind nirgendwo auf der Welt sonderlich beliebt. Wahrscheinlich weil sie Krankheitserreger übertragen können und sich ganz in die Nähe des Menschen wagen. Im Mittelalter haben die Ratten sogar die Menschheitsgeschichte beeinflusst. In ihrem Fell saß nämlich der Rattenfloh. Wenn der Rattenfloh Menschen biss, übertrug er den Erreger der Pest auf sie. Die Pest war eine schreckliche Krankheit, für die es damals keine Heilung gab. Man nannte sie auch den schwarzen Tod. Im 14. Jahrhundert starb die Hälfte der europäischen Bevölkerung an Pest! Und bis ins 18. Jahrhundert kam es immer wieder zu kleineren Pestepidemien. Die Hausratte, die für die Verbreitung dieser Krankheit sorgte, gibt es heute bei uns fast nicht mehr. Ihre Stelle hat die größere Wanderratte eingenommen. Die Wanderratte stammt wahrscheinlich aus Südsibirien und Nordchina. Ratten sind sehr anpassungsfähig, deshalb findet man sie heute praktisch überall: in Häusern, auf Schiffen, in Abwasserkanälen. Die Wanderratte liebt Wasser und lebt gerne unter der Erde. Das Kanalisationssystem der Städte ist der ideale Lebensraum für sie. Vor allem

durch den Schiffsverkehr breitete sie sich über die ganze Welt aus. Die Wanderratte frisst vor allem pflanzliche Nahrung. Sie scheut sich aber nicht, Jagd auf Tiere zu machen, die manchmal sogar größer sind als sie selbst.

Wie die Hausmaus wurde auch die Wanderratte vom Menschen zum Versuchstier gemacht. Ohne weiße Laborratte ist die medizinische Forschung heute kaum vorstellbar. Aber es gibt auch Menschen, die Ratten als Haustiere halten, weil sie sehr zahm und zutraulich werden und sehr klug sind. ◾

Schabe Unbeliebte Tiere hat man früher offensichtlich gerne nach dem aktuellen Lieblingsfeind benannt. Deshalb hießen Schaben in manchen Regionen Deutschlands »Russen«, in anderen »Franzosen« und die Schweizer sprechen von »Schwabenkäfern«. Der Schwede Carl von Linné verlieh dem Tier den wissenschaftlichen Namen »Deutsche Schabe«. Doch Schaben oder Kakerlaken gibt es in vielen verschiedenen Arten auf allen Kontinenten. Die Amerikanische Schabe ist mit 5 Zentimeter Länge die größte davon. Schaben sind flache, sehr schnelle Insekten und mit den Heuschrecken verwandt. Die Tiere, die feuchte und warme Orte bevorzugen, quetschen sich durch die schmalsten Ritzen und wandern in modernen Hochhäusern von einem Stockwerk zum anderen. Wenn Schaben einmal Fuß gefasst haben, kann man sie fast nicht wieder loswerden. Dabei richten die Tiere meist keinen unmittelbaren Schaden an, doch sie verschmutzen Vorräte, übertragen

Krankheiten und stinken erbärmlich. Schaben sind sehr wendig und schwer zu fangen, denn sie nehmen noch kleinste Erschütterungen wahr und sind so bei nahender Gefahr schnell gewarnt. Die Weibchen umgeben ihre Eier mit einer körpereigenen Flüssigkeit, die an der Luft erhärtet. Das Eipaket tragen sie mit sich herum, bis die Larven schlüpfen, oder sie legen es an einem sicheren Ort ab. Die Verpackung ist so gut, dass selbst Chemikalien den Eiern nichts anhaben können. ◾

STECKBRIEF

Größe: Küchenschabe bis 20 mm lang

Merkmale: dunkelbraun, Männchen mit körperlangen, Weibchen mit stummelförmigen Flügeln

Ernährung: Allesfresser

Vorkommen: weltweit

Besonderheit: Schaben können bis zu 2 Jahre alt werden.

Schwalbe »Eine Schwalbe macht noch keinen Sommer« heißt es in einem Sprichwort. Aber trotzdem sind diese Zugvögel verlässliche Frühlingsboten. Sie treffen meist Anfang Mai bei uns ein und beginnen Mitte des Monats mit dem Brüten. Die Eier liegen in einem Nest aus Lehm und Stroh. Rauchschwalben bauen ihre Nester gerne im Inneren von Gebäuden, auf Balken oder Vorsprüngen. Mehlschwalben ziehen Außenwände unter einem Dachvorsprung vor. Beide Schwalbenarten ernähren sich von Insekten. Am liebsten jagen sie in Ställen, wo es immer viele Fliegen gibt. Die fangen sie im Flug und bringen sie ihren Jungen. In der zweiten Augusthälfte sammeln sich die Schwalben zu größeren Gruppen und bereiten sich auf die Reise in den Süden vor. Den Winter verbringen sie im warmen Afrika.

Leider geht die Zahl der Mehlschwalben bei uns langsam zurück. Ihnen fehlen die Kuhställe von früher, in denen sie ungehindert ein- und ausfliegen konnten. Und manchmal haben sie sogar Schwierigkeiten, geeignetes Nistmaterial zu finden. Wenn man den

STECKBRIEF

Größe: 19 cm lang

Merkmale: Stirn und Kehle rotbraun, Rücken und Oberflügel blauschwarz

Ernährung: fliegende Insekten

Vorkommen: Europa, Nordafrika, Teile Asiens

Besonderheit: baut Nester aus Lehm und Pflanzenfasern

Schwalben helfen will, legt man über einer Plastikplane eine kleine Pfütze mit viel Lehm an. Dort können sich die Schwalben mit Lehmkügelchen versorgen, die sie mit dem Schnabel aufnehmen. ■

STECKBRIEF

Größe: bis 1,5 cm lang

Merkmale: schwarz-gelbe Zeichnung, ein Flügelpaar

Ernährung: erwachsene Tiere Blütennektar; Larven oft faulige Stoffe

Vorkommen: vor allem auf der Nordhalbkugel

Besonderheit: kann in der Luft lange Zeit schwirrend stehen bleiben

Schwebfliege Gelbe und schwarze Streifen haben im ganzen Tierreich Signalwirkung: Wer ein solches Muster trägt, muss gefährlich sein – wie der ▶ Tiger oder die ▶ Wespe. Manche Tiere ahmen das Wespenmuster allerdings nach, ohne selbst zu beißen oder zu stechen. Diese Art der Täuschung bezeichnet man als Mimikry. Viele Schwebfliegen benutzen die schwarz-gelbe Wespenzeichnung zur Abschreckung und sind doch ganz harmlose Blütenbesucher.

Als echte ▶ Fliegen besitzen sie nur ein Paar Flügel. Sie machen ihrem Namen aber alle Ehre, denn sie können wie ein Hubschrauber in der Luft stehen bleiben, seitwärts und sogar rückwärts fliegen. Eine der häufigsten Schwebfliegenarten ahmt übrigens keine Wespe nach, sondern die nicht minder wehrhafte Honigbiene und erreicht dabei eine täuschende Ähnlichkeit. Weil ihre Larven meist in Jauchegruben leben, heißt sie auch Mistbiene. Diese Larven tragen am Hinterende ein sehr langes, dünnes Atemrohr, sozusagen einen Schnorchel, um Luft zu schöpfen. Wegen ihrer Gestalt nennt man sie Rattenschwanzlarven. ■

STECKBRIEF

Größe: ungefähr 9 mm

Merkmale: silberglänzend, sehr wendig

Ernährung: Allesfresser

Vorkommen: Europa, Asien

Besonderheit: liebt vor allem zuckerhaltige Stoffe und heißt deswegen auch Zuckergast

Silberfischchen

Silberfischchen kann man im Gegensatz zu Goldfischen nicht im Aquarium halten. Es sind nämlich wenige Millimeter lange flügellose Insekten. Sie leben in Bodenritzen, unter Tapeten und Teppichen und kommen nachts heraus. Auch wenn sie nicht gerne gesehen sind, leben sie trotzdem in fast jedem Haushalt. Sie finden überall genug zu fressen, denn sie sind nicht wählerisch: Brotkrümel, Schimmelpilze oder Tapetenkleister, ja selbst Papier können sie verdauen. Weil ihr Schuppenkleid sie fast so glitschig macht wie einen Fisch, sind sie auch schwer zu fangen. Bei den Silberfischchen gibt es keine richtige Paarung, statt dessen eine Befruchtung in Etappen: Das Männchen legt eine Kapsel mit Samenzellen auf

dem Boden ab und spannt dann Seidenfäden, die das Weibchen zu dieser so genannten Spermatophore hinführen sollen. Wenn das Weibchen die Samenkapsel gefunden hat, nimmt es sie mit einem besonderen Organ auf.

 STECKBRIEF

Größe: Die Stechmücke ist etwa 6 mm lang.

Merkmale: surrendes Fluggeräusch

Ernährung: Blütennektar; die Weibchen brauchen eine Blutmahlzeit für die Fortpflanzung.

Vorkommen: fast weltweit

Besonderheit: Die Larven leben im Wasser und hängen mit ihrem Atemrohr direkt an der Wasseroberfläche.

Stechmücke

Nichts hält uns mehr vom Schlaf ab als das penetrante Sirren einer Stechmücke im Schlafzimmer. Es entsteht durch den Flügelschlag des Insekts; der erzeugte Ton hat eine Frequenz von 350 Hertz. Den Schall nehmen die Mücken mit ihren Fühlern wahr: Männchen und Weibchen wissen so, wo sich ihre Partnerin bzw. ihr Partner befindet. Bevor das Stechmückenweibchen seine Eier in das Wasser von Tümpeln, Pfützen oder Jauchegruben legen kann, muss es einmal richtig Blut gesogen haben. Es landet heimlich auf einem Warmblüter

und sticht den Rüssel in dessen Haut, bis es auf ein winziges Blutgefäß, eine Kapillare, stößt. Dann spritzt es einen Stoff ein, der das Blut flüssig hält und die Gerinnung verhindert. Nach ungefähr drei Minuten ist die Blutmahlzeit beendet. Die Mücke fliegt weg. Dann beginnt der Stich zu jucken und es bildet sich eine Quaddel. Verantwortlich für diese Reaktion ist der eingespritzte Stoff Histamin. Das Jucken geht aber schnell vorbei – sofern man sich nicht ständig kratzt! Mit ihrem Stich kann die Mücke Krankheiten übertragen, in den Tropen vor allem Malaria und Gelbfieber.

In manchen Regionen werden Stechmücken als Schnaken bezeichnet. Das ist aber falsch, denn Schnaken sind ganz andere Tiere, obwohl sie wie die Stechmücken zu den ▶ Zweiflüglern gehören. Bei ihnen sind die zu zwei kleinen Schwingkölbchen umgewandelten Hinterflügel besonders deutlich zu erkennen. Mit lautem Brummen fliegen die richtigen Schnaken im Sommer um eine Lichtquelle. Durch ihre Größe sehen sie Furcht erregend aus: Die größte Art hat eine Flügelspannweite von 5 Zentimeter! Sie sind aber völlig harmlos und stechen nicht. Ihre Larven fressen vermoderndes Laub. Schnaken haben extrem lange Beine, die leicht abbrechen und danach noch einige Zeit zucken.

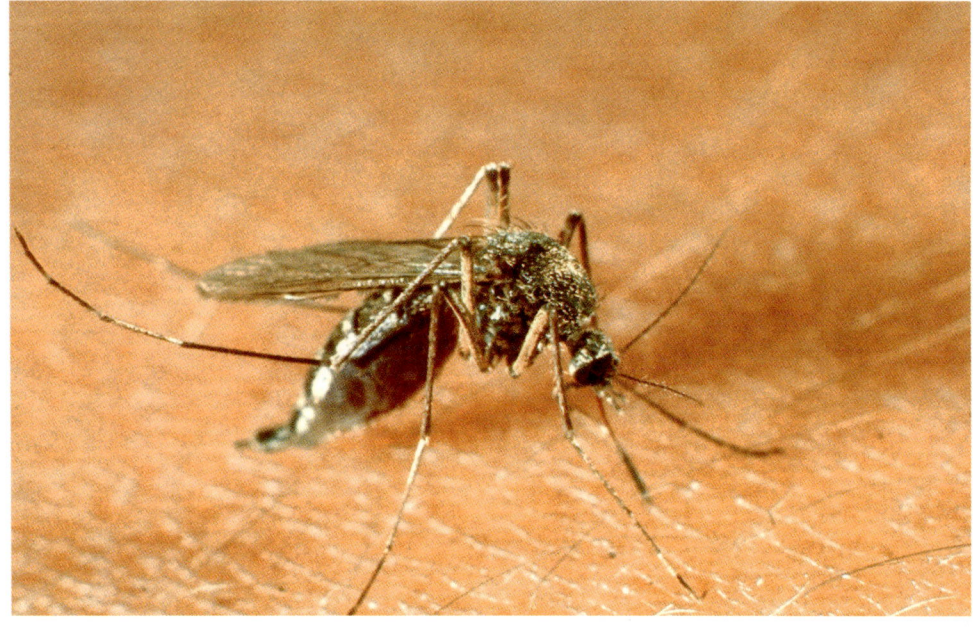

Stubenfliege Stubenfliegen sind fantastische Flieger. Ihre Fähigkeiten begeistern alle Flugingenieure. Kopfüber an der Decke landen, innerhalb von Millisekunden in jede beliebige Richtung, auch nach rückwärts, losfliegen, Schweben an Ort und Stelle, abrupte Wechsel der Flugrichtung – all das gelingt Stubenfliegen scheinbar mühelos. Trotzdem mögen die meisten Menschen Stubenfliegen nicht besonders, mit Ausnahme von ein paar Fliegenforschern vielleicht. Mit ihrem merkwürdigen schwammartigen Rüssel nimmt die Stubenfliege nur flüssige Nahrung auf. Dabei setzt sie sich ohne Unterschied auf alles, was feucht ist und ihr Nahrung verspricht – auf Kot ebenso wie auf einen Tropfen Marmelade. Das ist nicht nur eklig, sondern auch gefährlich. Denn auf diese Weise kann die Stubenfliege mit den Mundwerkzeugen und den Beinen Krankheitskeime übertragen. Bei vielen Typhusepidemien hat die Stubenfliege eine große Rolle gespielt.

Ein Fliegenweibchen legt bis zu 2000 Eier und zwar mit Vorliebe in Kuhmist. Schon nach zwei Wochen schlüpft die neue Generation. Rein theoretisch könnte ein einziges Weibchen in einem Jahr über 1 000 000 000 000 000 000 (eine Million Billionen) Nach-

kommen haben. Die wären zusammen etwa so schwer wie alles Wasser im Bodensee! Aber die Natur sorgt dafür, dass aus den 2000 Eiern im Durchschnitt nur zwei Fliegen schlüpfen. Die allermeisten Eier, Larven oder Puppen werden gefressen oder fallen Pilzen und Krankheiten zum Opfer. ■

STECKBRIEF

Größe: 7,5 mm

Merkmale: zwei durchsichtige Flügel; Augen rotbraun

Ernährung: alle möglichen flüssigen, faulenden, gärenden Stoffe

Vorkommen: weltweit

Besonderheit: vermehrt sich rasant: bis zu 5 Generationen pro Jahr

ECHTE UND FALSCHE FLIEGEN

Die Gruppe der Fliegen heißt auch Zweiflügler. Sie haben nämlich nur noch ein Flügelpaar, während fast alle anderen Insekten vier Flügel besitzen. Bei den Zweiflüglern wurden die hinteren Flügel zu kleinen Schwingkölbchen umgewandelt. Die helfen den Fliegen, beim Flug das Gleichgewicht zu wahren. Zu diesen echten Fliegen gehören auch die ▶ Schnaken, die ▶ Schwebfliegen, die Schmeißfliegen, die Bremsen und die ▶ Mücken. Umgekehrt zählt aber nicht alles, was auf deutsch »Fliege« heißt, zu den Zweiflüglern. Die ▶ Florfliege, die ▶ Eintagsfliege und die ▶ Köcherfliege zum Beispiel sind nicht mit den echten Fliegen verwandt.

Wespe Wo im Spätsommer ein Zwetschgenkuchen auf dem Tisch steht, sind Wespen meistens nicht fern. Erst kommt eine, dann sind es bald sechs oder schon zwölf. Wespen können sich nämlich – ähnlich wie die ▶ Honigbienen – den Standort von Futterquellen mitteilen. Wenn sich Wespen bedroht fühlen, stechen sie zu und spritzen einen Gift-

cocktail ein. Manche Menschen reagieren allergisch auf das eingespritzte Histamin und müssen nach einem Wespen- oder Bienenstich sogar ins Krankenhaus.

Wespen bauen ihre Nester aus zerkautem Holz: Hülle und Waben sehen wie graues Zeitungspapier aus. In Mitteleuropa leben mehrere Wespenarten. Am häufigsten ist die Deutsche Wespe. Ihr Nest umfasst im Schnitt 7000 Tiere! Die gefürchtetste aller Wespen, die Hornisse, ist trotz der schrecklichen Geschichten, die man erzählt, ziemlich harmlos. Man muss sie schon erheblich reizen, bis sie zusticht. Wespen geben sich übrigens mit Zwetschgenkuchen nicht zufrieden. Zur Aufzucht ihrer Larven brauchen sie unbedingt Fleisch. Sie begeben sich deswegen auf Insektenjagd und fangen am liebsten fette Fliegen und Schmetterlinge. Aber auch auf Schinkenbroten hat man sie schon gesehen … ■

STECKBRIEF

Größe: 2 cm lang

Merkmale: zwei Flügelpaare, die eingefaltet werden

Ernährung: Früchte, auch Insekten

Vorkommen: Europa, Asien

Besonderheit: Die Wespe baut große Nester mit bis zu 24 000 Waben.

Garten

Garten

Viele Gärten und Parks sind richtige Tierparadiese. Sie bieten nämlich Nahrung und Unterschlupf in Hülle und Fülle: Gemüse- und Blumenbeete, Wiesen und Gartenteiche, Komposthaufen und Hügelbeete, Steinmauern, Sträucher, Hecken und alte Bäume, nicht zu vergessen Schuppen und Scheunen. Durch die Zweige von Büschen und Bäumen hüpfen Amsel und Rotschwanz. Ein Specht trommelt an einem Stamm. Unter der Erde leben Maulwürfe und Wühlmäuse, an deren Tätigkeit der Gärtner allerdings selten Gefallen findet. In der Trockenmauer sitzt eine Zauneidechse. Im Kompost- oder Reisighaufen verschlafen Kröte und Igel den Tag. Der Marder ist ebenfalls lieber nachts unterwegs und macht Jagd auf Vögel, Mäuse und anderes

kleines Getier. Bei Sonnenschein fallen uns im Garten vor allem die Schmetterlinge auf. Je mehr Pflanzenarten im Garten wachsen – und das gilt auch für die so genannten Unkräuter –, desto mehr Schmetterlinge und andere Insekten kommen zu Besuch. Und je vielfältiger der Lebensraum ist, desto weniger können ihm einzelne Schädlinge anhaben.

Admiral Trotz des militärischen Namens ist der Admiral ein friedlicher Schmetterling.

Man kann ihn oft auf dem Sommerflieder und anderen Blumen in Gärten beobachten. Doch seltsamerweise ist der Admiral bei uns in Nord- und Mitteleuropa nicht heimisch: Wie der ▶ Distelfalter wandert er im Frühjahr aus dem Mittelmeergebiet zu. Bei uns legt er Eier, aus denen schwarze Raupen schlüpfen. Diese wachsen heran und verpuppen sich. Und im Hochsommer schlüpfen dann die ausgewachsenen Admirale aus den Kokons. Diese Schmetterlinge wandern im Spätsommer ins Mittelmeergebiet, aus dem ihre Eltern gekommen waren. Tiere, die zurückbleiben, überleben den kalten Winter bei uns nicht. ◼

STECKBRIEF

Größe: Flügelspannweite etwa 6 cm

Merkmale: schwarzer Falter mit leuchtend roten Binden

Ernährung: Die Falter saugen Blütennektar, die Raupen fressen Brennnesselblätter.

Vorkommen: Europa, Nordafrika, Teile Asiens, Nordamerika

Besonderheit: Der Admiral ist einer der bekanntesten Wanderfalter.

Amsel Noch zu Goethes Zeiten, also vor rund 200 Jahren, war die Amsel ein scheuer und seltener Waldvogel. Dann wanderte sie in die städtischen Gärten und Parks ein und freundete sich mit dem Menschen an. Heute flötet sie von allen Dächern: Am Morgen und am Abend lassen die schwarzen Männchen ihre Melodien ertönen. Amseln erfinden ihre eigenen Melodien. Dass die Amsel so gut singt, kommt nicht von ungefähr: Sie ist eng mit der singfreudigen ▶ Drossel verwandt. Früher zog die Amsel im Herbst in den Süden und kam im Frühjahr wieder zurück.

Heute ist sie in den Städten zum Dauergast geworden: Sie findet auch im Winter genug zu fressen und kann sich die weite Reise sparen. Der Zoologe bezeichnet sie deshalb als »Standvogel«. Schon Ende März beginnen die Paare zu brüten. 14 Tage lang sitzt das Weibchen auf fünf bis sechs Eiern. Drei Wochen dauert die Aufzucht. Und kaum sind die Jungen flügge, beginnen die Eltern schon mit der nächsten Brut. So kann die Amsel zwei- bis dreimal im Jahr Junge aufziehen. Allerdings fallen viele Jungvögel dem ▶ Eichelhäher, dem ▶ Eichhörnchen und auch dem Straßenverkehr zum Opfer. ◼

STECKBRIEF

Größe: 25 cm lang

Merkmale: Männchen mattschwarz mit gelbem Schnabel, Weibchen braun

Ernährung: Regenwürmer, Schnecken, Insekten, Beeren

Vorkommen: Europa, Nordafrika, Asien

Besonderheit: Das Amselmännchen flötet seine eigenen Melodien von Dachfirsten und anderen erhöhten Punkten.

NESTBAU DER VÖGEL

Alle Vögel legen Eier, die sie bei einer Temperatur von rund 34 Grad Celsius ausbrüten. Ein Nest ist beim Ausbrüten sehr hilfreich. Es ist meist gepolstert und verhindert, dass die Eier herausfallen. Die Eier haben oft eine Schutzfarbe und ein Muster, zum Beispiel gepunktet oder gefleckt. So heben sich die Eier kaum vom Nestuntergrund ab und locken keine gefräßigen Feinde an. Bei manchen Vogelarten bleiben die Jungen einige Wochen im Nest, bevor sie flügge werden. Das sind die so genannten Nesthocker. Nestflüchter verlassen das Nest, sobald sie aus dem Ei geschlüpft sind. Es gibt die unterschiedlichsten Nestformen: Als wahre Kunstwerke entpuppen sich die Napfnester der Singvögel. Außen bestehen sie aus einer verflochtenen Schicht aus Zweigen und Halmen, und innen sind sie mit Moosen, Flechten, Tierwolle, Federn oder auch Plastikabfall ausgepolstert.

STECKBRIEF

Größe: 23 cm lang

Merkmale: schwarz-weißes Gefieder; Männchen mit rotem Genickfleck

Ernährung: Holz bewohnende Insekten, auch Samen und Nüsse

Vorkommen: Europa und Teile Asiens

Besonderheit: Der Buntspecht hackt im Frühjahr gerne Löcher in die Baumrinde, um den austretenden süßen Saft aufzulecken.

Buntspecht Im Frühjahr ist in Gärten und Parks das typische Trommeln der Spechte zu hören. Männchen und Weibchen schlagen mit ihren harten Schnäbeln auf dürre Äste oder hohle Stämme – bis zu zehnmal in der Sekunde! Da die Bäume zu dieser Zeit noch kein Laub tragen, kann man die Spechte leicht dabei beobachten. Meist sind es die schwarz-weiß gemusterten Großen Buntspechte. An der Schwanzwurzel haben sie einen deutlichen roten Fleck, und das Männchen besitzt zudem einen roten Fleck im Nacken. Der Buntspecht trommelt, um sein Revier zu markieren und um sich mit seinen Artgenossen zu verständigen. Hämmernd baut er sich seine Nisthöhle, und hämmernd geht er auf Nahrungssuche: Er hackt mit dem Schnabel die Rinde weg, um an Insektenlarven zu kommen, die darunter versteckt sind. Im Herbst frisst der Specht vor allem die Samen aus Tannen- und Fichtenzapfen. Dazu klemmt er den Zapfen in eine Astgabel und holt mit seinem spitzen Schnabel die Samen heraus. Diese trickreiche Konstruktion nennt man eine Spechtschmiede. Von ihrer Klopferei bekommen die Spechte übrigens keine Kopfschmerzen: Ihr Schädel ist so gebaut, dass das Gehirn durch die Erschütterungen nicht geschädigt wird.

HÖHLENBRÜTER

Manchen Vögeln ist das Brüten im Freien zu gefährlich. Sie ziehen es vor, in geschützten Höhlen zu brüten. Die Spechte hacken ihre Nisthöhlen in das Holz von Bäumen. Meisen, ▶ Kleiber, ▶ Stare und Eulen gehen gerne in solche verlassenen Spechthöhlen. Einfacher zu bearbeiten als Holz ist lehmiger Boden. An meterhohen Abhängen graben ▶ Eisvögel, Bienenfresser und Uferschwalben ihre Höhlen, die oft erst am Ende meterlanger Gänge liegen. Alle Höhlenbrüter haben weiße Eier ohne Zeichnung: Sie brauchen keine besondere Schutzfärbung, denn in den Nisthöhlen ist es dunkel.

In unseren Wäldern und Gärten herrscht ein Mangel an natürlichen Nisthöhlen, weil krumme und alte Bäume heute meistens gefällt werden. Deswegen ist es sinnvoll, künstliche Nistkästen aufzustellen. Wenn das Einschlupfloch etwas größer ist, können sich darin auch seltene Vögel, wie zum Beispiel Eulen, ansiedeln.

Größe: Flügelspannweite 6–7 cm

Merkmale: reißender Flug

Ernährung: Der Falter saugt Blütennektar, die Raupe frisst Disteln und Brennnesseln.

Vorkommen: fast weltweit, bis auf Südamerika

Besonderheit: Im Herbst wandern die Distelfalter zurück ins Mittelmeergebiet.

Distelfalter Auch manche Schmetterlinge legen Jahr für Jahr große Strecken zurück. Der bekannteste Wanderfalter ist der Distelfalter, der mit Ausnahme von Südamerika auf der ganzen Welt vorkommt. Ab Mai fliegt er einzeln oder in größeren Schwärmen vom Mittelmeergebiet nach Mitteleuropa. Dabei muss er die Alpen überqueren. An manchen Pässen kann man diese Wanderzüge beobachten. In unseren Breiten gehen die Distelfalter auf Partnersuche, paaren sich und legen Eier. Daraus schlüpfen Raupen, die sich nach einigen Wochen verpuppen. Die neue Generation der Distelfalter erscheint Anfang Juli. Diese Schmetterlinge wandern im Herbst wieder zurück ins Mittelmeergebiet, weil der Winter bei uns zu hart ist. Der Distelfalter besiedelt das Gebiet nördlich der Alpen also

jedes Jahr von neuem. Er fliegt unglaublich schnell – wie könnte es anders sein bei diesen Entfernungen? Bei uns sieht man ihn häufig auf Disteln, Klee und vor allem auf dem Sommerflieder. Seine Raupe lebt auf Brennnesseln und verschiedenen Distelarten. Sie besitzt – ebenso wie die Raupe des ▶ Admirals und des ▶ Kleinen Fuchses – lange verzweigte Dornen auf dem ganzen Körper. ◾

Dompfaff Der Name »Dompfaff« ist eine Anspielung auf den roten Umhang des Kardinals, des Priesters, der im Dom die Messe liest. Im Volksmund nennt man Priester manchmal etwas abwertend auch »Pfaffen«, daher hat der »Dompfaff« seinen Namen: Die Männchen dieser Finkenart haben nämlich eine auffallend rote Brust und ein schwarzes Käppchen. Sonst heißt dieser schöne Vogel noch wenig schmeichelhaft Gimpel. Das ist eine alte Bezeichnung für einen einfältigen Menschen. Früher fing man den Gimpel ohne große Mühe mit Schlingen. Man steckte ihn in einen Käfig und brachte ihm einfache Melodien bei, die er dann immer wieder sang. Der Gimpel oder Dompfaff kommt in ganz Europa und Nordasien vor. Er liebt vor allem Gebirgswälder. Im Herbst und Winter weicht er aber gerne in parkartige Landschaften und Gärten aus und ist dann häufig am

Vogelhäuschen zu sehen. Mit ihren dicken Schnäbeln knacken die Gimpel am liebsten Samen und Knospen. ◾

Größe: 15 cm lang

Merkmale: dicker Schnabel, auffallend rote Brust beim Männchen

Ernährung: Körner und Samen

Vorkommen: Europa und weite Teile Asiens

Besonderheit: Der Dompfaff ist im Winter häufig in Gärten und am Vogelhäuschen zu beobachten.

STECKBRIEF

Größe: bei uns etwa 12 cm lang, im Mittelmeergebiet bis 20 cm

Merkmale: warzige einfarbig braune Haut ohne Zeichnung

Ernährung: Würmer, Schnecken, Insekten

Vorkommen: Europa, Nordafrika, Teile Asiens

Besonderheit: Die Erdkröte bläht sich bei Gefahr mit Luft auf, um größer zu erscheinen.

Erdkröte Unsere so harmlos aussehende Erdkröte mit den golden schimmernden Augen ist eines der giftigsten Tiere der Welt! Das Gift entsteht in den Drüsen ihrer Haut, vor allem in den großen Ohrdrüsen. Wenn sich eine Erdkröte bedroht fühlt, bläht sie sich auf und lässt ihr milchiges Gift austreten. Für den Menschen bleibt sie ungefährlich, solange man ihr Hautgift nicht in die Augen bringt. Die Erdkröte ist in allen Gärten gern gesehen, weil sie viele Schädlinge vertilgt. Sie bleibt ihrem Revier ein Leben lang treu. In dessen Mitte muss ein Laichgewässer liegen. Die Männchen ziehen meist schon im Herbst dorthin. Die Weibchen folgen ihnen in den ersten wärmeren Märznächten: Das sind die Tage, an denen die großen Krötenwanderungen stattfinden. Wegen ihres Giftes haben Kröten wenig Feinde. Eine Ausnahme ist die Krötenfliege, eine grünglänzende Schmeißfliege. Das Fliegenweibchen legt seine Eier auf der Kröte ab. Daraus schlüpfen Maden, die durch die Nasenöffnungen der Kröte ins Gehirn wandern und es ausfressen.

QUIZBOX

Wie kann man Frösche und Kröten unterscheiden?

Antwort: Zum einen unterscheiden sich Frösche und Kröten in ihrer Art, sich fortzubewegen: Frösche hüpfen, indem sie sich mit ihren Hinterbeinen kräftig abstoßen. Kröten dagegen »gehen«, sie setzen einen Fuß vor den anderen. Auch an der Haut kann man die beiden Tiere auseinander halten: Die Haut der Frösche ist nackt und glatt, die der Kröten warzig.

STECKBRIEF

Größe: 34 cm lang

Merkmale: Gefieder rotbraun, Handschwingen schwarz

Ernährung: Mäuse und größere Insekten

Vorkommen: Europa, Teile Afrikas und Asiens

Besonderheit: Der Falke »rüttelt« gerne in der Luft und ist daran leicht zu erkennen.

Falke Bei einer Fahrt über das Land erkennt man den Turmfalken sofort: ein mittelgroßer Vogel, der in der Luft flügelschlagend auf der Stelle bleibt. Diese Bewegung nennt man »rütteln«. Beim Rütteln beobachtet der Falke den Boden unter sich. Sobald er mit seinen scharfen Augen ein Opfer erblickt hat, stürzt er sich im Sturzflug auf seine Beute: Mäuse, andere Kleinsäuger und größere Insekten. Wegen dieser Technik braucht er zum Jagen unbedingt freies Gelände.

Der Turmfalke ist der häufigste Falke und bei uns der zweithäufigste Greifvogel nach dem ▶ Mäusebussard. Alle Falken haben lange schmale Flügel, die sie zu ausgesprochen schnellen Jägern machen.

Den Geschwindigkeitsrekord unter den Vögeln hält der bei uns selten gewordene Wanderfalke: Er stößt von weit oben auf unter ihm fliegende Vögel herab und soll im Sturzflug 350 Stundenkilometer erreichen! ■

DIE KUNST, MIT VÖGELN ZU JAGEN

Greifvögel kann man dazu abrichten, für den Menschen zu jagen. Diese Art der Jagd heißt Falknerei oder Beizjagd. Sie kam vermutlich mit den Hunnen nach Europa und war im Hochmittelalter ein beliebter Sport. Der bekannteste Falkner war Kaiser Friedrich II., der Enkel von Friedrich Barbarossa. Der Falkner trägt den Beizvogel auf der Faust, die von einem dicken Lederhandschuh geschützt wird. Eine Haube bedeckt die Augen des Greifvogels. Dann nimmt der Falkner sie ab und wirft den Vogel in die Luft. Kurze Zeit später kommt dieser mit seiner Beute zurück.

Igel

Igel Einen Igel hat wohl jeder schon einmal gesehen. Selbst in Stadtgärten leben Igel. Sie sind an den Menschen gewöhnt und zeigen keine Scheu. Bei Gefahr rollt sich der Igel einfach ein und wird zu einer Stachelkugel, die keinen Angriffspunkt mehr bietet. Der Fuchs holt sich nur eine blutige Schnauze. Ihr Kleid aus rund 16 000 Stacheln schützt sie zuverlässig vor allen Feinden – außer vor dem Auto.

Über die Frage, wie denn die jungen Igel geboren werden, haben sich schon viele Menschen den Kopf zerbrochen. Dabei ist es gar nicht so schwierig: Igel kommen blind und taub zur Welt, ihre Stacheln sind ganz weich und weiß. Nach etwa drei Wochen öffnen sich ihre Augen und Ohren. Dann werden auch die Stacheln hart und dunkel. Igel sind kleine Räuber. Sie fressen alles, was sie überwältigen können, vor allem Nacktschnecken, Asseln und Tausendfüßer. Mit ihren nadelspitzen Zähnen können sie sogar Schlangen erlegen! Es macht ihnen auch nichts aus, Käfer zu fressen, die eine giftige, stinkende Flüssigkeit zur Verteidigung abgeben. Selbst wenn der Igel im heimischen Garten schon sehr zutraulich geworden ist, muss man sich immer vor seinen Zähnen hüten! Im Herbst zieht sich der Igel zum Winterschlaf zurück. Trotzdem findet man manchmal im Oktober noch Jungtiere draußen. Meistens haben sie zu wenig Körpergewicht, um den Winter zu überstehen. Man kann solche Igel zwar zu Hause aufpäppeln, aber das ist ziemlich mühsam und sollte unter Anleitung geschehen. ◾

STECKBRIEF

Größe: bis 30 cm lang und 1 kg schwer

Merkmale: graubraunes, dichtes Stachelkleid

Ernährung: Regenwürmer, Insekten, Asseln, Kröten, Vögel, sogar Schlangen

Vorkommen: Europa und Vorderasien

Besonderheit: Der Igel bespuckt sich oft selbst, nachdem er etwas stark Riechendes durchgekaut hat, möglicherweise um seinen eigenen Duft zu überdecken.

Kleiner Fuchs

Kleiner Fuchs Eben zeigte der Schmetterling noch seine rostrot gefärbten Flügel mit den gelben, schwarzen und blauen Flecken. Und nun ist er nicht mehr zu sehen: Er hat die Flügel zusammengeklappt und sitzt im Geäst eines Strauchs. Die dunkelbraune Flügelunterseite ist gemustert wie ein vertrocknetes Blatt. Der Kleine Fuchs gehört zu unseren häufigsten Tagschmetterlingen. Schon im zeitigen Frühjahr sieht man ihn zusammen mit dem hellgelben Zitronenfalter. Der Kleine Fuchs überwintert als Falter in Dachböden und Scheunen und kann schon in den ersten wärmeren Tagen sein Winterquartier verlassen. Nicht selten fliegen Dutzende Kleiner Füchse gesellig um die höchsten Punkte von Hügeln und Bergen. Er ist sehr anpassungsfähig: Man findet ihn von Sizilien bis zum Nordkap, im Gebirge geht er bis auf 3000 Meter Höhe. Auffällig ist, dass Tiere aus den kalten nördlichen Gebieten meist dunkler gefärbt sind als die aus den südlicheren Gebieten. Eine Erklärung hierfür ist, dass dunklere Tiere beim Sonnenbaden mehr Wärme aufnehmen als helle. Deswegen können dunklere Tiere auch im Norden leben. ◾

STECKBRIEF

Größe: Flügelspannweite bis 5 cm

Merkmale: erscheint schon zeitig im Frühjahr, sehr schneller Flug

Ernährung: Der Falter saugt Blütennektar; die schwarzen Raupen fressen grüppchenweise an Brennnesseln.

Vorkommen: Europa, Nordafrika, Teile Asiens

Besonderheit: Den Kleinen Fuchs kann man oft in größerer Zahl auf Hügel- oder Bergspitzen beobachten.

STECKBRIEF

Größe: 41 cm lang

Merkmale: größte einheimische Taubenart; weiße Flecken an Hals und Flügeln

Ernährung: Körner und Samen

Vorkommen: Europa, Nordafrika, Teile Arabiens

Besonderheit: Die Ringeltaube kann wie alle Tauben Wasser aus einer Pfütze saugend trinken. Andere Vögel sind dazu nicht imstande.

Ringeltaube Die Ringeltaube ist die größte europäische Taubenart. Man erkennt sie an ihrem langen Schwanz und den weißen Flecken am Hals und auf den Flügeln. Wenn sie auffliegt, erzeugen ihre Flügel ein typisches lautes Klatschen. Ursprünglich brütete die Ringeltaube nur in Wäldern. Doch später schloss sie sich dem Menschen an und kommt heute überall in Parks und Gärten vor. Oft lebt sie in größeren Schwärmen. Die Ringeltaube frisst vor allem Getreidekörner und grüne Pflanzen. Wie alle Tauben besitzt sie einen Kropf, eine Ausweitung der Speiseröhre. Aufgenommene Nahrung wird dort erst einmal vorverdaut. In der ersten Woche nach dem Schlüpfen füttern die Ringeltauben ihre Jungen mit der so genannten Kropfmilch. Diese besteht aus Zellbrocken, die von der Kropfwand produziert werden. Später bekommen die Jungen Samen, die zuvor im Kropf der Eltern eingeweicht wurden. ■

STECKBRIEF

Größe: 14 cm lang

Merkmale: Männchen im Frühjahr auffallend schwarz-weiß-rot gefärbt, Weibchen hell- und dunkelbraun

Ernährung: Insekten

Vorkommen: Europa und Vorderasien

Besonderheit: Der Rotschwanz wippt immer heftig mit dem Schwanz.

Rotschwanz Der Name spricht für sich: Rotschwänze erkennt man an ihrem auffallend roten Schwanz. Im Garten trifft man vor allem den Gartenrotschwanz an. Der Hausrotschwanz sieht ganz ähnlich aus, doch er hat keine rote Brust und ist insgesamt dunkler gefärbt. Das Männchen des Gartenrotschwanzes hat eine sehr angenehme Stimme. Das verwundert nicht, denn die Rotschwänze sind wie die ▶ Amseln mit den ▶ Drosseln verwandt. Manchmal betätigt sich der Gartenrotschwanz auch als Spötter: Das heißt, er ahmt die Rufe anderer Vögel nach. Im Brutgeschäft kümmern sich beide Eltern um die Jungen. Unermüdlich flattern sie im Garten umher und jagen Insekten. Beide Rotschwanzarten sind ausgesprochene Zugvögel und halten sich nur in den Sommermonaten bei uns auf. Den Winter verbringen sie in der afrikanischen Savanne südlich der Sahara. ■

SCHMETTERLINGE IM GARTEN

Wer Schmetterlinge in seinem eigenen Garten beobachten will, sollte Sommerflieder pflanzen. Dieser Strauch stammt aus China, wird bis zu vier Meter hoch und bildet im Hochsommer 30 Zentimeter lange violette Blütenrispen, die auf Schmetterlinge wie Magnete wirken. Selbst in der Nacht zieht der Sommerflieder Falter an, besonders die großen Schwärmer und die Eulenfalter. Mit einer starken Taschenlampe können wir diese Schmetterlinge beobachten. Sie stören sich nicht am Licht. Im Gegenteil, oft flattern sie auch um starke Glühbirnen oder Leuchtröhren herum. Nachtschmetterlinge werden außerdem von Petunien, Ziertabak, Seifenkraut und anderen Nelkengewächsen, Phlox und vor allem vom Geißblatt angelockt. Bereits Ende Februar bis Mitte März suchen die Eulenfalter nachts gerne blühende Weidenkätzchen auf.

Segelfalter Am Sommerflieder, der manchmal auch Schmetterlingsflieder genannt wird, muss man nach diesem prächtigen Falter Ausschau halten. Er saugt dort Blütennektar, hält es aber nicht lange ruhig aus. Plötzlich fliegt er reißend schnell davon. Dann kehrt er wieder zurück und nutzt dabei günstige Luftströmungen zu einem eleganten Gleitflug aus. Da er die Wärme liebt, kann man ihm nur in der Südhälfte Deutschlands begegnen. Das Segelfalterweibchen legt seine Eier an Schlehen, Pflaumen, Aprikosen und Kirschen, weil deren Blätter den Raupen als Nahrung dienen. Demzufolge müsste dieser Falter eigentlich häufig in Obstkulturen auftreten. Doch der Segelfalter wird bei uns immer seltener, wahrscheinlich weil noch viele Spritzmittel eingesetzt werden. Eine ähnliche Art, die in ganz Deutschland weit verbreitet ist, ist der gelbe Schwalbenschwanz. ■

STECKBRIEF

Größe: Flügelspannweite bis 8 cm

Merkmale: schwarze Zacken auf weißem oder blassgelbem Grund, Hinterflügel mit langem Schwanz

Ernährung: Der Falter saugt Blütennektar, die Raupe frisst Pflaumen- und Kirschblätter.

Vorkommen: Europa, Nordafrika, Teile Asiens

Besonderheit: eleganter, schneller Segelflug

Sperling »Das pfeifen die Spatzen von den Dächern.« »Lieber einen Spatz in der Hand als die Taube auf dem Dach.« »Mit Kanonen auf Spatzen schießen.« Diese gängigen Redensarten zeigen, wie bekannt der Sperling oder Spatz ist. Ursprünglich kam er nur in Europa und einem Teil Asiens vor. Doch dann verbreitete er sich als Begleiter des Menschen fast über die ganze Welt. Seit einiger Zeit werden die Spatzen in Mitteleuropa jedoch weniger. Warum das so ist, weiß man noch nicht genau.

Bei uns leben zwei Spatzenarten: der Feld- und der Haussperling. Am bekanntesten dürfte der Haussperling sein. Er brütet gerne in Nischen an Gebäuden oder zieht auch schon mal in einen Meisenkasten. Wenn er keine passende Nistgelegenheit findet, baut er sich aus Fasern und Gräsern ein kugelförmiges Beutelnest. Damit zeigt er, dass er mit den ▶ Webervögeln der afrikanischen Savanne verwandt ist. Spatzen sind fleißige Eltern: Jedes Jahr ziehen sie drei Bruten mit jeweils drei bis fünf Jungen auf. Das Brutgeschäft dauert zwei Wochen. Die Jungtiere sind schon 17 Tage nach dem Schlüpfen flügge und verlassen das Nest. ■

STECKBRIEF

Größe: 14 cm lang

Merkmale: braungraue Färbung; das Männchen erkennt man am schwarzen Kehlfleck.

Ernährung: Samen und Körner

Vorkommen: Europa, Nordafrika, Asien

Besonderheit: Die Zahl der Sperlinge geht bei uns deutlich zurück.

Steinmarder Seit 1985 verzeichnet man ein für Marder merkwürdiges Verhalten: Mit Vorliebe klettern sie unter Kühlerhauben und beißen dort Kabel und Leitungen durch, nichts ist vor ihnen sicher. Der Marder, um den es geht, ist der Stein- oder Hausmarder. Er hat sich dem Menschen eng angeschlossen und ist ein Kulturfolger. Besonders gerne nistet er sich in Scheunen und Dachböden ein. Und weil er ein neugieriges Tier ist, beißt er in alles hinein, vor allem wenn es so eigentümlich riecht wie Kunststoffkabel. Aber auch bei Hühnerhaltern hat der Marder keinen guten Ruf. Denn es kommt immer wieder vor, dass er in einem Hühnerhof ein regelrechtes Blutbad anrichtet. Wenn er es geschafft hat, in einen Hühnerstall einzudringen, tötet der Marder oft viele Hühner. Er trinkt nur ihr Blut und lässt den Rest liegen. Andererseits ist der Marder ein eifriger Mäuse- und Rattenjäger und macht sich dadurch sehr nützlich.

STECKBRIEF

Größe: mit Schwanz bis 75 cm lang

Merkmale: gegabelter weißer Kehlfleck

Ernährung: Nagetiere, Ratten, Mäuse, gelegentlich Hausgeflügel und andere Vögel

Vorkommen: Europa

Besonderheit: Der Steinmarder knabbert gerne an Schläuchen und Kabeln von Autos.

STECKBRIEF

Größe: 36 cm lang

Merkmale: deutliche Federbüschel am Kopf (»Ohren«), Augen orangegelb

Ernährung: Mäuse und Spitzmäuse

Vorkommen: Europa, Nordafrika, Teile Asiens

Besonderheit: Die Waldohreule brütet gerne in verlassenen Nestern anderer Vögel.

Waldohreule Eulen und ihre kleineren Verwandten, die Käuze, galten jahrhundertelang als geheimnisvolle oder gar Unheil bringende Vögel. Man schrieb ihnen aber seit jeher auch große Klugheit zu. Aus diesem Grund ist die Eule der heilige Vogel von Athene, der griechischen Göttin der Weisheit und der Wissenschaft. Eulen sehen ausgezeichnet. Ihre Augen stehen nicht wie die anderer Vögel seitlich am Kopf, sondern nebeneinander in einem flachen Gesicht. Das erlaubt ihnen räumliches Sehen und ein präzises Abschätzen von Entfernungen. Noch schärfer ist allerdings das Gehör ausgebildet: Eulen können bei absoluter Dunkelheit Mäuse allein nach dem Gehör fangen. Mäuse und andere kleine Tiere machen die Hauptnahrung der Waldohreule aus. Ihre Jungen ziehen sie meistens in den verlassenen Nestern anderer Vögel groß, zum Beispiel in denen von ▶ Elstern oder ▶ Krähen. Die Jungen haben anfangs ein flaumiges weißes Gefieder, erst nach und nach färbt es sich braun. Wenn man in der Natur einer Waldohreule zu nahe kommt, bleibt sie unbeweglich sitzen und macht sich ganz schmal. Ihr Gefieder hat eine Maserung wie die einer Baumrinde. Dadurch ist sie hervorragend getarnt.

STECKBRIEF

Größe: 25 cm lang

Merkmale: Männchen im Frühjahr mit leuchtend grünen Flanken

Ernährung: Insekten, Würmer, Schnecken

Vorkommen: Europa bis Zentralasien

Besonderheit: Die Zauneidechse ist weniger flink als andere Eidechsen, sie klettert auch nicht so gut.

Zauneidechse Als Echsen bezeichnet der Zoologe die größte Gruppe der Kriechtiere. Im Gegensatz zu den Schlangen besitzen sie vier Beine. Ihren Namen haben sie von den einheimischen Eidechsen. Zu den Echsen gehören außerdem das ▶ Chamäleon, der ▶ Gecko, der ▶ Waran, die ▶ Agame, der ▶ Leguan und nicht zuletzt die ▶ Blindschleiche.

Unsere häufigste Eidechse ist die Zauneidechse. Schon im März sitzt sie in der Frühlingssonne und lässt sich von ihr wärmen. Bei einer Störung verbirgt sie sich schnell zwischen Steinen oder im Laub. Alle Eidechsen sind auf die Sonne angewiesen. Sie können – im Gegensatz zu Säugetieren und Vögeln – selbst keine Wärme produzieren, sondern müssen sie vielmehr von außen aufnehmen.

Im Lauf des Frühjahrs bekommt das Männchen der Zauneidechse hübsche grün glänzende Körperseiten. Das Weibchen bleibt am ganzen Körper braun. Im Mai findet die Paarung statt. Danach gräbt das Weibchen eine Höhle und legt darin rund zehn Eier ab. Diese bleiben sich selbst überlassen. Erst nach zwei Monaten schlüpfen daraus kleine Eidechsen, die vom ersten Augenblick ihres Lebens an völlig selbstständig sind und sofort auf Jagd nach Insekten gehen. Vor allem müssen sie aber auf sich selbst aufpassen und vor gefräßigen Feinden in Deckung gehen.

Alle Eidechsen werfen bei Gefahr ihren Schwanz ab. Dazu hat die Eidechse vorgeformte Sollbruchstellen. Der Schwanz zuckt einige Zeit weiter und lenkt so den Räuber ab. Anschließend wächst er wieder nach, allerdings nicht in der ursprünglichen Größe und auch mit anderer Beschuppung. Trotzdem kann das Tier damit wieder laufen und klettern.

In Mitteleuropa leben noch vier weitere Eidechsenarten: die Smaragdeidechse, die Perleidechse, die Mauereidechse und die Waldeidechse. Die Smaragdeidechse stammt aus dem Mittelmeergebiet und kommt bis zum Mittelrhein vor. Das Männchen ist leuchtend grün mit teilweise hellblauem Kopf. Die Waldeidechse kommt im Norden bis zum Polarkreis vor – ungewöhnlich für ein so Wärme liebendes Reptil. Weil sich ihre Eier wegen der niedrigen Temperatur im Boden nicht entwickeln können, bringen die Weibchen lebende Junge auf die Welt. Deshalb nennt man diese Eidechse auch »lebend gebärend«. ■

Bauernhof

1 Star
2 Krähe
3 Pferd
4 Taube
5 Katze
6 Esel
7 Rind
8 Schaf
9 Krähe
10 Ziege
11 Kaninchen
12 Hund
13 Gans
14 Huhn
15 Schwein
16 Ente

Bauernhof

Früher war es selbstverständlich, dass auf einem großen Hof nicht nur Kühe, Schweine und Hühner lebten, sondern auch Pferde, Esel, Schafe, Ziegen, Gänse, Enten und Tauben – nicht zu vergessen den Hofhund und die Hauskatze, die Jagd auf Mäuse machte. Solche Bauernhöfe sind heute selten geworden. Manchmal werden sie als Musterhöfe geführt, um den Stadtmenschen zu zeigen, wie das Leben auf dem Land einmal ausgesehen hat. Oft können Familien dort auch »Ferien auf dem Bauernhof« verbringen. So viele Tiere nebeneinander zu halten, bringt einem Bauern heute nicht mehr genügend Geld ein. Wie in anderen Berufen auch haben sich die meisten Bauern spezialisiert: Manche betreiben nur noch Ackerbau. Sie pflanzen zum Beispiel Weizen oder Gerste, Mais oder Rüben an. Einige wenige Tiere halten sie höchstens für den eigenen Bedarf.

Andere Bauern sind fast reine Viehzüchter geworden. Sie halten Milchkühe oder mästen Kälber und Schweine. Die Hühner und ihre Eier stammen fast ausschließlich aus großen Hühnerfarmen. Dort leben oft viele Hundert Tiere unter beengten Verhältnissen in Hallen oder Käfigen.

Diese Massentierhaltung ist zwar sehr wirtschaftlich, birgt aber auch große Gefahren: Krankheiten, wie etwa die Schweinepest oder die Maul- und Klauenseuche, können sich sehr schnell ausbreiten. Damit solche Krankheiten erst gar nicht ausbrechen, erhalten viele Tiere vorbeugend Antibiotika und andere Medikamente. Inzwischen fragen sich viele Menschen, ob es nicht besser wäre, sich von der Massentierhaltung abzuwenden und teilweise wieder zum Bauernhof von früher zurückzukehren.

Ente Die Stammform aller Hausenten schwimmt heute noch auf allen Teichen und Seen: Es ist die ▶ Stockente. In Stadtparks begegnet man oft Kreuzungen zwischen der weißen Hausente und der Stockente, die man leicht an ihrem meist merkwürdig gescheckten Gefieder erkennen kann. Die Hausente wird schon seit vielen Hundert Jahren gezüchtet. Früher spielte sie für die Ernährung eine wesentlich größere Rolle als heute. Damals legte man Wert auf Rassen, die viele Eier legten. Heute züchtet man Enten bei uns nur noch wegen ihres Fleisches. Die wichtigste Rasse heißt Pekingente, sie ist rein weiß und wird rund drei Kilogramm schwer. Auf dem Bauernhof brauchen Enten unbedingt einen kleinen Teich. ▶ Gänse dagegen können ganz ohne Wasser auskommen, obwohl auch sie zu den Wasservögeln gehören. Auf einigen Bauernhöfen lebt noch eine weitere Entenart, die Moschusente. Sie stammt aus Südamerika und ist sehr genügsam. Die normalen Hausenten und die Moschusenten paaren sich gelegentlich, doch ihre Nachkommen sind unfruchtbar, sie können sich also nicht weiter vermehren. ■

STECKBRIEF

Größe: Die größten Rassen werden bis 4 kg schwer.

Merkmale: meist reinweiß

Ernährung: sehr anspruchslos, Grünfutter

Vorkommen: weltweit

Besonderheit: Schon die alten Ägypter hielten Hausenten.

Esel Störrisch sei er und vor allem dumm, sagt man vom Esel. »Esel« ist deshalb eines der beliebtesten Schimpfwörter für einen unfähigen Menschen. In der Tat ist der Esel störrisch: Wenn er sich aus irgendeinem Grund fürchtet, will er nicht weitergehen. Versucht man ihn dann mit Gewalt anzutreiben, wird er nur noch ängstlicher und störrischer. Von Dummheit kann beim Esel allerdings nicht die Rede sein. Er ist mindestens so klug wie sein nächster Verwandter, das ▶ Pferd. Im Vergleich zum Pferd hat der Esel viele Vorzüge: Er ist trittsicherer, ausdauernder und genügsamer. Er nimmt mit schlechterem Futter vorlieb und wird kaum krank. Der Esel wird auch viel älter als das Pferd.

Der Esel wurde wahrscheinlich vor 6000 Jahren in Ägypten zum Haustier gemacht. Seine Stammform ist der Wildesel, der inzwischen fast überall ausgerottet wurde. Esel und Pferd sind so nahe miteinander verwandt, dass sie sich kreuzen lassen. Wenn der Vater ein Esel und die Mutter eine Pferdestute ist, geht daraus ein Maultier hervor. Im umgekehrten Fall spricht man von einem Maulesel. Vor allem die Maultiere vereinigen die guten Eigenschaften beider Elternteile und sind sehr leistungsstark. Allerdings sind sie unfruchtbar und können selbst keine Nachkommen haben. ■

STECKBRIEF

Größe: Die größte Rasse, der französische Poitou-Esel, erreicht eine Schulterhöhe von 1,50 m. Die kleinsten Esel werden nur 80 cm hoch.

Merkmale: Ohren deutlich länger als beim Pferd, dicker Kopf, stehende Mähne, Schwanz mit Haarquaste am Ende

Ernährung: sehr anspruchslos, begnügt sich mit hartem Heu und Gras

Vorkommen: weltweit

Besonderheit: Der Esel kann über 40 Jahre alt werden.

STECKBRIEF

Größe: Die größten Hausgansrassen werden über 12 kg schwer.

Merkmale: deutlich größer als die Hausente, mit dickem Fettpolster am Bauch; Gefieder meist weiß, oft aber mit einigen wildfarbenen (braunen) Federn

Ernährung: anspruchslos, Grünfutter, braucht im Gegensatz zur Hausente keinen Teich am Hof

Vorkommen: Europa, vor allem Osteuropa

Besonderheit: Wegen ihres Gewichts können Hausgänse nicht mehr fliegen.

Gans Schon im alten Rom dienten Hausgänse als Wächter. Die Sage erzählt, dass sie die Stadt mit ihrem Geschrei vor einem feindlichen Überfall warnten. Diese Wachsamkeit nutzt heute übrigens noch eine schottische Whiskybrennerei: Statt Hunden bewachen dort Gänse den Betrieb. Warum man so gerne von einer »dummen Gans« spricht, ist deshalb völlig unverständlich.

Als Haustier wird die Gans vermutlich seit der Jungsteinzeit gehalten. Die Stammform der Hausgans ist die Graugans. Den meisten Hausgänsen sieht man das noch an, denn Teile ihres Gefieders sind wildfarben, also braun und grau. Im Lauf der Zeit entstanden allerdings einige rein weiße Rassen, die aber plumper aussehen als die schlanke Graugans. Diese Hausgänse haben die Neigung, sehr viel Fett anzusetzen.

Im Gegensatz zu den ▶ Enten brauchen Gänse keinen Teich. Aber sie nehmen hin und wieder gerne ein Bad. Fast vergessen ist eine andere wichtige Funktion der Gans: Sie lieferte früher die Federkiele, die man als Schreibgerät brauchte. Diese Zeiten sind natürlich lange vorbei. Heute schreibt man mit Kugelschreibern oder lässt den Computer drucken. ■

STECKBRIEF

Größe: Die größten Haushuhnrassen werden bis 6 kg schwer.

Merkmale: sehr formenreich mit rund 150 Rassen

Ernährung: Körner, Samen, Insekten, Würmer

Vorkommen: weltweit

Besonderheit: Das Haushuhn ist der wichtigste vom Menschen gezüchtete Vogel.

Huhn In den tropischen Wäldern Indiens lebt noch heute das Bankivahuhn. Aus ihm züchteten die Inder vor über 5000 Jahren das Haushuhn. Das verbreitete sich ostwärts bis nach China und westwärts bis nach Ägypten und Europa. Heute ist das Haushuhn der wichtigste domestizierte Vogel der Welt. Vom Haushuhn kennt man ungefähr 150 Rassen. Haushühner legen fast jeden Tag ein Ei. Im Jahr bringen sie es auf über 300 Eier. Das ist eine enorme Leistungssteigerung, wenn man bedenkt, dass das Bankivahuhn nur fünf bis sechs Eier pro Jahr legt! Artgerechte Haltung verlangt, dass sich Hühner frei auf einem Hof bewegen können. Diese Haltungsform ist aber viel aufwendiger und deshalb heute selten geworden. Die meisten Hühner leben heute sehr beengt in Hühnerfarmen und Legebatterien. Platz zum Scharren und Picken ist dort selten. Auch Staubbäder, die die Hühner gegen Hühnerflöhe und Milben schützen, sind nicht möglich. ■

STECKBRIEF

Größe: kleinste Hunderassen 18 cm hoch und 800 g schwer, größte Rassen mit 70 cm Schulterhöhe und 90 kg Gewicht

Merkmale: extrem formenreich mit rund 400 verschiedenen Rassen

Ernährung: Fleischfresser, der gelegentlich auch pflanzliche Nahrung zu sich nimmt.

Vorkommen: weltweit

Besonderheit: In Australien gibt es verwilderte Haushunde, die Dingos.

Hund Vor rund 10 000 Jahren kam der Mensch auf den Hund und machte ihn sich zum Freund. Zumindest glaubte man das bisher. Manche Forscher sehen das heute aber anders. Sie sagen, dass sich der ▶ Wolf, der Stammvater des Hundes, dem Menschen schon vor 100 000 Jahren anschloss, weil er bei ihm Jagdabfälle stibizen konnte. Erst später nahm der Mensch den Wolf bei sich auf und begann, seine Dienste zu nutzen, zum Beispiel als Wach- oder Hütehund. Im Lauf der Zeit entstanden rund 400 oft stark spezialisierte Hunderassen. Die kurzbeinigen Terrier waren ursprünglich Rattenjäger. Die Retriever sollten geschossene Enten apportieren, Sennenhunde Herden zusammenhalten. Windhunde wurden auf Schnelligkeit gezüchtet, ebenfalls zunächst für die Jagd und erst später für eigens organisierte Rennen. Heute haben fast alle Hunderassen nur eine Aufgabe: Sie leisten dem Menschen Gesellschaft. Die größte Hunderasse ist der Irische Wolfshund; zu den kleinsten zählen der Yorkshireterrier und der mexikanische Chihuahua. Alle Rassen sind allein aus dem Wolf entstanden. Sie zeigen, wie anpassungsfähig der Wolf ist. Doch andererseits ist der Hund viel erfolgreicher als der Wolf: Auf der Welt leben noch rund 300 000 Wölfe, aber viele hundert Millionen Hunde. ■

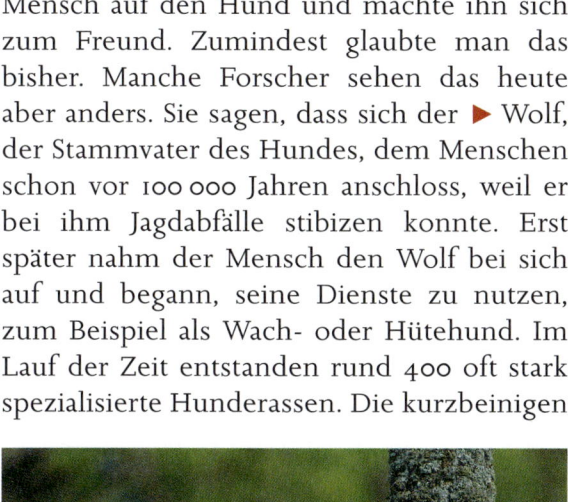

QUIZBOX

Haben Hunde einen Bauchnabel?

Antwort: Ja, Hunde haben einen Bauchnabel, wie alle Säugetiere.

EIN HAUSTIER ENTSTEHT: DIE DOMESTIKATION

Immer wieder hat der Mensch Wildtiere in seine Obhut genommen und weitergezüchtet, weil er sie so besser für sich nutzen konnte. Aus den Fellen stellte man Kleider und Schuhe her, Fleisch und Eier wurden gegessen, die Milch getrunken, starke Tiere trugen Lasten oder zogen den Pflug. Für die Zucht wählten die Menschen immer die Tiere aus, die ihnen für ihren Zweck am geeignetsten erschienen. Sie durften nicht zu wild sein, sondern mussten sich zähmen lassen. Durch die gezielte Auslese veränderte sich das ursprüngliche Aussehen und das Verhalten der Wildtiere ziemlich rasch. Sehr schnell traten zwergwüchsige Formen und wahre Riesen auf. Man beobachtet, dass das Gehirn bei Haustieren kleiner wird, vermutlich weil sie sich nicht mehr in der wilden Natur behaupten müssen. Gleichzeitig hören, sehen und riechen sie schlechter als ihre wilden Verwandten. Dafür sind sie das ganze Jahr über zeugungsfähig und bekommen auch viel mehr Junge. Oft muss der Mensch aber bei der Aufzucht mithelfen, denn die Instinkte der Haustiere sind nicht mehr so deutlich ausgeprägt. So wurde nicht nur der Mensch vom Haustier, sondern auch das Haustier vom Menschen abhängig. Die Haustierwerdung bezeichnet man als Domestikation. Übrigens entstehen auch heute noch neue Haustiere, zum Beispiel Hummer und Scholle oder die Grasnager in Afrika.

STECKBRIEF

Größe: Die größte Kaninchen-rasse ist der Deutsche Riese; die Tiere werden bis 72 cm lang und erreichen ein Gewicht von 7–10 kg.

Merkmale: sehr formenreich, viele Rassen mit langen, z.T. herabhängenden Ohren

Ernährung: Pflanzenfresser mit Vorliebe für Kräuter, Gräser, Karotten, Getreide

Vorkommen: vor allem in Europa und Asien

Besonderheit: Wird auch Stall-hase genannt, aber das Haus-kaninchen stammt vom Wild-kaninchen ab und nicht vom Feldhasen.

Kaninchen Das Wildkaninchen ist in Italien, Spanien und Frankreich weit verbreitet. Bereits die alten Römer hielten Kaninchen in eigenen ummauerten Gehegen. Über die mittelalterlichen Klöster gelangte das Kaninchen nach Mitteleuropa, wo es wieder verwilderte. Heute trifft man die verspielten Tiere beinahe in jedem Stadtpark an. Auch vom Kaninchen gibt es viele verschiedene Rassen, die man zum Beispiel auf Ausstellungen von Kleintierzuchtvereinen bewundern kann. Die so genannten Riesen oder Widder wurden früher wegen ihres Fleisches gehalten. Kinder lieben vor allem Zwerg- oder Angorakaninchen. Ihre Haare sind schlohweiß, weil im Inneren der Haare Luft enthalten ist. Wegen seiner Ähnlichkeit mit dem ▶ Feldhasen und weil man Kaninchen früher oft in kleinen Ställen am Haus gehalten hat, wird das Kaninchen manchmal auch »Stallhase« genannt. Hasen und Kaninchen sind zwar miteinander verwandt, sie haben aber ganz verschiedene Lebensweisen und kreuzen sich nicht. In der Natur leben Kaninchen gesellig in unterirdischen Bauten, während der Hase ein Einzelgänger ist und offenes Feld bevorzugt. ■

STECKBRIEF

Größe: Die größten Katzen-rassen werden über 9 kg schwer.

Merkmale: viele Zuchtformen; im Vergleich zur Wildkatze ist die Hauskatze schlanker und hat einen kleineren Kopf

Ernährung: Fleischfresserin, die vor allem Mäuse und Ratten jagt

Vorkommen: weltweit

Besonderheit: Es gibt auch schwanzlose Formen, z.B. die Manxkatze.

Katze Sind Hauskatzen auch häufig anschmiegsam und freundlich, so bleiben sie doch kleine Raubtiere. Man kann bei ihnen noch viele Verhaltensweisen beobachten, die für ihre Vorfahren notwendig waren, um in der Wildnis zu überleben. Zum Beispiel markieren Hauskatzen ihr Revier. Wird es von einer fremden Katze betreten, wird die »Besitzerin« unruhig. Manchmal greift sie den Eindringling sogar an. In freier Wildbahn bespritzen sowohl Männchen als auch Weibchen Bäume oder Steine mit ihrem Urin, um anderen Katzen ihre Anwesenheit mitzuteilen. Hauskatzen, besonders Kater, kennzeichnen auf diese Weise Tischbeine oder Vorhänge.

Auch der Jagdinstinkt steckt noch in unseren Hauskatzen. Selbst wohlgenährte Katzen machen gelegentlich Jagd auf Vögel und kleine Säugetiere. Wenn die Weibchen rollig, das heißt paarungsbereit, sind, machen sie sich nachts geräuschvoll bemerkbar und sondern einen Duft ab, der die Männchen anlockt. Manchmal werben vier bis fünf Kater gleichzeitig um die Gunst der Katze. Die Schreie der Katzen zur Paarungszeit sind weithin hörbar und erinnern an Kindergeschrei.

MENSCH UND KATZE

Die Stammmutter aller Katzen ist die ägyptische Falbkatze. Beispielsweise zeigt ein fast 5000 Jahre altes Grabgemälde eine Katze mit einem Halsband. Den Ägyptern waren Katzen heilig, sie hatten sogar eine Katzengöttin mit Namen Bastet. Wer eine Katze tötete, wurde selbst hingerichtet. Die Verehrung der Ägypter für die Katze ging so weit, dass sie tote Tiere mumifizierten. Archäologen haben schon viele solcher Katzenmumien gefunden. Von Ägypten gelangte die Katze zu den Griechen und den Römern. Dort löste sie als Mäuse- und Rattenfängerin ein altes Haustier ab: das Frettchen. In die Länder nördlich der Alpen kamen Katzen erst im Mittelalter. Häufig waren es Kreuzfahrer, die sie aus dem Heiligen Land mitbrachten. Langsam breiteten sie sich auf den Bauernhöfen aus und machten sich als Mäusefänger nützlich.

Die Katze begleitet den Menschen zwar schon seit Jahrtausenden, aber sie hat sich bis auf den heutigen Tag eine gewisse Unabhängigkeit von ihm bewahrt. Katzen sind eher an ein Haus gebunden als an den Menschen, der dieses Haus bewohnt. Oft verschwinden sie für viele Tage, und manchmal kommen sie nicht wieder zurück. So verwundert es nicht, dass Katzen besonders leicht verwildern. Sie bleiben dann ganz in der freien Natur. Es kann dabei auch vorkommen, dass sie sich mit der einheimischen Wildkatze paaren.

Neun bis zehn Wochen nach der Paarung sucht die Katze eine ruhige, warme Wurfhöhle, um ihre Jungen zur Welt zu bringen. Wenn sie sich gestört fühlt, zum Beispiel weil jemand die Kätzchen anschauen will, nimmt sie ihre Jungen – eins nach dem anderen – ins Maul und trägt sie an einen anderen Platz. Manchmal versteckt sie ihren Wurf so gut, dass man die Jungen erst nach vier bis fünf Wochen sieht, wenn sie aus ihrem Versteck herauskommen. ■

? QUIZBOX

Warum sind Katze und Hund selten gute Freunde?

Antwort: Die »Sprachen« von Hund und Katze sind sehr unterschiedlich, daher kommt es oft zu großen Missverständnissen. Wenn z.B. die Katze schnurrt, meint der Hund, sie knurre ihn an!

Krähe Krähen gehören zu den Rabenvögeln, vielleicht werden sie deshalb manchmal als »Raben« bezeichnet. Die weitaus häufigste Krähe bei uns ist die Aaskrähe. Sie liebt die Gesellschaft des Menschen und ist heute sehr weit verbreitet, vor allem weil sie in den weitläufigen Kulturlandschaften gut zurechtkommt. Die Aaskrähe tritt bei uns in zwei Formen auf: Im Westen Deutschlands lebt die ganz schwarze Rabenkrähe, im Osten die an Kopf und Hals graue Nebelkrähe. Längs der Elbe treten die beiden Formen nebeneinander auf und vermischen sich auch. Rabenkrähe und Nebelkrähe sind also Unterarten der Aaskrähe. Beide sind wie viele andere Rabenvögel sehr intelligent und vor allem neugierig. Am liebsten nisten sie auf hohen Bäumen in der Nähe von Bauernhöfen, wo es für sie immer etwas zu fressen gibt. Viel seltener als die Aaskrähe ist die Saatkrähe. Auch sie ist ganz schwarz, aber man erkennt sie leicht an einem kahlen, grauen Fleck über dem Schnabel. Die Saatkrähe nistet gerne in Gesellschaft und bildet auf hohen Bäumen oft lärmende Kolonien. ■

📋 STECKBRIEF

Größe: 47 cm lang

Merkmale: Schnabel kräftig, Gefieder ganz schwarz

Ernährung: Allesfresser

Vorkommen: Europa, große Teile Asiens

Besonderheit: Die Krähe hüpft ziemlich ungeschickt.

STECKBRIEF

Größe: Die größte Pferderasse erreicht eine Schulterhöhe von 1,72 m.

Merkmale: viel kürzere Ohren als der Esel, Schweif, meist hängende Mähne

Ernährung: Pflanzenfresser, braucht saftiges Grünfutter und auch Getreide

Vorkommen: weltweit

Besonderheit: Pferde werden im Schnitt nur 20 Jahre alt. Der Rekord liegt allerdings bei 62 Jahren.

Pferd Bevor es den Menschen gab, lebten in weiten Teilen Europas und Asiens Wildpferde. Sie bewohnten eine Vielzahl von Lebensräumen und spalteten sich in mehrere Rassen auf, etwa den europäischen Waldtarpan, den Steppentarpan und das Przewalskipferd. Aus den verschiedenen Wildpferden züchtete der Mensch die Hauspferdrassen. Die Wildformen starben nach und nach aus. Nur das Przewalskipferd hat in einigen wenigen Exemplaren bis heute in der Mongolei überlebt. Hauspferde gibt es seit rund 6000 Jahren. Vermutlich dienten sie zuerst als Reittiere und zogen Streitwagen. Dann setzte man sie in der Landwirtschaft ein, wo sie Pflüge und Wägen zogen. Mit dem Aufkommen des Traktors wurden die Pferde als Arbeitstiere nicht mehr gebraucht. Deswegen ging ihre Zahl lange Zeit stark zurück. In den letzten Jahren haben sie jedoch als Reittiere und Freunde des Menschen ständig an Bedeutung gewonnen.

Pferde gab es ursprünglich nur in der so genannten Alten Welt: in Europa, Asien und Afrika. Nach Amerika und Australien kamen sie erst mit den weißen Siedlern. In manchen Gebieten der USA leben heute große Mustangherden. Mustangs sind aber keine echten Wildpferde, sondern verwilderte Hauspferde. Dasselbe gilt für die australischen Brumbys und für die Dülmener Wildpferde. Bei den Dülmener Wildpferden findet man allerdings noch einige Wildpferdmerkmale, zum Beispiel die Mehlnase und den dunklen Aalstrich auf dem Rücken. Die heutigen ungefähr 200 Pferderassen teilt man zunächst in Warm- und Kaltblutpferde ein. Die Bezeichnungen »kalt« und »warm« beziehen sich aber nicht wirklich auf die Bluttemperatur, sondern auf das Temperament der Tiere. Warmblüter sind lebhafte, feingliedrige Reit- und Rennpferde. Zu ihnen zählen Araber, Trakehner, Hannoveraner, Oldenburger und Englische Vollblüter. Kaltblutpferde haben einen schweren Körperbau und ein ruhiges Temperament. Sie dienen vor allem als Zugpferde. Die Ritter des Mittelalters mit ihren schweren Rüstungen saßen auf solchen Kaltblutpferden. Als Ponys bezeichnet man allgemein Kleinpferde mit einer Schulterhöhe von unter 148 Zentimeter. Dazu gehört das genügsame Shetlandpony, das meist noch halbwild lebt. ■

Rind Als Stammform des Hausrinds kommt nur der Auerochse, auch Ur genannt, in Frage. Dieses mächtige Wildrind lebte einst in Asien, besiedelte dann aber fast ganz Europa. Kein heutiger Mensch hat den Auerochsen je gesehen, denn das letzte Exemplar starb 1627 in einem Warschauer Gehege. Bereits vor 8000 Jahren wurde in Vorderasien aus dem Auerochsen das Hausrind gezüchtet. Zu Beginn diente es wohl nur als Opfertier – in Indien gelten die Kühe noch heute als heilig und unantastbar. Später wurde das Hausrind zu einer Art Währung: Die Römer nannten das Geld »pecunia«, und das bedeutet nichts anderes als »Vieh«. Damals nutzte man das Fleisch, die Haut und die Hörner der Rinder. Später wurden sie auch als Zugtiere verwendet. Als Milchspender begann man sie erst sehr spät zu halten.

Das Rind ist das wichtigste Haustier des Menschen. Das Weibchen heißt Kuh, wenn es schon einmal ein Kalb geboren hat. Sonst spricht man von einer Färse. Das geschlechtsreife Männchen ist der Stier. Kastrierte Stiere heißen Ochsen. Ochsen waren früher als besonders starke und ruhige Zugtiere geschätzt. Diese Aufgabe haben inzwischen Traktoren übernommen. Heutige Rinder werden entweder auf Fleisch- oder auf Milchleistung gezüchtet. Eine Hochleistungskuh bringt es auf 25 Liter Milch am Tag, doch leiden solche Tiere oft unter Entzündungen des Euters und brauchen viele Medikamente. Fleischrassen werden meist in speziellen Betrieben gemästet. In Deutschland gibt es im Wesentlichen drei Rassen: Schwarzbunte, Rotbunte und Braunvieh. ■

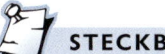 **STECKBRIEF**

Größe: Schulterhöhe bis 1,35 m, Gewicht bis 700 kg

Merkmale: unverwechselbares Aussehen, Maul stets feucht

Ernährung: Grünfutter und Heu

Vorkommen: weltweit

Besonderheit: Asiatische Hausrinder heißen Zebus; sie haben einen deutlichen Nackenhöcker, der aus Muskelmasse besteht.

Schaf Das Schaf war eines der ersten Haustiere des Menschen neben dem Hund. Vor über 10 000 Jahren züchteten es die Menschen Vorder- und Zentralasiens aus verschiedenen Wildschafen, vor allem wohl aus dem Steppenschaf und dem Mufflon. Seit etwa 6000 Jahren leben Hausschafe in Mitteleuropa. Die größte Verbreitung haben sie heute allerdings in Südeuropa, der Türkei, in Vorder- und Zentralasien, in Südafrika, Australien und Neuseeland. Das Schaf liefert dem Menschen Fleisch, Wolle und Milch. Die feinste Wolle stammt von den Merinoschafen. In ganz Vorderasien findet man Schafe mit einem dicken Fettpolster an der Schwanzwurzel. Diese so genannten Fettschwanzschafe tragen bis zu sieben Kilogramm Extrafett mit sich herum! ■

 STECKBRIEF

Größe: Die größten Rassen erreichen eine Schulterhöhe von 80 cm.

Merkmale: viele Zuchtformen, lang- oder kurzhaarig, schwarz oder weiß

Ernährung: recht anspruchsloser Pflanzenfresser, der sich auch mit hartem Heu begnügt

Vorkommen: weltweit

Besonderheit: Eine tibetische Rasse hat nur ein Horn, manche nordische Rassen tragen vier oder noch mehr Hörner.

 LÜNEBURGER HEIDE

In Norddeutschland war einst ein großes Waldgebiet. Die Bäume wurden aber schon im frühen Mittelalter gefällt, weil man viel Brennholz zur Salzgewinnung brauchte. Auf den freien Flächen wurden Schafe oder Heidschnucken gehalten und die verhinderten, dass die Bäume nachwuchsen. Sie fraßen nämlich die jungen Triebe ab. An Stelle der Wälder wuchsen Heidekraut und Wacholder. So entstand die Landschaft, die wir heute Lüneburger Heide nennen.

QUIZBOX

Welches dieser Schweine ist kein Schwein?

1. Das Hängebauchschwein

2. Das Warzenschwein

3. Das Stachelschwein

Antwort: Das Stachelschwein gehört nicht zur Familie der Schweine, sondern zu den Nagetieren.

Schwein

Schwein Außer dem Pferd hat der Mensch bislang noch jedes seiner Haustiere als Vorbild für ein Schimpfwort genommen. Am schlimmsten trifft es dabei das Schwein: Alles Schlimme und Schmutzige wird als »Schweinerei« bezeichnet. Dabei ist das Schwein in Wirklichkeit ein reinliches Tier. Im Schlamm suhlt es sich nur, um lästige Hautparasiten loszuwerden. Und wenn man es mit genügend Raum hält, benutzt es immer die gleiche Ecke als Toilette.

Das Hausschwein stammt vom Wildschwein ab. Früher trieb man die Hausschweine in den Wald und auf die Weide. Dort durften sie frei herumlaufen und suchten sich ihr Futter selbst. Besonders gerne fraßen sie Eicheln und Bucheckern. Heute werden die meisten Schweine in Massenbetrieben gehalten. Sie leben auf engstem Raum und können sich oft kaum mehr bewegen. Dafür bekommen sie ihr Futter direkt vor die Schnauze gelegt. Durch Züchtung sind Schweine entstanden, die immer mehr Fleisch und dabei weniger Fett enthalten. Doch für die zusammengepferchten Schweine bedeutet die Enge großen Stress. ◼

Star

Star »Alle Vögel sind schon da«, heißt es in einem Volkslied, und dann werden »Amsel, Drossel, Fink und Star« aufgezählt. Das war früher richtig. Heute bleiben Stare und ▶ Amseln im Winter bei uns und ziehen nicht mehr in den Süden. Der Star hat sich dem Menschen besonders eng angeschlossen. Er ist überall in lichten Wäldern, Parks und Gärten heimisch. In lärmenden Gruppen machen sich die Stare auf Nahrungssuche und fallen zum Leidwesen der Obstbauern gerne über die Kirschen her.

Das Starenmännchen schmettert sein Lied am liebsten von einer Baumspitze, manchmal ahmt es dabei auch andere Vögel nach. Abends versammeln sich die Männchen oft zu großen Scharen, die sich auf bestimmten Bäumen zur Ruhe begeben. Der beliebteste Star ist ohne Zweifel der Beo aus Hinterindien. Wie der Papagei kann er menschliche Stimmen imitieren und ganze Sätze wiederholen. In Indien und Indonesien hält man gerne Beos – so wie bei uns Kanarienvögel oder Wellensittiche. Beos werden in Gefangenschaft bis zu 30 Jahre alt. ◼

Taube Als Noah nach der Sintflut mit seiner Arche am Berg Ararat strandete, sandte er eine Taube aus. Schließlich kehrte sie mit einem grünen Zweig im Schnabel zurück. Seither gilt die Taube als Friedenssymbol. Dabei sind die Männchen, die Täuber, recht zänkische Tiere! Unsere Haustaube stammt von der Felsentaube Vorder- und Mittelasiens ab. Man weiß nicht genau, was den Menschen bewog, diesen Vogel zu züchten. Jedenfalls

gibt es heute rund 100 Rassen, darunter sehr eigentümliche Tiere. Kropftauben können ihren Kropf zum Beispiel enorm aufblasen. Speziell gezüchtete Brieftauben setzte man früher zur Übermittlung von Nachrichten ein. Man schnallte ihnen sogar Minikameras an die Brust, um im Krieg Fotos von gegnerischen Stellungen aufzunehmen.

In unseren Großstädten leben verwilderte Haustauben. Sie finden überall genügend Nahrung und dürfen vielerorts nicht mehr gefüttert werden, um die Verbreitung einzudämmen. Tauben werden inzwischen auch als »Ratten der Lüfte« bezeichnet, weil sie wie die vierbeinigen Ratten Parasiten und Krankheitserreger übertragen. Mit ihrem ätzenden Kot verschmutzen die Stadttauben außerdem Hausfassaden und wertvolle Baudenkmäler. Inzwischen versucht man, die Gebäude durch Netze zu schützen. Die Netze sollen verhindern, dass die Tauben auf den Simsen und Vorsprüngen brüten. ■

STECKBRIEF

Größe: Die größten Rassen werden bis zu 40 cm groß.

Merkmale: Verwilderte Stadttauben sind nur schwer von der Stammform, der Felsentaube, zu unterscheiden.

Ernährung: Körner und Samen

Vorkommen: weltweit

Besonderheit: Die Taube ist das Haustier mit der größten Vielfalt an Formen und Rassen.

Ziege Die Ziege wurde ungefähr zur selben Zeit domestiziert wie das Schaf und gehört somit zu den ältesten Haustieren. Die Wildform ist wahrscheinlich die vorderasiatische Bezoarziege, die dem Steinbock ähnlich sieht. Die Ziege liefert Fleisch, wertvolles Leder, Wolle und sogar Milch, die man meist zur Käseherstellung verwendet. Eine sehr feine Wolle stammt von der Kaschmir- und der Angoraziege, die ihren Namen von der türkischen Stadt Ankara hat. Die Ziege wird oft als »Kuh des armen Mannes« bezeichnet, denn sie ist sehr genügsam. Sie braucht kein spezielles Futter und frisst auch Pflanzen, die andere Tiere nicht mögen. Deshalb wird sie häufig in Regionen gehalten, in denen die Menschen arm sind und der Boden wenig hergibt. Weil Ziegen aber wirklich alles fressen, zerstören sie oft die letzten Reste einer vorhandenen Pflanzendecke. In Nordafrika steigen Zwergziegen sogar auf Bäume, um von den saftigen Trieben zu naschen. Hitze macht den Ziegen nichts aus. Sie kommen viele Stunden ohne Wasser aus. Die Ziegen in den Wüstengebieten der Beduinen können bis zu zwei Tage auf Wasser verzichten. ■

STECKBRIEF

Größe: Schulterhöhe der größten Rasse 1 m, der kleinsten Rasse nur 40 cm.

Merkmale: hervorragende Kletterer, oft kleine Hautfalten am Hals (Glöckchen), Männchen und Weibchen tragen Hörner

Ernährung: Pflanzenfresser

Vorkommen: weltweit

Besonderheit: Zwergziegen in Afrika klettern bei der Nahrungssuche auch auf Bäume.

Boden und Laubstreu

Boden und Laubstreu

Das, worauf wir stehen, bezeichnen wir ganz allgemein als Boden. Geologen und andere Wissenschaftler meinen damit etwas genauer die obersten ein bis zwei Meter Erde. Diese Schicht besitzt meist eine dunkelbraune Farbe und einen sehr komplizierten Aufbau. Der Boden ist nämlich im Laufe von Jahrtausenden aus dem darunter liegenden Gestein entstanden. Dazu waren Hunderte von Lebewesen notwendig: Pflanzen wurzeln im Boden. Sie entnehmen ihm mit ihren Wurzeln Wasser und darin gelöste Mineralsalze. Im Boden graben Mäuse, Maulwürfe, Regenwürmer und Grillen ihre Gänge. In den Lücken zwischen den Bodenkrümeln leben Schnecken, Laufkäfer, Ohrwürmer und Springschwänze. In der Wasserschicht, die die einzelnen Krümel umgibt, halten sich Algen und Einzeller auf. Und überall findet man Pilzfäden und unvorstellbare Mengen von Bakterien.

Jedes Jahr fällt Laub auf den Boden. Es dient vor allem Pilzen, Bakterien und Tieren als Nahrung. Aus den zerfallenen und abgebauten Überresten von Pflanzen und Tieren entsteht Humus. Ein Gärtner, der seine Pflanzenabfälle kompostiert, lässt diesen natürlichen Vorgang auf kleinstem Raum in seinem Garten stattfinden: Mit dem Komposthaufen macht er sich die Lebenstätigkeit von Würmern und Kleinstlebewesen zunutze. Und den Humus, den er auf diese Weise gewinnt, arbeitet er in seinen Gartenboden ein.

STECKBRIEF

Größe: Arbeiterinnen bis 8 mm

Merkmale: baut bis 2 m hohe Kuppelnester

Ernährung: andere Insekten, vor allem Raupen

Vorkommen: weite Teile Europas und Asiens

Besonderheiten: Die Rote Waldameise verspritzt aus dem Hinterleib scharfe Ameisensäure gegen Angreifer.

Ameisen (Rote Waldameise und Rossameise) Ameisen verändern die Umwelt mehr als andere Insekten. Ein gutes Beispiel ist die Rote Waldameise, die im Wald große (bis ein Meter hohe) Kuppelnester baut, die so genannten Ameisenhaufen. Von außen kann man kaum erkennen, dass sich die Nester auch weit in den Boden erstrecken. Unermüdlich bauen die Ameisen Gänge, schichten den Boden um, tragen Samen ein und machen Jagd auf Schädlinge. Alle Ameisenarten leben in Kolonien oder Tierstaaten. Bei unscheinbaren Kleinameisen findet man pro Nest nur rund 50 Tiere. Die größten Nester der Roten Waldameise umfassen über eine Million Tiere. Ein solches Volk frisst am Tag bis zu 100 000 Raupen oder andere Larven, die Bäume und Sträucher gefährden können. Deswegen steht die Rote Waldameise unter Naturschutz und man darf ihre Nester nicht stören.

Aber eine Königin ist immer dabei: Sie ist das einzige fruchtbare Tier im Staat und legt die Eier. Daraus schlüpfen Larven, die sich zu Arbeiterinnen entwickeln. Die kümmern sich um den Nachwuchs, bauen das Nest weiter aus und sammeln Nahrung. Sie wehren sich auch gegen Angriffe: Aus dem Hinterleib verspritzen die Arbeiterinnen der Roten Waldameise gezielt Ameisensäure, die furchtbar brennt, wenn man sie in die Augen bekommt. Noch wehrhafter sind die Knotenameisen, die bei uns überall im Boden vorkommen. Die Arbeiterinnen tragen am Hinterleibsende einen Stachel, mit dem sie empfindlich zustechen. Die betroffene Stelle kann dann erheblich anschwellen. Zu bestimmten Zeiten werden in den Nestern aller Ameisen neue Königinnen und Männchen herangezogen. Die schwärmen nach dem Schlüpfen aus und paaren sich. Bald darauf sterben die Männchen, während die jungen Königinnen neue Kolonien gründen. ■

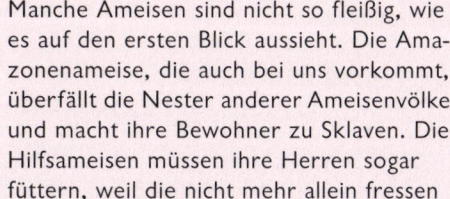

SKLAVENHALTER UND SCHMAROTZER

Manche Ameisen sind nicht so fleißig, wie es auf den ersten Blick aussieht. Die Amazonenameise, die auch bei uns vorkommt, überfällt die Nester anderer Ameisenvölker und macht ihre Bewohner zu Sklaven. Die Hilfsameisen müssen ihre Herren sogar füttern, weil die nicht mehr allein fressen können! Auch die Brutpflege liegt ganz in der Hand der Sklaven. Es gibt übrigens viele Ameisenarten, die bei anderen Ameisen schmarotzen. Doch das tun sie meist klammheimlich; die Diebsameise zum Beispiel stiehlt bei ihrem Wirt nicht nur Abfälle, sondern auch Eier und Larven.

Blindschleiche In vieler Hinsicht ist der Name der Blindschleiche irreführend: Ihre Augen sind nicht einmal besonders klein, und sie ist keinesfalls blind. Der Name leitet sich ab von »Blendende Schleiche«. Damit war ihr goldgelbes Schuppenkleid gemeint. Der Name Blindschleiche ist erst durch einen Übertragungsfehler in die moderne Sprache entstanden.

Die Blindschleiche gehört zu den Echsen, wie der ▶ Gecko, der ▶ Waran oder die ▶ Zauneidechse. Das sieht man auch daran, dass die Blindschleiche wie eine Eidechse ihren Schwanz abwerfen kann, wenn sie sich bedroht fühlt. Später wächst er teilweise wieder nach. Weil sie keine Beine hat, wird die Blindschleiche oft für eine Schlange gehalten. Da sich viele Menschen vor Schlangen fürchten, töten sie sie, weil sie panische Angst davor haben, gebissen zu werden. Das kostete schon viele Blindschleichen das Leben.

Die Blindschleiche kommt überall in lichten Wäldern und Gärten vor. Am liebsten frisst sie kleine Würmer und Schnecken. Die Weibchen legen ihre Eier nicht in den Boden, sondern behalten sie im Körper, bis die Jungen ausschlüpfen. Deshalb nennt man sie auch »lebend gebärend«. In Jugoslawien, Griechenland und im ganzen Balkan ist ein Verwandter der Blindschleiche zu Hause: Der Scheltopusik wird bis zu 1,5 Meter lang und besitzt noch winzige, stummelförmige Reste der Hinterbeine. ■

Engerling und Maikäfer Zu Zeiten unserer Großeltern kannte jedes Kind den Maikäfer und seine fette weiße Larve, den Engerling. In so genannten Maikäferjahren fraßen die Maikäfer oft ganze Gärten und Wälder kahl. Seitdem man den Massenauftritten mit Schädlingsbekämpfungsmitteln zu Leibe rückt, ist er selten geworden. Manche kennen ihn nur noch als Schokoladentier.

Nachdem sich die Maikäfer mit frischen zarten Blättern gestärkt haben, legen die Weibchen ihre Eier in lockeren Boden. Aus dem Ei schlüpft nach einem Monat eine kleine Larve. Sie frisst Wurzeln und lebt drei bis vier Jahre in der Erde, bis sie zum dicken Engerling geworden ist. Dann verpuppt sie sich.

Die erwachsenen Käfer schlüpfen im Mai – daher der Name. Sie können weiß behaart oder ziemlich dunkel und kahl sein. Zoologisch macht das keinen Unterschied, aber der Volksmund bezeichnet die beiden Typen als »Müller« und »Schornsteinfeger«. In Deutschland gibt es zwei Maikäferarten, den Feld- und den Waldmaikäfer. Männchen und Weibchen sind nur an einem Merkmal zu unterscheiden: die Fühler der Männchen haben sieben »Borsten«, die der Weibchen sechs. ■

 STECKBRIEF

Größe: Gehäuse der Weinberg-schnecke bis 4 cm groß

Merkmale: durch das fest am Körper sitzende Gehäuse nicht zu verwechseln

Ernährung: grüne Pflanzen

Vorkommen: Europa

Besonderheiten: Fast alle Schnecken sind Zwitter, also Männchen und Weibchen zugleich.

Gehäuseschnecke (Schnecke) Die größte einheimische Schnecke ist die Weinbergschnecke. Die bis zu vier Zentimeter großen Tiere paaren sich im Mai und Juni. Danach legen sie 40–60 Eier in einem selbst gegrabenen Erdloch ab. Weinbergschnecken gelten als Delikatesse. Zu Kaiser Napoleons Zeiten führten die Soldaten als Notproviant sogar einige Weinbergschnecken im Tornister mit sich. Die Tiere ziehen sich bei Trockenheit nämlich in ihre Schale zurück, verschließen sie mit einem Deckel und warten in einer Art »Trockenschlaf«, bis die Umgebung wieder feuchter wird.

Im Winter graben sich die Weinbergschnecken bis zu 30 Zentimeter tief ins Erdreich ein. Zusätzlich geschützt durch ihren Deckel können sie so den Winter überstehen. Im Frühjahr, sobald die Temperaturen steigen, kommen die Tiere wieder zum Vorschein.

Das Gehäuse einer Weinbergschnecke ringelt sich normalerweise im Uhrzeigersinn. Für Sammler ist es deshalb eine Besonderheit, eine Schnecke zu finden, die linksgewunden ist. Diese Gehäuse haben sogar einen eigenen Namen bekommen: Sie werden als »Schneckenkönig« bezeichnet.

Die Bänderschnecken mit ihren gelben, rosafarbenen oder gelb-braun geringelten Gehäusen sehen sehr hübsch aus. Oft sitzen sie in luftiger Höhe auf Pflanzenstängeln und dünnen Ästen. Wie die ▶Regenwürmer sind Schnecken Zwitter. Ihrer Paarung geht ein kompliziertes Liebesspiel voraus, bei dem sich die Partner einen »Liebespfeil« aus Kalk in den Körper bohren, um sich zu reizen. ■

ZWITTER IM TIERREICH

Was bei Pflanzen häufig ist, kommt bei den Tieren nur selten vor: dass eine Art gleichzeitig (oder nacheinander) männlich und weiblich ist. Die meisten Pflanzen besitzen zwittrige Blüten. Das heißt, sie enthalten sowohl Staubblätter, die männlichen Organe, als auch Stempel, die entsprechenden weiblichen Teile. Der Zoologe spricht im Tierreich von einem Zwitter, wenn ein Tier männliche Samenzellen und weibliche Eizellen produziert. Echte Zwitter findet man im Tierreich selten. Sie sind nur bei den Schnecken, den Regenwürmern und einigen Nesseltieren die Regel.

Schnecken erzeugen Samen und Eizellen in ein und demselben Organ. Andere Zwitter haben getrennte männliche und weibliche Geschlechtsorgane. Meistens verhalten sich Zwitter erst als Männchen, dann als Weibchen. Das ist bei vielen Meeresfischen der Fall, etwa den Zahnbrassen. Besonders merkwürdig benimmt sich die Pantoffelschnecke. Mit ihren Artgenossen bildet sie zur Fortpflanzung Türme aus aufeinander sitzenden Einzeltieren. Dabei sind die untersten Tiere weiblich, die oberen männlich, und die in der Mitte bleiben zunächst unfruchtbar.

STECKBRIEF

Größe: bis 35 mm lang

Merkmale: Körper tiefschwarz, Basis der Flügel hellgelb

Ernährung: Pflanzenfresser und auch Räuber

Vorkommen: Europa und Teile Asiens

Besonderheiten: Grillen sind vor allem nachts aktiv, sie hören mit den Vorderbeinen.

Grille In Fabeln wird die Grille oft als nichtsnutzige Faulenzerin dargestellt. Tatsächlich scheint sie den ganzen Tag nur zu zirpen (zu »musizieren«) – und nicht zu »arbeiten«. Wenn man von jemandem sagt, er habe »Grillen«, ist damit gemeint, er beschäftigt sich mit nutzlosen Dingen. »Die Grillen werde ich dir austreiben« ist die dazu gehörige Redewendung. Ihren »Gesang« erzeugt die Grille, indem sie die Schrillkante des einen Flügels an der Schrillkante des anderen Flügels reibt. Das Zirpen kommt also auf ähnliche Weise zustande, wie die Töne, die entstehen, wenn man mit dem Daumennagel über einen Kamm fährt. Mit dem »Gesang« locken die Männchen die Weibchen an.

Feldgrillen lieben sonnige, warme Abhänge. Dort leben sie in selbst gegrabenen Erdlöchern, in die sie sich bei der geringsten Störung zurückziehen. Die Gänge reichen 30–40 Zentimeter tief in die Erde. Die Weibchen legen dort die Eier ab. Wenn die Larven geschlüpft sind, gräbt jede ihren eigenen Gang, um dort frostgeschützt den Winter zu verbringen. Eine andere Grillenart ist dem Menschen beinahe bis in die gute Stube gefolgt: die Hausgrille oder das Heimchen. Die Hausgrille hält sich am liebsten in Küchen,

Heizungskellern oder Backstuben auf – an Orten, wo es schön warm ist. Dort wird dann auch munter gezirpt, ohne Rücksicht auf menschliche Gehörnerven. Deshalb ist sie nicht immer gern gesehen bzw. gehört. Grillen sind übrigens mit den ▶ Heuschrecken verwandt, haben aber viel kürzere Hinterbeine als diese. ■

STECKBRIEF

Größe: Steinläufer bis 30 mm, Erdläufer bis 60 mm

Merkmale: Steinläufer mit 15 Beinpaaren, Erdläufer mit weitaus mehr

Ernährung: reine Räuber, die im Boden lebende kleine Tiere jagen

Vorkommen: Europa, Nordafrika, Asien

Besonderheiten: Der Steinläufer ist unglaublich schnell, während es der Erdläufer eher gemütlich nimmt.

Hundertfüßer Die Hundertfüßer sind nicht mit den ▶ Tausendfüßern zu verwechseln, obwohl natürlich eine Verwandtschaft besteht. Der häufigste Hundertfüßer, der Steinläufer, besitzt nur 30 Beine. Er läuft rasend schnell und hat einen abgeflachten, sehr beweglichen Körper. Unter Steinen und in der Erde macht er Jagd auf Insekten und Würmer. Er packt sie mit seinen mächtigen Kieferfüßen und spritzt ihnen ein Gift ein.

Der Erdläufer hat eine ganz ähnliche Lebensweise. Er sieht viel schmäler und meist auch viel länger aus als der Steinläufer. Die meisten Erdläuferarten erinnern an lange Riemen mit Beinen daran. Es können mehr als 300 Beine sein – verkehrte Welt: Manche Erdläufer (und damit Hundertfüßer) haben mehr Beine als die meisten Tausendfüßer.

Die größten Erdläufer werden fingerlang, und manche leuchten nachts, obwohl sie selbst nichts sehen, weil ihnen die Augen fehlen. Im Mittelmeerraum lebt der auffällige, kräftig gebaute Skolopender. Er wird bis zu zehn Zentimeter lang und kann den Menschen empfindlich beißen. Man stirbt aber nicht davon, obwohl es viele Einheimische behaupten. In den Tropen erreichen diese Tiere allerdings beeindruckende 20 Zentimeter Körperlänge. Da ist wirklich Vorsicht geboten! ■

STECKBRIEF

Größe: 3 bis 45 mm lang

Merkmale: Körperbau bei allen Arten ziemlich ähnlich, oft schöne Metallfarben

Ernährung: vorwiegend räuberisch, macht Jagd auf Schnecken, Würmer, andere Insekten

Vorkommen: vor allem auf der Nordhalbkugel

Besonderheiten: Laufkäfer verdauen ihre Nahrung durch abgegebene Verdauungssäfte außerhalb des Körpers, dann schlürfen sie die verflüssigte Beute ein.

Laufkäfer

In Mitteleuropa leben einige Hundert Laufkäferarten. Die Mehrzahl ist gedrungen gebaut, hat ziemlich lange Beine und schwarze Flügel. Doch es gibt auch eine Reihe sehr auffälliger Arten, die metallisch glänzende, bunte Flügeldecken besitzen. Zum Fliegen benutzt sie allerdings kaum ein Laufkäfer.

Wie der Name schon sagt, sind die Laufkäfer gut zu Fuß. Sie halten sich meistens im oder auf dem Boden auf. Vor allem in der Nacht machen sie Jagd auf andere Insekten. Tagsüber verstecken sie sich gerne unter Steinen oder Brettern. Die vielleicht merkwürdigste Laufkäferart, die bei uns vorkommt, ist der Bombardierkäfer. Das ist ganz wörtlich zu verstehen: Wenn sich der Käfer gestört oder bedroht fühlt, bringt er in einer »Reaktionskammer« im Hinterleib zwei Flüssigkeiten zusammen. Die Substanzen reagieren heftig miteinander, das Gemisch explodiert. Aus dem Hinterleib des Käfers tritt eine ätzende Gaswolke aus, die über 100 Grad heiß ist! Da kann man sich ganz schön die Finger verbrennen. Und beim Verspritzen seiner Giftmischung zielt der Bombardierkäfer auf den vermuteten Feind. Also Vorsicht! ■

 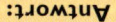

QUIZBOX

Was ist ein Pillendreher?

Antwort: Der Pillendreher ist ein Käfer, der aus dem Dung Pflanzen fressender Säugetiere große Kugeln, so genannte Kotpillen, dreht. Diese Pillen dienen ihm als Futtervorrat, den er leicht wegrollen und dann vergraben kann.

Milbe (Hornmilbe)

In einem Liter Boden können mehrere Zehntausend Hornmilben leben. Sie sind allerdings so klein, dass man sie mit bloßem Auge fast nicht sieht. Sie besitzen einen dicken Panzer, der Hinterleib ist stark verkürzt und sie haben gefährlich aussehende Mundwerkzeuge. Sie fressen winzige Teile von abgestorbenen Pflanzen und unterstützen damit die Humusbildung. Gäbe es die Hornmilben nicht, so würde die Laubschicht auf dem Waldboden immer höher werden und schließlich alles unter sich ersticken.

Die Milben gehören zu den Spinnentieren und haben – wie die Spinnen – acht Beine. Die Milbenverwandtschaft kommt in vielen verschiedenen Formen vor. Nicht wenige sind bunt gefärbt und leben im Wasser. Andere Milben leben auf Pflanzen oder Tieren. Unangenehm sind die Zecken, die man vom Waldspaziergang nach Hause bringen kann. Das sind die größten Milben. Zecken können mit ihrem Biss krankheitserregende Bakterien oder Viren übertragen. Einige Milben schädigen auch Vorräte. Darauf ist vielleicht auch der Name zurückzuführen. Er entstand aus dem Althochdeutschen und bedeutet »mehlmachendes Tier«. ■

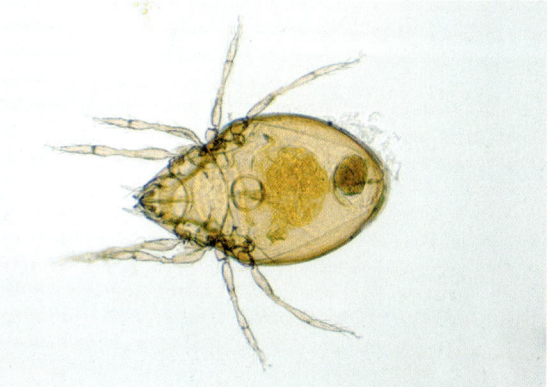

STECKBRIEF

Größe: Die Hornmilbe wird kaum größer als 1 mm.

Merkmale: Körper gewölbt, stark gepanzert, 4 Beinpaare

Ernährung: Teile abgestorbener Pflanzen

Vorkommen: weltweit

Besonderheiten: Die Hornmilben spielen eine große Rolle bei der Humusbildung.

Nacktschnecke Eine Nacht lang hat es geregnet und am anderen Morgen ist das Salatbeet kahl gefressen! Überall sind Schnecken zu sehen. Der erboste Gärtner fragt sich, woher diese Schädlinge so schnell kommen. Vor allem die Nacktschnecken leben im Boden. Wenn es draußen sehr feucht ist, steigen sie nach oben und fallen über die Pflanzen her. Ihr Appetit ist beträchtlich. Die zarten Blättchen raspeln sie mit ihrer Zunge klein, die

funktioniert nämlich wie eine Feile. Wegen der Schäden, die sie anrichten, gehören die Nacktschnecken nicht gerade zu den beliebten Tieren.

Die bekannteste einheimische Nacktschnecke ist die Große Rote Wegschnecke, die trotz ihres Namens auch häufig bräunlich gefärbt sein kann. Sie liebt es feucht und ernährt sich hauptsächlich von Pflanzen.

Die Paarung der Großen Egelschnecke ist einzigartig im Tierreich. Die Tiere steigen auf einen Baum und lassen sich an einem Schleimfaden herabhängen, wobei sie sich eng spiralig umschlingen. ■

STECKBRIEF

Größe: bis 15 cm lang

Merkmale: lang gestreckte Schnecken ohne Gehäuse, rot oder schwarz

Ernährung: Pflanzen, auch Tierleichen und sogar Kot

Vorkommen: Europa

Besonderheiten: Nacktschnecken sind Zwitter; sie können sich sogar selbst befruchten.

STECKBRIEF

Größe: bis 25 mm lang

Merkmale: Kneifzangen am Hinterleibsende

Ernährung: ausschließlich Pflanzenfresser, kann bei Massenvermehrungen Schäden an Obst- und Beerenkulturen anrichten

Vorkommen: Europa, Asien

Besonderheiten: Der Ohrwurm ist ein sehr urtümliches Insekt und treibt doch eine hoch entwickelte Brutpflege.

Ohrwurm Die Ohrwürmer gehören zu den wenigen Insekten, die sich um ihre Nachkommen kümmern. Sie treiben Brutpflege. Das Ohrwurmweibchen legt ungefähr 50 Eier in eine Höhlung in der Erde, besonders gerne unter einem Stein oder Brett. Es begnügt sich aber nicht damit, auf die Eier aufzupassen, es überprüft auch ihre Entwicklung. Falls die Temperatur oder die Feuchtigkeit nicht stimmt, zieht das Weibchen mit seinen Eiern an einen günstigeren Ort um. Es leckt sie immer wieder ab und befreit sie so von Schimmel.

Wenn die Larven schließlich schlüpfen, finden sie bereits Futter vor, das ihre Mutter für sie gesammelt hat. Als Nahrung dienen ihnen Blüten, Blätter, Obst und hin und wieder eine Blattlaus. Das Ohrwurmweibchen pflegt seine Larven über mehrere Häutungen hinweg. Es begleitet die Jungen sogar auf ihren ersten Erkundungsgängen im Freien. Manchmal geht die Brutpflege sogar so weit, dass sich die Mutter von den Jungen auffressen lässt.

Seinen schrecklichen Ruf wird der Ohrwurm vermutlich nie wieder los, denn schon sein Name erinnert daran: Angeblich soll der Ohrwurm Menschen in die Ohren kriechen. Aber der Wahrheit entspricht es ganz und gar nicht.

Ohrwürmer lieben es, sich in engen Spalten zu verstecken. Am Hinterleib tragen sie ein Paar Zangen, mit denen sie spürbar zwicken können. Trotzdem geht von den »Ohrenkneifern« keine Gefahr aus. ■

Regenwurm In nur einem Quadratmeter fruchtbarer Erde können sich bis zu 1500 Regenwürmer aufhalten und die bringen es auf rund ein Kilogramm Gewicht. Unermüdlich graben die Würmer ihre Gänge und lockern dabei den Boden auf, sodass Luft eindringen und Wasser leichter abfließen kann. Die Regenwürmer fressen sich buchstäblich durch den Boden. Pflanzliche Stoffe verdauen sie und den Rest scheiden sie in Form kleiner Häufchen auf der Erdoberfläche wieder aus. Nachts kriechen sie aus ihren Gängen, um sich frische Blätter zu holen. Durch ihre Lebenstätigkeit erhöhen die Regenwürmer die Fruchtbarkeit des Bodens ungemein. Auf einem Feld mit Regenwürmern erntet man fast doppelt so viel Getreide wie auf einem Feld, in dessen Boden keine Würmer leben.

Regenwürmer sind zwittrig, das heißt, sie besitzen gleichzeitig männliche und weibliche Geschlechtsorgane. Jeweils zwei Tiere begatten sich gegenseitig. Dazu legen sie sich eng aneinander und sondern eine Schleimhülle ab, die sie mehrere Stunden lang wie ein Gürtel umgibt. In dieser Zeit tauschen sie die Samenflüssigkeit aus. Die Eiablage erfolgt später in einen ovalen Kokon, in dem sich nur ein einziges Jungtier entwickelt.

Regenwürmer kriechen, indem sie abwechselnd Längsmuskeln und Ringmuskeln zusammenziehen. Doch das reicht nicht aus. Sie brauchen zusätzlich die feinen Borsten auf jedem Körperring als Widerlager. Wenn man einen sauberen Regenwurm über ein trockenes Blatt Papier kriechen lässt, kann man das Geräusch der Borsten sogar hören. Auf einer glatten Glasplatte sind die Würmer jedoch hilflos und kommen nicht voran. Der australische Verwandte des Regenwurms, der Riesenregenwurm, wird bis zu drei Meter lang. ■

 **STECKBRIEF**

Größe: bis 12 cm lang

Merkmale: unverwechselbare Wurmgestalt mit deutlichen Ringen, sehr beweglich

Ernährung: Teile abgestorbener Pflanzen

Vorkommen: Europa, Asien, auch in andere Erdteile eingeführt

Besonderheiten: Bei längerem Regen müssen sie ihre Erdgänge verlassen, sie könnten ertrinken.

Saftkugler Saftkugler leben ziemlich im Verborgenen unter toten Blättern. Die Weibchen krabbeln auf 17, die Männchen auf 18 Beinpaaren umher. Obwohl ihnen noch weit über 900 Beine fehlen, zählen die Saftkugler doch zu den ▶ Tausendfüßern.

Ihren Namen haben sie von zwei bemerkenswerten Fähigkeiten: Zum einen rollen sich die Tierchen bei der leisesten Störung zu einer vollkommenen Kugel zusammen. Das macht sie schon fast unangreifbar. Um das zu ermöglichen, ist ihr Körperpanzer in mehrere Segmente unterteilt, wie der Panzer eines ▶ Gürteltiers. Und zum anderen sondern sie aus der Haut zwischen den Rückenplatten einen Saft ab, der ein starkes Gift enthält, ein so genanntes Alkaloid. Das lässt sie für Feinde noch abschreckender wirken. Bei der Paarung packt das Männchen das Weibchen mit Klammerbeinen am Körperende. Mit einigen der vorderen Beine formt es ein Erdkügelchen und beschmiert es mit seinem Samen. Dann wird die Kugel nach hinten durchgereicht. Die Klammerbeine bringen den Samen dann in den Körper des Weibchens. ■

 **STECKBRIEF**

Größe: bis 2 cm lang

Merkmale: gedrungene, panzerartige Körperform; pro Körpersegment zwei Beinpaare

Ernährung: nur Teile abgestorbener Pflanzen

Vorkommen: Europa und Teile Asiens

Besonderheiten: Der Saftkugler kann sich bei Gefahr zu einer vollkommenen Kugel einrollen und gibt dabei gleichzeitig einen stinkenden Giftcocktail ab.

Springschwanz Springschwänze springen tatsächlich mit ihrem Schwanz. Sie haben am Ende des Hinterleibs eine Sprunggabel, die sie nach vorne unter den Leib klappen. Dort rastet sie ein. Bei Gefahr spannen sie die Sprunggabel an, bis sie blitzartig nach hinten ausschlägt. Die gespeicherte Energie entlädt sich in kürzester Zeit wie beim Bogenschießen. Deswegen kann der Springschwanz bis zu hundertmal so weit springen, als er selbst lang ist. Die meisten Springschwänze sind kleiner als ein Millimeter. Sie leben vor allem in den Spalten und Poren des Bodens. Dort fressen sie Pflanzenteile, Algen und Pilzfäden. Wie die ▶ Milben spielen sie bei der Entstehung des Humus eine große Rolle. In einem Liter fruchtbarer Erde können bis zu 4000 Springschwänze leben.

Im Frühjahr sammeln sich im Wald oft Tausende tiefblau gefärbter Springschwänze auf der Oberfläche von Pfützen. Dort bilden sie eine wimmelnde Masse. Wegen der Oberflächenspannung des Wassers gehen sie nicht unter. Auch im Hochgebirge kann man gelegentlich Massenansammlungen von Springschwänzen beobachten. Die Tiere erweisen sich dabei als nahezu unempfindlich gegenüber Kälte und krabbeln noch bei minus 6 Grad Celsius in Eis und Schnee herum – ein Rekord im Insektenreich. Die Springschwänze gehören nämlich zu den Insekten; das heißt, sie haben sechs Beine wie Ameisen, Käfer oder Bienen. Allerdings fehlen ihnen die Flügel, ähnlich wie dem verwandten ▶ Silberfischchen. ■

Tausendfüßer (Schnurfüßer) Die Bezeichnung »Tausendfüßer« ist eine blanke Übertreibung! Den Rekord hält eine tropische Art mit gerade 680 Beinen. Einheimische Arten bringen es auf rund 100 Beine. Trotzdem darf man sie nicht mit den ▶ Hundertfüßern verwechseln. Die meisten Tausendfüßer haben im Gegensatz zu diesen einen kreisrunden Körper. Dieser ist in zahlreiche gleich gestaltete Ringe oder Segmente eingeteilt. An jedem Ring hängen zwei Beinpaare.

Die Tausendfüßer sind harmlose Pflanzenfresser. Sie tragen einen mit Kalk verstärkten Panzer. Aus Drüsen an den Seiten der Ringe können sie eine meistens rot gefärbte stinkende Flüssigkeit abgeben – einen ätzenden Chemiecocktail. Damit halten sie sich Feinde vom Leib. Diesen ätzenden Chemiecocktail nutzen einige Affen: Sie fangen Tausendfüßer und reiben ihren Körper mit der Giftmischung ein. So sind sie einigermaßen geschützt vor Mücken und anderen Blutsaugern. Einige Tausendfüßer schützen sich bei Gefahr auch dadurch, dass sie sich zu einer perfekten, unangreifbaren Kugel einrollen, wie beispielsweise der ▶ Saftkugler, der dadurch für Feinde unangreifbar ist. ■

Weberknecht

Weberknecht Weberknechte sind Spinnentiere mit acht überlangen Beinen. Die Beine dienen den Tieren nicht nur zum Laufen: Sie können sich damit auch gut festhalten, indem sie die Endglieder der Beine wie eine Spirale um Grashalme wickeln. Das zweite Beinpaar ist das längste. Die Weberknechte strecken es nach vorne und tasten damit ihre Umgebung ab. Sie können damit sogar schmecken.

Spinn- oder Giftdrüsen besitzen sie nicht. Vor ihren Feinden schützt sie nur die Flucht. Dabei erreichen die Spinnentiere, die im Volksmund auch Schneider, Schuster oder Zimmerleute heißen, hohe Geschwindigkeiten. Wenn die Flucht nichts mehr hilft, werfen sie ein oder zwei Beine ab. Diese zucken noch minutenlang weiter und lenken den Feind ab, während der Weberknecht entkommt. Die abgeworfenen Beine wachsen zwar nicht nach, aber selbst wenn dem Tier zwei bis drei Beine fehlen, kann es sich immer noch recht gut bewegen. Weberknechte leben räuberisch. Die eher kurzbeinigen Brettkanker beispielsweise spüren kleine Gehäuseschnecken auf. Sie halten die Kalkschalen mit ihren Beinen fest, greifen mit den großen Fangscheren hinein und schneiden sich Fleischstücke ab. ∎

STECKBRIEF

Größe: mit Beinen bis 6 cm lang, Körper aber höchstens 1 cm lang

Merkmale: 4 extrem lange und dünne Beinpaare

Ernährung: Räuber, der auf kleinere Insekten Jagd macht

Vorkommen: weltweit

Besonderheiten: Wenn er sich bedroht fühlt, wirft der Weberknecht eines oder mehrere Beine ab, die dann eine Zeit lang weiterzucken.

Wolfsspinne Die Wolfsspinne ist eine Bodenspinne. Sie baut kein Netz und für sich selbst auch kein Gespinst oder keine Wohnröhre. Die Wolfsspinne lauert Beutetieren auf und überwältigt sie mit einem Satz oder nach einer kurzen Verfolgungsjagd. Dann wird der Körperinhalt des Opfers nach Spinnenart mit Speichel verflüssigt und eingesogen.

Das Männchen zeigt eine auffällige Balz, bei der es mit seinen Tastern winkt. Mit diesen komplizierten beinähnlichen Organen übertragen die Männchen ihren Samen auf die Weibchen. Das Weibchen spinnt für seine Eier ein Säckchen aus Seide und trägt es festgeklebt am Hinterende mit sich herum. Nach dem Schlüpfen halten sich die jungen Spinnen etwa eine Woche lang auf der Mutter auf. Sie nimmt sie überallhin mit. Erst dann zerstreuen sich die Jungtiere und beginnen ein eigenständiges Leben. In Südeuropa leben sehr große Wolfsspinnen in selbst gegrabenen Erdröhren. Sie heißen Taranteln und haben einen schrecklichen Ruf. Wer von ihnen gebissen wird, so glaubt man in Süditalien, muss eine Nacht lang durchtanzen – natürlich den Tanz Tarantella. Aber das ist ein Märchen: Die Tarantel ist nicht giftig. ∎

STECKBRIEF

Größe: bis 25 mm lang

Merkmale: stark behaarte Spinne mit 8 pelzigen Beinen, ganz ohne Netz

Ernährung: räuberisch, jagt vor allem kleine Insekten

Vorkommen: weltweit

Besonderheiten: Die Wolfsspinnenweibchen tragen ihr Eipaket am Hinterleib mit sich herum, bis die Jungen geschlüpft sind.

Wiese

1 Storch

2 Lerche

3 Großer Brachvogel

4 Fasan

5 Rebhuhn

6 Hummel

7 Hermelin

8 Widderchen

9 Heuschrecke

10 Abendpfauenauge

11 Schildwanze

12 Wachtel

13 Maulwurf

14 Kreuzkröte

15 Grasfrosch

Wiese

Unter einer Wiese stellen wir uns in erster Linie eine blühende und farbenprächtige Fläche vor, auf der sich Bienen und Schmetterlinge tummeln und Grillen und Heuschrecken verborgen ihre Lieder singen. Unzählige Insekten besetzen diesen Lebensraum und Säugetiere finden Schutz in den hohen Gräsern. Je nach Jahreszeit blühen Margeriten, Veilchen, Glockenblumen, Skabiosen, Schafgarben und noch viele andere Pflanzen, die ab dem Frühjahr dafür sorgen, dass die Wiese fast wochenweise ihr Farbenkleid ändert.

Die meisten unserer Wiesen werden intensiv in der Landwirtschaft genutzt: als Weide für Kühe zumeist. Um statt der bunten Blumen mehr saftige Gräser zu erzielen, werden die Wiesen regelmäßig gedüngt, vor allem mit Stickstoff. Viele Wiesenpflanzen vertragen diese Stickstoffmengen jedoch nicht und verschwinden. Löwenzahn, Sauerampfer, Bärenklau und Disteln dagegen macht das Düngen nichts aus. Aber die Vielfalt der Wiesen wird dadurch vernichtet. Eine natürlich gewachsene Landschaft sind diese Wiesen aber auch in einer zweiten Hinsicht nicht: Wenn Wiesen nicht regelmäßig gemäht werden, setzen sich innerhalb weniger Jahre kleine Bäumchen fest, die sich nach 10 oder 15 Jahren zu einem Jungwald auswachsen. Im Grunde sind Nutzwiesen künstlich von Menschen geschaffene Lebensräume.

Es gibt je nach Feuchtigkeit viele Arten von Wiesen: u.a. Magerwiesen, Fettwiesen, Salzwiesen, Sumpfwiesen. Entsprechend unterschiedlich ist auch die jeweilige Tier- und Pflanzenwelt.

STECKBRIEF

Größe: Flügelspannweite 8 cm, beim Taubenschwänzchen 5 cm

Merkmale: Hinterflügel mit bunten Augen

Ernährung: Die Raupe frisst Laub verschiedener Bäume, der erwachsene Falter nimmt nichts mehr zu sich.

Vorkommen: Europa, Nordafrika und Asien

Besonderheiten: Wie alle Schwärmerraupen besitzt auch das Abendpfauenauge am Hinterende ein spitzes Horn.

Abendpfauenauge Das Abendpfauenauge ist am liebsten in der Dämmerung unterwegs. Wenn das Abendpfauenauge ruhig dasitzt, sieht es wie ein verwelktes Blatt aus. Fühlt sich der Schmetterling aber bedroht, so spreizt er die Vorderflügel ab und lässt die bunten Augen auf seinen Hinterflügeln aufblitzen. Dadurch werden mögliche Angreifer abgeschreckt – die »Augen« könnten schließlich einem Feind gehören. Die Zeichnung des Abendpfauenauges heißt deshalb auch Schrecktracht.

Das Abendpfauenauge gehört zu den Schwärmern und hat wie alle Tiere dieser Gruppe einen dicken, stromlinienförmigen Körper. Das Abendpfauenauge nimmt als erwachsenes Tier keine Nahrung mehr zu sich. Andere Schwärmerarten hingegen saugen Blütennektar und »stehen« dabei im Schwirrflug über den Blumen. Die Anzahl der Flügelschläge ist dabei extrem hoch und man kann sogar ein leises Brummen hören. Die Schwärmer gelten nicht umsonst als die besten Flieger unter den Schmetterlingen. ◼

Fasan Den alten Römern ging gutes Essen über alles. Wo immer sie in ihrem Riesenreich auf etwas besonders Leckeres stießen, versuchten sie, es nach Italien zu bringen und dort anzusiedeln. So fand auch der Fasan nach Europa. Seinen Namen hat er vom Fluss Phasis am Schwarzen Meer. Ursprünglich kam der Fasan vom Kaukasus über Zentralasien bis nach China vor. In Europa wurde die Fasanenzucht vor allem in Klöstern und an Fürstenhöfen betrieben. Wild lebende Fasane gab es nicht. Die Tiere lebten in so genannten Fasanerien, das waren Käfige mit dichten Bodengewächsen. Aus diesen Zuchten wurden immer wieder Tiere in die Freiheit entlassen. Der schöne Vogel galt zunächst als Jagdwild, das den Herrschern vorbehalten war. Doch schon im Mittelalter war der Fasan in England sehr häufig, und jeder Adlige durfte ihn jagen. In Deutschland sind die Lebensbedingungen für den Fasan nicht ideal. Damit er hier bleibt, müssen ihn die Jäger im Herbst und im Winter füttern. Andernfalls würden die Tiere sterben oder einfach abwandern. Im warmen Italien hingegen ist das nicht nötig. Dort fühlt sich der Fasan wohl.

Der Fasan hat – ebenso wie die ▶ Wachtel und das ▶ Rebhuhn – sehr kurze, breite Flügel. Damit können die Tiere bei Gefahr sehr schnell auffliegen. Doch für einen längeren Flug reicht die Kraft nicht aus. Der Fasan flüchtet ohnehin lieber zu Fuß. Nur wenn es sich nicht mehr umgehen lässt, fliegt er auf und zeigt sich dabei deutlich seinem Feind. Das bunte Prachtkleid mit den langen Schwanzfedern trägt nur das Männchen. Besonders auffällig ist der grünschillernde Kopf mit der roten Augenhaut. Die Fasanenhenne ist unauffällig gefärbt und vom Weibchen des Rebhuhns nur schwer zu unterscheiden. Das schützt sie beim Brüten auf dem Boden. ◼

STECKBRIEF

Größe: Männchen bis 89 cm lang, Weibchen bis 63 cm

Merkmale: Männchen farbenprächtig mit langen Schwanzfedern, Weibchen unauffällig braun

Ernährung: überwiegend Körner und Beeren, auch Insekten

Vorkommen: Europa, Asien

Besonderheiten: Das Alter der Fasane erkennt man an den Sporen der Füße.

STECKBRIEF

Größe: bis 6 cm lang

Merkmale: stumpfschnäuziger, vorwiegend brauner Frosch

Ernährung: Kleintiere, besonders Insekten

Vorkommen: Europa und Asien, meidet aber warme Gebiete

Besonderheiten: Der Grasfrosch kann an sonnigen Frühlingstagen schon unter dem Eis des Gewässers aktiv sein.

Grasfrosch Grasgrün sind unsere Grasfrösche streng genommen nicht, sondern eher braun mit leicht grünlichem Schimmer. Im Frühjahr treffen sich die Männchen und Weibchen der Grasfrösche in kleinen stehenden Gewässern und paaren sich. Die Männchen klettern dabei auf den Rücken der Weibchen und halten sich hier fest. Während das Weibchen seine Eier, den Laich, in Klumpen abgibt, spritzt das Männchen seinen Samen darüber. Die Befruchtung der Eizellen findet also außerhalb des weiblichen Körpers statt. Manche Eier bleiben dabei unbefruchtet und entwickeln sich nicht weiter.

Nach der Eiablage verlassen die Grasfrösche das Gewässer und entfernen sich oft weit von ihm. Deswegen kann man diesen Fröschen auch oft auf Wiesen begegnen. Ihre Nachkommen müssen alleine groß werden. Sie entwickeln sich vom Ei zur Kaulquappe und schließlich zum Frosch. Das dauert etwa ein Vierteljahr. Erst im Herbst kehren die Grasfrösche wieder zu ihren Gewässern zurück und überwintern im Schlamm. Mit dem Grasfrosch sind zwei weitere so genannte Braunfrösche nah verwandt, der Moorfrosch und der Springfrosch. Die Männchen des Moorfroschs können zur Paarungszeit eine himmelblaue Farbe annehmen! Der Springfrosch sieht dem Grasfrosch sehr ähnlich, hat aber deutlich längere Hinterbeine und kann deshalb auch viel weiter springen als dieser. Grasfrösche ernähren sich am liebsten von Insekten, die sie mit ihrer klebrigen Zunge fangen. Mit dem oft sehr lautstarken Froschquaken werden die Weibchen angelockt. ■

STECKBRIEF

Größe: 55 cm lang

Merkmale: großer, langbeiniger Vogel mit weißem Bürzel und langem, gebogenem Schnabel

Ernährung: Insekten, Regenwürmer

Vorkommen: Europa, Nordafrika, Asien

Besonderheiten: Der Brachvogel flötet gerne und fällt durch seine Stimme auf.

Großer Brachvogel Das Auffälligste an diesem Vogel ist sein Schnabel: Der wird bis zu 13 Zentimeter lang und ist nach unten gekrümmt. Das und seine langen Beine machen diesen Vogel unverwechselbar. Der Brachvogel brütet auf offenen Flächen, besonders gerne auf feuchten Wiesen. Seinen Namen erhielt er, weil er früher sein Futter oft auf unbestellten Äckern suchte, den so genannten Brachen. Heute ist der Brachvogel sehr selten geworden. Der Grund liegt im Rückgang geeigneter Brutgebiete und in der Jagd.

Der Brachvogel lässt gerne seine Stimme hören. Für viele Anlässe hat er einen eigenen Ruf, zum Beispiel für die Begrüßung seiner Partnerin. Wenn man ihm zu nahe kommt, fliegt er auf und ruft mehrmals laut »kuu-e«, während er über dem Eindringling kreist. Die Brachvögel, die bei uns brüten, überwintern in Nordafrika. Dafür machen Tiere, die in der Tundra gebrütet haben, bei uns Halt und verbringen den Winter beispielsweise im Watt. ■

Hermelin

Hermelin Das Hermelin wird oft einfach nur Wiesel genannt – oder auch Großwiesel im Gegensatz zum kleineren, aber ähnlichen ▶ Mauswiesel. Im Sommer ist das Fell des Hermelins braun, im Winter reinweiß (bis auf die schwarze Schwanzspitze). Dieses Fell heißt der Hermelin, während mit der Bezeichnung das Hermelin das Tier gemeint ist. Nur hohe Adlige durften früher Hermelin tragen, etwa als Fellbesatz an Mützen und Mänteln. Und allein Königen war das Recht vorbehalten, ganz aus weißem Hermelin gefertigte Mäntel umzulegen. Hermeline kommen nicht nur auf Wiesen, sondern auch in Parks und anderen aufgelockerten Landschaften vor. Sie können sowohl tags wie nachts unterwegs sein. Ihre Beute besteht vor allem aus Mäusen und Ratten. Damit machen sie sich – vom Menschen aus gesehen – nützlich. Beim Jagen zeigen Hermeline ein eigentümliches Verhalten: Sie töten ein Tier durch einen Nackenbiss und schleppen es sofort in ihren Unterschlupf. Dann kehren sie zurück und suchen weitere Beutetiere – so lange, bis es dort keine mehr gibt. Sie bauen sich einen Vorrat auf. Wenn es ihnen gelingt, in einen Hühnerstall einzudringen, töten sie daher oft mehrere Tiere. ■

STECKBRIEF

Größe: Körper ohne Schwanz bis 30 cm lang, Gewicht bis über 400 g

Merkmale: schlank, sehr gewandt, Schwanzspitze immer schwarz

Ernährung: vor allem Mäuse und Ratten, aber auch andere Tiere wie Vögel und Insekten

Vorkommen: Europa und Nordasien

Besonderheiten: Hermeline fühlen sich in menschlichen Siedlungen wohl, sie sind Kulturfolger.

Heuschrecke

Heuschrecke (Heupferd) Bevor wir sie zu Gesicht bekommen, hören wir sie. Sie singen und zirpen, schnarren und schrillen. Diese Laute erzeugen die Heuschrecken nicht etwa mit dem Kopf, sondern mit Beinen und Flügeln. Man unterscheidet zwei große Gruppen: die Feld- und die Laubheuschrecken. Die Feldheuschrecken haben kurze Fühler und geigen uns etwas vor: Auf den Innenseiten der Schenkel ihrer Hinterbeine liegt je eine Reihe kleiner Zäpfchen. Diese reiben an einer hervortretenden Flügelader, der so genannten Schrillleiste. Einen vergleichbaren Ton können wir selbst erzeugen, wenn wir mit dem Daumennagel über einen Kamm fahren. Die Laubheuschrecken besitzen Fühler, die länger sind als ihr Körper. Und sie musizieren, indem sie die unteren Abschnitte der Vorderflügel aneinander reiben. Meistens tun das nur die Männchen und die Weibchen bleiben stumm. Jede Heuschreckenart hat ihren eigenen typischen »Gesang«. Das Zirpen ihrer Artgenossen hören die Heuschrecken übrigens mit den Beinen! Dort liegen kleine Grübchen, die von einem Trommelfell überzogen sind. Die Wahrnehmung erfolgt dann ähnlich wie im menschlichen Ohr. Heuschrecken haben sechs Beine, wie alle Insekten. Ihre Entwicklung verläuft vom Ei über verschiedene Larvenstadien. Die Larven häuten sich mehrmals und werden dabei dem erwachsenen Tier immer ähnlicher. Anders als Schmetterlinge und Käfer schieben Heuschrecken aber kein Ruhestadium (Puppe) ein. Deswegen nennen die Zoologen diese Art der Verwandlung auch »unvollkommen«. ■

STECKBRIEF

Größe: zwischen 2 und 6 cm lang

Merkmale: Hinterbeine zu Sprungbeinen stark verlängert

Ernährung: fast nur Pflanzen, einige große Laubheuschrecken sind auch Fleischfresser

Vorkommen: weltweit

Besonderheiten: Auch die schwarze ▶ Feldgrille gehört zu den Heuschrecken.

STECKBRIEF

Größe: bis 2 cm

Merkmale: pelzig behaart, oft mit farbigen Streifen, tiefer Brummton beim Fliegen

Ernährung: Blütennektar und Pollen

Vorkommen: Europa, Nordafrika, Asien

Besonderheiten: Einige Hummeln leben als Schmarotzer bei anderen Hummelarten.

QUIZBOX

Was gäbe es ohne Bienen und Hummeln nicht?

1. Obst

2. Blüten

3. Zucker

Antwort:

Ohne sie gäbe es kein Obst. Bienen, Hummeln und andere Insekten bestäuben nicht nur die Blüten von Blumen, sondern vor allem auch die der Obstbäume. Erst so kann sich aus den Blüten eine Frucht mit Samen entwickeln.

Hummel

Hummeln sind pelzige Bienen und leben wie diese in Staaten. Allerdings haben die Nester nur eine Lebensdauer von wenigen Monaten. Bei den Hummeln überwintern nämlich nur die befruchteten Weibchen. Wir nennen sie Königinnen. Im Frühjahr beginnen sie mit dem Bau eines Nestes – am liebsten in einem Mäuseloch. Die Königin stellt erst eine Art Gefäß her und füllt es mit Pollen. Darauf legt sie ein paar Eier ab. Bald schlüpfen Larven, die den Pollen fressen. Nach mehreren Häutungen und einer Puppenruhe schlüpfen die ersten Hummeln. Es sind Arbeiterinnen, also unfruchtbare Weibchen, die der Königin helfen. Jetzt wächst der Hummelstaat schneller, denn die Arbeiterinnen holen von draußen neuen Pollen. Die Königin bleibt im Nest und legt Eier. Im Lauf des Sommers entstehen neben vielen Arbeiterinnen auch Männchen und fruchtbare Weibchen. Diese paaren sich miteinander. Im Herbst sterben alle Männchen und alle Arbeiterinnen ab. Übrig bleiben nur die befruchteten Königinnen. Im nächsten Jahr beginnt der Kreislauf von neuem. Hummeln spielen für die Bestäubung vieler Pflanzen eine große Rolle, zum Beispiel für unsere Obstbäume. Geschützt durch ihr dichtes Fell können sie zudem der Kälte viel länger trotzen als die Biene. Leider geht die Zahl dieser pummeligen und brummeligen Insekten stark zurück, ohne dass man genau wüsste

warum. Hummeln sind harmlos, wie Bienen und Wespen haben sie zwar einen Stachel, aber sie setzen ihn nur selten ein. Außerdem sind ihre Stiche nicht gefährlich.

Hummeln geben der Wissenschaft aber noch ein Rätsel auf: Eigentlich sind sie viel zu schwer, um fliegen zu können. Und trotzdem halten sie sich in der Luft. ■

SOZIALPARASITEN

In Deutschland leben ungefähr 35 Hummel- und 10 Schmarotzerhummelarten. Die Schmarotzer sehen echten Hummeln sehr ähnlich. Doch die Weibchen haben keinen Sammelapparat und können somit weder Pollen noch Nektar eintragen. Deshalb verfolgen sie eine ähnliche Strategie wie der Kuckuck und legen ihre Eier in die Nester anderer Hummelarten. Ihre Larven leben dann von den Vorräten ihrer Wirte. Diese Form des Schmarotzertums nennen die Biologen Sozialparasitismus. Man findet sie auch bei vielen anderen Bienenarten und ganz besonders bei den Ameisen.

Kreuzkröte

Kreuzkröte Kreuzkröten sind Vagabunden – ganz im Gegensatz zu den gewöhnlichen Kröten, den Erdkröten. Sie ziehen umher und sind einmal auf Wiesen, dann wieder in Kiesgruben zu finden. Ihre Eier legen Kreuzkröten in Gewässer, die oft nur für kurze Zeit bestehen, zum Beispiel nach schweren Regenfällen in größere Pfützen oder kleine Tümpel. Die Larven müssen sich schnell entwickeln, damit das Wasser nicht verdunstet ist, bevor sie es verlassen können. Bei Gefahr springt die Kreuzkröte nicht, wie ein Frosch, sondern sie rennt! Das sieht manchmal fast so aus, als würde eine Maus weghuschen. Wie die Kreuzkröte streift auch die mit ihr verwandte, aber viel schöner gezeichnete Wechselkröte umher. Sie zeigt ein auffälliges Muster von dunkelgrünen Flecken

auf weißlichem Untergrund. Leider werden beide Krötenarten in Mitteleuropa immer seltener und stehen auf der ▶ Roten Liste. ■

DIE ROTE LISTE

Viele Länder führen eine Rote Liste. Darin sind solche Pflanzen- und Tierarten verzeichnet, die in ihrem Bestand gefährdet sind. Man unterscheidet dabei folgende Gruppen:

0: ausgestorbene oder verschollene Arten; bei den Säugetieren sind dies in Deutschland sieben Arten, darunter der Braunbär.

1: vom Aussterben bedrohte Arten; nur Schutzmaßnahmen können die Situation verbessern. Vom Aussterben bedroht sind bei uns zum Beispiel der Weißstorch und das Rebhuhn.

2: stark gefährdete Art

3: gefährdete Art

4: möglicherweise gefährdete Art

Am stärksten sind in Deutschland die Reptilien bedroht, also Schlangen und Eidechsen. Über die Hälfte aller Arten ist stark gefährdet oder vom Aussterben bedroht, und fast alle anderen gelten als gefährdet. Nicht viel besser ergeht es den Amphibien; zu ihnen zählen Frösche, Kröten, Salamander. In dieser Gruppe gelten die meisten Arten als gefährdet. Bei den Insekten sind dies vor allem die Arten, deren Larven in sauberem Wasser leben müssen: Eintagsfliegen, Steinfliegen, Köcherfliegen und Libellen. Auch von ihnen ist rund die Hälfte aller Arten schon ausgestorben oder gilt als gefährdet.

STECKBRIEF

Größe: bis 9 cm

Merkmale: gelber Längsstrich auf der Rückenmitte

Ernährung: Insekten, Würmer

Vorkommen: Spanien, Frankreich, Mitteleuropa bis Südnorwegen

Besonderheiten: Die Kreuzkröte liebt trockenwarme Lebensräume und ist daher oft auf Sandboden zu finden.

Lerche

Lerche (Feldlerche) Nur wenige Singvögel brüten auf dem Boden. Die Feldlerche, die sich die Wiese als ihr Revier ausgesucht hat, gehört dazu. Mit ihrem braun gesprenkelten Federkleid ist sie ihrer Umgebung gut angepasst. Auch ihre Jungen sind im Nest fast nicht zu erkennen. Ihr erstes Federkleid erinnert ein bisschen an welke Grasbüschel – eine perfekte Tarnung.

Feldlerchen brüten dreimal im Jahr, zwischen März und Juni. Die Jungen sind bereits nach zehn Tagen flügge. Lerchen sind typische Vögel offener Lebensräume. Besonders in den Steppen Asiens leben viele verschiedene Arten, wie die Haubenlerche und die Kalanderlerche. Ihr Revier markieren die Männchen mit Gesang. Da es in einer Wiese keinen erhöhten Punkt gibt, tun sie dies im Flug. Sie steigen steil nach oben, rütteln etwas und gleiten in einer weiten Spirale

zurück auf den Boden. Nur wenige Vögel beherrschen wie die Lerche die Kunst, im Flug zu singen. Ihr Gesang ist zu hören, sobald die Sonne aufgegangen ist. Wenn sie wieder auf dem Boden sind, landen sie übrigens nie direkt neben ihrem Nest. Sie wollen mögliche Feinde nicht aufmerksam machen. ■

STECKBRIEF

Größe: 18 cm lang

Merkmale: unauffälliger Vogel, der sehr viel läuft

Ernährung: Körner, Samen, Insekten

Vorkommen: Europa, Nordafrika, Teile Asiens

Besonderheiten: Die Lerche duckt sich bei Gefahr erst, bevor sie flüchtet. Mit seinem Gesang grenzt das Männchen sein Revier ab.

jeder. Aber zu sehen bekommt man den Buddler nur, wenn man ihn wie Buschs Gärtner Knoll ausgräbt. Jedoch ist das heute streng verboten, denn der Maulwurf steht unter Naturschutz!

Der Maulwurf gräbt sich ein weit verzweigtes Gangsystem unter der Erde. Im Zentrum steht eine geräumige Nistkammer. Sie liegt ungefähr 50 Zentimeter tief im Boden. Immer wieder läuft der Maulwurf seine Gänge ab, um eingedrungene Beutetiere zu verzehren. Besonders gerne mag er Regenwürmer. Ein Maulwurf muss jeden Tag so viel fressen, wie er selbst wiegt: rund 100 Gramm. Wenn er mehr Würmer findet, als er zum Sattwerden braucht, lähmt er seine Beute durch einen Biss und legt sich ein Wurmlager an als Vorrat.

Der Maulwurf ist sehr gut an seinen unterirdischen Lebensraum angepasst. Er hört ausgezeichnet, sieht aber nur wenig. In seiner Haut besitzt der Maulwurf mehr Tastsinnesorgane als jedes andere Säugetier. Damit fühlt er schon kleinste Erderschütterungen, zum Beispiel die von Beutetieren, die durch seine Gänge laufen.

Die Vorderbeine des Maulwurfs sind zu Grabschaufeln umgewandelt. Um gleich gut vorwärts und rückwärts kriechen zu können, lassen sich die Haare im Fell nach vorne oder nach hinten klappen. Dieses Fell ist übrigens seidenweich. Früher stellte man daraus sogar Mäntel her. Dafür brauchte man allerdings über 300 Maulwurfsfelle!

STECKBRIEF

Größe: Männchen bis 15 cm lang und 100 g schwer, Weibchen bis 70 g schwer

Merkmale: Körper walzenförmig, Kopf mit Rüssel, große rosarote Grabschaufeln

Ernährung: Regenwürmer, Larven, Insekten

Vorkommen: Westeuropa bis Mongolei

Besonderheiten: Der Maulwurf hält keinen Winterschlaf.

Maulwurf

In seinem Garten freudevoll
Geht hier ein Gärtner namens Knoll.
Doch seine Freudigkeit vergeht;
Ein Maulwurf wühlt im Pflanzenbeet.

So schrieb Wilhelm Busch 1874 in seiner Bildergeschichte »Der Maulwurf«. Fassungslos schauen heute wie damals Hobby- und Berufsgärtner auf die Erdhügel, die sich wie Perlen einer Kette in ihrem Garten aneinander reihen. Den Kerl, der den Rasen oder die Gemüsebeete zerstört, kennt dem Namen nach

QUIZBOX

Wie orientiert sich der Maulwurf unter der Erde?

1. Mit den Augen

2. Mit Tasthaaren

3. Mit der Nase

Antwort:

Maulwürfe sind nahezu blind. Zur Orientierung haben sie eine Art Schnurrhaare an der Schnauze. Mit ihrer Hilfe bewegt sich der Maulwurf zielsicher durch die unterirdischen Gänge.

 STECKBRIEF

Größe: 30 cm lang

Merkmale: brauner hufeisenförmiger Fleck auf der Brust (Fasanenhenne ohne)

Ernährung: überwiegend Körner und Beeren, auch Insekten

Vorkommen: Europa und Teile Asiens

Besonderheiten: Das Rebhuhn ist ein ausgesprochener Bodenvogel, der sich so gut wie nie auf erhöhte Punkte setzt.

Rebhuhn Mit Weinstöcken (Reben) hat das Rebhuhn nichts zu tun. Der Name geht auf ein nicht mehr gebrauchtes Wort zurück: rep, das bedeutete früher »scheckig«. Dazu kommt, dass Rebhühner bei Gefahr einen Ruf ausstoßen, der wie »repreprep« klingt. Das Rebhuhn war bei uns einst das wichtigste Federwild. Heute steht es auf der ▶ Roten Liste und ist stark gefährdet. Männchen und Weibchen sehen beim Rebhuhn gleich aus, und beide sind vom Weibchen des ▶ Fasans nur schwer zu unterscheiden. Die Henne legt bereits im April zehn Eier in eine Bodenmulde. Drei Wochen lang werden sie bebrütet. Dann schlüpfen die Jungvögel, die schon am ersten Tag das Nest verlassen und ihren Eltern folgen. Die Jungen bleiben ein Jahr lang bei ihren Eltern, bis die nächsten Nachkommen eintreffen. Hahn und Henne sind ihr Leben lang zusammen. ◼

Schildwanze Schildwanzen haben einen gedrungenen Körper mit einem großen Schild darauf. Daher stammt ihr Name. Sie leben auf Kräutern und Sträuchern, aber auch auf dem Boden. Wenn Schildwanzen sich bedroht fühlen, geben sie wie alle Wanzen aus Stinkdrüsen ein übel riechendes Sekret ab.

Alle Wanzen – und allein in Deutschland leben über 900 Arten – besitzen einen Stechrüssel, mit dem sie saftige Pflanzengewebe oder Beutetiere anstechen und aussaugen. Nicht selten werden Käfer und Wanzen verwechselt. Käfer haben aber immer zwei harte Flügeldecken und darunter die weichhäutigen Flügel zum Fliegen. Bei den Wanzen sind die Vorderflügel nur ledrig, niemals hart. Die meisten Wanzen können besser fliegen als Käfer. Außerdem verläuft auch ihre Entwicklung anders als bei den Käfern: Die Larvenstadien werden dem erwachsenen Tier bei jeder Häutung ähnlicher, ein Ruhestadium wie die Puppe fehlt bei den Wanzen. Die Verwandlung gilt deshalb bei Zoologen als »unvollkommen«. ◼

 STECKBRIEF

Größe: nicht größer als 2 cm

Merkmale: fünfeckiger Körperumriss, oft bunte Farben, Schildchen

Ernährung: manche Arten räuberisch von Insekten (besonders von weichhäutigen Larven und Raupen), andere von Pflanzensäften

Vorkommen: weltweit

Besonderheiten: Die abgebildete Schildwanzenart kommt in wärmeren Regionen Deutschlands und im Mittelmeergebiet vor.

DER STORCH KEHRT ZURÜCK

Viele Jahrzehnte lang brütete der Storch fast nur noch in Gehegen. In der freien Natur war er praktisch ausgestorben. Doch nun kehrt er in viele frühere Brutgebiete zurück. Das ist unter anderem auch das Verdienst eines internationalen Storchenprojekts mit der Bezeichnung »Ciconia« (so heißt der Storch auf Lateinisch). Es kümmert sich zum Beispiel darum, dass neue Feuchtgebiete entstehen, wo die Störche wieder Nahrung finden. Es stellt auch Horstunterlagen auf Bäumen und Masten zur Verfügung. Vorbeiziehende Störche sehen sie und lassen sich dadurch zum Bleiben bewegen. Besonders wichtig sind darüber hinaus die Raststätten entlang der Vogelzugroute: Die Störche müssen immer wieder Pausen einlegen und viel fressen, damit sie wieder zu Kräften kommen. Man weiß nämlich, dass von zehn Störchen, die im Herbst in den Süden fliegen, nur einer im nächsten Frühjahr zurückkehrt. Die anderen neun sind meist verhungert.

STECKBRIEF

Größe: 110 cm lang, bis 4 kg schwer, Flügelspannweite 220 cm

Merkmale: schwarz-weißes Gefieder, Beine und Schnabel rot, mit keinem anderen einheimischen Vogel zu verwechseln

Ernährung: alle möglichen kleinen Tiere

Vorkommen: Europa, Nordafrika, Teile Asiens

Besonderheiten: Das Storchenpaar begrüßt sich durch Klappern mit dem Schnabel bei zurückgebogenem Hals; Jungstörche haben schwarze Beine und einen schwarzen Schnabel.

Storch Der Storch ist einer unserer bekanntesten Vögel. Er steht bei allen Völkern in hohem Ansehen, und nirgendwo darf man ihn jagen. Deswegen sagen wir auch, wenn wir sehr erstaunt sind: »Da brat mir einer einen Storch!« So etwas Ungewöhnliches tut man nicht.

Ein fast unausrottbares Märchen dagegen ist, dass der Storch nur Frösche frisst. Er nimmt vielmehr so ziemlich alles zu sich, was sich bewegt: Heuschrecken, Mäuse, Regenwürmer, sogar Schlangen. Störche gehen gerne hinter einem pflügenden Traktor her, weil sie die so ans Tageslicht beförderten Tiere ohne große Mühe fangen können. Sein Nest baut der Storch sehr gerne mitten in menschlichen Siedlungen, oft auf Dächern oder Telefonmasten. Allerdings bekommt ihm die verdrahtete moderne Kulturlandschaft schlecht. Wenn sie sie mit den Flügeln berühren, bekommen sie einen tödlichen Schlag. Deswegen ist der Storch bei uns vom Aussterben bedroht.

Im Herbst ziehen die Störche nach Zentral- und Südafrika. Sie benutzen dabei zwei Routen: Die eine führt über die Meerenge von Gibraltar, die andere über den Bosporus und die Ostküste des Mittelmeers. Sie legen dabei mehr als 10 000 km zurück. Bei der Brutpflege sind die Eltern sehr fürsorglich. Nie lassen sie das Nest unbewacht. Die Jungvögel werden mit vorverdauter Nahrung gefüttert. Erst wenn sie das Nest verlassen, lernen sie, feste Nahrung zu fressen. Die Eltern helfen ihnen noch einige Zeit beim Beutefang.

STECKBRIEF

Größe: 18 cm lang

Merkmale: sehr gut getarnter Bodenvogel

Ernährung: Insekten, Larven, Samen, Körner, auch Pflanzensprosse

Vorkommen: Europa, Teile Afrikas und Asiens

Besonderheiten: Abends hört man die Wachtelhähne oft melodisch rufen (»schlagen«).

Wachtel Der Wachtel ergeht es wie dem ▶ Rebhuhn, mit dem es eng verwandt ist: Beide sind heute so selten geworden, dass sie auf der ▶ Roten Liste stehen. Rebhuhn und Wachtel sehen recht ähnlich aus; allerdings sind die Wachteln deutlich kleiner. Bei einer Störung fliegen sie ebenso ungern auf wie ihre Verwandten. Ihre Flügel sind aber nicht so breit und abgerundet wie beim Rebhuhn, sondern laufen etwas spitzer zu. Dadurch eignen sie sich auch für Flüge über längere Strecken. Tatsächlich verlassen die Wachteln im Herbst ihr Brutgebiet und ziehen nach Afrika. Wachtelmännchen halten sich einen Harem aus mehreren Weibchen, doch zur Aufzucht der Jungen tragen sie nichts bei. Es sind allein die Weibchen, die sich um den Nachwuchs kümmern. Wenn man die Weibchen mit ihren Küken zu Gesicht bekommt, laufen sie meist eilig im Gänsemarsch durch das Gelände. Ihr bräunliches Gefieder mit gelblichen und schwarzen Streifen lässt sie mit dem Untergrund verschwimmen. So sind sie gut getarnt. ■

Widderchen Die Widderchen oder Blutströpfchen gehörten früher zu den häufigsten Tagschmetterlingen. Heute sind sie durchweg selten geworden. Ihr Name bezieht sich vermutlich auf die kräftigen keulenförmigen Fühler, die ein bisschen an die Hörner eines Widders erinnern, und die Bezeichnung »Blutströpfchen« geht natürlich auf die rote Fleckenzeichnung auf grünem oder blauem Grund zurück. Beim Purpurwidderchen sind die Flecken zu einem länglichen Streifen vereinigt. Bei der Färbung handelt es sich um eine Warntracht. Die Widderchen warnen andere Tiere davor, sie zu fressen. Ihr Blut enthält tödliche Blausäure! Ihnen selbst macht das Gift nichts aus.

Die Widderchen saugen gerne gesellig an Disteln, Skabiosen und anderen Blütenkörbchen. Ihre Raupen überwintern am Boden, sie leben von Thymian und Schmetterlingsblütlern. Die Puppe liegt in einem auffälligen gelben Gespinst, das mit Seidenfäden an Pflanzenstängeln festgebunden ist. ■

STECKBRIEF

Größe: Flügelspannweite bis 2,5 cm

Merkmale: schwirrender Flug, sechs rote Flecken auf jedem Flügel

Ernährung: Die Erwachsenen trinken Blütennektar, die Raupen fressen oft Wicken oder Hornklee.

Vorkommen: ganz Europa, Teile Asiens

Besonderheiten: Die Widderchen sind eine außerordentlich formenreiche Tiergruppe.

Hecke und Feld

Hecke und Feld

*Ä*cker, so weit das Auge reicht: Mais in kilometerlangen, schnurgeraden Reihen, riesige Flächen mit leuchtend gelbem Raps, grünwogende Getreidefelder. Die Landwirte fahren mit schweren Traktoren über ihre Felder, um die Böden zu bearbeiten. Sie müssen düngen, damit die Nutzpflanzen wachsen, und Gifte spritzen, die unerwünschte »Unkräuter« und »Schädlinge« vernichten oder wenigstens klein halten. Nur wenige Wildtiere finden hier Schutz oder etwas zu fressen. Landwirtschaftlich genutzte Flächen sind ausgesprochen artenarme Lebensräume und zum Glück besinnen wir uns langsam wieder auf artenreichere Flächen.

Felder werden erst lebendig und interessant, wenn dazwischen Hecken liegen. Das Dickicht aus Büschen und Sträuchern, Disteln und Gräsern bietet verschiedensten Tierarten Unterschlupf. Hier hausen zum Beispiel Füchse und Wiesel, die auf den Feldern Jagd auf Mäuse machen. Hier nisten Vögel und tanzen Schmetterlinge. Je breiter die Hecke, um so besser für die Tiere. Besonders reich waren früher die norddeutschen Knicks. Diese Gebüschstreifen lagen meist auf Erdwällen. Bei der Flurbereinigung wurden Hunderte von Kilometern Knicks gerodet, damit man mit den Traktoren besser über das Land fahren konnte. Bald bemerkte man aber, dass diese Hecken sehr nützlich gewesen waren, weil sie den Wind bremsten. Heute pflanzt man sie als Windschutz erneut an. Auch in anderen Regionen geht man wieder dazu über, an den Feldern Randstreifen unbearbeitet zu lassen, sodass sich die Natur diese Räume zurückerobern kann.

Buchfink Der Buchfink ist einer unserer häufigsten Vögel. Er kommt überall in Wäldern, Gärten, Parks und ähnlichen Lebensräumen vor. Dort kann man den schmetternden Gesang der Männchen hören. Ein einzelnes klangvolles »pink« bedeutet »ich bin hier«. Im Winter besucht der Buchfink gerne Vogelhäuschen, wo er mit seinem kräftigen Schnabel die Sämereien knackt. Der Nachwuchs allerdings will mit Insekten gefüttert werden, die die Eltern meist in den Baumkronen finden. Außerhalb der Brutzeit tun sich die Finken oft nach Geschlechtern getrennt zu größeren Gruppen oder Schwärmen zusammen. Als es noch keine Autos gab, waren die Wege und Straßen voller Pferdeäpfel. Häufig pickte der Buchfink auf der Suche nach unverdauten Samen oder Maden darin herum. Daher rührt auch die wenig schmeichelhafte Bezeichnung »Schmutzfink«, für Menschen, die sich bei allem, was sie tun, bekleckern.

STECKBRIEF

Größe: 15 cm lang

Merkmale: die mit Abstand häufigste Finkenart in Europa; an den weißen Flügelbinden zu erkennen

Ernährung: Körnerfresser, tragen für die Jungen aber auch Insekten ein

Vorkommen: Europa, Nordafrika, große Teile Asiens

Besonderheiten: Der Buchfink bildet zahlreiche Rassen, die sich durch ihren Gesang zum Teil erheblich unterscheiden.

Drossel (Singdrossel) »Eine, die das Singen liebt«, so heißt die Singdrossel mit ihrem wissenschaftlichen Namen Turdus philomelos. Sie gehört in der Tat einer der besten Sängerfamilien im Vogelreich an; weitere bekanntermaßen begabte Mitglieder sind ▶ Lerchen und Nachtigallen. Die nächste Verwandte der Singdrossel ist die ▶ Amsel: Auf den zweiten Blick erkennt man die Ähnlichkeit der beiden Arten, besonders bei den Weibchen. Die Singdrossel war ursprünglich ein Waldvogel. Heute kommt sie überall in Gärten, Parks, Hecken und Feldern vor. Sie hat sich – wie die Amsel – dem Menschen angeschlossen. Beeren frisst sie ebenso gerne wie Insekten. Eine besondere Vorliebe hegt sie jedoch für Gehäuseschnecken. Die schleudert sie auf ausgesuchte Steine, bis sie zerbrechen. Mit der Zeit sammeln sich die Schneckenhausreste um solche Steine herum an, die deshalb manchmal »Drosselschmieden« genannt werden.

STECKBRIEF

Größe: 23 cm lang

Merkmale: amselähnlich mit heller, braun gefleckter Brust

Ernährung: Regenwürmer, Schnecken, im Herbst Beeren

Vorkommen: Europa, Nordafrika und weite Teile Asiens

Besonderheiten: Die Singdrossel fällt durch ihren sehr schönen Gesang auf; sie kann aber auch laut zetern wie die Amsel.

STECKBRIEF

Größe: 46 cm lang

Merkmale: schwarz-weißes Gefieder mit metallischem Glanz, langer grün schillernder Schwanz

Ernährung: Allesfresser

Vorkommen: Europa, Afrika und weite Teile Asiens

Besonderheiten: In Vorderasien ist die Elster der häufigste Vogel überhaupt.

Elster Kaum ein zweiter Vogel hat einen so typischen Ruf wie die Elster. Die Vogelkundler nennen das Geräusch »Schackern«. Besonders wenn sich Elstern zum Schlafen in größeren Gruppen treffen, kann das gemeinsame Schackern zu einem ohrenbetäubenden Lärm werden. Elstern sind mit den ▶ Raben, ▶ Krähen und ▶ Dohlen verwandt und ebenso wie diese intelligente und neugierige Vögel. Nicht selten sammeln die Elstern glänzende Gegenstände und verzieren damit ihr Nest. Man sagt den Elstern sogar eine Vorliebe für Goldschmuck nach.

Elstern sind wie fast alle Rabenvögel Allesfresser. In der Regel suchen sie pflanzliche Nahrung auf dem Boden, doch sie räubern auch gerne die Nester von Kleinvögeln aus und fressen deren Eier und Junge. Sie selbst bauen hoch oben in Bäumen kugelförmige Nester mit einem seitlichen Eingang. ◼

STECKBRIEF

Größe: Spannweite in der Regel 4 cm, beim größten Ordensband bis 8 cm

Merkmale: Vorderflügel meist mit brauner und grauer Zeichnung, selten metallisch (Messingeule) oder grün

Ernährung: Die Falter saugen Blütennektar, die Raupen fressen Blätter der unterschiedlichsten Pflanzenarten.

Vorkommen: weltweit

Besonderheiten: Die Raupen der Eulenfalter sind oft sehr bunt und bizarr geformt, z.B. mit Pinseln und Bürsten.

Eulenfalter Wenn man in einer einsamen Gegend nachts eine Lichtquelle anschaltet, versammeln sich nach kurzer Zeit oft Hunderte von Nachtschmetterlingen. Die meisten davon gehören zu den Eulenfaltern und den Spannern. Die Eulenfalter haben einen kräftigen dicht behaarten Leib und eher schmale Flügel, was sie als schnelle Flieger ausweist. Spanner hingegen sind zarte flatternde Schmetterlinge mit etwas größeren Flügeln.

Eulenfalter sind zwar überwiegend grau und braun gefärbt, doch jede Art hat ihre eigene Zeichnung. Das ist verwunderlich, denn die Falter fliegen bei Dunkelheit, wo ihre komplizierten zarten Muster gar nicht zu sehen sind. Es bleibt bis heute ein Geheimnis, warum Nachtfalter eine so raffinierte Zeichnung besitzen. Einer der häufigsten Eulenfalter ist die Gammaeule. Sie zählt wie der ▶ Distelfalter zu den Wanderfaltern und fliegt jedes Frühjahr vom Süden her zu uns. Die größte einheimische Eule ist das Blaue Ordensband. Es trägt auf den Hinterflügeln ein hellblaues, sehr auffälliges Band, das ihm seinen Namen verliehen hat. ◼

Feldhase Der Feldhase zählt heute bei uns zu den seltenen Tieren, und manche Forscher meinen, er stehe kurz vor dem Aussterben. Obwohl man ihn relativ selten sieht, kennt den Hasen eigentlich jeder; denn er ist ein sehr volkstümliches Tier. Als Osterhase bringt er uns Eier und Geschenke. Er tritt in Märchen und Fabeln als Meister Lampe auf. Mit »Lampe« ist die weiße Schwanzunterseite gemeint, die bei der Flucht wie ein Warnsignal für seine Artgenossen aufblitzt. Weil der Hase nicht angreift, sondern davonläuft, wenn es ihm zu brenzlig wird, sagt man von furchtsamen Menschen, sie seien »Angsthasen« oder hätten ein »Hasenherz«. Andererseits wird als »alter Hase« bezeichnet, wer viel Erfahrung auf einem Gebiet besitzt.

Die Häsin bekommt viermal im Jahr Junge. Sie bringt sie in einer flachen Bodenmulde, der Sasse, zur Welt. Die Hasenjungen bleiben oft lange Zeit allein. Ihr dichtes Fell wärmt sie sehr gut, außerdem haben sie noch keinen Eigengeruch und können von Feinden nicht aufgespürt werden. Nach drei Wochen sind sie selbstständig. Noch während die Häsin trächtig ist und Junge erwartet, kann sie erneut befruchtet werden. Sie trägt dann in ihrem Körper zwei unterschiedlich alte Würfe, und das ist einmalig bei den Säugern. Erstaunlicherweise berichtete darüber schon der griechische Geschichtsschreiber Herodot. Die modernen Forscher nahmen seine Behauptung aber nicht ernst und hielten sie für »Jägerlatein«. Erst vor ungefähr 50 Jahren erkannte ein Schweizer Zoologe, dass Herodot mit seiner Behauptung Recht gehabt

hatte. Aber manchmal lag der antike Hasenforscher auch falsch: Er schrieb zum Beispiel, die männlichen Hasen, die Rammler, würden untereinander Boxkämpfe austragen. Sechs Jahre lang beobachteten britische Forscher mit einem Teleskop Hasen bei ihren Kämpfen und kamen zu einem überraschenden Schluss: Die Häsinnen verprügeln die Rammler. Die Männchen sind dabei erheblich im Nachteil, weil die Weibchen durchweg größer sind als sie. Und sie schlagen herzhaft zu: Manches Männchen verlässt den Kampfplatz mit ausgefransten Löffeln.

Der ▶ Fuchs gilt als der größte Feind des Hasen. Zwischen den beiden herrscht aber eine Art Einvernehmen. Natürlich jagt der Fuchs Hasen. Doch wenn ein Hase den Fuchs gesehen hat, gibt er ihm dies zu erkennen. Dann weiß der Fuchs, dass der Hase wachsam ist. Und bei einer Verfolgungsjagd ist der Hase schneller. Er kann bis zu 70 km in der Stunde erreichen.

 FELDHASE UND KANINCHEN

Beide Tiere werden gerne miteinander verwechselt, besonders weil die Hauskaninchen auch als »Stallhasen« bezeichnet werden, jedoch gibt es eindeutige Merkmale, um sie zu unterscheiden: Kaninchen leben gerne gesellig. Gemeinsam mit anderen Kaninchenfamilien leben sie in einem weit verzweigten unterirdischen Bau, den sie in die lockere Erde gegraben haben. Deshalb findet man ihre Behausungen häufig in Gebieten mit sandigem oder lockerem Boden. Der Feldhase dagegen ist ein Einzelgänger, der keinen Bau

oder kein Nest anlegt. Die Häsin begnügt sich damit, für ihre Jungen eine kleine Erdmulde zu graben. Ihr Lebensraum sind Felder und trockene Wiesen. Im Körpervergleich fällt auf, dass die Ohren der Kaninchen eher kurz und rundlich, die der Hasen lang und spitz sind. Kaninchen werden höchsten 50 cm groß, Hasen dagegen können eine Körpergröße von 70 cm aufweisen, mit kräftigeren Hinterläufen. In der Ernährung sind sie sich aber einig: Beide mögen saftige Gräser, Kräuter, Wurzeln und Rinden.

STECKBRIEF

Größe: Spannweite 35 cm

Merkmale: Mausohr mit rundlichen Ohren (Name!); sonst sind die verschiedenen Fledermausarten nicht leicht auseinanderzuhalten.

Ernährung: fliegende Insekten

Vorkommen: weltweit, das Mausohr in Europa und Teilen Asiens

Besonderheiten: Fledermäuse orientieren sich anhand der aufgefangenen Echos ihrer für uns unhörbaren Schreie.

Fledermaus Fledermäuse sind die einzigen Säugetiere, die richtig fliegen und nicht nur segeln oder gleiten. Ihre Vordergliedmaßen sind stark verlängert, besonders der zweite bis fünfte Finger. Zwischen den Fingern, den Armen, Beinen und dem Schwanz spannen sie ihre Flughaut auf. Die Fledermäuse fliegen akrobatisch mit fast unglaublichen Richtungswechseln. Sie jagen ausschließlich nachts fliegende Insekten. Zwar hört man oft, Fledermäuse könnten nicht gut sehen, das ist aber nicht richtig. Nachts allerdings verlassen sich die Flattertiere auf ihren Gehörsinn und ihre Echopeilung. Sie stoßen 100-mal in der Sekunde hohe Ultraschallschreie aus, die wir Menschen nicht mehr hören. Die Schallwellen dieser Schreie werden von Hindernissen und fliegenden Insekten zurückgeworfen. Das Echo gelangt in das Ohr der Fledermäuse. Anhand dieser Echos orientieren sich die Tiere in der Umwelt und fangen so auch ihre Beute. Kurz vor dem Zuschnappen bilden die Fledermäuse mit ihrer Flughaut eine Art Fangkorb. Sie schließen zum Beispiel eine Motte darin ein und lenken sie zu ihrem Mund.

Den Tag und den ganzen Winter verbringen die Fledermäuse an den Hinterbeinen aufgehängt in Höhlen, Kellern oder Dachböden. Man darf sie dort keinesfalls stören. Bevor sich die Weibchen in die Winterquartiere zurückziehen, paaren sie sich mit den Männchen. Sie werden aber nicht sofort schwanger, sondern bewahren den Samen der Männchen in ihrem Körper auf. Erst im Frühjahr findet die Befruchtung statt. Im Frühsommer kommt dann meist ein Junges auf die Welt und wird mit Muttermilch ernährt. In Deutschland leben über 20 Fledermausarten. Die größte Fledermaus ist mit einer Flügelspannweite von 35 Zentimetern das Mausohr.

ULTRASCHALL BEI TIEREN

Hörbare Luftschwingungen werden als »Schall« bezeichnet. Der tiefste Schall, den wir gerade noch wahrnehmen, schwingt rund 20-mal pro Sekunde hin und her (20 Hertz). Das ist der tiefste Bass, etwa einer großen Orgel. Die höchsten für Menschen hörbaren Töne erreichen rund 20 000 Hertz. Was darüber liegt, wird »Ultraschall« genannt. Viele Tiere können Ultraschall wahrnehmen, Heuschrecken ebenso wie Hunde. Hundebesitzer rufen ihre Lieblinge oft mit einer Ultraschallpfeife. Einige Tiergruppen setzen Ultraschall zur Orientierung und zum Beutefang ein. Die Fledermäuse sind dafür bekannt, aber auch Delfine bedienen sich dieser Methode: Sie senden Ultraschall-Klicklaute aus und fangen deren Echos auf. Je mehr Zeit zwischen Aussenden und Empfangen der Signale vergeht, desto weiter ist das Zielobjekt entfernt. Ein Fettkörper im Kopf des Delfins, die so genannte Melone, bündelt die Schallwellen – ähnlich wie eine Lupe Licht bündelt. Wahrscheinlich können die Delfine ihre Beute mit den erzeugten Druckwellen sogar lähmen. Doch die Fische sind den räuberischen Zahnwalen nicht hilflos ausgeliefert. Zumindest einige Fischarten können die Ultraschall-Klicklaute der Delfine hören und sich noch in Sicherheit bringen, indem sie abtauchen. Auch viele Motten hören die Fledermausschreie und lassen sich daraufhin sofort auf den Boden fallen.

TOLLWUT UND FUCHSBANDWURM

Die Tollwut ist eine Viruserkrankung, die für den betroffenen Menschen meistens tödlich endet. Übertragen wird sie, zum Beispiel durch Bisse oder Kratzwunden, von verschiedenen Wild- und Haustieren.

Auch der Rotfuchs ist ein Träger dieser Krankheit, und bei ihm steckten sich immer wieder Hunde und Katzen an. Deswegen hat man ihn jahrzehntelang mit Schusswaffen und mit Gift verfolgt. Beim Ausräuchern von Fuchsbauen wurden oft auch Mitbewohner wie Dachs und Iltis getötet. Doch je mehr man dem Fuchs nachstellte, um so stärker schien er sich zu vermehren! Der Fuchs war bei uns niemals in seinem Bestand gefährdet. Schließlich setzte sich die Erkenntnis durch, dass es besser ist, die Füchse zu impfen. Man legte

mit Impfstoffen versehene Köder aus, besonders Hühnerköpfe, und hoffte, der Fuchs würde sie fressen.

Verhältnismäßig viele Füchse tragen den Fuchsbandwurm in sich, ohne selbst Schaden zu nehmen. Wenn sich jedoch ein Mensch mit den Eiern dieses Parasiten infiziert, wird er schwer krank. Die Parasiteneier befinden sich im Kot des Fuchses und können, ohne dass man es merkt, mit Waldfrüchten aufgenommen werden. Bis zum Ausbruch der Krankheit vergehen meistens mehrere Jahre.

Obwohl heute in allen Großstädten Hunderte von Füchsen leben, scheint das Risiko einer Infektion mit diesem Bandwurm nicht gestiegen zu sein: Pro Jahr erkranken ein bis zwei Menschen pro Million Einwohner.

 STECKBRIEF

Größe: Kopf und Rumpf bis 90 cm lang, Schwanz bis 60 cm lang, Gewicht bis 10 kg

Merkmale: Körper lang gestreckt, Schnauze spitz, meist rotbraun mit heller Bauchseite

Ernährung: Allesfresser, der nimmt, was er gerade findet – auch Aas, Obst und Beeren, am liebsten jedoch Kleinsäuger und Vögel.

Vorkommen: Nordhalbkugel, in den unterschiedlichsten Lebensräumen

Besonderheiten: Der Fuchs lebt nicht selten im selben Bau mit Dachs, Kaninchen, Steinkauz und sogar Brandente zusammen.

Fuchs Es ist eher unwahrscheinlich, dass ein Fuchs eine Gans stiehlt, wie das Volkslied behauptet. Die Gans ist ihm als Beute zu groß und zu wehrhaft. In der Hauptsache frisst der Fuchs kleine Nagetiere und macht sich dadurch ausgesprochen nützlich. Aber der Fuchs ist auch sonst nicht wählerisch: Er nimmt, was er gerade findet, etwa Tauben, die Nachgeburt von Schafen, Regenwürmer, Aas und sogar Beeren, in ganz seltenen Fällen auch Hasen. Am liebsten ist ihm als Lebensraum lichter Wald und eine Heckenlandschaft. Doch er ist sehr anpassungsfähig und kommt inzwischen fast überall vor, selbst

mitten in der Großstadt, wo er in alten Schuppen und unter Treppen seinen Bau gräbt und sein Futter in Mülleimern findet.

In der Natur bewohnen Füchse über Generationen hinweg dieselben Baue. Diese bestehen aus einem Eingang, vor dem die Jungfüchse gerne spielen, einem Kessel und mehreren Fluchtröhren. An einer abgelegenen Stelle des Baus setzt der Fuchs seinen Kot ab. Der Fuchs ist sehr vorsichtig und beobachtet ständig mit seinen scharfen Sinnen, was in der Umwelt vor sich geht. Er hat einen ausgeprägten Geruchssinn mit rund 200 Riechzellen und erkennt Gefahren sehr schnell. ■

Größe: Rumpf etwa 12 cm, Schwanz ebenso lang

Merkmale: zierliche Maus mit einem gelben Band auf der Brust

Ernährung: Samen, Körner, Beeren

Vorkommen: Europa und fast ganz Nordasien

Besonderheiten: Packt ein Räuber die Gelbhalsmaus am Schwanz, reißt die Schwanzhaut sofort ab, und die Maus entkommt.

Gelbhalsmaus Unter den waldbewohnenden Mäusen ist die Gelbhalsmaus die größte. Man erkennt sie tatsächlich an einem gelben Band, das die beiden Vorderbeine verbindet. Noch markanter ist allerdings die auffällige weiße Unterseite, die sich deutlich von der ockerfarbenen Rückenseite abhebt. Die Gelbhalsmaus liebt dichte Hecken und Wälder. Sie klettert gut und hat ihr Nest in Baumhöhlen oder aufgegebenen Nistkästen. Sie kann weit springen und bringt sich – wenn es sein muss – mit einem Satz in Sicherheit. Das Weibchen wirft drei- oder viermal im Jahr ungefähr sechs Junge. Gelegentlich verlässt die Gelb-

halsmaus ihren waldigen Lebensraum und sucht die Häuser der Menschen auf. Dort tut sie sich an den Vorräten gütlich.

Größe: bis 60 cm lang und damit deutlich größer als der ähnlich aussehende Sperber

Merkmale: Brust regelmäßig quer gestreift, allerdings graubraun und nicht braun wie beim Sperber

Ernährung: Vögel, Kaninchen, gelegentlich wohl auch Feldhasen

Vorkommen: Europa, Nordasien, Nordafrika, Nordamerika

Besonderheiten: Der Habicht fliegt schnell über dem Boden dahin und überfällt vor allem am Boden sitzende Vögel wie Tauben.

Habicht Drei oder vier kurze Flügelschläge, dann gleitet der Habicht knapp über die Hecke. Sofort erkennt er, dass im freien Feld dahinter eine Taube arglos nach Futter sucht. Noch bevor sie aufflattern kann, hat sie der Habicht gepackt und getötet. Er schlägt immer aus dem Hinterhalt zu. Niemals würde er wie der 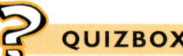 Mäusebussard über offenem Gelände segeln. Ein ähnliches Verhalten wie der Habicht zeigt auch der Sperber, den man als seinen »kleinen Bruder« bezeichnen kann. Beide Greifvögel sind leicht an der Querbänderung der Brust zu erkennen; diese Zeichnung nennt man auch »gesperbert«.

Der Habicht ist außerordentlich weit verbreitet und kommt von Europa und Nord-

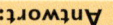
afrika bis nach Japan und auch in Nordamerika vor. Noch vor weniger als 50 Jahren wurde der Habicht häufig getötet, weil er das gleiche Wild jagte wie die Jäger. Dadurch war er eine Zeitlang in seinem Bestand gefährdet.

Habichte bleiben ihren Lebensräumen und ihren Partnern ein Leben lang treu. Als Unterlage für ihre großen Horste nehmen sie gerne Nester anderer Vögel. Das Weibchen legt drei bis vier Eier und brütet sie allein aus. In dieser Zeit wird es vom Männchen, dem Terzel, gefüttert. Nach ungefähr 35 Tagen schlüpfen die Jungen und nach weiteren 50 Tagen werden sie selbstständig. In dieser Nestlingszeit müssen die Eltern viel Nahrung herbeischaffen: Fleißige Vogelforscher haben gezählt, dass das Brutpaar in dieser Zeit über 350 Beutetiere mit einem Fleischgewicht von rund 75 Kilogramm zum Nest schleppt. Im Schnitt reicht ihm dazu ein fünf Quadratkilometer großes Revier aus.

Kohlweißling Früher war der Kohlweißling bei uns sehr häufig – und sehr unbeliebt. Seine grünen Raupen mit den gelben Streifen und den schwarzen Punkten lebten zu Dutzenden auf jedem Kohlkopf. Dort fraßen sie das Grüne der Blätter so weit ab, bis nur noch das Geripp der harten Blattadern übrig blieb. Der Schrecken eines jeden Gärtners. Als sämtliche deutschen Tagfalter unter Naturschutz gestellt wurden, nahm man den Kohlweißling aus. Heute ist er stellenweise selten. In Mitteleuropa fliegen noch weitere Schmetterlinge mit weißen Flügeln, zum Beispiel der Hecken-, der Senf- und der Baumweißling. Letzterer kommt in Russland oft so häufig vor, dass sich ein Schwarm dieser Falter wie ein Schneegestöber ausnimmt. Wenn die Schmetterlinge etwa zur selben Zeit aus ihren Puppen schlüpfen, ist die Umgebung kurze Zeit später rot gesprenkelt – weil die Falter beim Schlüpfen eine Art roten Harn abgeben. Das ist der berühmte Blutregen. ■

STECKBRIEF

Größe: Flügelspannweite bis 6 cm

Merkmale: der größte einheimische Weißling, Weibchen mit schwarzer Zeichnung auf den Vorderflügeln

Ernährung: Der Falter trinkt Blütennektar, die Raupe frisst vor allem an verschiedenen Kohlsorten.

Vorkommen: Europa, Nordafrika, Nordasien

Besonderheiten: Die Raupen des Kohlweißlings nehmen aus ihren Futterpflanzen giftige Senföle auf, die sie für Vögel ungenießbar machen.

Mäusebussard »Katzenadler« nennen viele diesen Greifvogel, denn der Mäusebussard hat einen unverwechselbaren, leicht miauenden Ruf. Tatsächlich sieht seine Silhouette der eines Adlers sehr ähnlich. Insgesamt wird der Mäusebussard aber nur halb so groß wie der Steinadler. Der Mäusebussard hockt gerne am Rand stark befahrener Straßen auf Pfählen und wartet darauf, dass ein Tier von einem Auto überfahren wird. Wie die meisten Räuber begnügt sich auch dieser Greifvogel mit Aas, wenn es welches gibt. Nur wenn er keines finden, geht er selbst auf die Jagd. Dann segelt der Mäusebussard über Felder und erbeutet im Sturzflug vor allem Mäuse. Mit seiner Vorliebe für Kleinnager macht er sich sogar ausgesprochen nützlich. Trotzdem ist der Mensch sein ärgster Feind. Viele Bussarde werden selbst Opfer des Straßenverkehrs, wenn sie auf Autobahnen totgefahrene Tiere auflesen und heranbrausende Autos nicht bemerken. ■

STECKBRIEF

Größe: bis 55 cm lang

Merkmale: Gefiederfarbe stark schwankend, von dunkelbraun bis fast weiß; typisch der miauende Ruf

Ernährung: Kleinsäuger, vor allem Mäuse

Vorkommen: Europa, Nordafrika, Nordasien

Besonderheiten: Der Mäusebussard ist unser häufigster Greifvogel.

sechs Enden trägt. Im August ist den Böcken ein neues Geweih gewachsen. Die abgestorbene samtartige Außenhaut, den Bast, fegen sie dann an Sträuchern ab.

Die Weibchen locken die Böcke durch Fiepen an. Es kommt zu einer Verfolgungsjagd – immer im Kreis herum – und schließlich zur Paarung. Das Rehkitz wird im Mai oder Juni geboren. Das heißt, die Schwangerschaft dauert 10 Monate – also länger als beim Menschen! Verglichen mit anderen Tieren seiner Größe dürfte die Schwangerschaft beim Reh aber nur fünf Monate dauern. Lange rätselten die Zoologen an diesem Problem herum. Dann fanden sie die Lösung: Die befruchtete Eizelle legt eine fünfmonatige Pause ein; erst dann geht die Entwicklung weiter. ■

Reh Das Reh war einmal ein seltenes Waldtier. Doch im Lauf der letzten Jahrhunderte verlor es seine anfängliche Scheu vor dem Menschen und wanderte auch in offene Lebensräume ein. Die kleinen Rudel leben heute gerne am Stadtrand und lassen sich vor allem in der Abenddämmerung leicht beobachten. Eine Verwechslung mit dem Rothirsch ist fast ausgeschlossen: Er ist viel größer, und die Männchen tragen ein ausladendes Geweih mit vielen Enden. Der Rehbock hingegen hat ein kleines Geweih, das nicht länger wird als der Kopf und höchstens

STECKBRIEF

Größe: Schulterhöhe bis 90 cm, Gewicht bis 50 kg

Merkmale: kleines Geweih mit höchstens sechs Enden

Ernährung: Das Reh ist sehr wählerisch, am liebsten frisst es ausgesuchte Kräuter, Knospen, Gräser, aber auch angebaute Pflanzen.

Vorkommen: Europa und Nordasien

Besonderheiten: Rehe sind sehr schwierig in Gefangenschaft zu halten: Die Männchen werden im Erwachsenenalter immer unberechenbar und gefährlich.

STECKBRIEF

Größe: höchstens 9 cm lang, Schwanz 4 cm, Gewicht bis 18 g

Merkmale: rüsselförmige Schnauze, nadelspitze Zähne

Ernährung: Insekten, Spinnen, auch Aas

Vorkommen: Europa, Nordasien

Besonderheiten: Spitzmäuse gehören trotz ihrer Kleinheit zu den gefräßigsten Räubern im Tierreich.

Spitzmaus Die Spitzmäuse sind trotz ihres Namens keine Mäuse. Sie gehören weder zu den Nagetieren, noch fressen sie Samen oder andere pflanzliche Kost. Spitzmäuse zählen wie der Igel und der Maulwurf zu den Insektenfressern. Und sie machen ihrem Namen alle Ehre: Sie sind reine Räuber und Fleischfresser. Man erkennt die Spitzmäuse an ihrer langen Schnauze und den nadelspitzen Zähnchen. Die Tiere sind das ganze Jahr über aktiv – sie müssen es sogar sein. Sie sind nämlich so klein, dass sie über ihre Haut sehr viel Wärme abstrahlen. Als Ausgleich müssen sie Tag und Nacht fressen: in 24 Stunden mindestens ihr eigenes Körpergewicht! Sie nehmen dabei vor allem Würmer und Insekten zu sich. Ihre Beute orten sie mit dem Geruchsinn und dem Gehör. Die Etruskerspitzmaus ist mit zwei Gramm Körpergewicht und

3,5 Zentimeter Länge die kleinste Säugerart der Welt. Wenn sie auch nur ein paar Stunden nichts zu fressen findet, stirbt sie an Hunger und Entkräftung! In Europa leben mehrere Spitzmausarten. Die einheimische Zwergspitzmaus wird doppelt so groß und so schwer wie die Etruskerspitzmaus. Die ▶ Wasserspitzmaus fühlt sich im Wasser sehr wohl und jagt ihre Nahrung an Gewässerufern. ■

Tagpfauenauge Bunte Schmetterlinge flattern nicht nur durch tropische Regenwälder: Das Tagpfauenauge ist der lebende Beweis dafür. Es ist bei uns überall anzutreffen, besonders häufig am Sommerflieder im Hausgarten. Das Tagpfauenauge ist mit dem ▶ Kleinen Fuchs und dem ▶ Admiral verwandt und hat wie diese schwarze Raupen mit verzweigten Dornen auf dem ganzen Körper. Die Raupen leben gesellig und zwar vor allem auf Brennnesseln. Die Falter, die im Herbst schlüpfen, überwintern gerne auch in Wohnungen und Scheunen. Im zeitigen Frühjahr kommen sie dann zusammen mit dem Zitronenfalter als erste an die wärmende Sonne. Die Flügelunterseite trägt übrigens eine dunkle Tarnzeichnung. Mit zusammengeklappten Flügeln ist der Falter in Büschen nicht zu erkennen. ◼

Zaunkönig Mitten im Winter kann man im Garten zwischen den Hecken ein flinkes braunes Vögelchen beobachten, das offensichtlich in Ritzen und unter dem Laub nach Futter sucht. Aber wovon ernährt sich der Winzling? Der Zaunkönig ist so klein, dass er noch in den feinsten Spalten überwinternde Insekten aufspüren kann. Mit einer Körperlänge von neun Zentimetern gehört er zu den kleinsten Vögeln. Keck stellt er seinen kurzen Schwanz auf; neben seiner Größe ist das ein unverwechselbares Merkmal. Ein Männchen hat im Frühjahr meist mehrere Weibchen. Es baut ganz versteckt in Bodennähe kugelförmige Nester. Bei der Balz zeigt das Männchen seiner Angebeteten das Nest. Doch nach der Paarung kümmert es sich lieber um das nächste Weibchen als um das Ausbrüten und die Aufzucht der Jungen. Nur wenn ein Weibchen ausfällt, übernimmt das Männchen dessen Pflichten. ◼

Mischwald

Mischwald

Der Mischwald setzt sich aus Laub- und Nadelbäumen zusammen, meist überwiegt aber eine Baumart, zum Beispiel Buche oder Eiche. Dazu gesellen sich je nach Standort Ahorn, Linde, Esche, Fichte, Kiefer und Tanne. Wie ein Hochhaus bestehen Mischwälder aus mehreren Stockwerken. Biologen nennen diese Stockwerke Kronschicht, Baumschicht, Strauchschicht, Kraut- und Bodenschicht. Jede Schicht bietet bestimmten Tieren des Waldes Nahrung und Unterschlupf. Ohne den Einfluss des Menschen würde dieser natürliche artenreiche Mischwald heute überall in Mitteleuropa wachsen. Aber heute dürfen die Bäume nur noch selten so wachsen, wie sie wollen. Aus wirtschaftlichen Gründen bevorzugen die Forstleute seit über 100 Jahren schnellwüchsige Arten, besonders die Fichte. Sie ist nämlich nach rund 80 Jahren ausgewachsen und kann gefällt werden. So kommt es, dass weite Waldgebiete in Mitteleuropa aus angepflanzten Fichtenforsten bestehen. Hier stehen die Bäume in Reih und Glied. In einem solchen Forst wachsen fast keine anderen Pflanzen mehr, weil es ihnen unter anderem zu dunkel ist. Für Tiere gibt es weder Unterschlupf noch Nahrung. Dazu kommt, dass sich die Fichte nicht für Standorte in der Ebene eignet. Bei den heftigen Stürmen der vergangenen Jahre wurden viele Fichtenforste verwüstet, weil ihre Wurzeln den Baum nicht richtig im Boden verankern.

Baummarder Am Kehlfleck lassen sich Baummarder und ▶ Steinmarder gut unterscheiden. Beim Baummarder ist er gelb und ungeteilt, beim Steinmarder weiß und auf der Brust gegabelt. Die beiden einheimischen Marder bevorzugen außerdem verschiedene Lebensräume. Den Baummarder kann man nur in ungestörten Wäldern weitab von menschlichen Siedlungen beobachten. Seine Lieblingsbeute ist das Eichhörnchen und das zeigt, wie geschickt und schnell er laufen und klettern kann. Einen Leckerbissen scheinen für den Baummarder auch Bienen- und Wespennester darzustellen. Er frisst mit Vorliebe deren fette Larven, ohne sich von den wütend stechenden Arbeiterinnen stören zu lassen. Im Herbst nimmt der Baummarder aber auch Früchte, Beeren und Nüsse. Früher stellte man ihm stark nach, weil er ein wunderschön weiches Fell besitzt. ■

STECKBRIEF

Größe: mit Schwanz bis 75 cm lang

Merkmale: dottergelber, ungegabelter Kehlfleck

Ernährung: Vögel und Nestlinge, Mäuse, Eichhörnchen, sogar kranke Rehkitze, aber auch Früchte und Beeren

Vorkommen: Europa und große Teile Nordasiens

Besonderheiten: Der Baummarder meidet den Menschen, während der nah verwandte Steinmarder dessen Gesellschaft sucht.

Borkenkäfer Bei Förstern war der Borkenkäfer sehr gefürchtet. Nach der Paarung bohrt das Weibchen einen Gang unter der Rinde von Fichten und anderen Bäumen. In regelmäßigen Abständen legt es in diesem Muttergang ein Ei ab. Daraus schlüpfen kleine Larven. Sie bohren Gänge, die senkrecht vom Muttergang abzweigen. Die Larven fressen Holz und wachsen. Dadurch werden auch ihre Gänge immer breiter. Die Larven hören sich gegenseitig fressen und halten sich von einander fern. So entsteht das typische Fraßbild des Borkenkäfers: Von einer senkrechten Linie verlaufen nach rechts und links in gleichmäßigen Abständen waagrechte »Zeilen«. Das hat dem Käfer den Namen »Buchdrucker« oder »Kupferstecher« eingetragen. Das Borkenkäferweibchen befällt jedoch nur kränkelnde Bäume. Diese geben nämlich Duftstoffe ab, die die Käfer geradezu anlocken. Kranke Fichten riechen für diese Insekten anders als gesunde. Wenn ein Borkenkäfer einen solchen Baum gefunden hat, gibt er im Kot winzige Mengen anderer Duftstoffe (Pheromone) ab, die weitere Borkenkäfer anlocken. Wenn Stürme große Fichtenbestände umwerfen, wie in den Jahren 1990 und 1999, kann sich der Borkenkäfer sehr schnell aus-

PHEROMONE

Vor über 100 Jahren bemerkte ein französischer Tierforscher, dass die Weibchen des Nachtpfauenauges die Männchen über kilometerweite Entfernungen anlocken. Nach vielen Versuchen kam er zu dem Schluss, dass sie dies mit Duftstoffen tun. Vor rund 50 Jahren wurde erstmals ein solcher Duftstoff chemisch untersucht. Heute nennt man Substanzen dieser Art »Pheromone« und bezeichnet damit Duftstoffe, die auf andere Tiere wie Signale wirken. Bei vielen Insekten locken sich damit Männchen und Weibchen an. Ameisen teilen sich über Pheromone mit, wo eine Straße verläuft, wo es etwas zu fressen gibt und wo Gefahr droht. Die Insekten verwenden zur Verständigung oft ein Gemisch aus verschiedenen Substanzen.

breiten. Ganz gesunde Bäume sind aber selbst bei einer solchen Massenvermehrung kaum gefährdet. Wenn ein Weibchen ihr Holz anbohrt, wehrt sich der Baum dagegen, indem er den Gang mit Harz verschließt. Das bedeutet den Tod des Käfers. ■

STECKBRIEF

Größe: bis 6 mm

Merkmale: kleine hochrückige zylinderförmige Käfer

Ernährung: Die Larven leben in Gängen unter der Rinde von Laub- und Nadelbäumen.

Vorkommen: Nordhalbkugel

Besonderheiten: Das Fraßbild der Borkenkäferlarven ist oft für die einzelnen Arten typisch.

STECKBRIEF

Größe: Kopf und Rumpf bis 90 cm lang, Schwanz ziemlich kurz

Merkmale: typische schwarz-weiße Streifenzeichnung am Kopf

Ernährung: Allesfresser, der Wurzeln, Früchte und Beeren ebenso nimmt wie Würmer, Schnecken und Nestlinge.

Vorkommen: Europa und Nordasien

Besonderheiten: Den Dachs sieht man fast nur in der Dämmerung und nachts; bei uns ist er ziemlich gefährdet.

QUIZBOX

Welches dieser Tiere hat einen »Bürzel«?

1. Der Hase
2. Der Dachs
3. Der Fuchs

Antwort: »Bürzel« nennt man den Schwanz des Dachses. Auch Wildschweine und Bären haben Bürzel. Der Schwanz des Hasen heißt Blume, der des Fuchses Lunte.

Dachs Vom Dachs wird mit Sicherheit öfter gesprochen – in Form des Frechdachses –, als dass ihn jemand gesehen, geschweige denn über längere Zeit beobachtet hätte. Der Dachs lebt sehr zurückgezogen in Bauen, die seit mehreren Generationen von seinesgleichen bewohnt werden. Der Eingangsbereich ragt oft einen bis zwei Meter über die Umgebung hinaus. Der Bau besteht aus vielfach verzweigten Gängen und mehreren Ausgängen. Fast immer bewohnt eine Großfamilie von etwa 30 Tieren eine solche Höhle. Allerdings sind es hauptsächlich die Weibchen und die älteren Männchen, die die Gänge in Ordnung halten und mit Pflanzen auspolstern. Die jüngeren Männchen hingegen drücken sich vor der Arbeit. (Kommt uns das irgendwie bekannt vor?) Die Weibchen bekommen einmal im Jahr bis zu fünf Junge, die schon nach einem halben Jahr selbstständig sind. Dachse sind mit ▶ Baum- und ▶ Steinmarder verwandt und gehören zu den Raubtieren, doch wie der Bär sind sie Allesfresser geworden. Sie nehmen neben Wurzeln, Knollen und Früchten auch Insekten und natürlich Kleinsäuger oder die Eier bodenbrütender Vögel. ■

STECKBRIEF

Größe: Länge bis 34 cm

Merkmale: Flügel stets mit blauen und weißen Zeichnungen, sonst sehr formenreich mit vielen Rassen

Ernährung: Allesfresser, von Insekten und Würmern über Nestlinge anderer Vögel bis zu Beeren, Früchten, Nüssen

Vorkommen: Europa, Nordafrika und Teile Nordasiens

Besonderheiten: Eichelhäher ahmen gerne die Rufe anderer Vogelarten nach.

Eichelhäher Der Eichelhäher ist ein sehr wachsamer Vogel. Sobald jemand das Revier betritt, warnt er alle Waldbewohner mit lautem »Rätschen« vor der Gefahr. Der Wald mit seinem Unterholz bietet ihm hervorragenden Schutz. Er ist kein sehr gewandter Flieger und braucht das Unterholz als Versteck. Der Eichelhäher zählt zu den Rabenvögeln, was ihn nicht daran hindert, zur Brutzeit die Nester von ▶ Elstern, ▶ Krähen und anderen Verwandten auszurauben. Sonst frisst er Samen, Früchte und Kleintiere. Im Herbst sammelt er gerne Haselnüsse und Eicheln. Er legt davon richtige Vorräte im Wald an, braucht sie aber meist nicht alle. Im Frühjahr keimen dann die Samen aus. So trägt der Eichelhäher zur Verbreitung der Bäume bei.

Der Eichelhäher hat ein sehr weites Verbreitungsgebiet. Es reicht von Spanien und Nordafrika bis nach Japan und Südchina. ■

Eichhörnchen Mancherorts sind Eichhörnchen so zutraulich, dass sie den Menschen aus den Händen fressen und sogar an ihnen herumklettern. Was viele aber nicht wissen: Das Eichhörnchen räubert mit Vorliebe Vogelnester aus und frisst Eier und Nestlinge. Ansonsten sammelt es im Herbst Nüsse und Eicheln und legt davon Vorräte an. Die braucht es unbedingt, weil es keinen Winterschlaf hält, sondern nur in seinem runden Nest, dem Kobel, ruht. Hin und wieder wacht es auf und muss dann etwas fressen.

In Mitteleuropa gibt es zwei Farbvarianten: Rote Eichhörnchen leben eher im Tiefland, die schwarzen eher im Gebirge. Aber überall brauchen die Eichhörnchen Bäume; sie gehen nur ungern auf den Boden. Besonders während der Paarungszeit kann man haarsträubende Verfolgungsjagden – Stamm auf, Stamm ab – beobachten. Die Tiere machen sehr weite Sprünge von Baum zu Baum und steuern ihren Flug in der Luft mit dem buschigen Schwanz. Das Eichhörnchen ist

ähnlich weit verbreitet wie der ▶ Eichelhäher. Früher kam es auch in England vor. Doch vor über 100 Jahren hat man dort das amerikanische Grauhörnchen eingeführt. Von dem wurde das einheimische Eichhörnchen weitgehend verdrängt. ◾

STECKBRIEF

Größe: Kopf und Rumpf bis 25 cm lang, Schwanz fast ebenso lang

Merkmale: Pinselohren, buschiger Schwanz

Ernährung: Samen, Nüsse, Eicheln, Beeren, aber auch Schnecken, Insekten, Eier und Jungvögel

Vorkommen: Europa und ganz Nordasien

Besonderheiten: Eichhörnchen hängen Pilze in Astgabeln für eine spätere Mahlzeit.

Grünspecht Die meisten unserer Spechte sind Baumbewohner (▶ Schwarzspecht). Der Grünspecht allerdings sucht seine Nahrung vorwiegend am Boden. Er gehört zu den Bodenspechten. Diese Spechtarten sind wie die Baumspechte sehr geschickte Kletterer, allerdings können sie sich nicht sehr lange an einer Stelle festhalten, sondern sind immer in Bewegung. Auf dem Boden aber beweisen sie große Geduld: Längere Zeit können sie an einem Ameisenhaufen sitzen und nach ihrer Lieblingsspeise, den ▶ Roten Waldameisen fischen. Grünspechte verspeisen sowohl die erwachsenen Tiere als auch Larven und Puppen. Besonders im Winter muss der Specht dazu aber einen guten halben Meter in der Erde graben, um an seine Beute zu gelangen.

Die Nisthöhle hacken Männchen und Weibchen gemeinsam in weiches Holz, die Brutpflege teilen sie sich. Im Frühjahr hört man immer wieder den laut wiehernden Ruf des Männchens, er klingt wie schallendes Gelächter. Dem Grünspecht sehr ähnlich in Aussehen und Lebensweise ist der etwas kleinere Grauspecht. ◾

STECKBRIEF

Größe: Länge 32 cm

Merkmale: schwarze Maske, roter Scheitel, vom ähnlichen Grauspecht durch den roten Hinterkopf zu unterscheiden

Ernährung: Ameisen und ihre Puppen

Vorkommen: Europa und Kleinasien

Besonderheiten: Der Grünspecht trommelt kaum auf Holz und hält sich überwiegend auf dem Boden auf.

STECKBRIEF

Größe: Schulterhöhe bis 125 cm, Gewicht bis 250 kg

Merkmale: Männchen mit großem Geweih, auch weibliche Tiere stets deutlich größer als das Reh

Ernährung: Gräser, Kräuter, Blätter, Früchte, im Winter auch Baumrinde

Vorkommen: Europa, Nordafrika, Teile Nordasiens, Nordamerika

Besonderheiten: Die größten Hirschgeweihe können 36 oder mehr Enden haben.

Hirsch (Rothirsch) Besonders in der Abenddämmerung kann man die kraftvollen Rufe der Rothirsche hören. Sie grenzen damit ihre Reviere ab und locken Weibchen an. Der männliche Hirsch trägt ein Geweih, das jedes Jahr abgeworfen wird und dann wieder nachwächst. Es beginnt im April aus den so genannten Rosenstöcken zu wachsen und ist von einer gut durchbluteten Haut umgeben, dem Bast. Wenn das Wachstum abgeschlossen ist, wird die Blutzufuhr unterbrochen.

Der Bast trocknet aus. Dann beginnt der Hirsch die trockene Haut an Bäumen und Sträuchern abzufegen, bis die Geweihstangen blank sind. Im Februar wird das Geweih wieder abgeworfen. Deswegen hieß dieser Monat früher Hornung, obwohl die Hirsche keine Hörner, sondern Geweihe tragen. Bis zum elften Lebensjahr wird das Geweih eines Hirschs immer größer und ausladender.

Die Fortpflanzungszeit ist für das Männchen sehr anstrengend. Ein großer Hirsch versammelt bis zu zwölf Weibchen um sich und vertreibt alle anderen Männchen aus seinem Revier. Dabei röhren die Hirsche. Nicht selten müssen sie mit anderen Männchen um den Besitz der Weibchen kämpfen. Sie stoßen dabei mit den Geweihen gegeneinander und versuchen sich vom Platz zu drängen. Auch die Hirschkühe wollen immer wieder ausbrechen und müssen zusammengehalten werden. In der Paarungszeit kommt der Hirsch kaum noch zum Fressen und magert sichtlich ab. Außerhalb der Paarungszeit streifen die Männchen allein durch den Wald. Die Hirschkühe bilden mit den Jungtieren ein Rudel. Der Rothirsch hat ein sehr weites Verbreitungsgebiet: Mitteleuropa, sogar Nordafrika, Türkei, Kaukasus, Zentralasien und Sibirien. Der nordamerikanische Rothirsch heißt ▶ Wapiti und wird größer als alle anderen Rothirsche.

Hirschkäfer

Wer dieses Schauspiel einmal gesehen hat, vergisst es sein Leben lang nicht: An austretendem Baumsaft von Eichen treffen sich im Juni die Hirschkäfer. Die Männchen haben mächtig verlängerte Kiefer, ihre Hirschgeweihe, und kämpfen damit gegeneinander. Dabei heben sie sich wie Judokämpfer hoch und versuchen, sich gegenseitig auf den Rücken zu werfen. Keine Angst: Menschen kann das Männchen mit seinen Kiefern nur leicht zwicken. Die Weibchen sind kleiner und haben kürzere Zangen, mit denen sie aber wesentlich fester zupacken können. Zum Zerkleinern von Nahrung sind diese verlängerten Kiefer jedoch nicht mehr zu gebrauchen. Hirschkäfer ernähren sich hauptsächlich von flüssiger Nahrung, die sie aufsaugen. Der Hirschkäfer ist bei uns sehr selten geworden. Seine Larven leben in alten Eichen, die schon zu Mulm zerfallen sind.

Solche Bäume gibt es aber fast nirgendwo mehr. Deswegen wird der Hirschkäfer in Mitteleuropa wohl aussterben. Seine Larven brauchen – ähnlich wie die des ▶ Maikäfers – mehrere Jahre zur Entwicklung. ■

STECKBRIEF

Größe: Männchen mit den verlängerten Oberkiefern 9 cm lang, Weibchen rund 5 cm

Merkmale: Die Männchen sind wegen der »Hirschgeweih«-Zangen leicht zu erkennen – bei den Weibchen sind die Zangen viel kleiner geformt.

Ernährung: Erwachsene Tiere lecken austretende Pflanzensäfte auf, die Larven fressen faulendes Eichenholz.

Vorkommen: Europa

Besonderheiten: Wenn die Hirschkäferlarven nicht ausreichend zu fressen finden, schlüpfen Männchen mit stark verkürzten Zangen.

Kleiber

Der Kleiber hat seinen eigenartigen Namen nicht vom »Klauben«, also Zusammenlesen, sondern vom Kleben. Der wendige kleine Vogel brütet in verlassenen Spechthöhlen und Nistkästen und verklebt den Eingang zu seiner Nisthöhle so weit, dass nur er ein- und ausfliegen kann. Damit hält er Nesträuber fern. Als Klebstoff verwendet er zum Beispiel Baumharz oder Lehm. Der Kleiber ist vor allem aber ein geschickter Kletterer. In Spiralen läuft er kopfüber an Baumstämmen herab und sucht dabei Insekten in den Ritzen der Rinde. Europaweit ist er der einzige Vogel, der Kopf voran stammabwärts laufen kann. Mit seinem kräftigen Schnabel meißelt er die Insekten heraus. Dabei hält er sich allein mit den Zehen fest und stützt sich nicht auf seinen Schwanz ab, wie dies die Spechte tun. Der Kleiber kommt auch in Parks und manchmal sogar in Gärten vor. Er zieht im Winter nicht weg und ist dann mit seiner Meißelarbeit an Baumstämmen sehr auffällig. Ein Kleiberpaar bleibt zeitlebens zusammen und bewohnt auch immer dasselbe Revier. ■

STECKBRIEF

Größe: Länge 14 cm

Merkmale: Oberseite graublau, Unterseite gelborange, schwarzer Augenstreif

Ernährung: Insekten, Samen und Nüsse

Vorkommen: Europa, Kleinasien und Nordasien

Besonderheiten: Der Kleiber kann als einziger Vogel kopfüber an Baumstämmen klettern.

STECKBRIEF

Größe: Länge 33 cm

Merkmale: langschwänziger Bodenvogel, mit »gesperbertem«, grau oder braun gestreiftem Brustgefieder

Ernährung: vor allem dicke pelzige Raupen und andere Insekten

Vorkommen: Europa, Nordafrika, Nordasien

Besonderheiten: Bei Erregung stößt der Kuckuck einen fauchenden Ruf aus, der ihm auch den Namen »Gauch« eingetragen hat.

Kuckuck Das Geld, das man beim ersten Kuckucksruf in der Tasche trägt, bleibt einem das ganze Jahr. So will es ein alter Volksglauben. Den Kuckucksruf kennt jedes Kind, aber nur wenige haben den stattlichen Vogel schon einmal gesehen. Er hält sich sehr versteckt, denn er schiebt anderen Vögeln seine Eier unter, um sie von ihnen ausbrüten zu lassen. Dazu muss das Nest des Wirtsvogels für kurze Zeit unbewacht sein. Dann legt das Kuckucksweibchen heimlich und in aller Eile sein Ei dazu und macht sich aus dem Staub. Nur zwölf Tage braucht der junge Kuckuck bis zum Schlüpfen. Diese geringe Brutdauer garantiert, dass er meist noch vor den Jungen seines Wirtsvogels schlüpft. Kurz danach wirft der junge Kuckuck alles aus dem Nest, was sich in seiner Nähe befindet. Schließlich hockt er allein im Nest und bettelt seine Adoptiveltern pausenlos an. Die haben ihre liebe Mühe, den großen Vogel satt zu kriegen. Auch, wenn er schon flügge geworden ist, bettelt der Kuckuck weiter: Er sperrt seinen Schnabel weit auf, so dass ihn selbst fremde Singvögel füttern, die zufällig vorbeikommen.

Der erwachsene Kuckuck ist ein Ernährungsspezialist und sehr pingelig: Am liebsten sind ihm die dicken, stark behaarten Raupen der ▶ Prozessionsspinner. Vor dem Verschlucken bearbeitet er sie so lange mit seinem Schnabel, bis sie den nicht sehr schmackhaften Darminhalt herausspritzen. Erst dann wird gegessen!

BRUTPFLEGE UND BRUTFÜRSORGE

Säugetiere haben ihren Namen daher, dass die Weibchen ihren Jungen Milch aus den Brustdrüsen zu trinken geben. Sie treiben auf diese Weise Brutpflege. Der Zoologe versteht darunter die direkte Pflege der Nachkommen oder der Eier. Brutpflege finden wir auch bei fast allen Vögeln – mit Ausnahme des Kuckucks –, bei Reptilien, Amphibien, Fischen und sogar bei manchen wirbellosen Tieren. Bekannte Beispiele dafür sind der ▶ Totengräber, die ▶ Wolfsspinne, die ihre Eier mit sich herumträgt, und natürlich alle sozialen Insekten wie die ▶ Ameisen, die Termiten, die ▶ Bienen und die ▶ Wespen.

Von Brutfürsorge spricht man dann, wenn sich die Eltern nur um die Unterbringung der Eier kümmern. Die meisten Insekten legen ihre Eier z.B. auf oder in die richtige Nahrungspflanze der Larven. Mistkäfer sorgen dafür, dass ihre Nachkommen einen gedeckten Tisch vorfinden: Sie legen unter Kuhfladen Stollen an und füllen sie mit dem Mist, den die Larven nach dem Schlüpfen fressen.

Luchs Luchse zählen zu den Kleinkatzen und waren in Europa nahezu ausgerottet. In letzter Zeit werden die Tiere wieder ausgewildert, auch in Deutschland leben diese hochbeinigen Katzen mit dem auffällig kurzen Stummelschwanz in einigen Naturparks. Man erkennt den Lux vor allem an seinen Pinselohren, mit denen er genau hören kann, woher ein Geräusch kommt. Wie die meisten Katzen leben Luchse als Einzelgänger in großen Revieren, die sie mit Urin und Kratzspuren an Bäumen sorgfältig markieren. Als Rückzug dient oft eine Wohnhöhle, die gut geschützt gegen Wind und Wetter angelegt ist. Werden Luchse nicht vertrieben, bleiben sie ein Leben lang im gleichen Gebiet. Nur im Frühling zur Paarungszeit kommen die Männchen und Weibchen zusammen. Danach kehrt das Weibchen sofort in ihr eigenes Revier zurück. Nach etwa zehn Wochen bringt das Weibchen bis zu fünf Junge zur Welt, die sie allein großzieht. Die Jungen bleiben ein Jahr bei der Mutter.

Luchse sind geschickte Jäger, aber keine ausdauernden Sprinter. Mit Vorliebe in der Dämmerung pirschen sie sich an ihre Beute an und schnellen mit einem großen Satz aus ihrem Versteck. Die wichtigsten Beutetiere des Luchses sind Kleinsäuger wie Mäuse. Wenn es sein muss, nimmt er sogar Insekten. Der Luchs ist mit 75 Zentimeter Schulterhöhe ein stattliches Raubtier. Eine Gefahr für den Wildbestand ist er aber nicht.

STECKBRIEF

Größe: Schulterhöhe bis 75 cm, Gewicht um 30 kg

Merkmale: typisch sind die langen Beine, die Pinselohren und der sehr kurze Schwanz

Ernährung: frisst Säugetiere von der Maus bis zum Reh

Vorkommen: in Europa nur noch stellenweise, Kaukasus, Nordasien, Nordamerika

Besonderheiten: Der Luchs ist ein ausgesprochener Einzelgänger mit einem festen Revier, das bis zu 100 km² groß sein kann.

AUSWILDERUNG

Manche Tierarten sind in der freien Wildbahn fast ausgestorben. Um sie am Leben zu erhalten, bemüht man sich darum, sie z.B. in Zoos weiterzuzüchten und die Art zu erhalten – nicht selten sogar mit Erfolg. Die Tierforscher hoffen, diese Tiere später wieder in die Natur aussetzen zu können. Um das zu erreichen, muss die betreffende Art unter strengem Schutz stehen. Niemand darf sie jagen, und um das Wildern zu verhindern, müssen die wieder eingebürgerten Tiere scharf überwacht werden. Es muss ein für die Tiere geeigneter Lebensraum vorhanden sein – am besten ein Nationalpark, wo der Einfluss des Menschen möglichst gering ist. Und schließlich muss man die Tiere wieder an das Leben in der freien Wildbahn gewöhnen. Deswegen sind Auswilderungsprojekte fast immer sehr aufwändig. In Europa wurden in den letzten Jahren ▶ Bartgeier, ▶ Störche, ▶ Luchse und ▶ Lachse wieder eingebürgert. In der Mongolei gibt es eine Herde von etwa 50 Przewalskipferden (▶ Pferd), die man ebenfalls wieder in die Freiheit entlassen hat.

Prozessionsspinner Bei einer Prozession ziehen katholische Gläubige in einem langen Umzug hinter dem Kreuz durch das Dorf. Daran erinnert das eigentümliche Verhalten, das die Raupen des Prozessionsspinners an den Tag legen: Sie wandern von den umfangreichen Seidengespinsten, in denen sie die Nacht verbringen, in langen Kolonnen zu ihren Fressplätzen. Die Tiere sind untereinander durch einen Seidenfaden verbunden. Bei uns leben zwei Arten von Prozessionsspinnern, die eine an der Eiche, die andere an der Kiefer. Von Laub ernähren sich die Raupen, die erwachsenen Falter fressen nichts mehr. Früher gab es gelegentlich Massenvermehrungen, doch heute sind die dickleibigen Falter eher selten. Die Raupen besitzen Brennhaare, die beim Menschen starke Hautentzündungen hervorrufen können.

STECKBRIEF

Größe: Spannweite 3–4 cm

Merkmale: Die Schmetterlinge sind unscheinbar grau, die Raupen behaart, in Nestern lebend.

Ernährung: Die erwachsenen Tiere nehmen keine Nahrung auf, die Raupen fressen Laub von Eichen und Kiefern.

Vorkommen: Europa, Nordafrika ud Teile Asiens

Besonderheiten: Die Spinner traten früher bei uns als Schädlinge auf; heute stehen sie auf der ▶ Roten Liste.

STECKBRIEF

Größe: Länge 46 cm

Merkmale: durch seine Größe, das schwarze Gefieder und den roten Scheitel nicht zu verwechseln

Ernährung: Insekten und Sämereien

Vorkommen: Europa und Teile Nordasiens

Besonderheiten: Der Schwarzspecht fliegt nicht wellenförmig wie die anderen Spechte, sondern geradlinig.

Schwarzspecht Der Schwarzspecht ist ein ziemlich großer Vogel und leicht zu erkennen: Beide Geschlechter tragen ein schwarzes Gefieder, nur das Männchen hat einen roten Scheitel. Der Schwarzspecht zeigt das typische Verhalten der meisten Spechtarten: Er hält sich mit den Zehen an der Baumrinde fest, wobei zwei Zehen nach vorne und zwei nach hinten gerichtet sind. Beim Meißeln im Holz stützt er sich mit seinem kräftigen Schwanz ab. Er hebelt die Rinde ab und sucht darunter nach Insekten. Vier Wochen dauert es, bis er eine Bruthöhle ins Holz gehackt hat. Dabei muss er gut 10 000 Späne herausmeißeln. Für einen Span braucht der Schwarzspecht bis zu 20 Hammerschläge. Ein solches Holzstück kann mehrere Zentimeter lang und einen halben Zentimeter dick sein. Nach 200 000 Schnabelschlägen ist die Höhle fertig. Wie alle Spechte bekommt auch der Schwarzspecht vom Hämmern keine Kopf-

schmerzen. Schädelknochen und Halsmuskulatur sind so gebaut, dass sie wie Stoßdämpfer funktionieren. In der Brutzeit trommeln die Spechte auch gerne auf hohle Äste, um Partner anzulocken. Der Schwarzspecht benutzt seine Höhle nur einmal. Danach steht sie anderen Vögeln zur Verfügung, zum Beispiel Käuzen und ▶ Kleibern. Auch ▶ Siebenschläfer nutzen sie als Quartier. ◼

STECKBRIEF

Größe: Kopf und Rumpf bis 18 cm, Schwanz fast ebenso lang

Merkmale: braungraues Fell mit silbernem Schimmer, große schwarze Augen

Ernährung: vor allem Knospen, Früchte, Beeren, Samen, Nüsse, Rinden und Blätter

Vorkommen: Europa ohne Spanien und Kleinasien

Besonderheiten: Während des siebenmonatigen Winterschlafs zehrt der Siebenschläfer von seinem Fett und verbraucht davon rund 0,2 g pro Tag.

Siebenschläfer Ganze sieben Monate pro Jahr schläft der Siebenschläfer. Im Oktober zieht er sich in sein Winterquartier zurück und fällt in einen tiefen Winterschlaf. Im Lauf der Monate zehrt er das gespeicherte Fett auf. Erst im Mai wacht er auf und zeigt sich wieder im Freien. Es bleiben ihm fünf Monate, um sich wieder eine dicke Fettschicht als

Vorrat für den nächsten Winter anzufressen und um sich fortzupflanzen. Der Siebenschläfer hat keine Angst vor dem Menschen und bewohnt gerne auch Gartenschuppen, Jagdhütten oder Dachböden. Dort kann er einen unglaublichen Lärm verursachen, dass man meint, es spuke im Haus. Als gewandtem Kletterer macht es ihm großen Spaß, auf Balken und Vorsprüngen herumzutoben. In freier Natur bevorzugt er Baumhöhlen, aber auch Nistkästen sind beliebte Wohnstätten.

Sein aktives Leben spielt sich in der Nacht ab, deshalb hat er ein vorzügliches Gehör und einen sehr guten Geruchssinn. Auf der Suche nach Nahrung frisst er alles, was er findet, überwiegend jedoch pflanzliche Kost. Die Jungen bringt das Weibchen allein in einer Höhle zur Welt. Bis zu zehn Jungtiere können sich in den engen Höhlen zusammendrängeln. Solange sie nackt sind, lässt das Weibchen niemanden in ihre Nähe, auch nicht den Vater. Erst nach etwa zwei Wochen darf er sich an der Brutpflege beteiligen.

Nahe Verwandte des Siebenschläfers sind der Gartenschläfer, der Baumschläfer und die zierliche Haselmaus. Zusammen bilden sie die Familie der Bilche. ◼

WINTERSCHLAF

Der Winter kann bei uns sehr hart sein. Für die Tiere ist allerdings weniger die winterliche Kälte das Problem, sondern vielmehr die Nahrung: Viele Arten finden nichts mehr zu fressen. Diese schwierige Zeit überbrücken einige Säugetiere, indem sie im Herbst in den Winterschlaf fallen. Das gilt vor allem für ▶ Igel, Siebenschläfer und ▶ Murmeltier. Die Tiere atmen manchmal stundenlang nicht. Das Herz schlägt nur wenige Male pro Minute, und die Körpertemperatur liegt nur wenige Grad über null. Im Winterschlaf verbrauchen die Tiere fast keine Energie.

STECKBRIEF

Größe: Länge 11,5 cm

Merkmale: eine der kleineren Meisen, kenntlich am weißen (oder gelben) schwarz umrandeten Nackenfleck

Ernährung: Insekten im Sommer, Körner und Samen im Winter

Vorkommen: Europa, Nordafrika und Teile Nordasiens

Besonderheiten: Dank ihres geringen Gewichts kann die Tannenmeise ihre Nahrung auf den dünnsten Ästen suchen.

Tannenmeise Die Tannenmeise kommt hauptsächlich in dichten Nadelwäldern vor. Oft trifft man sie zusammen mit der Haubenmeise an. Die deutlich größere, aber äußerlich ähnliche Kohlmeise hingegen zieht Laubwälder und Parks vor. Alle diese Meisenarten sind einander im Verhalten sehr ähnlich. Sie turnen flink im Gezweig, immer auf der Suche nach Eiern und Larven von Insekten. Im Winter ernähren sich die Tannenmeisen von Samen. Alle Meisen sind Höhlenbrüter. Ihr Nest liegt in Baumhöhlen, die andere Vogelarten wie Spechte ins Holz geschlagen haben. In der Höhle baut das Männchen ein napfförmiges Nest und polstert es weich aus. Als Höhlenbrüter nehmen alle Meisenarten auch künstliche Nistkästen.

Totengräber Totengräber werden vom Geruch verwesenden Fleisches angelockt. Oft treffen sie sich in größerer Zahl an einer Mausleiche. Dann paaren sich Männchen und Weibchen, doch mit einem Mal verändert sich ihr Verhalten: Sie kämpfen gegeneinander, bis nur noch ein Paar übrigbleibt. Von den Seiten her graben die beiden die Maus nun langsam in den Boden ein. Nach einigen Stunden ist nichts mehr von ihr zu sehen. Die Käfer geben Verdauungssäfte ab, die das Fleisch des toten Tieres vorverdauen und so mürbe machen, dass die Totengräber eine Kugel daraus formen können. Schließlich legt das Weibchen seine Eier ab. Nach einigen Tagen schlüpfen die Larven und werden von der Mutter mit Mausfleisch gefüttert. Dann verpuppen sich die Larven, um im Spätsommer als fertige Totengräber wieder herauszukrabbeln.

 STECKBRIEF

Größe: bis 3 cm lang

Merkmale: Die meisten Arten tragen auffallende orangefarbenen Bänder auf den schwarzen Flügeldecken.

Ernährung: Aas

Vorkommen: Europa, Teile Asiens

Besonderheiten: Die Totengräber betreiben echte Brutpflege und ziehen ihre Larven groß.

STECKBRIEF

Größe: Länge bis 70 cm, Spannweite über 150 cm

Merkmale: unverkennbar durch die Größe, die langen Ohrbüschel und die orangefarbenen großen Augen

Ernährung: von Insekten bis zu Säugetieren in der Größe eines Feldhasen

Vorkommen: weit verbreitet in Europa, Afrika und Asien, aber überall selten

Besonderheiten: Der Uhu jagt vor allem in der Dämmerung.

Uhu »Uhu« ruft der männliche Uhu nur im April und Mai. Das ist sein Balzruf. Er tut damit den Weibchen kund, dass er ein Revier besitzt und mit ihnen gerne Junge großziehen möchte. Die Weibchen antworten dem Männchen mit einem anderen Ruf. Der Uhu öffnet beim Rufen seinen Schnabel nicht: Man sieht nur, dass sich dabei die Federn an seiner Kehle sträuben. Das Weibchen legt zwei bis drei Eier auf Felssimse oder in Baumhöhlen und brütet sie rund 35 Tage lang allein aus. Das Männchen schafft in dieser Zeit Nahrung herbei. Wie alle Eulen geht der Uhu auf die Jagd, sobald es dunkel wird, und erbeutet vor allem Hasen, Vögel und Mäuse. Er kann absolut geräuschlos fliegen – dank einer weichen Feder an der Vorderkante der Flügel. Leider ist der Uhu in unserer Kulturlandschaft sehr selten geworden. Es steht nicht fest, ob er auf Dauer in Mitteleuropa überleben kann.

STECKBRIEF

Größe: Kopf und Rumpf bis 80 cm lang

Merkmale: im Vergleich zur Hauskatze massiger gebaut, Schwanzende immer stumpf und schwarz

Ernährung: Kleinsäuger, wie z.B. Mäuse

Vorkommen: Die Europäische Wildkatze kommt vor allem in Südeuropa, Südrussland, Kleinasien und im Kaukasus vor. Die Falbkatze, eine andere Unterart, bewohnt fast ganz Arabien und Afrika.

Besonderheiten: Die Wildkatze ist sehr menschenscheu, ein Kulturflüchter

Wildkatze Hauskatzen und Wildkatzen haben zunächst kaum etwas miteinander zu tun. Zoologisch gesehen zählen sie zwar zur selben Art, doch die ▶ Hauskatze ist aus der nubischen Wild- oder Falbkatze entstanden

und breitete sich im Gefolge des Menschen in das Gebiet der Europäischen Wildkatze aus. Diese ist deutlich größer und kräftiger als die Hauskatze und hat einen buschigen Schwanz mit einem stumpfen schwarzen Ende. Die Wildkatze ist nur noch in wenigen deutschen Mittelgebirgen zu Hause. Heute versucht man sie allerdings wieder einzubürgern. Wildkatzen sind Einzelgänger, die sich nur zur Paarungszeit treffen. Die Weibchen bringen Ende Mai zwei bis vier hilflose Junge auf die Welt. Drei Monate später vertreibt die Mutter die nun herangewachsenen Jungen aus ihrem Revier. Dann beginnt für sie die schwerste Zeit. Sie müssen für sich selbst sorgen und fallen häufig anderen Raubtieren zum Opfer, vor allem ▶ Mardern und ▶ Hermelinen. Wenn sie das erste Jahr überleben, steigen ihre Chancen, auch die nächsten Jahre durchzustehen. Schon im nächsten Frühjahr können sich die Jungkatzen selbst fortpflanzen.

KRANKHEITEN DES SCHWEINS

Wild- wie Hausschweine sind oft von Trichinen befallen. Diese winzigen Fadenwürmer ruhen eingekapselt im Muskelfleisch der Schweine. Isst der Mensch trichinenhaltiges Schweinefleisch, so bekommt er heftige Muskelschmerzen und Fieberanfälle wie bei einer Grippe. Ein starker Befall kann sogar zum Tod führen. Um die Menschen vor dieser Krankheit zu schützen, wurde überall auf der Welt die Fleischbeschau eingeführt. Dabei untersucht ein Tierarzt alle geschlachteten Tiere auf Trichinen und andere Erkrankungen. Heute gibt es bei den Hausschweinen in Mittel- und Westeuropa keine Trichinen mehr. Wenn aber ein Jäger Wildschweine schießt, muss er sie genau auf mögliche Krankheiten untersuchen.

Das Schwein dient auch einem Bandwurm als Zwischenwirt, der beim Menschen starke Verdauungsstörungen und Blutarmut hervorruft. Andere Krankheiten bleiben auf das Schwein beschränkt und können dem Menschen nichts anhaben, vor allem die Maul- und Klauenseuche, die Schweinepest und der Rotlauf.

Wildschwein Das Wildschwein ist von Spanien und Nordafrika über Europa und fast ganz Asien mit Ausnahme Nordsibiriens verbreitet. Es bewohnt die unterschiedlichsten Lebensräume. Bei uns findet man es vor allem im Mischwald, wo es viel Deckung und gelegentlich auch offenes Wasser gibt. Die Wildschweingruppen oder Rotten lieben es nämlich, sich mehrmals am Tag in einem Schlammloch zu suhlen. Heutzutage sind die Wildschweine vielerorts keineswegs mehr so scheu wie noch vor hundert Jahren. In Berlin und anderen Städten fallen sie regelmäßig in Parks und Friedhöfen ein und plündern auch Biotonnen. In einer Nacht pflügten sie zum

Beispiel den Trainingsplatz eines Fußballvereins auf der Suche nach Engerlingen um.

Wildschweine sind viel gewandter, als ihr durchschnittliches Gewicht von 200 Kilogramm vermuten lässt. Im Schweinsgalopp brechen sie durch dichtes Unterholz, sodass ihnen niemand folgen kann. Ihr Sehvermögen ist gering, dafür funktioniert ihr Geruchssinn aber umso besser. Ihre Lieblingsspeise, Engerlinge, Würmer und Knollen, erkennen sie am Geruch.

Die Brunft der Wildschweine findet im Winter statt. Die männlichen Eber kämpfen gegeneinander und setzen dabei auch ihre starken Eckzähne, die Hauer, ein. Die Weibchen oder Bachen bringen im März/April ihre Jungen auf die Welt. Sechs Monate lang sind die Frischlinge gestreift, dann werden sie einfarbig braun wie ihre Eltern. Wenn die Bachen Junge haben, sind sie sehr aggressiv, und man hält sich besser von ihnen fern, denn sie greifen dann auch Menschen an.

STECKBRIEF

Größe: Kopf und Rumpf maximal 200 cm lang, Gewicht beim Männchen höchstens 350 kg, beim Weibchen 125 kg

Merkmale: Jungtiere mit sandfarbenen und braunen Längsstreifen

Ernährung: typischer Allesfresser

Vorkommen: Europa, Nordafrika, südliche Hälfte Asiens

Besonderheiten: Die größten Wildschweine leben in Südosteuropa und am Ussuri.

Hoch-
gebirge

Hochgebirge

In Mitteleuropa gibt es nur ein Hochgebirge: die Alpen. Sie erstrecken sich über den südlichen Teil der Schweiz, den südöstlichen Teil Deutschlands und einen großen Teil Österreichs. Viele kennen die Alpen als Feriengebiet – sei es für den Sommer- oder für den Winterurlaub. Der Tourismus hat überall in den Alpen seine Spuren hinterlassen – leider oft zum Schaden der Tier- und Pflanzenwelt. Am schlimmsten wirkt sich der Skitourismus aus, denn er schädigt die unter den Pisten liegenden Pflanzen. Wenn die in den Bergen ziemlich dünne Pflanzendecke zerstört ist, wird der Boden darunter abgetragen und der nackte Fels bleibt übrig.

Von unten nach oben reihen sich in den Alpen verschiedene Höhenstufen und damit Lebensräume aneinander. Erst wandert man durch Laubmischwälder. Dann kommen Nadelwälder, in denen Tannen, Fichten, Zirbelkiefern und Lärchen wachsen. In 1600 bis 2000 Meter Höhe liegt die Waldgrenze. Oberhalb davon ist das Klima zu rau für Bäume. Nun befinden wir uns im eigentlichen Hochgebirge.

Es besteht aus Weiden, Matten, Felsen und Zwergheiden. Wo der Schnee in Flecken das ganze Jahr über liegen bleibt, beginnt die Schneestufe. Hier können noch kleine Pflanzenteppiche und Polsterpflanzen, weiter oben nur noch Flechten und Moose überleben. Im Hochgebirge herrscht – für die Tiere wie für die Pflanzen – ein strenges Klima. Die Sommer werden mit zunehmender Höhe immer kürzer, die Winter immer länger und härter. Auch die Temperaturunterschiede zwischen Tag und Nacht vergrößern sich. Tagsüber scheint oft warm die Sonne, nachts fällt das Thermometer unter den Gefrierpunkt. Auch an die scharfen Winde müssen die Hochgebirgstiere angepasst sein.

Adler

Adler sind die größten Greifvögel und gelten als die Könige der Lüfte. Sie haben mächtige Krallen oder Fänge, mit denen sie ihre Beute töten. Mit dem Hakenschnabel zerteilen sie das Fleisch. In den Alpen leben noch einige wenige Steinadlerpaare. Ihre Flügel erreichen eine Spannweite von 2,20 Metern. Mit ihnen segelt der Adler mit warmen Aufwinden in die Höhe und kann dort stundenlang kreisen. Dabei entgeht ihm selbst in größter Höhe nicht einmal eine Maus! Der Adler jagt aber vor allem Murmeltiere und Hasen sowie junge Rehe und Gämsen. An größere Tiere wagt er sich nur, wenn sie schon krank und geschwächt sind. Steinadler sind sehr scheu: Wird er zufällig aufgestöbert, fliegt er lautlos davon und kehrt erst zurück, wenn die Gefahr vorbei ist. Seine Nester, die so genannten Horste, baut er an schwer zugänglichen Stellen, um seine Jungen zu schützen.

 ADLERARTEN IN EUROPA

Der Steinadler ist wahrscheinlich die häufigste Adlerart der Welt, denn er kommt auch in großen Teilen Nordasiens und Nordamerikas vor. Aber er stellt keineswegs den einzigen Vertreter der Adler in Europa dar. Insgesamt leben auf unserem Kontinent zehn Greifvogelarten, die als »Adler« bezeichnet werden. Den Kaiseradler erkennt man an den weißlichen Schultern. Er brütet in Spanien, im Balkan, in Südrussland, in der Türkei und in weiten Teilen Asiens. Der Schelladler und der Steppenadler bewohnen ein ähnliches Verbreitungsgebiet. Beide Arten sind nur schwer voneinander zu unterscheiden. Der Schreiadler wird nur so groß wie ein Bussard und bewohnt Osteuropa, den Balkan und die Türkei. Der Seeadler lebt in Norddeutschland. Ein ganz besonderes Tier ist der Fischadler: Er fliegt fast wie eine große Möwe langsam über Seen und stürzt sich ins Wasser, wenn er einen Fisch erspäht hat. Den Schlangenadler erkennt man im Flug an seiner weißen Unterseite. Leider kommt er in Deutschland schon seit über 100 Jahren nicht mehr vor. Eine helle Unterseite mit dunkler Zeichnung zeigen auch Habichtsadler und Zwergadler.

STECKBRIEF

Größe: Länge des Alpenbocks ohne Fühler 3 cm

Merkmale: Alle Bockkäfer haben eine schlanke Gestalt und meist über körperlange Fühler.

Ernährung: Der erwachsene Käfer lebt von Blütennektar und Pollen, die Larve von Buchenholz.

Vorkommen: Alpen und andere europäische Hochgebirge

Besonderheiten: Viele große Bockkäfer sind in Mitteleuropa vom Aussterben bedroht, etwa der Eichenbock und der rote Purpurbock.

Alpenbock Die meisten Bockkäfer besitzen körperlange knotige Fühler. Wahrscheinlich verdanken sie diesen Verdickungen ihren Namen, denn dadurch erinnern die Fühler ein wenig an die Hörner von Ziegenböcken. Die Bockkäferlarven leben überwiegend in und von totem Holz. Dieses Futter enthält fast keine Nährstoffe. Deswegen brauchen die Käfer im Darm Bakterien, die ihnen beim Verdauen des Holzes helfen, sonst würden die Bockkäferlarven verhungern. Bockkäfer sieht man bei uns am häufigsten auf Blüten und auf frisch geschlagenem Holz.

Eine der schönsten einheimischen Arten ist der hellblau und samtschwarz gezeichnete Alpenbock. Seine Larven leben in abgestorbenen, von der Sonne beschienenen Buchenstämmen. Auf solchen Stämmen finden sich die erwachsenen Tiere im Hochsommer zur Paarung ein. Ebenso selten wie der Alpenbock ist der Eichenbock, der ohne Fühler sechs Zentimeter lang wird. ■

STECKBRIEF

Größe: Länge 38 cm

Merkmale: Der einzige schwarze Vogel in Europa mit gelbem Schnabel und roten Füßen.

Ernährung: Allesfresser, nimmt gerne die Picknickabfälle der Bergwanderer und bettelt auch ungeniert.

Vorkommen: Hochgebirge im südlichen Teil Europas, in Kleinasien, auch im Kaukasus

Besonderheiten: Die seltenere, aber sonst sehr ähnliche Alpenkrähe hat rote Füße und einen roten Schnabel.

Alpendohle Jeder Bergwanderer kennt die Alpendohle mit ihrem auffälligen gelben Schnabel, denn sie liebt die Gesellschaft des Menschen. Wo auch immer Wanderer picknicken, finden sich diese intelligenten Vögel ein, und tatsächlich erhalten sie meistens ein Stück Brot, Wurst oder Käse. Die Alpendohle lebt bei uns nur oberhalb der Waldgrenze. Im Himalaja brütet sie sogar noch in 6500 Meter Höhe, wo die Luft für uns Menschen schon zu dünn ist. Eine nahe Verwandte der Alpendohle ist die Alpenkrähe. Im Unterschied zur Alpendohle besitzt sie einen roten Schnabel. Beide Arten sind verspielt und lieben es, Flugkunststücke vorzuführen. Dabei fliegen sie sogar mit dem Bauch nach oben. Und immer hat der Beobachter den Eindruck, dass ihnen das alles mächtigen Spaß bereitet. ■

Alpensalamander Nach einem Regenguss begegnet man im Gebirge nicht selten dem kohlrabenschwarzen Alpensalamander. Aber Vorsicht: Man sollte ihn nicht anfassen, weil der Schweiß der menschlichen Haut die empfindliche Haut dieses Lurchs verätzt. Der Alpensalamander hält sich an feuchten Stellen auf und ist an trockenen Tagen zum Beispiel unter Steinen zu finden. Erstaunlich ist seine Art der Fortpflanzung. Hoch oben im Gebirge ist es nämlich zu kalt, als dass sich noch Amphibieneier entwickeln könnten.

Selbst im Sommer sinkt die Temperatur in Gefrierpunktnähe. Da ginge die Entwicklung der Larven im Freien zu langsam vor sich. Deshalb behalten die Alpensalamanderweibchen die Eier in ihrem Körper. Pro Weibchen werden ungefähr 60 Eier befruchtet, doch nur zwei davon entwickeln sich weiter bis zum Jungtier. Die anderen Eier werden eingeschmolzen und dienen den beiden heranwachsenden Jungen als Nahrungsvorrat. Die Jungtiere brauchen zwei bis vier Jahre, um im Bauch der Mutter heranzureifen.

WECHSELWARME TIERE

Ob Sommer oder Winter, die Körpertemperatur eines Säugetiers ist immer gleich bleibend. Nur bei Krankheit ändert sie sich. Das kennen wir an uns selbst: Unsere Körpertemperatur beträgt stets etwa 37 °C, nur bei einer Erkrankung, beispielsweise Fieber, steigt unsere Körpertemperatur. Die Temperatur bei wechselwarmen Tieren hingegen ist von der Außentemperatur ihrer Umgebung abhängig. Scheint die Sonne heiß und warm, sind die Tiere beweglich und aktiv. Sinkt die Temperatur im Winter, sinkt auch die Körpertemperatur der wechselwarmen Tiere, alle Bewegungen, wogar Atmung und Puls gehen zurück: Sie »erstarren« förmlich. Diese Tiere fallen im Winter in die sogenannte Winterstarre, sie sind dann völlig bewegungslos. Erst im Frühjahr »tauen« sie wieder auf.
Zu den wechselwarmen Tieren gehören die Amphibien (wie Frösche, Kröten, Molche) und die Reptilien (wie Schildkröten, Echsen, Nattern).

STECKBRIEF

Größe: Länge 35 cm

Merkmale: sehr ähnlich dem Moorschneehuhn, das in Nordeuropa und Nordasien lebt

Ernährung: Nadeln, Knospen, Blätter, Samen, Flechten, im Sommer auch Insekten

Vorkommen: Alpen, Pyrenäen und Nordeuropa

Besonderheiten: Das Schneehuhn gräbt lange Gänge unter dem Schnee, um darin zu schlafen und um an Nahrung zu kommen.

Alpenschneehuhn Das Schneehuhn, oder auch Alpenschneehuhn genannt, macht es wie der ▶ Schneehase: Im Winter trägt es ein weißes, im Sommer ein dunkles Kleid. Im Frühjahr und im Herbst sind die Tiere teils braun, teils weiß. Der Hahn muss somit viermal im Jahr mausern, das heißt sein Gefieder wechseln. Das Schneehuhn lebt sehr genügsam von Nadeln, Blättern und Knospen. Im Winter gräbt es sich oft eine Schneehöhle, um Schutz vor der Kälte und dem Wind zu finden. Wenn Skifahrer die abgesteckten Pisten verlassen, besteht immer die Gefahr, dass sie ein Schneehuhn aus seinem Unterschlupf aufscheuchen. Auf der Flucht verlieren die Tiere viel Energie. Wenn sie öfter gestört werden, sterben sie an Entkräftung. Ein naher Verwandter des Alpenschneehuhns ist das Moorschneehuhn. Im Sommerkleid ist es vom Alpenschneehuhn kaum zu unterscheiden. ▪

STECKBRIEF

Größe: Spannweite bis 8 cm

Merkmale: große rote Flecken auf den Hinterflügeln

Ernährung: Die erwachsenen Falter trinken Blütennektar, die Raupen fressen Blätter der Fetthenne und des Mauerpfeffers.

Vorkommen: Hochgebirge Europas und Asiens

Besonderheiten: Der Apollofalter kam früher auch in vielen Mittelgebirgen vor, ist dort aber weitgehend ausgestorben.

Apollofalter Weit oben in den Alpen sieht der Wanderer gelegentlich einen großen weißen Schmetterling, der majestätisch ein bis zwei Meter über den Blumen segelt. Es ist der Apollofalter. Wenn er sich für kurze Zeit auf einer Blüte niederlässt, um Nektar zu saugen, sieht man seine hellroten Augenflecke. Früher kam der Apollofalter auch in deutschen Mittelgebirgen vor, doch heute ist er dort ausgestorben. Der Apollofalter und der ▶ Schwalbenschwanz gehören zur Verwandtschaft der indonesischen ▶ Vogelfalter. Mit einer Spannweite von bis zu 25 Zentimetern machen sie ihrem Namen alle Ehre. Alle sind besonders auffällig gefärbt. Die Vogelfalter kreisen hoch oben in den Baumwipfeln. In Zentral- und Ostasien leben ebenfalls Apollofalter. Der berühmteste hat große orangefarbene Augen, die blau eingefasst sind. Er fliegt rasend schnell über die Geröllhalden afghanischer Gebirge. ▪

Größe: Männchen bis 85 cm, Weibchen bis 60 cm lang

Merkmale: Männchen dunkel gefärbt, Schwanz bei der Balz wie ein Fächer aufgespannt; Weibchen braun, nur schwer von Birkhuhn und Haselhuhn zu unterscheiden

Ernährung: Insekten, Würmer, Knospen, Früchte, Beeren

Vorkommen: Europa und Teile Nordasiens

Besonderheiten: Als Kulturflüchter wird das Auerwild bei uns immer seltener.

Auerhuhn Das Auerhuhn ist der größte Hühnervogel Europas, und obwohl es sehr selten ist, kennt es doch beinahe jeder. Das liegt an dem beeindruckenden Balzverhalten, das die eigentlich scheuen Vögel zur Paarungszeit im Frühjahr zeigen. Dann singen die prächtig gefärbten Männchen für die eher unscheinbar wirkenden Weibchen stundenlange Balzgesänge. Die roten Flecken über den Augen des Hahns, die man auch als »Rosen« bezeichnet, schwellen an und der sonst so scheue Hahn wird unvorsichtig. Er sitzt auf einem Ast und trägt seinen Balzgesang vor. Dabei spreizt er seinen Schwanz fächerartig nach oben und reckt den Hals in die Höhe. Die Weibchen sammeln sich unter seinem Baum und werden dann von ihm begattet. Auf störende Geräusche achtet der Hahn in dieser Zeit kaum, und so konnten ihn die Jäger früher während der Balz leicht schießen. Dadurch ist er bei uns sehr selten geworden.

In der Nahrung sind die Vögel sehr wählerisch. Während sie im Winter oft nur von Baumnadeln leben, suchen sie im Frühjahr gern Knospen, junge Triebe und auch Früchte. Die Jungtiere leben fast nur von Käfern, Larven, Würmern und besonders von Ameisen. ◼

Größe: Länge bis 114 cm, Flügelspannweite bis 250 cm. Damit ist der Bartgeier deutlich größer als der Steinadler.

Merkmale: Im Flugbild ist die Vorderkante der Flügel deutlich abgewinkelt.

Ernährung: frisst fast nur die übrig gebliebenen Knochen von Aas

Vorkommen: ursprünglich südliche Hälfte Europas, Kleinasien, Teile Nordasiens

Besonderheiten: Bisher wurden im Alpengebiet rund 100 Bartgeier wieder ausgesetzt.

Bartgeier »Lämmergeier« nannte man diesen mächtigen Vogel früher und brachte ihn damit schwer in Verruf. Der Bartgeier tötet jedoch keine Lämmer. Wie fast alle Geier lebt er nur von Aas, also von Tieren, die bereits tot sind. Bartgeier sind die »Gesundheitspolizei« der Berge und unter den Geiern ist er zusätzlich ein Spezialist, denn er nimmt auch mit den Knochen vorlieb – mit dem, was die anderen übrig gelassen haben. Mit seiner scharfen Magensäure kann er die Knochen zersetzen und daraus die Nährstoffe gewinnen, die er benötigt. Kleine Knochen verschluckt er ganz, große lässt er von weit oben auf Felsen fallen, sodass sie zersplittern. Auch Schildkrötenpanzer knackt er auf diese Weise: Er packt sie mit den Krallen, steigt auf in die Luft und lässt sie aus großer Höhe auf steinigen Boden fallen. So kommt er ganz einfach an seine Mahlzeit.

Vor über 100 Jahren wurde der letzte Bartgeier in den Alpen getötet. Dass dieser große Vogel trotzdem in unserem Buch abgebildet werden kann, verdankt er einem Wiedereinbürgerungsprojekt, das 1986 begonnen wurde. Heute fliegen in den Alpen wieder einige Bartgeier und pflanzen sich sogar fort. Bei der Paarung und Brutpflege sind sie nur schwer zu beobachten, denn sie bauen ihre Nester in den höchsten Gebirgslagen. Nur in den Wintermonaten ziehen Bartgeier in tiefere Gebiete. ◼

STECKBRIEF

Größe: Schulterhöhe bis 85 cm, Männchen bis 60 kg, Weibchen bis 50 kg schwer

Merkmale: schwarz-weißes Gesicht, Hörner kurz und dünn, nur am Ende gebogen

Ernährung: Pflanzen, Knospen, Triebe, Gras, Kräuter

Vorkommen: Hochgebirge in Europa und Südwestasien

Besonderheiten: Die Gämse lebte früher viel mehr im Wald als heute. Entgegen der Sage legen sie keine Eier.

Gämse Im Sommer begegnet man der Gämse nur oberhalb der Waldgrenze. Im Winter steigt sie weiter hinab und zieht sich in die Wälder zurück, wo sie unter der Schneedecke immer noch etwas zu fressen findet. Um sich abzukühlen, halten sich die Gämsen im Sommer gerne auf Schneefeldern auf. Dort sind sie auch sicher vor lästigen Bremsen. Aber vor Gletschern mit ihren vielen Spalten zeigen die Gämsen großen Respekt und meiden sie. Ansonsten sind sie wahre Kletterkünstler, die besonders bei der Flucht eine unglaubliche Gewandtheit an den Tag legen. Dabei verhelfen ihnen die weichen Klauensohlen und die harte Vorderkante der Hufe zu einem sicheren Tritt.

Männchen und Weibchen tragen kurze, an der Spitze zurückgebogene Hörner, die Krickeln. Im Winterfell bildet sich auf dem Rücken ein verlängerter Haarkamm aus. Büschel daraus schmücken als »Gamsbart« viele Trachtenhüte Bayerns. Die Gämse kam ursprünglich nur in den europäischen Hochgebirgen – von den Pyrenäen bis in den Kaukasus hinein – vor. Die Jäger bürgerten sie aber auch in mehreren deutschen Mittelgebirgen

ein, etwa im Schwarzwald, in der Schwäbischen Alb und im Elbsandsteingebirge. ∎

STECKBRIEF

Größe: Länge 64 cm

Merkmale: Der weitaus größte Rabenvogel mit sehr kräftigem Schnabel.

Ernährung: Allesfresser, der auch räubert.

Vorkommen: ursprünglich in weiten Teilen Europas und Nordasiens, inzwischen an vielen Stellen ausgerottet, bei uns nur noch in den Alpen

Besonderheiten: Der Kolkrabe segelt gerne und zeigt akrobatische Flugkunststückchen.

Kolkrabe Der große Kolkrabe kam einst fast überall in Europa und Nordamerika vor.

Der Mensch rottete ihn aber an vielen Stellen aus. Am Ende musste sich der Kolkrabe in unzugängliche Gebiete zurückziehen, besonders ins Hochgebirge. So kommt es, dass der Kolkrabe heute als Hochgebirgstier gilt, obwohl er früher auch im norddeutschen Tiefland leben konnte.

Der Name »Kolkrabe« ist lautmalerisch. Der Vogel krächzt nämlich nicht wie die anderen Rabenvögel, sondern er hat einen eigentümlichen Ruf, den man mit »kolk« umschreiben kann.

Der Kolkrabe ist der größte Rabe. Man erkennt ihn an seinem mächtigen Schnabel und dem keilförmigen Schwanz im Flugbild. Der Kolkrabe segelt gern und zeigt dabei Flugkunststücke. Er frisst Aas und Früchte und räubert auch schon einmal ein Vogelnest aus. Er gehört zu den intelligentesten und gelehrigsten Tieren. Sowohl das Männchen als auch das Weibchen kümmern sich um die Jungen und ihre Aufzucht. ∎

STECKBRIEF

Größe: Kopf und Rumpf bis 57 cm lang, Gewicht bis 7 kg

Merkmale: unverwechselbar, macht oft »Männchen«

Ernährung: Gräser und Kräuter

Vorkommen: Hochgebirge in Europa

Besonderheiten: In den Steppengebieten Südrusslands und Zentralasiens lebt das Steppenmurmeltier.

Murmeltier

Murmeltier Die Römer nannten diese großen Nagetiere »mures montis«, übersetzt »Bergmäuse«, und daraus entstand der Name Murmeltier. Sie leben in großen Gruppen in selbst gegrabenen unterirdischen Bauen zusammen. Diese Baue sind oft weit verzweigt, mit Vorratskammern und der großen Nestkammer. Während des Winterschlafs, der bis zu sechs Monaten dauert, kuscheln sich manchmal 20 Tiere einer Familie eng aneinander. Die Jungen werden dabei von den Erwachsenen in die Mitte genommen. Sie stellen ihre Körpertemperatur auf etwa 6 Grad Celsius ein, auch wenn draußen oft eine Kälte von –20 Grad und weniger herrscht. Durch das Kuscheln verbrauchen vor allem die jungen Murmeltiere weniger Energie und überleben den Winter.

Im April wachen die Murmeltiere auf. In den folgenden sechs Sommermonaten haben sie viel zu tun: Sie pflanzen sich fort, ziehen die Jungen groß und müssen sich so viel Speck anfuttern, dass sie den nächsten Winter überleben. Dazu fressen sie viele Gräser und Kräuter.

Murmeltiere sind außerordentlich wachsam. Nähert sich eine Gefahr, dann stellen sie sich auf die Hinterbeine, suchen gründlich die Umgebung ab und stoßen schließlich einen gellenden Pfiff aus. Im Nu sind alle Tiere im Bau verschwunden. ■

Schneefink

Schneefink Wenn im Gebirge die Schneeschmelze einsetzt, beginnt der Schneefink zu brüten. Selbst im Winter hält er sich fast ausnahmslos oberhalb der Waldgrenze auf und liebt dort vor allem die Geröllhalden. Erstaunlich ist, dass er hier genügend Samen und Insekten für sich und seine Jungen findet! Wenn im Winter alles von Schnee bedeckt ist, ernährt er sich von den Samen, die in den Zapfen von Nadelhölzern liegen.

Der Schneefink hat eine gewisse Ähnlichkeit mit dem Buchfink, ist aber mit den ▶ Sperlingen am nächsten verwandt. Im Wintergefieder sind mehr Federn weiß als im Sommergefieder, das ist eine Anpassung an die Umwelt. Der Schneefink kommt in allen europäischen Gebirgen vor, wird aber leider immer seltener. ■

STECKBRIEF

Größe: Länge 18 cm

Merkmale: Färbung erinnert an einen Spatz, aber weiße Federn in Flügel und Schwanz

Ernährung: Samen, Körner, Insekten

Vorkommen: Alpen, Hochgebirge Südeuropas und Kleinasiens, Kaukasus

Besonderheiten: Der Schneefink kommt auch im Winter nur selten ins Tal hinab.

STECKBRIEF

Größe: Kopf und Rumpf bis 55 cm lang

Merkmale: Fell im Winter ganz weiß bis auf die schwarzen Ohrspitzen, wirkt runder als der Feldhase

Ernährung: Gräser und Kräuter

Vorkommen: Alpen, Nordeuropa, nördlichstes Nordamerika bis Grönland

Besonderheiten: Manche Schneehasenpopulationen in Nordeuropa bleiben im Winter braun.

Schneehase Im Winter ist der Schneehase in der Natur kaum zu sehen. Nicht etwa, weil er einen Winterschlaf hielte, sondern weil er rein weiß gefärbt ist und sich darum von der Schneedecke kaum abhebt. Selbst in der kalten Jahreszeit findet er noch genügend Nahrung. Er steigt dann allerdings in die Bergwälder ab, wo es mehr zu fressen gibt. Im Frühjahr färbt sich der Schneehase braun. Mit einem weißen Fell könnten ihn seine Feinde in der warmen Jahreszeit leicht entdecken. Seine Lebensweise ähnelt der des ▶ Feldhasen. Jedoch kann man ihn gelegentlich sogar in kleinen Trupps antreffen.

Der Schneehase lebt auch in Nordeuropa, besonders in Skandinavien, Schottland und Irland. In Schottland wird er nicht weiß, weil dort selten Schnee liegt, und im ewigen Eis der Arktis färbt er sich nicht mehr braun.

In tieferen Lagen tritt der Schneehase manchmal zusammen mit dem Feldhasen auf. Dort kann es auch zu Kreuzungen zwischen den beiden nah verwandten Arten kommen. Die Mischlinge sind aber überwiegend unfruchtbar.

In Nordamerika lebt der Schneeschuhhase. Seine behaarten Hinterpfoten (Name!) bewahren ihn davor, im Schnee einzusinken. Der Schneeschuhhase ist deutlich kleiner als unser Schneehase. ■

DIE EISZEIT IN EUROPA

In den vergangenen zwei Millionen Jahren waren große Teile Nord- und Mitteleuropas zeitweilig von Gletschern bedeckt. Damals herrschte bei uns ein kaltes Klima, und selbst im sonnigen Mittelmeergebiet waren die Temperaturen viel niedriger als heute. In Mitteleuropa lebten zu jener Zeit viele arktische Tiere, darunter auch der Schneehase. Als sich das Klima vor rund 10 000 Jahren erwärmte, zogen sich die Eiszeitgletscher zurück. Dem Schneehasen sagte das nicht zu, weil er die Kälte liebt. Er blieb zwar in den Alpen, wanderte dort aber in die Höhe. Im wärmeren Tiefland starb er aus, doch im Norden Europas konnte er sich halten. So kommt es, dass der Schneehase heute eine merkwürdige Verbreitung aufweist: Man findet ihn bei uns nur in den Alpen und in Nordeuropa. In den Gebieten dazwischen ist er ausgestorben. Die Forscher sprechen von einer »arktisch-alpinen Verbreitung«. Eine solche Verbreitung haben zum Beispiel auch das Schneehuhn, die Ringdrossel, viele Schmetterlinge, Käfer und Hummeln.

STECKBRIEF

Größe: Schulterhöhe des Männchens bis 94 cm, des Weibchens bis 78 cm, Gewicht des Männchens bis 140 kg

Merkmale: Hörner lang und dick, gleichmäßig gebogen

Ernährung: Gräser und Kräuter

Vorkommen: Europa, Asien, Arabien, Nordostafrika

Besonderheiten: lebt in Höhen von 2000 bis 3500 m, den höchsten Lagen des Hochgebirges

Steinbock

Steinbock Eine »wandelnde Apotheke« nannte man den Steinbock früher. Damals glaubte man, sein Kot könne Gicht, sein Blut Blasensteine heilen. Das Horn diente als Talisman und als Schutz vor verschiedenen anderen Krankheiten. Sehr begehrt waren die Bezoarsteine, Kugeln aus Haaren, Harzen und Steinchen, die man im Magen der Steinböcke fand. Dem medizinischen Aberglauben fielen Tausende von Steinböcken zum Opfer. Ende des 19. Jahrhunderts lebte im ganzen Alpengebiet nur noch eine norditalienische Steinbockfamilie. Doch dann kümmerten sich Wildhüter um den Schutz und die Vermehrung dieser Tiere. Vor rund 100 Jahren wurden einige Steinböcke in den Schweizerischen Nationalpark gebracht und dort ausgewildert. Heute gehen alle Steinböcke in den Alpen auf jene kleine italienische Steinbockfamilie zurück. Steinbock und ▶ Gämse kann man kaum miteinander verwechseln. Der Steinbock hat lange, dicke, gleichmäßig gebogene Hörner, die beim Männchen stärker entwickelt sind als beim Weibchen. Außerdem ist der Steinbock viel größer als die Gämse und wiegt mehr als das Doppelte. ■

Weidenmeise

Weidenmeise In den obersten Bergwäldern begegnet der Wanderer häufig der kleinen quirligen Weidenmeise. Manchmal wird sie auch Alpenmeise genannt. Sie sucht ihre Nahrung auf dem Boden. Für ihre Jungen sammelt die Weidenmeise Insekten, für sich selbst vor allem Nüsse und Samen. Davon legt sie unter Baumrinden und in Moosen Vorratsnester für die kalte Jahreszeit an. Die Weidenmeise ist nämlich ein Standvogel, das heißt, sie fliegt im Herbst nicht weg, um in einem wärmeren südlichen Land zu überwintern.

Die Weidenmeise baut ihr Nest in Höhlen: Sie ist wie alle Meisen eine Höhlenbrüterin. Sie benutzt dazu gerne alte Spechthöhlen. Nur in weiches Holz – vor allem in Weiden – kann sie selbst Höhlen schlagen. Um den

Nachwuchs kümmern sich Männchen und Weibchen gemeinsam. ■

 STECKBRIEF

Größe: Länge 11,5 cm

Merkmale: graubraunes Gefieder, schwarze Kappe, die bis in den Nacken reicht, weiße Wangen

Ernährung: im Sommer Insekten, im Winter Körner und Samen

Vorkommen: Alpen

Besonderheiten: Die Alpenmeise ist eine Unterart der in Europa weit verbreiteten Weidenmeise.

Bach und Fluss

Bach und Fluss

Fast alle Bäche entspringen im Gebirge: Aus einer Quelle tritt unterirdisches Grundwasser an die Oberfläche und fließt den Hang hinab. Anfangs – im so genannten Oberlauf – ist der Bach meist sehr ungestüm: Das Wasser bewegt sich schnell und bildet starke Strudel. Tiere wie die Larven von Eintagsfliegen müssen hier gegen die mächtige Strömung ankämpfen und mit besonderen Anpassungen verhindern, dass sie einfach weggeschwemmt werden. Auf seinem Weg ins Tal nimmt der Bach immer wieder Nebenbäche in sich auf und wird dadurch größer. Sein Wasser ist kalt und klar. So lieben es Forellen und Flussperlmuscheln. Wenn sich das Tal weitet, wird der Bach zum größeren Fluss. Das Wasser fließt nun ruhiger, ist aber weiterhin kalt.

In der Ebene verringert der Fluss seine Fließgeschwindigkeit. Dadurch lagern sich viele mitgeführte Sandteilchen und Schlamm ab. Aus dem Fluss wird ein Strom. Sein Wasser erwärmt sich allmählich und fließt langsam dahin. Ursprünglich bildeten alle Ströme viele Schlingen, die Mäander. Viele dieser Windungen hat man aber schon im 19. und besonders im 20. Jahrhundert begradigt. Oft zwängte man dabei den Strom in ein festes Bett aus Beton. So konnte er nicht mehr über die Ufer treten. Und damit verschwanden die sumpfigen Auwälder. Bei der Mündung ins Meer bildet der Strom ein ausgedehntes Schwemmgebiet mit vielen Armen, das Delta oder Ästuar. Hier gehen die Lebensräume ineinander über. Man weiß nicht mehr richtig, wo das Wasser aufhört und das Festland beginnt, besonders wenn sich auch die Gezeiten bemerkbar machen.

An Flussmündungen finden vor allem viele Vögel Nahrung. Im Frühling und im Herbst halten sich dort Millionen von ziehenden Enten, Gänsen und Watvögeln auf und stärken sich für den Weiterflug. An der Flussmündung mischt sich das Süßwasser des Stromes mit dem Salzwasser des Meeres. Dieses Brackwasser, wie es auch in der Ostsee vorkommt, vertragen nur wenige Fischarten, zum Beispiel der Barsch, der Hecht, der Stichling und die Flunder.

Aal Vielen Menschen ist der Aal unheimlich, weil er wie eine Schlange aussieht, obwohl er zu den Fischen gehört. Wie diese besitzt er Kiemen und eine schleimige Haut. Der Aal lebt im Süßwasser, beginnt sein Leben aber im Meer. Die erwachsenen Aale wandern nämlich aus Flüssen und Seen ins Meer und schwimmen dort einige Tausend Kilometer weit in den Atlantik. Dort paaren sie sich, laichen und sterben dann. Aus den Eiern schlüpfen kleine Larven, die wie Weidenblätter aussehen und sich mit dem Golfstrom treiben lassen. Nach zwei bis drei Jahren kommen sie an den Küsten Europas an. Hier verwandeln sie sich in die fingerlangen Glasaale und schwimmen die Flüsse hoch. In Flüssen und Seen wachsen sie dann bis zu Armdicke heran. 15 Jahre später wandern sie als erwachsene Aale wieder ins Meer zurück.

Die Gruppe der Aalfische umfasst rund 400 Arten. In fast allen Meeren lebt der Meeraal. Er wird drei Meter lang und bis zu 65 Kilogramm schwer. In warmen Meeren leben die Röhrenaale. Sie halten sich in Wohnröhren auf, die etwa einen halben Meter in den Boden reichen. Zu den Aalfischen gehört auch die ▶ Muräne. ■

STECKBRIEF

Größe: Männchen bis 50 cm lang, Weibchen bis 150 cm und 6 kg schwer

Merkmale: runder, langgestreckter, schlangenähnlicher Körper

Ernährung: Kleintiere, Schnecken, Würmer, Insekten, Fische

Vorkommen: Küsten- und Binnengewässer Europas, Nordafrikas und Vorderasiens

Besonderheiten: Auf seiner Wanderung zu den Laichplätzen im Atlantik legt der Aal bis zu 7000 km zurück

---

Bachforelle Früher gab es in unseren Bächen und Flüssen nur eine einzige Fischart: die Bachforelle. Man erkennt sie an den vielen runden schwärzlichen und den roten, hell umrandeten Flecken. Inzwischen wurde sie von der amerikanischen Regenbogenforelle, die vor ungefähr 100 Jahren in Mitteleuropa ausgesetzt worden ist, fast völlig verdrängt: Die Regenbogenforelle kann nämlich auch in kanalisierten Bächen mit weniger sauberem Wasser leben, während die Bachforelle höchste Ansprüche an die Umwelt stellt: Sie gedeiht nur in kühlen, klaren, rasch fließenden Bächen.

Ihre Umgebung beeinflusst auch ihre Farbe: Wissenschaftler haben herausgefunden, dass die Bachforelle je nach Untergrund eine andere Färbung annimmt. In schnell fließenden Bächen zeigt sie eine ausgeprägte Fleckzeichnung, in Teichen und langsam fließenden Flüssen färbt sie sich einfarbig dunkel. Zusätzlich tragen die Männchen zur Paarungszeit ein Balzkleid. In ihrem Lebensraum suchen sich die Bachforellen einen festen Ort, an den sie sich bei Gefahr zurückziehen können, z.B. eine Wurzel, ein Schlammloch. Sie bleiben auch möglichst immer in ihrem einmal gewählten Revier.

Die Bachforelle ist ein äußerst vielgestaltiger Fisch. Zur selben zoologischen Art gehören auch die ▶ Seeforelle und die Meerforelle. Die Meerforelle ist vom Lachs nur schwer zu unterscheiden.

Forellen sind sehr gelehrige Tiere. Im österreichischen Dorf St. Ägidi kann man einen Forellenzirkus bewundern: Die Tiere springen durch Reifen, balancieren Ballons auf dem Kopf, lassen sich streicheln und springen auf Kommando sogar in einen wassergefüllten Bierkrug! ■

STECKBRIEF

Größe: Länge bis 50 cm, in der Regel aber nur 30 cm

Merkmale: rote Flecken auf den Körperseiten

Ernährung: Insekten, Kleinfische

Vorkommen: Bäche und Flüsse in Europa und Vorderasien

Besonderheiten: Bachforelle, Seeforelle und Meerforelle gehören zur selben Art, sehen aber je nach Lebensraum unterschiedlich aus.

LAICHWANDERUNG

Früher kam der Lachs in allen Flüssen und Strömen Mitteleuropas vor. Dann starb er praktisch aus. Heute werden wieder die ersten neu angesiedelten Lachse in Rhein und Elbe gefangen. Das Leben dieses Fisches spielt sich zwischen Salz- und Süßwasser ab. Die geschlechtsreifen Lachse wandern vom Meer in die Flüsse. Sie schwimmen zurück zum Ort, an dem sie selbst geschlüpft sind und lassen sich dabei vom Geruchssinn und ihrem magnetischen Sinn leiten. Im Oberlauf des Flusses legen sie ihre Eier. Danach sterben sie an Entkräftung. Aus den rund 30 000 Eiern schlüpfen Jungfische, die nach zwei Jahren ins Meer wandern. Dort wachsen sie schnell heran: Nach drei Jahren sind sie schon einen Meter lang und bis zu 13 Kilogramm schwer. Dann beginnt ihre Laichwanderung ins Süßwasser.

STECKBRIEF

Größe: Länge 18 cm

Merkmale: schwarz, grau und weiß mit sehr langem Schwanz

Ernährung: Insekten und andere Kleintiere

Vorkommen: Europa, Nordafrika, Asien

Besonderheiten: Die Bachstelze läuft trippelnd und wippt ständig mit ihrem langen Schwanz.

Bachstelze Die Italiener nennen diesen zierlichen Vogel »Ballerina«: Die Bachstelze erkennt man an ihrem trippelnden Schritt und dem graziösen Schwanzwippen, was ihr ein tänzerisches Aussehen verleiht. Sie lebt in offenen Gebieten, zum Beispiel an Bach- und Seeufern, auf Äckern und auch mitten in Dörfern. Besonders gern läuft sie an Landstraßen entlang und sucht nach Insekten, die von vorbeifahrenden Autos erfasst und getötet wurden. Sie kann Insekten aber auch im Flug aus der Luft fangen.

Die Bachstelze ist ein Zugvogel und kehrt bereits im März als einer der ersten Vögel aus den warmen Wintergebieten zurück. Kaum angekommen suchen die Männchen ein Revier, das sie heftig gegen Rivalen verteidigen. Den eigentlichen Neststandort sucht allerdings das Weibchen aus, sie bevorzugt Spalten in Bäumen und Felsen, die sie gemeinsam mit dem Männchen auskleidet. Das kann auch in einer Höhe von sechs Meter über dem Erdboden sein. Die Brutpflege übernehmen dann beide Eltern gemeinsam. Bachstelzen können bis zu dreimal im Jahr brüten, aber nicht immer bauen sie dafür neue Nester.

Mit der Bachstelze ist die Schafstelze verwandt. Sie hat ein sattgelbes Gefieder und kommt ausschließlich an Gewässern vor. ∎

Biber Biberach, Biberist, Bebra, Bever – alle diese Ortsnamen erinnern an den Biber. Früher war er einmal in allen Flüssen und Strömen Mitteleuropas zu Hause. Dann verschwand er bis auf wenige Tiere. Indem man die Gewässer in enge Betten zwängte und verhinderte, dass sie über die Ufer traten und Auwälder ausbildeten, nahm man auch dem Biber seinen Lebensraum. Seit ungefähr 30 Jahren gibt es in Deutschland aber wieder Biber, und erfreulicherweise breiten sie sich sogar weiter aus.

Biber errichten erstaunliche Bauwerke: bis 1,50 Meter hohe und 100 Meter lange Dämme, mit denen sie den Fluss aufstauen, und »Burgen«, in denen sie leben und ihre Jungen aufziehen. Ihre Wohnungen beherbergen Vorratskammern, Schlaf- und Wohnkammern. Der Eingang liegt stets unter Wasser. Als Baumaterial verwenden sie Baumstämme, die sie mit ihren mächtigen Schneidezähnen selbst fällen. Ein großer Biber kann einen ein Meter dicken Baumstamm sanduhrförmig von allen Seiten durchnagen! Die Tiere fressen nur Pflanzen, vor allem Kräuter, Blätter und Rinden der gefällten Bäume. ∎

 STECKBRIEF

Größe: ohne Schwanz bis 100 cm lang, Gewicht bis 30 kg

Merkmale: zweitgrößtes Nagetier, abgeplatteter unbehaarter Ruderschwanz, Schwimmhäute zwischen den Zehen

Ernährung: Baumrinden, Wasser- und Uferpflanzen

Vorkommen: Europa und Nordasien, Nordamerika

Besonderheiten: Der Biber kann bis zu 15 Minuten lang tauchen und verschließt dabei Nase und Ohren.

Bisamratte Vor 100 Jahren begann man in der Nähe von Prag, die amerikanische Bisamratte in Farmen zu züchten – wegen ihres weichen Fells. Dabei entwichen einige Tiere in die freie Natur. Die großen Nagetiere breiteten sich in der Folge über ganz Europa aus und kommen heute überall bei uns vor. Sie leben ausschließlich am Wasser und graben Gänge in Deiche und andere Uferbefestigungen, sodass diese undicht werden. Die Schäden sind enorm. Deswegen gibt es in einigen Ländern hauptberufliche Bisamjäger, die die Schädlinge zurückzudrängen versuchen. Gelungen ist dies allerdings nur in England.

Wenn die Bisamratte schwimmt, verwechselt man sie leicht mit einem ▶ Fischotter oder gar einem ▶ Biber. Sie hat aber einen seitlich etwas zusammengedrückten Schwanz, an dem sie leicht zu erkennen ist. Auch die Bisamratte baut wie der Biber eine Wohnung, deren Eingang stets unter Wasser liegt. ∎

 STECKBRIEF

Größe: Länge von Kopf und Rumpf bis 35 cm, Schwanz 20 cm

Merkmale: deutlich kleiner als der Biber, Schwanz nicht abgeplattet, lebt in Erdhöhlen

Ernährung: Pflanzen aller Art, gelegentlich auch Muscheln oder sogar Fische

Vorkommen: Die Heimat liegt in Nordamerika. In Mitteleuropa ist die Bisamratte ein unerwünschter Einwanderer.

Besonderheiten: Bisamratten unterhöhlen Dämme und Uferbefestigungen.

 EINGEFÜHRTE TIERE

Wenn man Tiere aus anderen Kontinenten einführt, endet dies nicht selten in einer Katastrophe. Die eingeführten Arten haben in ihrer neuen Heimat meist keine natürlichen Feinde, sodass sie sich ungehindert ausbreiten können. Außer der Bisamratte haben wir auch den Kartoffelkäfer und den Waschbären aus Nordamerika eingeführt. Der größte Schaden ist durch die Einführung des Kaninchens in Australien entstanden. Ohne Feinde vermehrten sie sich rasant und verwandelten durch ihre Fressgewohnheiten das saftige Grasland in Wüsten.

Größe: Spannweite bis 3 cm

Merkmale: sehr zarte Insekten mit drei langen Schwanzfäden

Ernährung: Erwachsene Tiere fressen nichts, die Wasser bewohnenden Larven leben von organischen Resten und winzigen Wassertieren.

Vorkommen: sehr saubere Binnengewässer vor allem auf der Nordhalbkugel

Besonderheiten: Eintagsfliegen treten oft in Massen auf.

Eintagsfliege

Für manche Arten ist selbst die Bezeichnung »Eintagsfliege« noch eine Übertreibung! Sie schlüpfen am Morgen, paaren sich am Mittag und sterben am Nachmittag nach der Eiablage. Vor der Paarung kann man die Eintagsfliegen anmutig »tanzen« sehen: Sie steigen einige Meter hoch in die Luft und sinken dann wieder nach unten, wobei sie ihre drei überlangen Schwanzfäden abspreizen und wie einen Fallschirm als Bremse benutzen.

Die kurze Lebensspanne gilt aber nur für die erwachsenen Eintagsfliegen. Aus den Eiern schlüpfen Larven, die meist ein Jahr im Wasser leben. Manche halten sich dort sogar zwei oder drei Jahre auf. Sie fressen Algen und Pflanzenteilchen. Als die großen Flüsse in Mitteleuropa noch sauber waren, gab es Unmengen von ihnen. Mittlerweile sind sie aus vielen Gewässern verschwunden. Eintagsfliegen reagieren nämlich sehr empfindlich auf Verschmutzung. Wenn sie heute an einem Gewässer vorkommen, ist das ein Zeichen dafür, dass die Wasserqualität relativ gut ist. ■

Größe: Länge 16 cm

Merkmale: leuchtend türkisblaue Oberseite, einer der farbigsten Vögel in Europa

Ernährung: kleine Fische, die er stoßtauchend erbeutet

Vorkommen: Europa, Nordafrika, Vorderasien

Besonderheiten: Es gibt auch einen prächtigen braun und etwas blau gefärbten großen Tagschmetterling namens Eisvogel; er kommt ebenfalls gerne in Gewässernähe vor.

Eisvogel

Wer diesen zierlichen Vogel einmal gesehen hat, vergisst ihn nicht wieder. Er sieht aus wie ein fliegender blauer Edelstein. Oft sitzt er unbeweglich im Geäst eines Baumes am Ufer. Nur wenn er einen Fisch erspäht hat, stürzt er sich mit angelegten Flügeln ins Wasser und packt ihn mit dem Schnabel. Dann kehrt er zu seinem Ansitz zurück. Er schluckt den Fisch kopfvoran und muss ihn zunächst durch Rütteln in seinem Schnabel in Position bringen. Stichlinge schlägt er so lange auf eine Unterlage, bis ihre drei scharfen Rückenstacheln abbrechen.

Der Eisvogel braucht zum Brüten unbedingt hohe steile Uferböschungen aus Lehm. Dort gräbt er einen langen Gang, an dessen Ende die Nisthöhle liegt. Das Weibchen legt sechs bis acht Eier, und nach drei Wochen Brüten schlüpfen die nackten Jungen. So hübsch die Eisvögel anzusehen sind, in ihrem Nest geht es nicht gerade appetitlich zu: Die Eltern polstern die Nisthöhle mit ausgewürgten Gräten aus. Aber das macht den Eisvögeln kaum etwas aus. Sie riechen – wie fast alle Vögel – ohnehin so gut wie nichts. ■

WERKZEUGE IM TIERREICH

An den Küsten des Nordpazifiks lebt eine große Fischotterart. Der Meer- oder Seeotter ernährt sich vorwiegend von Muscheln. Um sie zu knacken, legt er eine Fähigkeit an den Tag, von der man lange Zeit glaubte, sie sei dem Menschen vorbehalten: Er verwendet ein Werkzeug. Mit einem Stein schlägt der Seeotter die Muscheln vom Meeresboden los und transportiert sie an die Wasseroberfläche. Dort dreht er sich auf den Rücken, legt sich den Stein auf den Bauch und schlägt auf diesem Amboss die Muschel auf.

Der Werkzeuggebrauch ist im Tierreich weiter verbreitet, als man ursprünglich dachte. Insgesamt kommt er allerdings doch selten vor: Der Spechtfink stochert mit Kaktusdornen nach Insektenlarven, die im Holz leben. Der Schmutzgeier wirft mit seinem Schnabel Steine auf Straußeneier, um sie dadurch zu öffnen. Schimpansen angeln mit Stöckchen nach Termiten oder verwenden zerkaute Blätter, um Wasser aus Asthöhlen aufzunehmen.

Fischotter Der Fischotter war früher weit verbreitet, das belegen Ortsnamen wie Otterndorf, Otterbach, Otterfing, Otterskirchen, Ottersleben oder Otterstedt. Noch vor 50 Jahren konnte man den Fischotter in Parks von großen Städten antreffen. Dann verschwand er aber sehr schnell. Die Gründe dafür sind bis heute nicht bekannt. Fühlten sich die Tiere in ihren Lebensräumen zu sehr vom Menschen gestört? Oder waren die Wasserverschmutzung und die Vergiftung ihrer Beutetiere schuld? Inzwischen kann man ihn fast nur noch in Zoos beobachten.

Wenn er elegant durch das Wasser gleitet und sich dabei um die eigene Achse dreht, könnte man ihn leicht für eine Robbe halten. Fischotter sind bewegungsfreudig und verspielt. Sie rutschen gerne an Hängen aus Schnee oder nassem Lehm hinunter. Der Fischotter ist jedoch keine Robbe, sondern gehört zur Gruppe der Marder. Mit ihnen hat er auch eine besondere Art der Jagd gemeinsam: Er tötet zunächst alle Fische eines Schwarmes und beginnt erst dann zu fressen. Seine Wohnung baut er an Uferböschungen, wobei der Eingang unter Wasser liegt. ■

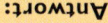

STECKBRIEF

Größe: Länge bis 50 cm, Gewicht bis 5 kg

Merkmale: unser buntester Süßwasserfisch, mit senkrechten grünen Bändern und roten Flossen

Ernährung: Kleintiere, auch kleine Fische

Vorkommen: Europa

Besonderheiten: In manchen Gewässern leben sehr viele Barsche, die dann wegen der Nahrungsknappheit nur 10 cm lang werden.

Flussbarsch Unser einheimischer Flussbarsch kann es an Schönheit mit vielen tropischen Fischen aufnehmen. Er ist meist lebhaft grün gestreift und hat leuchtend rote Flossen. Der Barsch ist ein Allesfresser, doch am liebsten frisst er Kleinfische. Er lebt in großen Flüssen und ruhigen Seen und kommt auch im leicht salzigen Brackwasser der Ostsee vor. Nahe mit dem Barsch verwandt ist der schlankere und nicht so bunte Zander, der äußerlich etwas an einen ▶ Hecht erinnert. Als echter Raubfisch macht er Jagd auf Weißfische.

Die barschartigen Fische umfassen mehr als 6000 Arten – rund ein Viertel aller Fischarten. Ein gemeinsames Merkmal ist die zweigeteilte Rückenflosse. Vorne wird sie von harten knöchernen Stachelstrahlen gestützt, hinten von weichen Strahlen. Zu den Barschen zählen zum Beispiel der ▶ Schriftbarsch, die Schleimfische, der ▶ Tunfisch, die Meerbrassen und die Meerbarben. ■

STECKBRIEF

Größe: Länge bis 25 cm

Merkmale: unverwechselbar, vier Laufbeinpaare, ein Greifscherenpaar

Ernährung: Insektenlarven, Muscheln, Schnecken, Würmer, auch Wasserpflanzen

Vorkommen: Europa, Teile Asiens

Besonderheiten: Männliche Flusskrebse können bis zu 20 Jahre alt werden.

Flusskrebs Der Flusskrebs verbirgt sich tagsüber auf dem Gewässergrund unter Steinen und in selbst gegrabenen Höhlen. Einen festen Unterschlupf braucht er auch, weil er sich wie alle Gliederfüßer immer wieder häutet: Sein starrer Panzer wird ihm zu eng und er muss ihn abstreifen. Darunter hat sich bereits ein neuer, allerdings noch weicher

Panzer ausgebildet. Während der Zeit der Häutung heißt der Krebs »Butterkrebs«: Das Tier ist weich wie Butter, weil der neue Panzer noch nicht erhärtet ist. In dieser Zeit stellt er für Raubfische eine leichte Beute dar. Besonders dem Aal sagt man eine Vorliebe für den Butterkrebs nach. Bei uns wird der Flusskrebs etwa acht Zentimeter lang; in Sibirien leben Riesen von fast 20 Zentimeter Körperlänge! Vorne tragen die Krebse mächtige Scheren, mit denen sie bei Bedarf empfindlich zwicken. Sie können gut vorwärts und rückwärts gehen. Wenn Gefahr droht, schlagen sie den Hinterleib mit dem Schwanzfächer nach unten ein und schwimmen dabei ruckartig rückwärts. Der Fluss- oder Edelkrebs ist schon vor 100 Jahren durch die Krebspest, eine Pilzkrankheit, sehr selten geworden. Deswegen setzte man eine amerikanische Art bei uns ein, den Signalkrebs. Der ist immun gegen die Pest und hält auch Wasserverschmutzung besser aus. ■

Flussperlmuschel Vielleicht hat die Oma noch ein uraltes Handtäschchen, das mit winzigen Perlen besetzt ist. Die stammen von der Flussperlmuschel, die früher auch in Mitteleuropa weit verbreitet war. Da sie aber saubere Bäche mit steinigem Grund zum Leben braucht, ist sie heute selten geworden. Sie kommt nur noch in einigen Mittelgebirgen vor, wie etwa dem Bayerischen Wald. Vor 200 Jahren war die Perlenfischerei in Bayern ein einträgliches Geschäft – obwohl die Perlen selten die Größe der Meeresperlen erreichten. Doch da sie in 10 Jahren nur einen halben Millimeter wachsen, waren große Flussperlen viel teurer als Meeresperlen. Die Flussperlmuschel selbst wird bis 10 Zentimeter lang und steckt mit ihren dunkelbraunen Schalen senkrecht im Bachbett. Sie kann 80 Jahre alt werden und gehört damit zu den langlebigsten Tieren überhaupt.

Flussperlmuscheln sind mit einer Art Fuß am Untergrund befestigt und bleiben so immer an der gleichen Stelle. Ihre Muschelschalen haben eine Perlmutterschicht. Die Nahrung fischen Flussperlmuscheln aus dem Wasser, dazu sind ihre Schalenklappen immer leicht geöffnet. ∎

STECKBRIEF

Größe: Schale bis 15 cm lang

Merkmale: Schale mit dunkelbrauner Haut, die an manchen Stellen abgerieben ist, sodass das Weiß hervorscheint.

Ernährung: Schwebstoffe des Wassers, Kleinstlebewesen

Vorkommen: saubere kalte Bäche in Europa

Besonderheiten: Die Perlmutterschicht im Inneren der Flussperlmuschel bildet gelegentlich unregelmäßige Perlen aus.

Köcherfliege Die Larven der Köcherfliegen leben im Wasser und spielen dort eine große Rolle als Fischfutter. Um sich vor Räubern zu schützen, spinnen sie einen Köcher aus Seide. An der Außenseite dieses Sacks befestigen sie tote Blätter und andere Pflanzenteile, Sandkörner, Steinchen und sogar kleine Schneckenschalen. Viele Arten verwenden für ihre Köcher nur ganz bestimmte Materialien, sodass man sie daran erkennen kann. Mit ihren Gehäusen krabbeln die Larven langsam im flachen Uferbereich umher und

sind dort leicht zu sehen. Fleisch fressende Köcherfliegen spinnen Fallen aus Seide: Sie haben eine weite Öffnung und laufen hinten spitz zu. In diesem Trichter verfangen sich von der Strömung herangetriebene Tiere, die dann von der lauernden Larve gefressen werden. Die erwachsene Köcherfliege hat vier Flügel und ähnelt einem grauen Kleinschmetterling. Wie die ▶ Eintagsfliege besitzt sie keine Mundwerkzeuge mehr und lebt nur ganz kurze Zeit. Ihre Hauptaufgabe ist die Fortpflanzung und die Eiablage. ∎

STECKBRIEF

Größe: erwachsene Tiere mit einer Flügelspannweite von höchstens 4 cm, Larven nicht über 3 cm lang

Merkmale: erwachsene Tiere völlig unscheinbar, mottenähnlich, oft in Massen am Ufer; Larven durch den sandbesetzten Köcher viel auffälliger, am Gewässerboden kriechend

Ernährung: Kleintiere, organische Abfälle

Vorkommen: weltweit, vor allem in Fließgewässern

Besonderheiten: Die Larven bauen sich einen Köcher.

STECKBRIEF

Größe: Länge bis 15 mm

Merkmale: schwimmen mit ruckartigen Bewegungen mit dem Bauch nach oben

Ernährung: Kleintiere

Vorkommen: Europa und Asien

Besonderheiten: Die Rückenschwimmer müssen an Land gehen, wenn sie wegfliegen wollen. Ruderwanzen können direkt aus dem Wasser starten.

Rückenschwimmer Alle paar Minuten steigen die Rückenschwimmer zur Wasseroberfläche auf und strecken ihr Hinterende aus dem Wasser. Dabei tauschen sie einen Teil der Luft aus, den sie als Vorrat auf der Bauchseite tragen. Aus diesem einfachen physikalischen Grund können sie nur auf dem Rücken schwimmen. Und so bekommt man vom Ufer aus stets ihre Bauchseite zu sehen. Zum Rudern verwenden die Rückenschwimmer vor allem ihre Hinterbeine, die mit langen Fransen besetzt sind, sodass sie wie Paddel aussehen.

Natürlich können die Rückenschwimmer auch fliegen, sie gelten sogar als sehr gewandte Flieger, aber selbst sie können nicht aus der Rückenlage starten. Deshalb krabbeln sie dazu an Land und warten, bis sie genügend getrocknet sind. Erst dann steigen sie in die Luft auf. Zu ihrer Nahrung gehören Wasserinsekten, aber auch Kaulquappen, Molchlarven und junge Fische.

Die Rückenschwimmer gehören zu den Wanzen. Sie haben einen Stechrüssel und können Menschen, die sie mit bloßen Händen fangen wollen, so heftig stechen, dass sie mancherorts »Wasserbienen« genannt werden. Es gibt noch weitere Wanzen, die sich vollkommen an das Leben im Wasser angepasst haben, etwa die lang gezogenen Wasserskorpione und die Ruderwanzen. In den Tropen leben die Riesenwanzen, die mit einer Körperlänge von bis zu elf Zentimetern zu den größten Insekten zählen. Die massigen Tiere machen auch Jagd auf Frösche, Kröten und Fische. ■

STECKBRIEF

Größe: Länge bis 10 cm

Merkmale: drei Stacheln auf dem Rücken, Männchen in der Fortpflanzungszeit mit leuchtend rotem Bauch

Ernährung: räuberisch von Kleintieren

Vorkommen: Süßwasser und Küstengebiete in Europa, Nordafrika, Nordasien und Nordamerika

Besonderheiten: Der Stichling ist eines der Modelltiere der Verhaltensforschung.

Stichling Der Stichling kann mit seinen Rückenstacheln tatsächlich empfindlich zustechen. Das stört Lachse, Aale und Barsche allerdings wenig, die auf sie Jagd machen. Stichlinge kommen im Süßwasser und im Meer vor, besonders in der Nord- und Ostsee. Berühmt wurde der Stichling durch sein Fortpflanzungsverhalten. Die unscheinbar gefärbten Männchen entwickeln dabei ein Laichkleid mit rotem Bauch und blauem Rücken, wie man es sonst nur von tropischen Fischen kennt. In einer Grube am Gewässerboden trägt es Pflanzen zusammen und kittet sie zu einem fassförmigen Nest zusammen. Nun verteidigt das Männchen seinen Bau gegen jeden männlichen Eindringling. Wenn ein Weibchen auftaucht, führt das Männchen einen komplizierten Balztanz auf. Das Weibchen legt dann bis zu 1000 Eier in das vorbereitete Nest ab. Gleich nach der Eiablage wird das Weibchen verjagt. Das Männchen bewacht die Eier und beginnt mit der Brutpflege: Es fächelt ihnen frisches Wasser zu, vertreibt Laichräuber und sortiert Eier aus, die sich nicht richtig entwickeln. Ausgebüxte Jungfische nimmt der Vater in den Mund und spuckt sie im Nest wieder aus. Auch bei Gefahr versteckt das Männchen seine Jungen im Mund. Wenn die kleinen Fischchen ihren Dottersack aufgezehrt haben, machen sie sich selbstständig. ■

Wasseramsel Man muss schon gut hinsehen, um die Wasseramsel überhaupt zu entdecken. Der kleine Vogel mit dem schokoladenbraunen Gefieder steht gerne auf einem großen Stein mitten in Bächen und Flüssen und wippt mit dem kurzen Schwanz. Dann ist er plötzlich im Wasser verschwunden. Er läuft auf dem Bachgrund, dreht hier und da einen Stein um und fängt Insekten. Die Wasseramsel kann auch unter Wasser schwimmen, wobei sie ihre Flügel wie Flossen benutzt. Nach spätestens 30 Sekunden taucht sie an ganz anderer Stelle wieder auf. Nass wird sie auf ihren Tauchgängen nicht, da sie ihr Gefieder mit dem Sekret der Bürzeldrüse einfettet und es so Wasser abstoßend macht. Wasseramseln bauen in Spalten oder unter Brücken kugelförmige Nester und ziehen dort durchschnittlich fünf Jungtiere groß. ■

 STECKBRIEF

Größe: Länge 18 cm

Merkmale: schokoladenbraun mit weißem Latz

Ernährung: Kleintiere, die der Vogel im Wasser oder am Ufer sucht

Vorkommen: Europa, Kaukasus

Besonderheiten: Die Wasseramsel kann am Gewässerboden laufen und richtig schwimmen.

Wasserspitzmaus Wie ein silberner Pfeil sieht die braune Wasserspitzmaus aus, wenn sie im Wasser schwimmt. Die langen Haare ihres dichten Fells halten nämlich Unmengen kleiner Luftbläschen fest. Dadurch wird der Körper nicht nass. Allerdings führt die Luft dazu, dass die Spitzmaus immer wieder nach oben getrieben wird. Damit sie unten bleibt, muss sie heftig mit den Füßen paddeln. Um schneller auf den Boden des Gewässers zu gelangen, springt die Wasserspitzmaus deshalb mit einem Kopfsprung ins Wasser. Sie frisst alles, was sich bewegt: Insekten, Frösche, Würmer, sogar größere Fische. Vom Wasser ist sie nie sehr weit entfernt. Auch ihren Bau legt sie in Wassernähe an, der Eingang dazu liegt auch unter Wasser. Sie ist Tag und Nacht unterwegs, selbst im Winter, dann kann man sie mit etwas Glück von Eisscholle zu Eisscholle springen sehen. Ein besonderes Schauspiel ist die Paarung. Das Männchen jagt das Weibchen vom Ufer ins Wasser und zurück, und es sieht aus, als wolle es einen Störenfried vertreiben. Doch nach der Paarung sind die beiden Einzelgänger ganz friedlich und gehen zusammen auf die Jagd. Das Weibchen bringt nach etwa einem Monat bis zu acht Junge zur Welt, die sechs Wochen lang gesäugt werden.
Wie bei der ▶ Spitzmaus ist auch hier der Name irreführend: Die Wasserspitzmaus gehört ebenfalls nicht zu den Mäusen. ■

 STECKBRIEF

Größe: Kopf und Rumpf höchstens 10 cm, Schwanz etwas kürzer

Merkmale: Kopf zugespitzt, Fell meist schwarz und glänzend, unter Wasser von einer silbrigen Luftschicht umgeben, die sie immer wieder nach oben treibt

Ernährung: Kleintiere, Insekten, Krebschen, Würmer, auch Laich und Fische

Vorkommen: Europa und Asien

Besonderheiten: Die Tiere springen vom Ufer aus meist mit einem Kopfsprung ins Wasser.

See und Weiher

See und Weiher

Seen und Weiher zählen zu den stehenden Gewässern – im Gegensatz zu Bächen und Flüssen, die die Fließgewässer bilden. Beide gehören aber eng zusammen, denn ohne Bäche und Flüsse, die Wasser heranführen, gäbe es keine Seen und Weiher. Viele Tierarten kommen demzufolge auch in beiden Lebensräumen vor, zum Beispiel Karpfen und Hecht, Stockente, Bachstelze und viele Insektenarten. Seen werden nicht sehr alt. Natürlich verschwindet der Bodensee nicht in den nächsten fünfzig Jahren, aber vielleicht in einigen Zehntausend Jahren. Die Zuflüsse transportieren nämlich tagaus tagein Schlamm, Sand und Schotter in den See. Weil das Wasser dort kaum noch Strömung besitzt, kann sich dieses Material absetzen. So wird der See langsam aufgefüllt. An den flachen Ufern wachsen Pflanzen und tragen mit dazu bei, dass der See immer weiter zurückgedrängt wird. So wird aus einem See erst ein größerer Weiher und dann ein Feuchtgebiet mit vielen kleinen Tümpeln: Der See verlandet.

Wasser hat eine merkwürdige Eigenschaft: Es ist bei plus vier Grad Celsius am schwersten. Wenn sich das Oberflächenwasser eines Sees im Herbst abkühlt, sinkt es bei vier Grad in die Tiefe und vermischt sich mit dem ebenso kalten Tiefenwasser. Auf diese Weise gelangt Sauerstoff in die Tiefe, und das ist lebenswichtig für alle Tiere, besonders für die Fische. Wenn sich das Oberflächenwasser weiter abkühlt, wird es wieder leichter und bleibt oben. Das gilt auch für das Eis: Es schwimmt auf dem flüssigen Wasser.

STECKBRIEF

Größe: Länge 38 cm

Merkmale: ganz schwarzer Wasservogel mit weißer Stirn

Ernährung: Pflanzenteile

Vorkommen: Europa, Nordafrika, Teile Nordasiens

Besonderheiten: Das Blässhuhn ist unser häufigster Wasservogel. Neben der weißen Stirnblesse hat es auch einen weißen Schnabel.

Blässhuhn Das Blässhuhn ist am ganzen Körper tiefschwarz: Nur auf der Stirn trägt es einen weißen Fleck, eine Blesse, in Form einer Stirnplatte. Daher rührt auch ihr Name. Das Blässhuhn ist an vielen Gewässern in Europa der häufigste Wasservogel. Es gehört aber nicht zu den Enten, sondern zu den Rallen. Seine Zehen sind lang und durch Hautlappen verbreitert. Auf diese Weise braucht das Blässhuhn keine Schwimmhäute und kann trotzdem schnell schwimmen. Jeden Ruderschlag mit den Beinen verbinden die Tiere mit einem deutlichen Kopfnicken. Ihre pflanzliche Nahrung finden sie tauchend, doch halten sie es nicht lange unter Wasser aus. Wenn sie losfliegen wollen, müssen sie erst eine längere Strecke auf der Wasseroberfläche laufen. Auch sind sie keine ausdauernden Flieger und landen schnell wieder auf dem See.

Für seine Jungen baut das Blässhuhn ein flaches Nest, versteckt im dichten Pflanzengewirr. Bereits kurz nach dem Schlüpfen folgen die Küken der Mutter aufs Wasser. ■

Blutegel (Medizinischer Blutegel) Noch vor 200 Jahren führten Ärzte Krankheiten oft darauf zurück, dass der Patient zu viel Blut im Körper hatte. Um ihn zu kurieren, setzten sie ihm Blutegel auf die Haut. Gelegentlich wird dies sogar heute noch gemacht. Schädlich ist es für den Menschen nicht.

Die wurmförmigen Blutegel haben am Vorder- und Hinterende Saugnäpfe. Damit saugen sie sich fest und ritzen leicht die Haut auf. Dann entnehmen sie ungefähr 15 ml Blut.

Soviel passt in ihren speziellen Magensack. Da sie nicht immer eine Gelegenheit zum Blutsaugen haben, fasst er mehr, als die Tiere sofort verbrauchen. Danach fallen sie von ihren Opfern ab. Blutegel sind Zwitter, sie brauchen das Blut von Säugetieren, um geschlechtsreif zu werden. Bis zu diesem Zeitpunkt lebt er räuberisch von Würmern, Schnecken, Insektenlarven. Zur Zeit der Geschlechtsreife sucht er dann Fische, Lurche oder Säugetiere, die er schröpft. Obwohl sie im Wasser leben, findet die Paarung an Land statt. Die Partner legen sich mit der Bauchseite aneinander, der Samen wird dem Partner eingespritzt. Die Eier entwickeln sich danach in einem speziellen Kokon.

Mit Vorliebe leben die kleinen Blutsauger im Wasser und im Gegensatz zu ihren asiatischen Verwandten sind sie harmlos. Die häufigste Art ist der Medizinische Blutegel. Er wird bis zu 15 cm lang und hat eine dunkelbraune bis olivgrüne Färbung. ■

STECKBRIEF

Größe: Länge bis 15 cm

Merkmale: oft lebhaft gefärbt, mit vielen Querringen

Ernährung: Blut von Warmblütern

Vorkommen: Europa

Besonderheiten: Der mit dem Blutegel verwandte Pferdeegel tritt häufiger auf, stellt aber für Menschen keine Gefahr dar, weil er nur Kleintiere frisst.

STECKBRIEF

Größe: Länge bis 4 cm

Merkmale: dunkelgrün mit gelbem Rand an den Flügeldecken, Männchen mit großen Saugnäpfen an den Vorderfüßen

Ernährung: Kleintiere, Fischbrut

Vorkommen: Europa und Asien

Besonderheiten: Besonders gefräßig sind die Larven des Gelbrandkäfers.

Gelbrandkäfer Es gibt viele Tiere, die zwei Fortbewegungsarten beherrschen, zum Beispiel Gehen und Schwimmen wie die Wasserspitzmaus. Einige wenige können nicht nur gehen und schwimmen, sondern auch fliegen. Zu ihnen gehören die Enten und die Schwimmkäfer, beispielsweise der Gelbrandkäfer. Die Schwimmkäfer haben einen stark abgeflachten, stromlinienförmigen Körper sowie ruderartige Schwimmbeine mit langen Borsten: Dadurch sind sie im Wasser außerordentlich wendig. In der Dämmerung verlassen sie oft ihr Heimatgewässer und suchen ein anderes auf. Dabei orientieren sie sich im Flug an spiegelnden Flächen. So kommt es, dass Schwimmkäfer fälschlicherweise auf Glasscheiben und Autos landen.

Gelbrandkäfer haben keine Kiemen, sondern müssen Luft atmen. In regelmäßigen Abständen kehren sie zur Wasseroberfläche zurück. Sie strecken dort ihr Hinterende in die Luft und tauschen den Luftvorrat unter den Flügeldecken aus. Allein in Europa leben mehrere Hundert Schwimmkäferarten, der Gelbrandkäfer ist am bekanntesten. Er wird bis zu vier Zentimeter lang. Im Wasser stürzt er sich auf alles, was sich bewegt. Noch gefräßiger als das ausgewachsene Tier sind seine Larven. Mit ihren nadelspitzen Kiefern überwältigen sie selbst ausgewachsene Molche und saugen sie anschließend aus. ■

STECKBRIEF

Größe: Länge bis 90 cm

Merkmale: grau mit weißem Kopf und Hals, die im Flug zurückgelegt werden

Ernährung: Insekten, Fische, Frösche

Vorkommen: Europa, Nordafrika, Nordasien

Besonderheiten: Der Graureiher wartet im Wasser stehend oft stundenlang unbeweglich auf Beute.

Graureiher Bei den Fischzüchtern ist dieser elegante Vogel nicht beliebt und sie nennen ihn hartnäckig »Fischreiher«. Sie betrachten ihn als Schädling ihrer Fischzuchten. Dabei frisst der Graureiher längst nicht so viele Nutzfische, wie ihm nachgesagt wird. Normalerweise begnügt er sich mit kleinen Weißfischen, Insekten, Krebsen, Würmern und Schnecken. Natürlich fällt er gelegentlich auch über die Fischbrut in Zuchtteichen her. So viel Futter und so leichte Beute – das ist einfach zu verlockend! Graureiher haben ihre Horste in den Wipfeln hoher Bäume. Gerne brüten sie in Gesellschaft. Eine Reiherkolonie zieht oft noch andere Vögel an, zum Beispiel Greifvögel und Krähen. Wie beim ▶ Storch nisten in den Zwischenräumen der Horste gerne kleinere Singvögel, sozusagen als Untermieter. Das Gelege des Graureihers besteht meist aus drei bis fünf Eiern. Allein im ersten Lebensjahr sterben vier von fünf Jungvögeln. Nach frühestens zwei Jahren können sie sich ihrerseits fortpflanzen. ■

Hecht Der Hecht besitzt einen schlanken und doch kräftigen Körper und einen Entenschnabel mit vielen spitzen Zähnen. Was der Hecht einmal gepackt hat, kann er gar nicht mehr loslassen, weil seine Zähne nach hinten gerichtet sind. Er lauert seinen Beutetieren auf und überfällt sie dann »im Spurt«. Der Hecht kommt sehr rasch auf große Geschwindigkeiten, doch für eine ausdauernde Jagd ist er nicht geschaffen.

Wie die meisten Fische wachsen Hechte zeitlebens weiter. Sie werden aber kaum älter als 18 Jahre. Dann haben sie im besten Fall eine Länge von 1,50 Meter und wiegen maximal 20 Kilogramm.

Die Hechte pflanzen sich im Frühjahr fort. Die Weibchen legen mehrere Zehntausend Eier in überschwemmten Wiesen und an seichten Uferstellen an Pflanzen ab. Nach vier Wochen schlüpfen Larven, die sich vorerst von ihrem mitgeführten Dottersack ernähren. Wenn dieser aufgezehrt ist, fressen die kleinen Hechte winzige Lebewesen. Später verlegen sie sich auf Insekten, Fischeier und Jungfische anderer Arten. ■

STECKBRIEF

Größe: Länge ausgewachsen meist 100 cm, Gewicht 8 kg. Größere Tiere sind selten.

Merkmale: typisch sind der Entenschnabel und die weit nach hinten verlagerten Flossen

Ernährung: räuberisch von Fischen und Wasservögeln

Vorkommen: Europa, Teile Asiens, Nordamerika

Besonderheiten: Der Hecht laicht im zeitigen Frühjahr gerne auf überschwemmten Wiesen.

Karpfen Der Wildkarpfen stammt aus dem Gebiet des Schwarzen Meers und kommt heute bei uns überall in langsam fließenden und stehenden Gewässern vor. Er durchwühlt den Gewässerboden und setzt dabei seine Bartfäden oder Barteln als Sensoren ein: Sie enthalten Geschmacksknospen und Tastkörperchen. Man sagt auch, der Karpfen »gründelt«. Wildkarpfen haben einen lang gestreckten, stromlinienförmigen Körper und schwimmen sehr schnell. Ihr ganzer Körper ist wie bei fast allen Fischen von Schuppen bedeckt (Schuppenkarpfen). Zuchtkarpfen erkennt man am höheren Rücken. Sie sind auch viel fleischiger. Meist haben sie nur noch wenige sehr große Schuppen auf der sonst nackten Haut. Deshalb nennt man sie Spiegelkarpfen. Manchen Zuchtkarpfen fehlt das Schuppenkleid völlig: Sie heißen dann Glatt- oder Lederkarpfen. In vielen Gewässern leben verwilderte Zuchtkarpfen. Sie nehmen mit der Zeit wieder die schlankere Körperform ihrer wilden Verwandten an, behalten aber ihre verringerte Schuppenzahl bei.

Die Karpfenweibchen legen an seichten Uferstellen bis zu 500 000 Eier ab. Daraus entwickeln sich kleine Larven, aus denen schließlich die Jungkarpfen entstehen. Erst nach drei Jahren sind sie geschlechtsreif. ■

STECKBRIEF

Größe: Wildkarpfen in der Regel höchstens bis 100 cm lang

Merkmale: Wildkarpfen vollständig beschuppt, viel schlanker als der Zuchtkarpfen

Ernährung: Pflanzen und Kleintiere, die er vom Gewässerboden aufnimmt

Vorkommen: ursprünglich Asien und Südosteuropa, heute als Zuchtkarpfen fast weltweit verbreitet

Besonderheiten: Vor dem Winter graben sich die Karpfen im Schlamm ein.

DIE KARPFENFISCHE

Der Karpfen bildet mit seinen Verwandten eine sehr große Familie, die rund 3000 Arten umfasst. Eine ähnliche Gestalt wie der Karpfen haben bei uns Rotauge, Rotfeder, Brachsen und Karausche. Zum lang gestreckten Typ zählen Hasel, Döbel, Elritze, Nase und Barbe.
Alle Karpfenfische können mit einer Art Gehörknöchelchen hören. Sie brauchen dieses Sinnesorgan, weil sie als Schwarmfische keinesfalls stumm sind, sondern sich auf ihre Weise mit Lauten verständigen.

STECKBRIEF

Größe: Länge bis 8 cm

Merkmale: Körper lang gestreckt, nadelförmig, oft in leuchtenden Farben, zwei Flügelpaare

Ernährung: Die erwachsenen Tiere leben von fliegenden Insekten, ihre Larven von Wasser bewohnenden Kleintieren.

Vorkommen: weltweit in sauberen Binnengewässern

Besonderheiten: Ihre großen Augen setzen sich aus über 30 000 Einzelaugen zusammen.

Libelle (Prachtlibelle) Im Volksmund heißen die Libellen auch »Teufelsnadeln« oder »Nadelscheißer«. Aber keine einzige Libelle sticht oder wird dem Menschen gefährlich. Libellen sind sehr große Insekten mit oft auffällig bunter Zeichnung. Die meisten Arten findet man in unmittelbarer Nähe von Gewässern. Sie patrouillieren gerne den Uferstreifen ab und jagen Insekten. Ihre Beute nehmen sie mit den kugelförmigen Augen wahr und packen sie mit den Beinen. Dabei fliegen die Libellen sehr schnell. Sie können ganz unvermittelt Haken schlagen und sogar in der Luft stehen bleiben.

Manchmal sieht man, wie zwei Libellen zusammen im Flug eine Art Rad bilden. Es handelt sich dabei um Männchen und Weibchen bei der Paarung. Danach sticht das Weibchen seine Eier in Wasserpflanzen oder lässt sie einfach ins Wasser fallen. Aus den Eiern schlüpfen Larven, die ausnahmslos räuberisch leben. Sie tragen vorne am Kopf eine Greifzange, die sie nach vorne schleudern, um Würmer, Kaulquappen oder kleine Fische zu fangen. Libellenlarven brauchen mindestens ein Jahr und rund zehn Häutungen, bis sie zur Libelle werden. Das letzte Larvenstadium klettert an Land, häutet sich und fliegt dann als geflügelte Libelle davon.

KLEINLIBELLEN, GROSSLIBELLEN, RIESENLIBELLEN

Libellen gelten als sehr altertümliche Insekten. Das erkennt man vor allem an den Flügeln. Sie sind stark geadert und können getrennt voneinander bewegt werden. Es gibt zwei Gruppen von Libellen: die Kleinlibellen, bei denen Vorder- und Hinterflügel fast gleich sind, und die Großlibellen, bei denen sie sich stärker unterscheiden. Die Namen »Klein«- und »Groß«libelle sagen auch etwas über die Größenverhältnisse aus. Aber selbst die größten heutigen Großlibellen mit einer Flügelspannweite von 18 Zentimetern erscheinen wie Zwerge, wenn man sie der größten Libelle gegenüber stellt, die die Erde je gesehen hat. Sie lebte vor rund 300 Millionen Jahren und ist versteinert erhalten geblieben. Die Flügel dieser Meganeura hatten eine Spannweite von unglaublichen 70 Zentimetern! Wie die Urlibelle damals flog, bleibt ein Rätsel. So große Flügel würden heute umknicken und nicht die benötigte Stabilität zeigen. Deswegen glauben einige Zoologen, in jener Zeit sei die Luft auf der Erde sehr viel dünner gewesen als heute.

Ringelnatter Die Ringelnatter ist die häufigste Schlange in Mitteleuropa. Sie kommt in vielen Lebensräumen vor, bevorzugt aber die Nähe von Gewässern. Im Wasser schwimmt sie sehr elegant und fängt hier Frösche, Molche und auch Fische. Ein sichtbares Zeichen für ihr Vorhandensein sind die »Natternhemden«, die man an Uferrändern finden kann. Da die Haut nicht mitwächst, muss sich die Ringelnatter mehrmals im Jahr häuten. Das Weibchen bringt die Jungen lebend zur Welt, die von der ersten Sekunde an völlig selbstständig sind.

Für den Menschen ist die Ringelnatter völlig harmlos: Sie hat keine Giftzähne zum Einspritzen. Bei Gefahr zischt die Ringelnatter zuerst mit geschlossenem Mund und setzt zu Scheinbissen an. Wenn das nichts nützt, sondert sie aus Drüsen am Körperende einen unangenehmen Geruch ab. Und wenn das auch nichts bringt, stellt sich die Natter tot: Sie liegt ganz schlaff da, den Kopf verdreht, den Mund geöffnet.

Der Name der Ringelnatter leitet sich ab von zwei hellen Flecken am Hinterkopf, sie ähneln etwas einem Ring. ■

QUIZBOX

Haben Schlangen einen Schwanz?

Antwort: Ja! Schlangen sind Reptilien. Ihre Beine haben sich im Laufe der Zeit zurückgebildet, ihren Schwanz haben die Schlangen jedoch behalten. Wo er anfängt, ist allerdings nicht leicht zu erkennen.

Schermaus (Wühlmaus) Die Mäuse, die wir sympathisch finden, haben eine lange Schnauze, große Ohren und Knopfaugen. Die Hausmaus ist dafür ein gutes Beispiel. Die Wühlmäuse mit ihren kurzen Schnauzen, kleinen Ohren und Augen sind weniger beliebt. Aber nicht nur wegen ihres Aussehens, sondern auch weil sie ihrem Namen alle Ehre machen: Sie durchwühlen das Erdreich, bauen Gänge dicht unter dem Boden, vermehren sich schnell und fressen dann alles kahl. In ihren unterirdischen Gängen sammeln sie Vorräte für den Winter. Die eigentliche Wühl- oder Schermaus lebt häufig am Wasser. Das hat ihr den volkstümlichen Namen »Wasserratte« eingetragen.

Obwohl sie gern dicht zusammenwohnen, sind Schermäuse keine geselligen Tiere. Sie graben meterlange Gänge in das Erdreich und drücken die überschüssige Erde wie ein Maulwurf nach oben ab. So entstehen auf der Oberfläche kleine flache Erdhügel. Ihre Jungen bringen sie ebenfalls in den Erdhöhlen zur Welt. Die anfangs blinden Jungen können nach etwa neun Tagen sehen und sind mit einem Monat selbstständig. ■

STECKBRIEF

Größe: Länge des Gehäuses bis 5 cm

Merkmale: Schalenform sehr variabel, meist aber spitz und länglich

Ernährung: Pflanzenteile

Vorkommen: Nordhalbkugel

Besonderheiten: Die Schlammschnecke ist zusammen mit der Posthornschnecke die häufigste Wasser bewohnende Schnecke in Mitteleuropa.

Schlammschnecke Am ehesten sieht man Schlammschnecken in kleinen Tümpeln, die dicht mit Algen bewachsen sind. Hier herrscht im Wasser Sauerstoffmangel. Dadurch werden die Schlammschnecken an die Wasseroberfläche gezwungen; denn mit ihren Lungen können sie nur Luft atmen. Schlammschnecken sind an allen schlammigen Gewässerufern zu finden. Eine Art wird bis fünf Zentimeter lang und hat meist ein dunkles, spitzes Gehäuse. Wie alle Schnecken sind auch die Schlammschnecken Zwitter, das heißt, jedes Tier hat weibliche und männliche Geschlechtsorgane. Bei einigen Gruppen ist sogar die Selbstbefruchtung üblich. Schlammschnecken gibt es in vielen verschiedenen Formen. An Ufern mit Brandung sehen die Gehäuse ganz anders aus als in kleinen Tümpeln oder in ruhigen Schilfwäldern. Die Schlammschnecke passt sich mit ihrer Gehäuseform den Umweltbedingungen an. ■

STECKBRIEF

Größe: Länge bis 60 cm

Merkmale: helles Tier ohne rote Flecken auf den Körperseiten

Ernährung: Würmer, Krebschen, Insektenlarven, Fische

Vorkommen: Europa, Nordafrika, Teile Nordasiens

Besonderheiten: Bachforelle, Seeforelle und Meerforelle gehören zur selben Art, zeigen aber je nach Lebensraum eine unterschiedliche äußere Form.

Seeforelle Erstaunlicherweise gehören die Seeforelle und die ▶ Bachforelle zur selben zoologischen Art. Es handelt sich nur um ökologische Formen, die sich an die besonderen Bedingungen ihres Lebensraumes angepasst haben. Die Seeforelle ist deutlich heller als die Bachforelle und nicht so bunt. Sie wird auch viel größer, bis 80 Zentimeter, in Ausnahmefällen sogar bis weit über einen Meter. Derart große Forellen bringen an die 30 Kilogramm auf die Waage. Wie der Lachs führt auch die Seeforelle Laichwanderungen durch, verlässt dabei aber das Süßwasser nicht. Sie zieht die Flüsse hinauf, die in ihren Heimatsee münden. Einzelne Forellen laichen auch im See selbst.

Ein weiterer Forellenfisch lebt ebenfalls in Seen: der Saibling, der zur Laichzeit prächtig gefärbt ist. Sein Rücken schimmert blassblau, die Seiten sind blaugrau mit grünen oder gelben Flecken, Bauch und Kehle leuchten rot. Der Saibling gilt als einer der besten Speisefische und zeigt eine interessante Verbreitung: Er kommt in den Alpen und Voralpen sowie in Nordengland, Schottland, Island und Skandinavien vor. Diese Art der Verbreitung bezeichnet man als arktisch-alpin (Infobox ▶ Eiszeit im Kapitel Hochgebirge). ■

Stockente Auf unseren Seen und Weihern ist die Stockente bei weitem die häufigste Ente. Das Männchen erkennt man am metallisch grünen Kopf und am blauen Spiegel an den Flügeln. Das Weibchen ist unauffällig braun gefärbt und damit gut getarnt. Es muss seine Jungen alleine aufziehen, denn der Erpel kümmert sich nicht darum. Die Stockente ist außerordentlich weit verbreitet: von Hawaii über Nordamerika und Europa bis nach Japan. Von ihr stammt auch unsere ▶ Hausente ab. Im Vorfrühling wählen die Männchen ihr Revier aus. In dieser Zeit kann man immer wieder besondere Verhaltensweisen der Erpel beobachten. Sehr auffällig ist das Schütteln: Der Erpel schüttelt seinen ganzen Körper heftig und fordert die anderen Enten so offenbar zum Mitmachen auf. Dann taucht er den Schnabel ins Wasser und reißt anschließend Kopf und Körper in einem Schwung hoch. Diese und andere Verhaltensweisen stellen das Vorspiel zur Paarung dar. Im März beginnt das Weibchen mit dem Nestbau. Anfang April legt es die ersten Eier. Der Erpel hält zunächst Wache, verlässt dann aber seinen Platz und schließt sich mit anderen Männchen zu einer Gruppe zusammen. Nach zwei Monaten haben sich die Jungtiere so weit entwickelt, dass sie ihre eigenen Wege gehen. ■

 STECKBRIEF

Größe: etwa 58 cm

Merkmale: Erpel mit flaschengrün schillerndem Kopf, weißem Halsring, brauner Brust und gelbem Schnabel; Weibchen unscheinbar braun gefärbt

Ernährung: Wasserpflanzen, Gras, Früchte, Kleintiere, Fischfutter

Vorkommen: Europa, Asien und Nordamerika

Besonderheiten: Stockenten »gründeln«, sie holen ihre Nahrung kopfüber aus dem Wasser, während der Hinterkörper aus dem Wasser ragt

Teichmolch Molche sind geschwänzte Amphibien oder Schwanzlurche. Sie halten sich im Wasser und in feuchten Schlupfwinkeln in Gewässernähe auf. Die bekannteste und häufigste Art bei uns ist der Teichmolch. Männchen und Weibchen sind zunächst unscheinbar gefärbt und werden bis elf Zentimeter lang. Doch zur Fortpflanzungszeit im Frühjahr legt das Männchen ein buntes Hochzeitskleid an. Sein Bauch leuchtet dann in sattem Orange. Auf dem Rücken wächst ihm ein wellig eingekerbter Kamm. Bei den Teichmolchen gibt es keine richtige Paarung. Das Männchen legt im Wasser ein Samenpaket ab, und das Weibchen nimmt es mit seiner hinteren Körperöffnung auf. Danach legt es an die 250 befruchtete Eier und klebt sie einzeln an Pflanzenteile. Je nach Wassertemperatur schlüpfen nach zwei oder erst nach fünf Wochen kleine weißliche Larven. Diese besitzen äußere Kiemen. Wenn sie ihren mitgeführten Dottersack aufgezehrt haben, fressen sie Wasserinsekten. Bei der Verwandlung oder Metamorphose verlieren die Larven die Kiemen und entwickeln Lungen für das Leben an Land. Dann verlassen die Jungmolche das Wasser und verbringen den Rest ihres Lebens auf dem Land. ■

 STECKBRIEF

Größe: Länge bis 12 cm

Merkmale: unauffällige gelbbraune Art, Männchen im Frühjahr mit buntem Hochzeitskleid

Ernährung: Kleintiere, Insekten, Krebschen, Würmer

Vorkommen: Mitteleuropa

Besonderheiten: Molche sind mit den Salamandern nahe verwandt, aber viel stärker als diese an das Wasser gebunden.

Teichmuschel Muscheln gibts nicht nur im Meer! In klaren Bächen lebt zum Beispiel die ▶ Flussperlmuschel und in stillen Gewässern die Teichmuschel. Ihre zweiklappige Schale wird bis 20 Zentimeter lang und ragt aus dem Gewässerboden hervor. In solchen Schalen sollen Maler früher Wasserfarben angerührt haben. Eine verwandte Art heißt deswegen heute noch Malermuschel. Alle Teichmuscheln filtern aus dem Wasser winzige Pflanzenteilchen und Kleinstlebewesen heraus und verzehren sie. Damit tragen sie zur Reinigung des Wassers bei. Sie fressen aber auch den Schlamm, der sich auf dem Seeboden ansammelt.

Aus den Eiern der Teichmuschel schlüpfen viele kleine Larven, die sich wie mit Zangen an vorbeischwimmenden Fischen festheften. Sie lassen sich von den Fischen transportieren und leben von deren Haut. Die Teichmuschel hat also eine parasitische Larve. ∎

STECKBRIEF

Größe: Länge der Schale bis 20 cm

Merkmale: Schale länglich, deutlich gewölbt, dünnwandig, ganz ohne Zähne am Scharnier

Ernährung: Pflanzenreste, Schwebeteilchen, Kleinstlebewesen

Vorkommen: Europa

Besonderheiten: Die Larven der Teichmuschel leben zeitweise als Parasiten an Fischen.

STECKBRIEF

Größe: Länge 7–9 cm, höchstens 12 cm

Merkmale: der häufigste grüne Frosch in unseren Gewässern

Ernährung Würmer, Insekten

Vorkommen: Mitteleuropa

Besonderheiten: Der Wasserfrosch ist keine eigenständige Art, sondern aus einer Kreuzung verschiedener Arten hervorgegangen.

Wasserfrosch Wenn es in Nachbars Gartenteich quakt, handelt es sich meist um einen Wasserfrosch. Mit seiner hübschen grasgrünen Farbe ist er der Inbegriff aller Frösche und auch unsere häufigste Art. Er liefert das Vorbild für den Froschkönig und den Prinzen in Froschgestalt. So gewöhnlich aber dieses Tier ist, es birgt ein Geheimnis, dem die Zoologen erst vor ungefähr 20 Jahren auf die Spur gekommen sind: Der Wasserfrosch ist aus einer Kreuzung zwischen Seefrosch und Teichfrosch hervorgegangen.

Wenn der Wasserfrosch quakt, treten an beiden Mundwinkeln Schallblasen hervor. Die Männchen zeigen damit ihre Bereitschaft zur Fortpflanzung an. Während der Paarung legt das Weibchen seine Eier ins Wasser und das Männchen gießt seinen Samen darüber. Dabei hält es sich auf dem Rücken des Weibchens fest. Nach einigen Wochen schlüpfen aus den Eiern kleine Larven. Diese Kaulquappen leben im Wasser und haben Kiemen, mit denen sie den benötigten Sauerstoff aus dem Wasser holen. Im Spätsommer verwandeln sich die Kaulquappen in fertige Frösche. Sie schmelzen den Schwanz ein, verlieren die Kiemen und entwickeln dafür Lungen, mit denen sie Luft atmen. Die Verwandlung ist also ganz ähnlich wie beim ▶ Teichmolch. ∎

Größe: Länge höchstens 2 cm

Merkmale: einzige wasserlebende Spinne

Ernährung: Insekten, Würmer, Krebschen

Vorkommen: Europa und Teile Asiens

Besonderheiten: Die Wasserspinne baut unter der Wasseroberfläche eine Taucherglocke, die sie mit Luftblasen füllt.

Wasserspinne Unter den weltweit rund 50 000 Spinnenarten ist die Wasserspinne die einzige, die im Wasser lebt. Sie kommt meist in kleineren Weihern in ganz Mitteleuropa vor und im Grunde verbringt sie ihr ganzes Leben unter Wasser. Allerdings braucht sie Luft. Diese holt sie von der Wasseroberfläche. In den Zwischenräumen zwischen den Haaren ihres Körpers transportiert sie jedes Mal eine Portion Luft in ihre Taucherglocke. Diese besteht aus Seidenfäden, die sie selbst gesponnen hat. In diesem dichten glockenförmigen Gespinst spielt sich ein großer Teil des Spinnenlebens ab. Hier frisst sie zum Beispiel erbeutete Wasserasseln und hier paart sie sich auch. Bevor sie ihre Jungen zur Welt bringt, baut sie ein weiteres Stockwerk als Kinderstube dazu. Die Wasserspinne ist sehr unauffällig und leider so selten geworden, dass sie unter Schutz gestellt wurde. ■

 KREUZUNGEN IM TIERREICH

Vermutlich hat jeder von uns eine Vorstellung davon, was eine Tierart ist: Alle Pferde bilden eine Art, und alle Esel gehören zu einer anderen Art. Löwe und Tiger sind ebenfalls getrennte Arten. Pferd und Esel sind aber so nahe miteinander verwandt, dass sie sich kreuzen lassen. Dabei entstehen Maultiere oder Maulesel. Diese Kreuzungen oder Hybriden sind aber in den allermeisten Fällen unfruchtbar. Sie können sich also selbst nicht wieder fortpflanzen. Die Natur verhindert auf diese Weise, dass sich die Arten miteinander vermischen und dabei letztlich verschwinden. Der gewöhnliche Wasserfrosch ist nun gar keine echte Art, sondern ebenfalls eine Kreuzung. Wenn sich der Seefrosch mit dem Teichfrosch paart, entsteht daraus der Wasserfrosch. Der ist fruchtbar und kann sich mit seinesgleichen oder wiederum mit einem See- oder einem Teichfrosch paaren. Das Ergebnis hängt von den Erbanlagen (Genen) der Eltern ab. Wenn sich ein Wasserfrosch mit einem Wasserfrosch paart, können daraus wieder Teichfrösche oder Seefrösche entstehen! Zwar können aus dieser Verbindung auch Wasserfrösche hervorgehen, aber deren Larven entwickeln sich nicht mehr so gut. Das heißt, auch in diesem Fall ist die Fruchtbarkeit der Hybriden auf lange Sicht geringer.

Watt

Watt

Das deutsche und das niederländische Watt an der Nordsee ist ein weltweit einzigartiger Lebensraum. Es besteht aus Sand-, Schlick- und Schlammflächen, die bei Flut überschwemmt und bei Ebbe wieder freigespült werden. Etwa alle zwölf Stunden kommt eine neue Flut. Die Tiere müssen an diesen ewigen Wechsel – die Gezeiten – angepasst sein. Die Ebbe ist für sie die schwierigste Zeit. Das Watt liegt dann trocken und kann sich bei Sonnenschein stark erwärmen. Bei Regen wiederum süßt es aus, das heißt, der Regen verdünnt das salzige Meerwasser. Die meisten Tiere umgehen diese

Probleme, indem sie im Boden leben oder sich bei Ebbe dorthin verkriechen. Typische Bodenbewohner sind die Muscheln, der Köderwurm und die Garnelen (Nordseegarnele). Sie sind beliebte Beutetiere für die vielen Watvögel, wie z. B. Strandläufer, Säbelschnäbler und Austernfischer, die bei Ebbe ihr Futter im Watt suchen. Die Fische verlassen das Watt mit dem ablaufenden Wasser und kommen bei Flut wieder zurück. Das Wasser gräbt in den Schlickboden übrigens tiefe Kanäle ein, die immer wieder ihren Lauf verändern. In diesen Prielen finden viele Tiere Zuflucht.

STECKBRIEF

Größe: 40 cm lang, Männchen und Weibchen sehen völlig gleich aus

Merkmale: Gefieder schwarz-weiß, Schnabel und Beine auffällig rot

Ernährung: Weichtiere, Würmer, Krebse und Insekten. Manche Tiere haben sich auf das Knacken von Muscheln spezialisiert.

Vorkommen: Küstengebiete in Europa und Nordafrika, Nordasien von der Türkei bis Korea.

Besonderheiten: Austernfischer werden sehr alt. Der Rekord liegt bei 36 Jahren.

Austernfischer

Austernfischer »Austernfischer« hört sich nach Feinschmecker an. Tatsächlich gibt es unter diesen schwarz-weißen Watvögeln Ernährungsspezialisten: Sie graben Muscheln aus, stecken ihren leuchtend roten Schnabel der Länge nach in deren Öffnung, drehen den Schnabel und öffnen so die Muschel. Auf diese Weise kommen sie an das schmackhafte Fleisch. Andere Austernfischer sind weniger wählerisch und suchen am Strand oder auf Feldern in Meeresnähe alle möglichen Kleintiere. Im Winter bilden die Austernfischer Schwärme von mehreren Tausend Tieren. Auch in der Brutzeit leben sie eng zusammen. Ihr Nest ist ganz einfach, eine kleine Mulde im Sand, ausgelegt mit einigen Muschelstücken. Immer wieder zeigen die Eltern ein merkwürdiges Verhalten, das als »Trillerturnier« bezeichnet wird: Sie laufen im Gänsemarsch hintereinander her, rufen dabei laut, vollführen Kehrtwendungen oder trippeln an Ort und Stelle. Was dieses Verhalten bedeutet, weiß man noch nicht. ■

Brandgans

Brandgans Die auffällige Brandgans mit ihrem prächtigen Gefieder ist halb Ente, halb Gans. Ihren Namen hat sie von der Brandung an der Küste. Männchen und Weibchen tragen das gleiche bunte Federkleid. Das Männchen erkennt man aber an seinem Schnabelhöcker. Die Brandgans lebt an den Meeresküsten Nordeuropas. Sie brütet vor allem in Erdhöhlen, die meist von Kaninchen gegraben wurden. Das Weibchen legt unter der Erde bis zu zwölf Eier und brütet sie allein aus. Direkt nach dem Schlüpfen geleiten beide Eltern die Küken ins Wasser. Die Jungen tragen schon Federn und können sofort laufen; sie sind Nestflüchter. Ein bis zwei Monate kümmern sich die Eltern um den Nachwuchs. Dann ziehen alle Brandgänse zu den Mauserflächen zwischen Weser und Elbe. Auf den großen Sandbänken warten sie, bis ihnen die Federschwingen erst ausgefallen und dann wieder nachgewachsen sind. In dieser Zeit des Gefiederwechsels, der Mauser, können die Vögel nicht fliegen. Die Jungvögel bilden dabei große Kindergärten unter der Aufsicht einiger Altvögel. Die Brandgans lebt vor allem von Schnecken, Muscheln, Krebsen und Würmern. ■

STECKBRIEF

Größe 60 cm lang, Flügelspannweite 1,10 m

Merkmale: farbenprächtiges, eher entenartiges Tier, im Flug mit metallisch grünem »Spiegel«, Männchen mit Schnabelhöcker

Ernährung: Schnecken, Muscheln, Krebse und Würmer, auch Pflanzensprosse

Vorkommen: Meeresküsten und Brackwasserseen in Europa und Asien

Besonderheiten: Die Brandgans nistet in Erdhöhlen, besonders gern in Kaninchenbauen.

STECKBRIEF

Größe: 35 cm lang, die am weitesten verbreitete Seeschwalbe in Mitteleuropa, trotzdem gefährdet

Merkmale: Schnabel rot mit schwarzer Spitze, schwarze Kopfhaube, der Schwanz ist gegabelt; fliegt sehr elegant, von der Küstenseeschwalbe des Nordens kaum zu unterscheiden

Ernährung: fast nur Fische, die die Vögel tauchend erbeuten

Vorkommen: sehr weit verbreitet in Europa, Asien bis Nordchina, Nordamerika, Nord- und Westafrika

Besonderheiten: Trotz ihres Namens ist die Flussseeschwalbe von den Flussufern beinahe verschwunden und fast nur noch an der Küste anzutreffen.

Flussseeschwalbe Die Flussseeschwalben brauchen zum Brüten offene Stellen am Meer oder an Binnengewässern. Am liebsten ist ihnen kiesiger oder sandiger Boden. Sie nisten in Kolonien. Das Weibchen legt eine flache Bodenmulde an, die es manchmal mit Pflanzenteilen auspolstert. Ende Mai legt es zwei Eier und brütet sie drei Wochen lang aus. Die Jungtiere sind genau so gefärbt wie der Untergrund und selbst aus wenigen Metern Entfernung kaum zu sehen. Im Juni fällt in Europa der meiste Regen. Dadurch werden die Nester der Flussseeschwalbe häufig überflutet, was den Tod der Brut bedeutet. Auch die Altvögel haben kein leichtes Leben. Man schätzt, dass ein Viertel aller Eltern einer Kolonie während der Brutzeit stirbt. Die Flussseeschwalbe zieht im Spätsommer fort und fliegt zur Überwinterung bis nach Südafrika. Noch weitere Strecken legt allerdings die ▶ Küstenseeschwalbe zurück.　■

STECKBRIEF

Größe: Die festen gerundeten Schalen werden bis 10 cm lang.

Merkmale: lebt eingegraben im Sand und Schlick

Ernährung: feinste im Meerwasser schwebende Teilchen und Lebewesen (Plankton)

Vorkommen: Küsten der Nord- und Ostsee

Besonderheiten: Die Herzmuschel kann mit ihrem langen Fuß sogar springen und Purzelbäume schlagen.

Herzmuschel Herzmuscheln haben eine stark gerundete, sehr feste Schale mit Längsrippen. Die Schalen toter Herzmuscheln liegen überall massenhaft am Strand herum. Die lebenden Tiere sind aber kaum zu sehen, weil sie sich im Sand oder Schlick eingraben. Aus den Schalen strecken sie zwei Röhren heraus. Mit der einen saugen sie Meerwasser an. Das strömt im Inneren der Muschel durch die Kiemen. In den Kiemen wird dem Wasser Sauerstoff entzogen. Gleichzeitig bleiben darin – wie in einem Filter – Nahrungsteilchen und winzige Tierchen, das Plankton, hängen; die werden anschließend verdaut. Das filtrierte Seewasser gelangt über die andere Röhre wieder ins Meer zurück. Herzmuscheln haben auf diesen Röhren oft Augen und sehen herannahende Feinde. Dann strecken sie ihren langen Fuß aus dem Gehäuse heraus und retten sich mit dessen Hilfe durch eine Art Sprung.　■

Köderwurm Bei einem Wattspaziergang bekommt man den Köder- oder Sandwurm nicht zu Gesicht. Aber überall sieht man seine Kothäufchen, die an die von Regenwürmern erinnern. Unter jedem Häufchen sitzt ein Köderwurm in einer U-förmig gebogenen Röhre. Durch die Röhre zieht ein stetiger leiser Wasserstrom. Mit dem Wasserstrom werden die Nahrungsteilchen herantransportiert, die dem Wurm als Nahrung dienen. Er ist ein Filtrierer wie die ▶ Herzmuschel, er saugt aus dem Wasser Kleinstlebewesen und Algenteilchen. Wer den Köderwurm selbst sehen will, muss zum Spaten greifen. Das Tier erreicht stattliche Ausmaße und wird bis zu 40 Zentimeter lang. Da hat manch einer schon Bedenken, ihn mit den Händen anzufassen. Aber der Köderwurm ist harmlos. Er ist übrigens mit dem ▶ Regenwurm und mit

dem festsitzenden ▶ Röhrenwurm verwandt. Wie die beiden gehört er zur Gruppe der Ringelwürmer. Angler benutzen den Wurm gern als Köder, daher der Name. ■

STECKBRIEF

Größe: bis zu 40 cm lang

Merkmale: grünlich bis schwarz, vorne mit Borsten, in der Mitte mit roten Kiemen, hinten ohne Körperanhänge

Ernährung: frisst die Nahrungsteilchen, die sich im Sand befinden

Vorkommen: an allen europäischen Küsten

Besonderheiten: Der Köderwurm verlässt seine Wohnröhre gelegentlich, schwimmt umher und lässt sich an anderer Stelle wieder nieder.

Nordseegarnele »Garnele« ist der zoologisch richtige Name für dieses Tier. Damit sind ganz allgemein Schwimmkrebse mit langen Fühlern und einem ledrigen, nicht verkalkten Panzer gemeint. Sie werden wenige Zentimeter lang und erscheinen durchsichtig bis grünlich oder bräunlich. An der Nordsee spricht aber niemand von »Garnelen«, dort nennt man das Tier »Granat« oder »Nordseekrabbe«. Zoologisch gesehen handelt es sich aber keineswegs um eine Krabbe (siehe zum Vergleich ▶ Strandkrabbe, ▶ Wollhandkrabbe), sondern um ein Krebstier. Die Garnele hat – wie alle Krebstiere – eine äußere feste Panzerung, die den weichen Körper schützt.

Im Frühjahr wandert die Nordseegarnele ins seichte Wattenmeer ein und wird hier nachts in großen Mengen gefangen. Aber nicht nur der Mensch stellt den Garnelen nach. Auch Fische mögen ihren feinen Geschmack. Tagsüber halten sich die Garnelen im Boden versteckt.

In der Ostsee lebt die fast ebenso große Ostseegarnele. Ihre Lebensweise ähnelt der ihrer Verwandten aus der Nordsee. Die größten Mitglieder der Garnelenfamilie leben in südostasiatischen Binnengewässern: Sie werden 30 Zentimeter lang und tragen ebenso lange schmale Scheren. ■

STECKBRIEF

Größe: Nordseegarnele bis 7 cm lang

Merkmale: Garnelen können bis zu einem gewissen Grad ihre Farbe wechseln, von durchsichtig bis bräunlich

Ernährung: Algen, winzige Krebschen und Würmer

Vorkommen: Nordsee

Besonderheiten: Nordseegarnelen wandern im Sommer aus tieferen Wasserschichten massenhaft in das wärmere Wattenmeer ein.

STECKBRIEF

Größe: Schale der Großen Pfeffermuschel bis 6 cm lang

Merkmale: Schale rundlich oder eiförmig, flach und dünnwandig

Ernährung: Kleinstlebewesen, organische Teilchen

Vorkommen: Nord- und Ostsee

Besonderheiten: Die Pfeffermuschel lebt tief eingegraben in Sand und Schlick.

QUIZBOX

Wie heißt die größte Muschel?

1. Miesmuschel

2. Venusmuschel

3. Mördermuschel

Antwort: Die Mördermuschel lebt auf Korallenriffen im Indischen und Stillen Ozean. Sie wird bis zu 1,5 m lang und bis zu 200 kg schwer.

Pfeffermuschel Die Pfeffermuschel lebt mehr als zehn Zentimeter tief eingegraben im Boden des Watts. Ebbe macht ihr gar nichts aus. Nur nach heftigen Regenfällen kann das Wasser, indem sie lebt, »ausdünnen« und damit brackig werden. Doch nach einigen Stunden kommt bereits die nächste Flut und versorgt die Muschel wieder mit dem gewohnten Salzwasser. Dann streckt sie einen langen Schlauch, den die Zoologen »Sipho« nennen, hinauf zum Wattboden. Den saugt sie wie mit einem Strohhalm ab und nimmt so organisches Material in den Körper auf. Das Wasser, das sie einsaugt, gibt sie über einen zweiten, ebenso langen Sipho wieder nach draußen ab. Die Große Pfeffermuschel wird bis sechs Zentimeter lang. Die Kleine Pfeffermuschel ist nicht einmal halb so groß, kommt aber derart häufig vor, dass sie eine wichtige Nahrungsquelle für Dorsche und Plattfische darstellt. ■

STECKBRIEF

Größe: Schale 2 cm lang

Merkmale: Schalen rundlich oder dreieckig, bauchig, meist rosa

Ernährung: Kleinstlebewesen, organische Teilchen

Vorkommen: Nord- und Ostsee

Besonderheiten: Die Plattmuschel lebt meist waagerecht eingegraben im Wattboden.

Plattmuschel Die Plattmuscheln leben ganz ähnlich wie die ▶ Pfeffermuscheln: Sie graben sich bei Ebbe in den Wattboden ein, allerdings nicht so tief wie die Pfeffermuschel. Meistens liegen sie waagerecht im Schlick. Die Plattmuscheln holen sich ihre Nahrung ebenfalls mit einem Sipho vom Wattboden. Und auch diese Muschel stellt eine wichtige Nahrung für Fische dar. ■

KOPFLOSE WEICHTIERE

Die meisten Weichtiere sind ganz schön hart. Sie haben nämlich ein Gehäuse aus Kalk, vor allem die Schnecken und die Muscheln. Was allerdings im Gehäuse steckt, ist fast immer weich und schleimig. Deswegen spricht der Zoologe von »Weichtieren«. Außer den Muscheln und den Schnecken gehören dazu noch die Käferschnecken und die Tintenfische (▶ Krake, ▶ Riesenkalmar). Die Weichtiere bilden mit weit über 100 000 Arten den zweitgrößten Tierstamm. Die meisten Weichtiere leben im Wasser. Trotzdem haben sie eine unglaubliche Vielfalt an Lebensformen entwickelt. Am einen Ende der Skala stehen die Tintenfische, die uns mit großen Augen mustern und die eine erstaunliche Intelligenz entwickeln. Vielleicht haben einige sogar eine Art Selbstbewusstsein. Am anderen Ende der Skala stehen die Muscheln. Sie haben überhaupt keinen Kopf mehr. Die meisten leben festsitzend auf dem Gewässerboden. Alle besitzen eine zweiklappige Schale. Sie wird innen vom Mantel ausgekleidet. Das »Fleisch« der Muscheln besteht zur Hauptsache aus den Kiemen, die zwei Aufgaben erfüllen: Sie seihen winzige Lebewesen und Nahrungsteilchen, das Plankton, aus dem Wasser und entziehen diesem den lebensnotwendigen Sauerstoff.

Regenpfeifer (Seeregenpfeifer) Es ist natürlich ein Märchen, dass Regenpfeifer ihren hellen Ruf nur dann hören lassen, wenn es bald zu regen beginnt. In Deutschland leben mehrere Arten dieser Watvögel. Im Watt begegnen wir vor allem dem Seeregenpfeifer. Die Tiere suchen ihre Nahrung an der Küste und ernähren sich von Kleintieren des Watts. Sie haben nur kurze Schnäbel und können deswegen nicht so tief im Schlick stochern wie etwa der ▶ Austernfischer. Das Weibchen legt seine Eier auf den nackten Boden. Die Brutzeit dauert vier Wochen. Dann schlüpft ein Jungtier, das das Nest sofort verlassen kann. Es ist genauso gut getarnt wie das Junge der ▶ Flussseeschwalbe. Doch überall drohen Gefahren. Dann schmiegt sich das Junge an den Boden, während die Eltern den Eindringling weglocken. Sie täuschen einen gebrochenen Flügel vor und verleiten ihn dazu, der vermeintlich größeren Beute zu folgen. Damit verwirren die Altvögel den Störenfried – und fliegen schließlich unbeschadet davon. ■

STECKBRIEF

Größe: Seeregenpfeifer bis 16 cm lang, Männchen mit rostfarbenem Scheitel

Merkmale: charakteristischer, schnell trippelnder Gang mit abrupten Stopps

Ernährung: Insekten, Würmer, Weichtiere, kleine Fische

Vorkommen: Sandstrände in fast ganz Europa mit Nordasien

Besonderheiten: Regenpfeifer legen im Verhältnis zum Körper sehr große Eier.

Säbelschnäbler Den Säbelschnäbler erkennt man sofort an seinem schwarz-weißen Gefieder, am aufwärts gekrümmten Schnabel und an den langen Beinen. Er watet in flachem Wasser und zieht seinen Schnabel mit seitlichen Bewegungen durch das Wasser. Dieses »Säbeln« sieht aus wie eine Suchbewegung mit der Taschenlampe. Der Schnabel ist dabei leicht geöffnet. Sinnesorgane am Schnabel nehmen größere Beutetiere wie Garnelen oder Würmer wahr. Mit einer extrem schnellen Bewegung packt der Säbelschnäbler seine Beute. Auf seine Augen kann er sich dabei nicht verlassen, denn im schlammigen Wasser sieht er rein gar nichts. Säbelschnäbler schnäbeln oft in großen Gruppen, die aus bis zu 300 Tieren bestehen. Sie führen dabei auch senkrechte Schnabelbewegungen aus, durch die bodenbewohnende Krebse hochgescheucht werden. Ihre Nester legen sie wie der ▶ Austernfischer in einer kleinen Bodenmulde an. ■

STECKBRIEF

Größe: bis 43 cm lang

Merkmale: deutlich nach oben gekrümmten Schnabel

Ernährung: Krebschen, winzige Fische, Würmer

Vorkommen: Küsten Europas und Nordasiens

Besonderheiten: Manchmal stehen mehrere Dutzend Säbelschnäbler im Wasser und »säbeln« nach Nahrung.

STECKBRIEF

Größe: bis 20 cm lang

Merkmale: unverwechselbare lang gezogene Schalenform

Ernährung: feinste, im Meer-wasser schwebende Teilchen und Lebewesen (Plankton)

Vorkommen: europäische Meeresküsten

Besonderheiten: Die Schale schließt die Scheidenmuschel nicht hermetisch ab, sondern klafft vorne und hinten.

Scheidenmuschel Die Scheidenmuscheln leben wie die ▶ Herzmuscheln dauernd im Sand- oder Schlickboden vergraben. Mit einer Atemröhre saugen sie das Meerwasser an und entnehmen ihm Sauerstoff und Nahrung. Über die zweite Röhre gelangt das Wasser wieder ins Freie. Einzigartig ist die Form der Scheidenmuscheln. Sie sind lang gestreckt – manchmal mehr als 20 Zentimeter lang – und klaffen vorne und hinten auseinander. Damit drängt sich der Vergleich mit der Scheide eines Messers auf. Sie heißen auch Messer- oder Taschenmessermuscheln. ■

Seehund Nachdem eine der Hundestaupe ähnliche Viruskrankheit die Seehunde in der Nordsee stark dezimiert hatte, haben sich die Bestände heute wieder einigermaßen erholt. Im Sommer halten sich die Seehunde gerne im seichten Wattenmeer auf. Dort bilden sie kleine Gruppen. In der wärmsten Jahreszeit kommen die Jungen auf die Welt. Wattwanderer stoßen gelegentlich auf kleine Seehunde. Die stoßen heulende Rufe aus und sehen mit ihren großen dunklen Augen furchtbar traurig aus. Mitfühlende Menschen glauben dann, arme verlassene Tierkinder vor sich zu haben. Doch der Schein trügt! Die kleinen Heuler halten mit ihrem Ruf Kontakt zur Mutter, die natürlich vor den herannahenden Wanderern das Weite gesucht hat und irgend-wo in der Nähe im Wasser schwimmt. Wenn die Menschen weitergehen, kommt die See-hundmutter bestimmt zurück. Natürlich gibt es auch Heuler, die ihre Mutter wirklich ver-loren haben. Sie sehen aber meist abgemagert aus. Solche Tiere sollte man einer der Auf-zuchtstationen melden. Dort nimmt man sie auf, päppelt sie hoch und entlässt sie wieder in die Freiheit. Der Seehund ernährt sich von vielerlei Fischen, Tintenfischen oder auch Krabben. Die Weibchen sind etwas kleiner als die Männchen, die im Höchstfall stattliche zwei Meter Länge und bis zu 200 Kilogramm Gewicht erreichen. Der Seehund kommt auch an der West- und der Ostküste Nordamerikas vor. Eine besondere Unterart hat sich sogar in Ostkanada an das Leben im Süßwasser an-gepasst und lebt im Lower-Seal-Lake. In Nor-wegen steigen die Seehunde ebenfalls gerne die Flüsse hoch. Man hat sie schon 300 Kilo-meter weit im Landesinneren beobachtet. ■

STECKBRIEF

Größe: Männchen bis 2 m und 200 kg, Weibchen bis 1,75 m und 100 kg

Merkmale: die bekannteste Robbe bei uns, rund-licher Kopf, große Augen

Ernährung: Fische, Tintenfische, Krabben

Vorkommen: Flachwassergebiete der Nordhalbkugel

Besonderheiten: Seehunde steigen gerne die Flüsse hoch.

STECKBRIEF

Größe: 55–66 cm lang

Merkmale: Alttiere weiß mit grauen Flügeln und kräftigem gelbem Schnabel, Jungtiere braun gefleckt. Die häufigste Großmöwe, schwer von verwandten Arten zu unterscheiden.

Ernährung: ausgesprochener Allesfresser

Vorkommen: Nordhalbkugel

Besonderheiten: Silbermöwen sind oft in Scharen auf Müllhalden anzutreffen.

Silbermöwe

Überall an den Küsten von Nord- und Ostsee trifft man die Silbermöwe an. An ihrer Größe ist sie leicht zu erkennen. Die Silbermöwe kommt auch in anderen Teilen Europas, in Nordafrika, Asien und Nordamerika vor. Aber nicht überall sieht sie gleich aus. In einigen Regionen sind unterscheidbare Rassen oder Unterarten entstanden. Manche dieser Rassen kreuzen sich noch miteinander, andere schon nicht mehr. An der Silbermöwe können Zoologen deshalb studieren, wie sich eine Art in mehrere verschiedene Arten aufspaltet. Eine solche schon vollständig abgetrennte eigene Art ist die in der Arktis lebende ▶ Polarmöwe.

Silbermöwen sind sehr anpassungsfähig und dadurch sehr erfolgreich. Sie können fast überall brüten, auf Felsen ebenso wie auf Sandboden. Oft nisten sie in Kolonien. Immer häufiger sieht man Silbermöwen auf Müllhalden: Hier finden sie immer noch reichlich Nahrung. Gerne begleiten sie auch Fischkutter und andere Schiffe und warten auf die Abfälle. Wenn sie ganz allein auf sich gestellt sind, fressen sie alles, was sie finden – vom toten Fisch bis zu grünen Pflanzen. Da die Silbermöwe gut mit dem Menschen zusammenlebt, konnte sie sich vor allem in letzter Zeit stark ausbreiten. Dies geschah oft auf Kosten seltenerer Küstenvögel. Besonders nachteilig wirkt sich dabei aus, dass die Silbermöwe auch die Nester anderer Vogelarten ausplündert. ■

Strandkrabbe

Echte Krabben erkennt man an ihrem harten, stark verkalkten Panzer, den vier Laufbeinen und dem Greifscherenpaar. Außerdem tragen alle Krabben ihren Hinterleib nach unten umgeklappt und vor die Brust geschlagen. Damit unterscheiden sie sich von anderen gepanzerten Krebsen wie dem ▶ Hummer und der ▶ Languste, deren Hinterleib deutlich sichtbar bleibt. Die wenige Zentimeter breiten Strandkrabben findet man überall an der Nordseeküste. Sie können seitwärts gehen, wie alle Krabben, was ihnen den friesischen Namen »Dwarslöper« (»Querläufer«) eingetragen hat. Strandkrabben fressen Aas und Kleintiere. Gefährlich wird es für sie, wenn sie ihren harten Panzer abwerfen. Das geschieht mehrmals, da ihr Panzerkleid nicht mitwächst. In dieser Zeit sind sie eine leichte Beute für ▶ Möwen und ▶ Austernfischer. Zu ihrem Schutz verkriechen sie sich in kleinen Felshöhlen oder unter Steinen. Nach ein paar Tagen erst hat ihre Haut wieder genügend Kalk eingelagert. Wie die ▶ Wollhandkrabbe tragen die Weibchen die Eier an ihrem Körper geklemmt. ■

STECKBRIEF

Größe: Panzer bis 6 cm breit

Merkmale: olivgrün bis dunkelbraun, stellenweise sehr häufig

Ernährung: kleine Tiere wie Würmer und Muscheln, auch angeschwemmte tote Fische

Vorkommen: europäische Meeresküsten

Besonderheiten: Sie laufen seitwärts; bedrohen Angreifer mit aufgerichteten Scheren.

STECKBRIEF

Größe: bis 19 cm

Merkmale: unauffällige Vögel, meist in Gruppen auftretend, trippelnder schneller Gang

Ernährung: Krebse, Weichtiere, Würmer, Insektenlarven

Vorkommen: Küsten Europas, auch im Binnenland

Besonderheiten: Strandläufer bilden außerhalb der Brutzeit oft riesige Schwärme.

Strandläufer Viele Vögel des Watts sind Watvögel. So nennen Biologen einige der Arten, die am Meer, an Binnengewässern und Feuchtbiotopen leben. Man erkennt Watvögel an den längeren Beinen, dem langen Schnabel und der meist unauffälligen Zeichnung. Sie waten gerne im seichten Wasser, daher ihr Name, und fangen dort Kleintiere. Ihre Nester haben sie häufig auf dem Boden. Zu den Watvögeln gehören zum Beispiel die Schnepfen, die ▶ Regenpfeifer, die ▶ Säbelschnäbler, der ▶ Austernfischer, der Kiebitz und eben die Strandläufer. Diese zählen sogar zu den häufigsten Watvögeln. Sie fallen aber nur dem aufmerksamen Beobachter auf: Ihre Oberseite ist bräunlich, die Unterseite heller mit dunkler Zeichnung auf der Brust. Strandläufer leben gerne in Gruppen; manche bilden sogar riesige Schwärme. In Mitteleuropa leben rund 10 Strandläuferarten, die nicht leicht voneinander zu unterscheiden sind. Die größte Art ist mit 25 Zentimeter Länge der Knutt. Die kleinste Art ist der Zwergstrandläufer; er erreicht etwa 12 Zentimeter. ■

STECKBRIEF

Größe: Schneckenhaus bis 10 cm lang

Merkmale: Schale mit wellenartiger Oberfläche

Ernährung: andere Weichtiere

Vorkommen: europäische Meeresküsten

Besonderheiten: Häufige Bewohner der abgelegten Schneckenhäuser sind Einsiedlerkrebse, die sie wie ein Haus mit sich herumtragen.

Wellhornschnecke Die leeren Schalen, die man am Strand findet, bezeichnen wir meist vorschnell als »Muscheln«. Das ist aber so nicht richtig. Muscheln haben immer eine Schale aus zwei Klappen, die an einem Scharnier zusammenhängen. Die einzelnen Muschelschalen sind flach und nie gewunden. Schnecken dagegen tragen ein Kalkgehäuse, das aus einem einzigen Stück besteht. Meist zeigt es mehrere Windungen, die nach oben hin enger werden. Manche Schneckenhäuser sehen allerdings flachen Muschelschalen täuschend ähnlich, etwa die der ▶ Napfschnecken. Die Wellhornschnecke trägt ein deutlich gewundenes, bis zehn Zentimeter langes Haus. Sie lebt räuberisch und macht Jagd auf andere Weichtiere. Besonders gern bohrt sie deren Schalen an, um so an den leckeren Inhalt zu kommen. Wellhornschnecken legen sehr viele Eier in faustgroßen Ballen und die kleben sie an Felsen und an Muscheln. Angespülte Wellhorngelege – sie werden auch »Seeseife« genannt – sind oft an den Nordseestränden zu finden.

Leere Schneckenhäuser werden mit Vorliebe von Einsiedlerkrebsen bewohnt, die so ihr weiches Hinterteil schützen. ■

Wollhandkrabbe Im Jahr 1912 fand man an der Aller und an der Unterelbe die ersten Wollhandkrabben. Wahrscheinlich sind sie mit Frachtschiffen nach Europa gelangt. Ihre eigentliche Heimat ist China! Einmal hier angekommen breiteten sie sich weiter aus und wanderten in den Rhein, in die Moldau und sogar in die Seine ein. Dann sah es eine Zeit lang so aus, als ob sie immer seltener würden. Doch 1999 kam es erneut zu einem Massenauftreten. Die Wollhandkrabbe kann dabei erhebliche Schäden anrichten. Sie gräbt nämlich Röhren, in denen sie sich tagsüber versteckt. Dadurch gefährdet sie Deiche und Dämme. Sie sucht auch Fischernetze nach gefangener Beute ab und inspiziert sogar Aalreusen. Interessant ist ihr Fortpflanzungsverhalten: Die Wollhandkrabbe wandert im Sommer aus den Flüssen ins Meer und paart sich dort. Wie bei den ▶ Strandkrabben tragen die Weibchen die Eier eingeklemmt zwischen Brust und untergeschlagenem Hinterleib. Die Schwimmlarven entwickeln sich im Meer. Erst die Jungkrabben wandern später wieder auf dem Gewässerboden die Flüsse hoch. ■

WANDERER ZWISCHEN DEN MEEREN

Wie die Wollhandkrabbe nach Deutschland kam, weiß man nicht genau. Aber man vermutet, dass sie zufällig von einem Schiff eingeschleppt wurde. Am leichtesten geschieht dies mit dem Ballastwasser. Wenn ein Schiff seine Ladung gelöscht hat und keine neue aufnimmt, liegt es für die große Fahrt zu hoch im Wasser. Deshalb pumpt man Meerwasser in die Laderäume, um das Schiff zu stabilisieren. Dieses so genannte Ballastwasser enthält aber Tausende von Lebewesen, die auf diese Weise unfreiwillig große Entfernungen zurücklegen. Noch vor dem Festmachen im Heimathafen entleeren die Schiffe das Ballastwasser in die Deutsche Bucht – und die mitgereisten Tiere und Pflanzen finden sich in einer völlig fremden Umgebung wieder.

Forscher haben herausgefunden, dass jeden Tag mindestens 4000 verschiedene Arten von Meereslebewesen im Ballastwasser der Schiffe unterwegs sind.

Den ersten blinden Passagier dieser Art bemerkte man 1903. Es war eine asiatische Alge. Seit jener Zeit, also im Lauf von etwa hundert Jahren, konnten sich in Nord- und Ostsee 159 neue Arten festsetzen. Auch im Mittelmeer hat man ungefähr dieselbe Zahl von »Zuwanderern« beobachtet. Einige konnten sich in Europa massenhaft vermehren, etwa die ▶ Dreiecksmuschel. In Deutschland gibt es sie schon lange. Im Gebiet der Großen Seen in Nordamerika breitet sie sich aber erst seit ungefähr 15 Jahren aus und richtet dort ungeheure Schäden an, weil sie Wasserröhren verstopft. 1998 wurde mit dem Ballastwasser eines Schiffes ein Fischparasit nach Südchile eingeführt. Er befiel Zuchtlachse und richtete dadurch Schäden von 100 Millionen Euro an. Sogar eine Choleraepidemie in Südamerika soll durch verseuchtes Ballastwasser verursacht worden sein.

STECKBRIEF

Größe: Panzer bis 7 cm breit

Merkmale: Männchen mit großen, dicht behaarten Scheren

Ernährung: Allesfresser, lebt von Pflanzen, lebenden und toten Tieren

Vorkommen: ursprünglich China, heute auch in Europa von Frankreich bis Finnland

Besonderheiten: Wollhandkrabben legen auf ihren Wanderungen bis 10 km am Tag zurück.

Felsküste

Felsküste

*A*n Felsküsten leben ganz andere und viel mehr Tiere als an Sandstränden und im Watt. Felsküsten sind sehr vielfältige Lebensräume: Es gibt nackte Felsen, große und kleine Steinblöcke, Überhänge, Risse, Spalten und Höhlen. Hier können Tiere leicht Unterschlupf finden. Und auf den festen Oberflächen halten sich große Algen fest. Zwischen ihnen verstecken sich ebenfalls Tiere. Am interessantesten sind natürlich Küsten, an denen sich Felsen und sandige Bereiche abwechseln.

Felsküsten sind immer auch steile Küsten. Aufgrund der Gezeiten – des Wechsels von Ebbe und Flut – und der Wellenbewegungen hebt und senkt sich das Wasser am Ufer in ständigem Wechsel. Unterhalb der Niedrigwasserlinie ist das Ufer stets von Wasser bedeckt. Hier leben Tiere, die nie mit der Luft in Berührung kommen dürfen, zum Beispiel Sägebarsch, Edelkoralle, Krake oder Languste.

Im Gebiet zwischen Niedrig- und Hochwasserlinie hingegen finden wir typische Uferarten wie Seepocken, bestimmte Seerosen, Muscheln und Seeigel. Diese Tiere sind sehr widerstandsfähig. Sie können stundenlang im Trockenen ausharren. Dabei erwärmen sie sich an der Luft schnell. Das macht ihnen aber ebenso wenig aus wie Süßwasser, mit dem sie bei Regen in Berührung kommen. Seepocken und Muscheln vor allem verschließen in dieser Zeit ihre Schalen – und warten auf bessere Zeiten.

SCHWÄMME

Die Schwämme sind eine eigentümliche Tiergruppe. Dass es sich um Tiere handelt, sieht man ihnen auf den ersten Blick gar nicht an: Sie sitzen fest an einem Platz, ohne sich zu bewegen. Schwämme sind die einfachsten mehrzelligen Lebewesen. Eigentlich handelt es sich bei ihnen nur um eine Ansammlung verschiedener Zellen. Organe wie Herz oder Leber gibt es im Schwammkörper nicht. Und die verschiedenen Zellen können sich bei Bedarf ineinander umwandeln. Manche Schwämme kann man durch einen Mixer drehen, danach organisiert sich die Masse von selbst – und es entsteht wieder der alte Schwamm! Man kennt ungefähr 5000 Arten von Schwämmen; darunter sind Riesen, die bis zwei Meter groß werden. Alle Schwämme enthalten ein Skelett aus Nadeln. Im einfachsten Fall sehen diese fest sitzenden und oft farbenprächtigen Tiere wie ein Hohlzylinder aus. Sie saugen Wasser aus Löchern in der Zylinderwand an, entnehmen ihm winzige Nahrungsteilchen und stoßen es aus der Öffnung oben wieder aus. Sonst kann man aber alle nur denkbaren Formen beobachten. Manche Schwämme überziehen Steine oder Korallen mit einer Kruste. Andere nehmen die Form eines Pokals oder eines Strauches an. Besonders schön ist der Gießkannenschwamm mit seinem wunderbaren Skelett aus Kieselnadeln. Schwämme gibt es auch im Süßwasser: Sie überziehen oft die Stängel von Uferpflanzen mit einer dünnen Kruste.

Badeschwamm Als es noch keinen Kunststoff gab, hatte fast jede Familie einen Badeschwamm. Heute ist er kaum noch im Badezimmer anzutreffen. Schwämme sind sehr einfach gebaute Tiere. Sie besitzen keine Organe, sondern setzen sich aus einzelnen Zellen zusammen. Die wachsen an einem Gerüst oder Skelett aus Spongin. Diese Skelett ist bei den meisten Schwämmen aus einer harten, kalkigen Masse, beim Badeschwamm aber ist das Skelett eher mit dem weichen Material unserer Fingernägel vergleichbar. Ihre natürliche Farbe im Wasser ist dunkelbraun bis schwarz. Erst getrocknet erhalten sie den hellbraunen Farbton, den wir kennen.

Der Badeschwamm lebt im Meer in Tiefen von 4–50 Meter. Besonders häufig kommt er in der Nähe einiger griechischer Inseln vor. Nur die Larven des Badeschwamms sind beweglich und schwimmen im Wasser umher. Die erwachsenen Tiere sitzen unbeweglich auf dem Meeresgrund und filtern mit den Löchern in ihrem »Körper« Kleinstlebewesen aus dem Wasser. Sie können das Zwanzig- bis Dreißigfache ihres Körpergewichts an Wasser aufsaugen.

STECKBRIEF

Größe: Durchmesser bis 50 cm

Merkmale: lebt in Tiefen von 4–50 m

Ernährung: Plankton, Kleinlebewesen, organische Teilchen

Vorkommen: vor allem im Mittelmeer

Besonderheiten: Das Skelett eines Badeschwammes, wie man es z. B. in der Apotheke kaufen kann, wiegt 3–4 g, hat aber eine Oberfläche von rund 30 m² und kann mindestens 100 ml Wasser aufsaugen.

Edelkoralle In manchen Feriengebieten am Mittelmeer, besonders in Süditalien, kann man noch heute Korallenschmuck kaufen. Meist handelt es sich um Ketten, an denen unregelmäßige hellrote Ästchen aufgereiht sind. Dieser Schmuck stammt von der Edelkoralle. Sie ist mit den tropischen ▶ Korallen nahe verwandt und bildet wie sie Tierstöcke. Dabei leben mehrere Einzeltiere so eng zusammen, dass sie wie ein einzelner Organismus aussehen. Die lebende Edelkoralle erinnert vom Aussehen her an ein Bäumchen. Die Einzeltiere, die so genannten Polypen, stehen vor allem an den Ästen. Diese haben viele Tentakel oder Arme, mit denen sie winzige Lebewesen und andere Nahrungsteilchen aus dem Wasser fischen. Der Stock der Edelkoralle wächst immer weiter, wobei die unteren Polypen absterben. Die Edelkoralle wächst meistens in Tiefen ab 40 Meter.

STECKBRIEF

Größe: Länge bis 40 cm

Merkmale: Skelett meist lebhaft rot, die einzelnen Polypen weiß

Ernährung: Plankton, Kleinlebewesen und organische Teilchen

Vorkommen: Mittelmeer in Tiefen von 40–300 m

Besonderheiten: Schon in der Eisenzeit fertigte man aus der Edelkoralle Schmuck an.

 QUIZBOX

Wie bewegen sich Tintenfische fort?

 Antwort:

Der Krake hat eine Art Düsenantrieb: Durch Schlitze in seiner Haut nimmt er Wasser auf. Dieses kann er speichern und bei Bedarf mit hohem Druck wieder herauspressen und so durchs Wasser schießen.

STECKBRIEF

Größe: Länge bis 1 m

Merkmale: Tintenfisch mit 8 langen Armen, schwimmt langsam

Ernährung: Krebse, Muscheln, Fische

Vorkommen: Mittelmeer, ähnliche Arten in allen wärmeren Meeren

Besonderheiten: Der Tintenfisch stößt bei Gefahr eine Wolke aus Tinte aus und flüchtet dann.

Krake Wenn man jemandem ein Foto von einem Kraken zeigt, sagen vermutlich die meisten Menschen: »Das ist ein Tintenfisch.« Beides stimmt, denn alle Kraken sind Tintenfische und gehören zu der großen Gruppe der ▶ Weichtiere (Infobox ▶ Watt). An Kraken beeindrucken uns vor allem die großen Augen, mit denen sie uns unverwandt anblicken. Man merkt es sofort: Kraken sind intelligente Tiere. Einige Versuche haben gezeigt, dass sie vielleicht sogar eine Art Selbstbewusstsein besitzen. Der Krake, der fälschlicherweise manchmal auch »Polyp« genannt

wird, hat acht Arme, die fast einen Meter lang werden. Ein großer Krake kann unter Umständen drei Kilo auf die Waage bringen. Wenn er sich bedroht fühlt, wechselt er die Farbe und wird tief braunrot. Verschwindet der Eindringling nicht, stößt der Krake eine Tintenwolke aus, hinter der er flüchtet. Wer versucht, einen Kraken zu packen, sollte vorsichtig sein. Von den Armen geht zwar keine Gefahr aus, obwohl sie sich mit den Saugnäpfen daran schon sehr eigenartig anfühlen! Aber der Krake kann beißen und dabei ein ziemlich starkes Gift in die Bisswunde spritzen. Der in tropischen Gewässern lebende ▶ Blauringelkrake hat sogar einen tödlichen Biss. Wir Menschen stellen für den Kraken jedoch eine viel größere Gefährdung dar als umgekehrt.

Bei der Paarungszeit im Frühjahr legt das Männchen mit einem Fangarm ein Spermienpaket beim Weibchen ab. Diese legt später ihre Eier in Form von kleinen länglichen Kugeln an Pflanzen ab. Daraus schlüpfen schließlich die jungen Kraken.

DAS PAPIERBOOT

Beim männlichen Kraken dient einer der acht Arme als Begattungsorgan. Dieses erhielt von Zoologen einen eigenen Namen: Hektokotylus. Während der Paarung überträgt das Tier damit sein Samenpaket auf das Weibchen. Beim krakenähnlichen Papierboot löst sich der Hektokotylus ganz vom männlichen Tier ab, dringt wie ein selbstständiges Wesen in den Körper des Weibchens ein und lebt dort weiter. Deswegen hielt man ihn zunächst für einen parasitischen Wurm! Das Papierboot kommt in allen warmen Meeren vor. Das bis 30 Zentimeter lange Weibchen bildet eine hauchdünne papierartige Schale, die man gelegentlich angespült an Stränden findet. Das Männchen bleibt mit höchstens einem Zentimeter Länge zwergenhaft klein und besitzt auch keine Schale.

Languste Langusten gehören zur Familie der Panzerkrebse, besitzen jedoch keine Scheren. Diese mächtigen Krebstiere können über einen halben Meter lang und mehrere Kilo schwer werden. Sie sind stark gepanzert, und der Panzer ist mit scharfen Dornen gespickt. Ihre kräftigen Fühler setzen sie ein, um Eindringlinge abzuwehren. Langusten leben in rund 20 Metern Tiefe im Mittelmeer und im Atlantik. Schwimmen können die Tiere merkwürdigerweise nicht. Nur wenn man sie angreift, schlagen sie ihren Schwanz kräftig nach unten und machen dadurch einen Satz rückwärts. Im Mittelmeer sind die ▶ Kraken die Todfeinde der Langusten. Bei diesem ungleichen Kampf siegt meist der Krake. In den Tropen gehen die Langusten in Gruppen von bis zu 100 Tieren auf Wanderschaft. Sie laufen im Gänsemarsch über den Meeresboden und legen dabei manchmal 100 Kilometer und mehr zurück! ◼

STECKBRIEF

Größe: Länge bis 45 cm

Merkmale: rötlichviolett mit gelben Flecken; Langusten haben keine Greifscheren

Ernährung: Muscheln, auch Aas

Vorkommen: in warmen Meeren

Besonderheiten: Langusten können mit ihre dornigen Fühlern knarrende Geräusche erzeugen.

Miesmuschel Die Miesmuschel ist keinesfalls eine »miese«, also schlechte Muschel, sondern eigentlich eine »Moosmuschel«. Sie überzieht ihre Unterlage nämlich mit einem dichten moosartigen Teppich. Am besten sieht man das in Muschelfarmen, wo die Tiere in großem Umfang gezüchtet werden. Die Miesmuscheln heften sich mit Fäden an Felsen und Steinen fest. Diese Byssusfäden sind stärker als die Sehnen des menschlichen Körpers, denn sie müssen der Brandung des Meeres ein Leben lang standhalten. Wie alle Muscheln ernährt sich auch die Miesmuschel von winzigen Lebewesen oder Teilchen, die im Wasser schweben. Die Muschel saugt das Wasser an und lässt es durch ihre Kiemen strömen. Winzige Härchen, die Wimpern, halten die Teilchen fest und führen sie der Verdauung zu. Wer sich so ernährt, ist ein Filtrierer. Dadurch tragen die Muscheln übrigens zur Klärung, das heißt Reinigung des Wassers bei. Die Miesmuscheln verbringen ihr ganzes Leben festsitzend am selben

Fleck. Zur Paarungszeit stoßen Männchen und Weibchen zur gleichen Zeit ihre Samen- und Eizellen aus. Die Befruchtung findet dann im freien Meerwasser statt. ◼

STECKBRIEF

Größe: Schalenlänge bis 5 cm

Merkmale: Schalen dunkelviolett, am Untergrund mit Fäden festgeheftet, stets gesellig lebend

Ernährung: Plankton, Kleinlebewesen, organische Teilchen

Vorkommen: Atlantik, Nordsee, Mittelmeer, verwandte Arten weltweit

Besonderheiten: Miesmuscheln schließen sich stets zu großen Kolonien von bis zu 2000 Tieren zusammen.

STECKBRIEF

Größe: Länge bis 1,30 m

Merkmale: aalähnlicher Körper, seitlich etwas zusammengedrückt, schön gemustert

Ernährung: Weichtiere und Fische

Vorkommen: Mittelmeer, verwandte Arten in allen warmen Meeren

Besonderheiten: Die Muräne gehört zur Familie der Aale.

Muräne Schon zu Zeiten der Römer hatte die Muräne einen schlechten Ruf: Sie sieht auch wirklich grimmig aus mit den vielen kleinen Giftzähnen. Und wenn sie einmal zubeißt, spritzt sie ein Gift ein, das tödlich wirken kann. Taucher und Schnorchler haben aber in der Regel nichts zu befürchten. Die Muräne hält sich in Spalten verborgen und kommt am liebsten nachts aus ihrem Versteck. Dann geht sie auf die Jagd nach Fischen, ihrer Hauptnahrung.

Die Muräne des Mittelmeers ist wunderschön gelb und braun gefärbt. Insgesamt erinnert sie in der Körperform an eine Schlange. Verwandt ist sie allerdings mit den Aalen, darauf verweist auch der nackte Körper, der keine einzige Schuppe trägt, dafür von einer leichten Schleimschicht umgeben ist. Die Mundspalte ist bei vielen Muränenarten so groß – sie reicht bis weit hinter die Augen –, dass der Mund nie ganz geschlossen werden kann.

Tropische Arten sehen noch auffallender aus als die Mittelmeermuräne: Unter ihnen gibt es bunt geringelte Tiere oder solche mit einer netzartigen Zeichnung.

STECKBRIEF

Größe: Schalendurchmesser bis 7 cm

Merkmale: dickes kegelförmiges Gehäuse, Tiere leben festgesaugt an Felsen

Ernährung: auf Felsen wachsende Algen

Vorkommen: Mittelmeer, Atlantik

Besonderheiten: Die Napfschnecken haben ein festes Revier und kehren jeden Morgen wieder zu ihrem Standort zurück.

Napfschnecke An allen Fels- und Steinküsten findet man die flach kegelförmigen, einige Zentimeter langen Schalen der Napfschnecken. Oft sitzen die Tiere dicht gedrängt nebeneinander. Mit bloßen Händen lässt sich eine solche Schnecke nicht von ihrer Unterlage ablösen, da sie sich mit ihrem muskulösen Fuß festhält. Napfschnecken rühren sich erst von der Stelle, wenn die Flut kommt oder die Nacht hereinbricht. Dann machen sie sich langsam auf Wanderschaft und weiden mit ihrer Raspelzunge den Algenbelag von den Felsen ab. Bei Ebbe oder gegen Morgen kehren sie millimetergenau wieder zu ihrem Ausgangspunkt zurück. Ihre Schalen haben sich im Wachstum perfekt an die Unebenheiten ihrer Unterlage angepasst. Viele Menschen bezeichnen die Napfschnecken wegen ihrer Schalenform als Muscheln. Aber das ist falsch, denn Muscheln besitzen immer eine zweiteilige Schale. Wenn man eine Napfschnecke mit dem Messer von der Unterlage abhebt, kann man deutlich ihren Kopf erkennen. Muscheln hingegen sind eindeutig kopflos!

Purpurschnecke Zur Gruppe der Stachelschnecken gehört eine äußerst berühmte und sehr geschätzte Art: die Purpurschnecke.

Purpur war der kostbarste Farbstoff der Antike. In Rom färbte man damit die Gewänder von Priestern, Königen und hohen Adligen. Der sehr seltene Farbstoff wurde damals aus den Drüsen der Purpurschnecke gewonnen.

Wie alle Stachelschnecken ernährt sich die Purpurschnecke von lebender Beute oder von Aas. Meist ernährt sie sich von Muscheln oder Seepocken. Sie klemmt die Beute mit dem Fuß an den Untergrund, bohrt die Schale auf und frisst den saftigen Inhalt auf. Sie hat wie alle Schnecken eine Raspelzunge und ein festes Gehäuse.

Die Purpurschnecke lebt meistens im Flachwasser, sodass auch Taucher und Schnorchler sie beobachten können. ■

STECKBRIEF

Größe: Schale höchstens 10 cm lang

Merkmale: Gehäuse mit typischen Höckern und Wülsten

Ernährung: räuberisch von Muscheln, Schnecken und Seepocken

Vorkommen: Mittelmeer

Besonderheiten: Die häufigste Purpurschneckenart heißt auch Brandhorn oder Herkuleskeule; aus ihr stellte man früher den Farbstoff Purpur her.

Röhrenwurm Alle kriechenden länglichen Tiere werden als Würmer bezeichnet. Der Regenwurm ist für uns der Inbegriff des Wurms. Mit ihm eng verwandt ist der Röhrenwurm, aber wer ihn sieht, würde das nie glauben, denn er hat sich einer sehr speziellen Lebensweise angepasst. Der Röhrenwurm lebt festsitzend. Er baut sich aus Körperflüssigkeit und Schlamm eine lange Röhre, in der er sich ständig aufhält. Aus der Röhrenöffnung ragen nur spiralig aufgerollte Tentakel heraus. Damit holt der Röhrenwurm feinste Nahrungsteilchen aus dem Wasser. Das heißt, er ist ein Filtrierer wie die Muscheln. Erstaunlich ist die ungeheure Reaktionsgeschwindigkeit dieser Würmer. Bei der geringsten Störung, zum Beispiel, wenn sie den Schatten eines Tauchers wahrnehmen, ziehen sie ihre Tentakeln in die Röhre zurück. Die Bewegung erfolgt so schnell, dass man ihr nicht mit den Augen folgen kann. ■

STECKBRIEF

Größe: Länge bis 25 cm

Merkmale: am oberen Ende der Röhre eine Krone aus bunten Tentakeln

Ernährung: Plankton, Kleinlebewesen und organische Teilchen

Vorkommen: Mittelmeer

Besonderheiten: Der Röhrenwurm ist ein festsitzender Wurm, der weitläufig mit dem Regenwurm verwandt ist.

SCHNORCHELN UND TAUCHEN

Wer nur im Meer herumplanscht, wird den im Lebensraum »Küste« beschriebenen Tieren kaum begegnen. Am Strand findet man gelegentlich ihre Überreste, und auf dem Fischmarkt werden Kraken, Seespinnen und Langusten angeboten. Wer solche Tiere aber lebend sehen möchte, besorgt sich am besten eine Tauchermaske mit Schnorchel (ohne Ball am Ende!) und ein Paar Schwimmflossen. Der Umgang mit Maske und Schnorchel ist kinderleicht: Man schwimmt langsam an der Wasseroberfläche und beobachtet den Meeresboden. Da die Maske fest schließt, sieht man durch die darin enthaltene Luft alles so wie im Aquarium. Brillenträger müssen allerdings ihr Brillengestell in der Maske unterbringen oder auf Kontaktlinsen umsteigen.

Beim Dahingleiten an der Oberfläche atmet man durch den Schnorchel, der senkrecht aus dem Wasser ragt. Wenn man abtauchen will, hält man die Luft an, streckt die Beine in die Luft, und schon geht es ab nach unten. Der Schnorchel füllt sich dabei mit Wasser. Nach dem Auftauchen muss man erst das Wasser aus dem Schnorchel pusten und kann dann einatmen.

Schriftbarsch Dieser bunte Fisch sieht tatsächlich so aus, als hätte jemand auf ihm herumgekritzelt. Seine Rückenflossen sind zu einer zusammengewachsen und vorne, wie bei allen Barschen, mit harten Stacheln versehen. Das erinnert etwas an ein Sägeblatt. Der Mund ist sehr groß und kann nach vorn gestülpt werden, dabei sieht man seine scharfen kleinen Zähne, die manchmal durch kräftige »Hundszähne« verstärkt werden. Er ist an allen Felsküsten häufig und zieht sich gerne in Felshöhlen zurück. Der Schriftbarsch hat ein Revier von rund 50 Quadratmetern. Zu Beginn ihres Lebens sind alle Schriftbarsche weiblich. Erst nach einigen Jahren verwandelt sich ein Teil der Tiere in Männchen. Eine solche Geschlechtsumwandlung ist unter Fischen übrigens keine Seltenheit.

In die nähere Verwandtschaft des Schriftbarsches gehören einige größere Meeresfische. Der Zacken- oder Wrackbarsch wählt mit Vorliebe alte untergegangene Schiffe als Standort und wird bis zwei Meter lang und gilt als sehr neugierig.

Seeanemone Lange Zeit stritten sich die Naturforscher, ob Seeanemonen Tiere oder Pflanzen seien. Man gab ihnen deswegen den Namen »Blumentiere«. Die meisten sehen tatsächlich wie Blüten aus. Vor 200 Jahren war die Frage schließlich entschieden: Es handelt sich eindeutig um Tiere. Der Name Seeanemone ist ihnen jedoch geblieben.

Seeanemonen haben einen zylindrischen Körper mit einer Öffnung am oberen Ende, der gleichzeitig als Mund und After dient. Darum herum steht ein Kranz von Tentakeln. Eine solche Körperform nennt man auch Polyp. Die Tentakel dienen als Fangarme und

enthalten Batterien von giftigen Nesselzellen ähnlich wie bei der ▶ Portugiesischen Galeere. Übrigens sind Quallen und Seeanemonen nahe miteinander verwandt. Man kann die Quallen als losgelöste frei schwebende Polypen betrachten.

Wenn ein kleiner Fisch einer Seeanemone zu nahe kommt, schießt sie aus ihren Tentakeln Tausende winziger giftiger Harpunen auf die Beute. Diese wird dadurch gelähmt und kann sich nicht mehr rühren. Die Tentakel ziehen den Fisch dann in die Mundöffnung des Tieres und im Inneren der Seeanemone wird er dann verdaut. Einige Seeanemonen sind so giftig, dass eine Berührung zu Verbrennungen der Haut führt.

Die meisten Seeanemonen leben festgeheftet am Meeresboden. Einige graben aber im Sand und ziehen langsam weiter, und andere wiederum können sogar Purzelbäume schlagen. Manche Seeanemonen gehen lebenslange Freundschaften mit Einsiedlerkrebsen ein. Diese Krebse verbergen ihren weichen Hinterleib in einer leeren Schneckenschale, die sie stets mit sich herumschleppen. Auf ihr Häuschen setzen sie oft eine Seeanemone, damit ihnen kein Feind zu nahe kommt. Diese Art des Zusammenlebens hat für beide Partner Vorteile und heißt Symbiose.

STECKBRIEF

Größe: Durchmesser bis 8 cm

Merkmale: runder Kalkpanzer, außen mit beweglichen Stacheln

Ernährung: Algenbewuchs

Vorkommen: in allen Meeren

Besonderheiten: In den Tropen gibt es Seeigel mit 40 cm langen giftigen Stacheln.

Seeigel Wer schon einmal in einen Seeigel getreten ist, erinnert sich vermutlich nicht besonders gern an dieses Tier. Und doch gehören sie zu den eigenartigsten Geschöpfen des ganzen Tierreichs. Seeigel haben keinen Kopf, genau wie die mit ihnen verwandten Seesterne. Es gibt bei ihnen auch kein Vorne und kein Hinten. Auf dem Meeresgrund bewegen sich die Seeigel mithilfe von Saugfüßchen fort, die von innen her mit Wasser aufgepumpt werden. Während ihrer langsamen Wanderung fressen die Seeigel Algenbeläge ab. Dazu benutzen sie einen kompliziert aufgebauten Kauapparat, die so genannte Laterne des Aristoteles. An gebleichten Seeigelgerippen kann man sie deutlich erkennen. Die Stacheln der lebenden Seeigel brechen bei einer Berührung leicht ab und hinterlassen beim Opfer eiternde Wunden. Im Pazifik lebt eine Art mit 40 Zentimeter langen giftigen Stacheln. Einige Seeigel kommen eingegraben im Sand vor und haben eine abgeflachte Gestalt. Sie heißen »Sanddollar«.

Seenelke Zoologisch gesehen kann eine Nelke eine Rose sein! Denn die Seenelke ist eine besondere Art der Seerosen (ein Korallentier, nicht zu verwechseln mit den gleichnamigen Wasserpflanzen!). Auf einem bis 30 Zentimeter hohen zylindrischen Stiel steht eine Krone, die aus bis zu 1000 feinen Fangarmen besteht. Daher rührt der Vergleich mit Nelkenblüten, die – zumindest bei manchen Sorten – tief geschlitzte Blütenblätter besitzen. Die Seenelke kommt im Atlantik und im Mittelmeer vor und kann jede beliebige Farbe annehmen: weiß, gelb, rot, blau oder braun. Sie lebt im Flachwasserbereich und heftet sich an Steinen und Schneckenschalen fest. Wissenschaftlich heißt das Tier Metridium senile, und der zweite Namensbestandteil bedeutet »greisenhaft«: Wahrscheinlich spielt er auf das weißhaarige Haupt eines alten Mannes an.

STECKBRIEF

Größe: Durchmesser bis 20 cm, Höhe bis 30 cm

Merkmale: sehr viele winzige Tentakel um die Mundöffnung

Ernährung: Plankton, Kleinlebewesen und feine Schwebeteilchen

Vorkommen: Mittelmeer und Atlantik

Besonderheiten: Die Seenelke gehört zu den Seerosen.

STECKBRIEF

Größe: Durchmesser bis 1,5 cm

Merkmale: festsitzende Krebse, die ihre Beine aus dem Kalkpanzer herausstrecken

Ernährung: Plankton, Kleinlebewesen und organische Teilchen

Vorkommen: in allen Meeren

Besonderheiten: Seepocken leben auch an Stellen, die nur wenige Stunden am Tag von Wasser bedeckt sind.

Seepocke An fast allen Felsen, Mauern und Pfählen im Wasser wachsen Seepocken. Vom Land aus sieht man nur die geschlossenen Kalkschalen. Das Tier bleibt verborgen, man vermutet hinter den kraterförmigen Erhebungen nicht einmal ein lebendes Tier, geschweige denn einen Krebs! Die Seepocken sind mit dem Kopf am Fels festgeheftet und beginnen, einen festen Panzer aufzubauen. Wer sie unter Wasser beobachtet, kann sehen, wie sich der Panzer öffnet. Das Tier streckt lange borstige Beine heraus und filtert mit ihnen das Meerwasser.

Seepocken sind Zwitter, also Weibchen und Männchen zur gleichen Zeit. Die Eier werden im Körper befruchtet und daraus entstehen Larven, die aus dem Muttertier schlüpfen. Die Larven schwimmen einige Zeit frei im Wasser, später setzen sie sich auf einem Untergrund fest und verwandeln sich in die erwachsenen Seepocken.

Seepocken setzen sich wie Muscheln auch auf Schiffsrümpfen fest. Alte Kähne sind oft dicht bewachsen und kommen deswegen nur noch langsam voran: Der Aufwuchs erhöht nämlich den Wasserwiderstand bis auf das Doppelte! Diese unerwünschte »Besiedelung« der Schiffe verhindert man mit einem Anstrich, der nach einiger Zeit abblättert, also die oberste Farbschicht abwirft. Durch diese regelmäßigen »Häutungen« kann sich kein Tier auf Dauer am Schiffsrumpf festsetzen. ◼

Seespinne Im Meer lebt keine einzige Spinnenart. Seespinnen sind in Wirklichkeit Krebse mit langen spinnenartigen Beinen. Langsam kriechen sie auf dem Boden und fressen alles, was sie finden. Um nicht aufzufallen, legen sie gewissermaßen einen Tarnanzug an. Auf ihrem Panzer befindet sich eine Art Kletthäkchen. Daran befestigen die Seespinnen Algen und sogar ▶ Seeanemonen. Und wenn sie einmal Hunger haben, fressen sie einfach einige Algen von ihrem »Dachgarten« ab. Die große Seespinne des Mittelmeers und des Atlantiks bildet zur Paarungszeit Gruppen von bis zu 100 Tieren. Da sich die Weibchen kurz zuvor gehäutet haben und noch weich sind, werden sie zum Schutz in die Mitte genommen. Dort findet auch die Paarung statt. Erst nach sechs Monaten legen die Weibchen Eier. Diese tragen sie weitere neun Monate lang an ihrem Körper herum, bis daraus blattartige Larven schlüpfen und davonschwimmen. Die größte Seespinne lebt übrigens in Japan. Ihr Körper wird 45 Zentimeter lang, doch die Beine der Männchen haben eine Spannweite von mehr als drei Metern! ◼

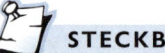 **STECKBRIEF**

Größe: Breite bis 18 cm

Merkmale: acht Laufbeine, dreieckiger Panzer mit vielen Dornen

Ernährung: Allesfresser, Algen, Kleinkrebse, Würmer

Vorkommen: Mittelmeer und Atlantik

Besonderheiten: Seespinnen sind keine echten Spinnen, sondern Krabben und damit Krebse.

Seestern Seesterne haben kaum Feinde und können es sich erlauben, ungeschützt auf dem Meeresboden zu liegen. Bei längerer Betrachtung erkennt man, dass sie ähnlich wie die Seeigel auf winzigen Füßchen gehen. Besonders schnell sind sie jedoch nicht: Mehr als zehn Meter pro Tag bewegt er sich nicht vorwärts.

Der Grund liegt in seiner Fortbewegungsart: Mit den Füßchen sucht er einen festen Halt, saugt sich fest und zieht dann langsam den Körper hoch. Seesterne sind Räuber und fressen vor allem Muscheln. Mit ihren Saugfüßchen packen sie die beiden Schalen und ziehen sie mit großer Kraftanstrengung auseinander. Kaum ist ein Spalt geöffnet, streckt der Seestern seinen vorstülpbaren Magen in

die Muschel und gibt einen Verdauungssaft ab. Wenige Minuten später schlürft er dann die verflüssigte Muschel ein.

Die meisten Seesterne haben fünf Arme. Es gibt aber auch Tiere mit bis zu 200 Armen. Wenn ein Arm verloren geht, wird er ersetzt. Einige Arten können aus einem Arm sogar das ganze Tier ersetzen! Eine ähnliche, aber ganz eigenständige Gruppe bilden die Schlangensterne. Ihre Arme sind viel länger als die der Seesterne und sehr beweglich. An manchen Stellen treten sie ähnlich wie die Seesterne in Massen auf. Am leichtesten findet man sie im Flachwasserbereich unter Steinen. Nach der Entdeckung flüchten sie schnell. Schlangensterne sind harmlos und leben von Plankton und Nahrungsteilchen. ■

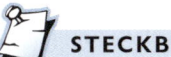

STECKBRIEF

Größe: Durchmesser bis 30 cm

Merkmale: sternförmiger Körper mit fünf Armen

Ernährung: Muscheln

Vorkommen: europäische und afrikanische Küsten

Besonderheiten: Ein einzelner abgerissener Arm kann wieder zu einem ganzen Seestern heranwachsen.

Tropische Küste und Riff

1 Gaukler

2 Blau-weißer Delfin

3 Meeresschildkröte

4 Kaiserfisch

5 Drückerfisch

6 Pinzettfisch

7 Seepferdchen

8 Clownfisch

9 Blauringelkrake

10 Ammenhai

11 Rochen

12 Seeanemone

13 Seegurke

14 Riesenmuschel

15 Gorgonie

16 Papageifisch

Tropische Küste und Riff

Wer jemals Gelegenheit hatte, an einer tropischen Küste mit vorgelagertem Riff zu schnorcheln oder gar zu tauchen, wird diesen Anblick nie wieder vergessen – als sei man plötzlich in ein grellbuntes Paradies versetzt. Die Unterwasserwelt erscheint uns zunächst völlig fremd, weil es auf dem Festland keinen vergleichbaren Lebensraum gibt. Mit einem Wald, zum Beispiel, hat sie nur eine sehr entfernte Ähnlichkeit. Riffe bestehen hauptsächlich aus Korallen der unterschiedlichsten Farben, Formen und Größen. Korallen sind eine uralte Tiergruppe. Es gibt sie bereits seit über 500 Millionen Jahren auf der Erde und schon damals bauten sie ganze Landschaften auf. Die norditalienischen Dolomiten beispielsweise bestehen aus dem Kalk von Korallenriffen. Das Große Barriereriff im Osten Australiens ist mit seinen 2000 Kilometern Länge die größte von Lebewesen gebildete Landschaft der Erde. Korallenriffe bieten Tausenden von Tieren Unterschlupf. Erstaunlicherweise tragen viele ihrer Bewohner knallige, ja geradezu clownartige Farben und Muster zur Schau. Das gilt für winzige Garnelen ebenso wie für große Krebse, Muscheln, Seesterne und vor allem für Fische. In den tropischen Riffen lebt übrigens rund die Hälfte aller Fischarten dieser Erde.

Ammenhai

Haie stellen wir uns immer als elegante, gefährliche Räuber der Hochsee vor. Das trifft aber nur auf sehr wenige der 250 Haiarten zu. Dem Ammenhai begegnen Schnorchler und Taucher häufig in Korallenriffen: Der etwas gedrungen wirkende Knorpelfisch liegt tagsüber verborgen auf dem Meeresboden in Spalten und rührt sich kaum. Häufig dient seine Fleckfärbung als ausgezeichnete Tarnung. Erst nachts wird er aktiv und geht auf Jagd. Er ernährt sich in erster Linie von Bodentieren wie Hummern und anderen Krebsen, aber auch von Schnecken, Tintenfischen und kleineren Fischen. Diese packt er nicht mit seinen Zähnen, sondern saugt sie in sich hinein. Das Geräusch erinnert an das Nuckeln eines Babys und ist für seinen Namen verantwortlich.

Ammenhaie sind harmlos, obwohl sie bis zu vier Meter lang werden. Die Ähnlichkeit mit den bekannten Haien ist nur sehr gering,

beispielsweise hat er zwei Flossen auf dem Rücken und keine zeigt die typische scharfe Kante der Haie. Eine australische Art, der Wobbegong, trägt eine gefleckte Tarnzeichnung und wie ausgefranst wirkende Hautläppchen am Kopf, so dass man ihn auf dem Meeresboden kaum sieht. ■

STECKBRIEF

Größe: Der Ammenhai wird bis zu 4 m lang

Merkmale: Kopf breit, abgeplattet, oft Fransen am Maul

Ernährung: Krebse, Muscheln, Schnecken, Tintenfische

Vorkommen: alle warmen Meere

Besonderheiten: Dieser Hai lebt ziemlich träge am Boden und schwimmt nur wenig.

Blauringelkrake

»Was für ein wunderschönes Tier«, dachten schon viele Menschen, die in den Korallenriffen vor Australien schnorchelten und den kleinen Kraken mit den blauen Flecken sahen. Dass ihm die Schwimmer nicht geheuer sind, zeigt der Tintenfisch dadurch an, dass er seine hellblauen Flecken vor Aufregung vergrößert. Wenn die Schnorchler nach ihm greifen,

erleben sie eine böse Überraschung. Der Krake beißt mit seinen Hornkiefern zu und spritzt das Gift Tetrodotoxin ein. Den gebissenen Menschen geht es nach einigen Stunden ziemlich schlecht. Es besteht die Gefahr, dass ihre Atmung zum Stillstand kommt. Am Biss des Blauringelkraken sind in Australien schon viele Kinder gestorben. Der ▶ Krake des Mittelmeers besitzt ebenfalls ein Gift, allerdings wirkt es nicht so stark. Der Mittelmeerkrake verhält sich auch weniger angriffslustig: Wenn man ihn stört oder ärgert, versucht er lieber zu flüchten. ■

STECKBRIEF

Größe: Länge bis 30 cm

Merkmale: blau gepunkteter Tintenfisch mit 8 Fangarmen

Ernährung: Krebse

Vorkommen: Pazifik

Besonderheiten: Der Blauringelkrake ist eines der giftigsten Tiere der Welt.

Größe: Länge bis 3 m, Gewicht bis 100 kg

Merkmale: typische Delfingestalt, blauer Rücken, weißer Bauch

Ernährung: vor allem Fische

Vorkommen: alle warmen und tropischen Meere

Besonderheiten: Im schmalen Schnabel des blau-weißen Delfins stehen bis zu 260 Zähne.

Blau-weißer Delfin

Der blau-weiße Delfin gehört zur Familie der Zahnwale. Das bedeutet, dass sie im Gegensatz zu den Bartenwalen viele kleine spitze Zähne im Maul haben. Mit seinen drei Meter Länge ist er relativ zierlich, im Gegensatz zu anderen Zahnwalen. Aber er ist die häufigste Art in unseren Meeren. Sein Körper wirkt sehr schlank, der Schnabel so schmal, dass man ihn gelegentlich auch Schmalschnabeldelfin nennt.

Blau-weiße Delfine leben in der Hochsee ebenso wie in der Nähe von Riffen, wo ihr Tisch natürlich besonders reich gedeckt ist und sie kaum Nahrungssorgen haben. Sie ernähren sich ausschließlich von Fischen.

Die Jungen der Delfine kommen unter Wasser zur Welt – mit dem Schwanzende voran – und müssen als erstes an die Oberfläche geschubst werden, um Luft zu atmen. Häufig helfen andere Tiere dabei, denn es darf nicht zu viel Zeit vergehen, sonst erstickt das Neugeborene. Aber nicht nur hierbei zeigt sich das ausgeprägte soziale Verhalten der intelligenten Tiere: alle Tiere helfen den schwachen und kranken Mitgliedern eines Schwarmes. Untereinander verständigen sich die blau-weißen Delfine in einer eigenen Lautsprache. Ihre Beutetiere orten sie mit Echolot. ■

Wale und Robben können Hunderte von Metern tief tauchen. Der Tümmler beispielsweise taucht bis 300 Meter tief und hält sich dort sechs Minuten auf. Für den verwandten Pottwal ist das eine Kleinigkeit: Sein Rekord liegt bei 2000 Metern und 75 Minuten.

Schon immer fragten sich die Zoologen, wie die Tiere diese Extremleistungen schaffen. Wie stellen sie es an, mit dem Sauerstoff auszukommen, obwohl die Bewegung im Wasser doch so anstrengend ist? Mit aufgeschnallten Videokameras haben Forscher nun herausgefunden, wie die Tiere das Problem angehen. Anstatt in die Tiefe zu schwimmen, gleiten sie bewegungslos nach unten. Dabei schalten sie ihren Muskelmotor einfach aus. Das Herz schlägt nur noch sechsmal statt 120-mal in der Minute. Darm und Nieren werden nicht mehr mit Sauerstoff versorgt.

In der lichtlosen Tiefe angekommen verharren die Tiere zunächst bewegungslos. Sie lauern auf Beute, anstatt aktiv auf Suche zu gehen. Erst wenn ein Leckerbissen vorbeischwimmt, wird der Wal oder die Robbe aktiv und schnappt zu.

Clownfisch Die Clownfische heißen auch Anemonenfische, weil sie mit ▶ Seeanemonen eine eigenartige Lebensgemeinschaft eingehen. Seeanemonen haben in ihren Tentakeln giftige Nesselkapseln, die sie bei jeder Berührung mit einem anderen Lebewesen abfeuern. Trotzdem quartieren sich die Clownfische zwischen den Fangarmen von Seeanemonen ein, ohne Schaden zu nehmen. Schließlich werden die beiden unzertrennlich. Die Seeanemonen profitieren von dieser Wohngemeinschaft, weil sie die Essenreste ihrer Untermieter erhalten. Und die Clownfische sind in den nesselbewehrten Tentakeln sicher vor ihren Feinden. Aber schon lange fragen sich die Forscher, warum die Seeanemonen ihre Bewohner eigentlich nicht einfach verspeisen. Anscheinend scheiden diese einen Stoff aus, der das Abschießen der Nesselkapseln verhindert. Eine enge Lebensgemeinschaft wie diese, aus der beide Partner Nutzen ziehen, nennt man Symbiose. Die Clownfische zählen zur Familie der Korallenbarsche, unter denen es einige besonders bunte Arten gibt. In Aquarien bekommt man häufig die Demoisellen und die Sergeantfische zu sehen. Bei den Demoisellen gibt es eine rein gelbe und eine rein hellblaue Art. ■

STECKBRIEF

Größe: Länge etwa 10 cm

Merkmale: auffällig gefärbt, hält sich immer in unmittelbarer Nähe großer Seeanemonen auf

Ernährung: Kleintiere

Vorkommen: Indopazifik

Besonderheiten: lebt in Symbiose mit den Seeanemonen

Drückerfische Die Drückerfische ziehen sich bei Gefahr in einen schmalen Spalt im Korallenriff zurück. Dort drücken sie den ersten Strahl der Rückenflosse gegen das Riff. Der zweite Strahl verhindert dann wie ein Riegel, dass der erste Strahl niedergedrückt werden kann. Auf diese Weise verkeilen sich die Fische in ihren Verstecken und können von Fressfeinden nicht mehr herausgezogen werden. Zudem tragen sie einen starken Panzer und sind auch in dieser Hinsicht gut geschützt.

Drückerfische haben eine außergewöhnliche Gestalt: Ihr Kopf ist fast halb so lang wie der Rumpf. Der Mund erscheint jedoch sehr klein. Aber mit seinem harten Gebiss kann der Fisch sogar Muschelschalen knacken. Gerne knabbert er auch an Korallenstöcken. Im Boden eingegrabene Tiere legt er mit einem festen Wasserstrahl aus seinem Mund in Sekundenschnelle frei.

Viele Drückerfische sind ausgesprochen prächtig gefärbt oder auffallend gemustert, wie etwa der Leopardendrücker und der Picassofisch. Die auffällige Musterung der Picassofische warnt Artgenossen davor, in das Revier des Besitzers einzudringen. Aber sie hat vermutlich noch eine andere Aufgabe: Die bizarre Färbung dient der Tarnung. ■

STECKBRIEF

Größe: Länge bis 40 cm

Merkmale: hochrückig, seitlich abgeplattet, Kopf sehr groß, prächtige Zeichnung

Ernährung: Korallenstöcke

Vorkommen: warme und tropische Meere

Besonderheiten: Einige Drückerfischarten können grunzende Geräusche erzeugen.

STECKBRIEF

Größe: Länge bis 20 cm

Merkmale: viereckige Körperform, Schnauze nicht selten pinzettenförmig, prächtige Zeichnung

Ernährung: Kleintiere, Korallenpolypen, Würmer, auch Algen

Vorkommen: tropische Meere

Besonderheiten: Die Verbreitungsgebiete dieser Fische sind völlig getrennt: Keine einzige Art kommt sowohl im Atlantik als auch im Pazifik vor.

Gauklerfische Bunt gekleidete Akrobaten und Taschenspieler, die Zauberkunststücke aufführten, nannte man früher Gaukler. Von ihnen haben diese Fische ihren Namen: In ihrem farbenprächtigen Kleid scheinen sie über dem Korallenriff zu schweben und zu tanzen. Manchmal erinnern sie dabei an die Schmetterlinge des Regenwalds; deshalb heißen sie auch Schmetterlingsfische. Die Gaukler haben eine hochrückige, aber flache Gestalt. Sie schwimmen sehr gewandt und können schnell die Richtung wechseln. Mit solchen Manövern entkommen sie ihren Feinden ziemlich leicht. Der Mund der Gaukler ist klein und oft zu einer langen Schnauze ausgezogen, vor allem beim Pinzettfisch. Damit holen sie ihre Nahrung aus tiefen Verstecken im Riff. Wie man aufgrund ihrer bunten Farben erahnen kann, sind die Gauklerfische nur tagsüber unterwegs. Nachts fallen sie in eine Art Starre, bei der auch ihre Farben verblassen. Nahe Verwandte der Gaukler sind die ▶ Kaiserfische. ■

STECKBRIEF

Größe: maximale Länge 3 m

Merkmale: meist fächer- oder baumförmige, manchmal auch peitschenförmige Tierstöcke

Ernährung: Plankton, Kleinstlebewesen, organische Schwebeteilchen

Vorkommen: warme Meere

Besonderheiten: Die Gorgonien gehören zu den Korallen.

Gorgonie Nicht alle ▶ Korallen haben ein hartes, gesteinsartiges Skelett. Die Hornkorallen oder Gorgonien erkennt man daran, dass ihr Körper biegsam bleibt. Ihr »Panzer« besteht aus einem Protein. Hornkorallen kommen in den unterschiedlichsten Wuchsformen vor. Die vielleicht auffälligsten erinnern an einen Baum, wobei die Äste feuerrot und die daran sitzenden lebenden Polypen schneeweiß sind. Es gibt bis zwei Meter lange peitschenförmige Gorgonien. Besonders häufig ist aber die Fächerform. Diese blumenartigen Tiere werden weit über einen Meter lang und verzweigen sich nur in einer Ebene. Sie wachsen vor allem an steileren Hängen mit leichter Wasserströmung, die ihnen Nahrungsteilchen herbeiträgt. Die Polypen dieser Gorgonien fangen und verdauen nämlich Plankton. Zu den Gorgonien zählt auch die ▶ Edelkoralle des Mittelmeergebiets. ■

Kaiserfisch Die Kaiserfische sind an Farbenpracht nicht zu überbieten. Sie sehen aus, als wollten sie unter sich einen Wettbewerb um das verrückteste Kostüm austragen. Die Muster scheinen keinen Regeln zu folgen: Der eine hat Querstreifen, der andere Längsstreifen, der dritte nur Punkte. Wozu dieser Aufwand? Kaiserfische bilden Reviere. Sie betrachten bestimmte Bereiche des Riffs als ihren Besitz, den sie mit keinem Artgenossen teilen mögen. Das zeigen sie durch die Andersartigkeit der Färbung.

Die jungen Kaiserfische leben bis zu einer Länge von rund 10 Zentimetern in kleinen Gruppen. Sie sehen völlig anders aus als die

erwachsenen Tiere, sie sind tiefblau mit einer Reihe kreisförmiger weißer Streifen. Später färben sie sich um und müssen sich im Riff ein Revier suchen, das noch frei ist, und es in Besitz nehmen.

Trotz ihrer auffallenden Schönheit ist bisher nur sehr wenig über die Kaiserfische bekannt. ■

 STECKBRIEF

Größe: Länge bis 50 cm

Merkmale: Aussehen ähnlich wie die Gaukler; Kiemendeckel mit einem kräftigen Dorn

Ernährung: Kleintiere

Vorkommen: tropische Meere, vor allem im Indopazifik

Besonderheiten: Die jungen Kaiserfische sind oft ganz anders gefärbt als die erwachsenen Tiere.

Koralle Korallen sieht man es auf den ersten Blick nicht an, dass es sich um Tiere handelt. Was wir als Koralle wahrnehmen, ist zunächst ein hartes Kalkskelett in den unterschiedlichsten Farben und Formen. Manche Korallen sind baumförmig verzweigt, andere pilzförmig flach, wieder andere erinnern an Blumenkohl oder die Oberfläche eines Gehirns. Nur bei genauerer Betrachtung erkennt man, dass in den harten Stöcken der Korallen kleine Tierchen leben. Diese Polypen sehen wie eine Miniaturausgabe der ► Seeanemonen aus. Und in der Tat sind die beiden Tierarten auch eng miteinander verwandt.

Korallen kommen in wärmeren Meeren vor. Durch ihre Lebenstätigkeit entstehen vor den Küsten im Lauf der Zeit riesige Kalkgebilde. Ein solches Gebilde nennen wir Riff, und Riffe stellen vielfältige Lebensräume dar. Ein Riff wächst im Jahr ein bis zwei Zentimeter in die Höhe. Die Polypen ernähren

sich genau wie die Seeanemonen: Mit ihren Tentakeln fangen sie winzige Tierchen und andere Nahrungsteilchen und führen sie zum Mund. ■

 STECKBRIEF

Größe: Die Tierstöcke erreichen riesige Ausmaße; die einzelnen Polypen werden aber meist nur einige Millimeter groß.

Merkmale: hartes Kalkskelett, in dem die einzelnen Polypen leben

Ernährung: Plankton, Kleinstlebewesen, winzige Schwebeteilchen

Vorkommen: tropische Meere

Besonderheiten: Korallenriffe bildeten schon in der Erdgeschichte riesige Gebirge.

STECKBRIEF

Größe: Länge bis 120 cm, Gewicht bis 200 kg

Merkmale: Panzer braun, hart, am Rand mit Zacken, Kopf sehr dick, Hakenschnabel

Ernährung: Tange, Quallen, Schwämme

Vorkommen: alle wärmeren Meere, auch das Mittelmeer

Besonderheiten: Gelegentlich verirrt sich eine Karettschildkröte bis in die Nordsee.

Meeresschildkröte Es gibt fünf große Schildkröten, die im Meer leben: die ▶ Lederschildkröte, die Suppenschildkröte, die Bastardschildkröte und zwei Karettschildkröten. Die beiden letztgenannten besitzen einen flachen, herzförmigen Rückenpanzer aus Knochen- und Hornplatten. Die Beine sind in verbreiterte Flossen umgewandelt.

Die breiten flossenähnlichen Vorderbeine dienen als Ruder, mit ihnen bewegt sich die Meeresschildkröte voran. Die Hinterbeine sorgen ausschließlich für die Steuerung. Den großen breiten Kopf können sie – anders als die Landschildkröten – nicht mehr in den Panzer zurückziehen.

Die vereinzelt lebenden Meeresschildkröten gehen nur ungern an Land und eigentlich tun es auch nur die Weibchen. Gemeinsam mit vielen anderen steuern sie regelmäßig ihre Heimatstrände an, dabei legen sie nicht selten Hunderte von Kilometern zurück und legen in einer Sandgrube ungefähr 100 Eier ab. Das geschieht nachts, wenn die Gefahr, entdeckt zu werden, am geringsten ist. Nach ein bis zwei Monaten schlüpfen die jungen Schildkröten und steuern sofort das Wasser an. Diese kurze Strecke ist die gefährlichste ihres Lebens. Da die Schildkröten in Massen schlüpfen, stellen sich ihre Feinde wie zu einem Festmahl am Strand ein. Darunter sind Vögel, kleine Raubtiere und auch große Krabben.

Die Echte Karettschildkröte wurde früher erbarmungslos verfolgt, weil ihr Rückenpanzer das wunderschöne Schildpatt liefert. Es

TIERSTOCK

Einige niedere Tiere vermehren sich schlicht und einfach durch Zweiteilung: Sie spalten sich in zwei Hälften. Die beiden Tiere, die daraus hervorgehen, sind völlig identisch. Diese Art der Fortpflanzung heißt vegetativ oder ungeschlechtlich. Bei manchen Tiergruppen bleiben die beiden neuen Tiere zusammen. Wenn auch sie und dann ihre Nachkommen sich immer weiter teilen, entsteht ein Tierstock. Tierstöcke findet man in besonderem Maße bei den Nesseltieren, zu denen ▶ Seeanemonen, ▶ Korallen und Quallen gehören.

Manchmal übernehmen einzelne Tiere in solchen Stöcken besondere Aufgaben. Diese Form der Arbeitsteilung gibt es vor allem bei den Quallen. Der Tierstock verhält sich dann wie ein neues Einzeltier. Bei der ▶ Portugiesischen Galeere kann man das sehr schön sehen. Sie erscheint zunächst wie ein einzelner Organismus. Erst bei genauer Untersuchung merkt man, dass sie aus Tausenden verschiedener kleiner Polypen zusammengesetzt ist.

besteht aus Horn und sieht ein wenig wie Bernstein aus.

Die Suppenschildkröte landete, wie ihr Name schon andeutet, häufig im Kochtopf. Sie wird bis zu 200 Kilogramm schwer und lebt nicht selten in Küstennähe. Es bedeutet für die Weibchen eine ungeheure Anstrengung, den Sandstrand hochzukriechen und dort ihre Eier abzulegen. Alle paar Schritte stemmen sie sich hoch und stöhnen zum Herzerweichen: Auf diese Weise füllen sie ihre Lungen wieder mit Luft. Die Tiere sind so stark ans Wasserleben angepasst, dass sie einen längeren Aufenthalt an Land nicht überleben; ihre Lungen fallen hier in sich zusammen.

STECKBRIEF

Größe: Länge bis 1 m

Merkmale: Zähne zu einer Art Schnabel verwachsen, prächtige Farben

Ernährung: Algen und Korallenstöcke

Vorkommen: tropische Meere

Besonderheiten: Papageifische schlafen nachts in einer dicken Schleimhülle.

Papageifisch Die Papageifische verdanken ihren Namen ihrem bunten Äußeren. Dabei übertreffen sie ihre Namensgeber aber noch um Längen: Sie leuchten in den grellsten Farben. Männchen, Weibchen und Jungfische sehen dabei völlig verschieden aus. Jedes Tier hat zudem seine eigene individuelle Zeichnung. Papageifische leben vor allem in Korallenriffen und knabbern mit ihrem meißelartigen Schnabel die Korallenstöcke ab. Das malmende Geräusch hören Taucher noch in mehreren Metern Entfernung. Die Bruchstücke werden ganz verschluckt, aber von Schlundzähnen weiter zerkleinert. Den lebenden Inhalt, die Korallenpolypen, verdauen die Fische. Den Korallensand scheiden sie regelmäßig als weiße Wolke wieder aus. Der Sand an den Stränden tropischer Inseln ist zu einem großen Teil durch den Magen der Papageifische gewandert! Nachts bereiten sich die Tiere eine Art Schlafsack. Aus einer Drüse sondern sie eine schleimige Hülle ab, in die sie sich hineinkuscheln. Wahrscheinlich verhindern sie auf diese Weise, dass ihr typischer Eigengeruch Räuber wie die Muräne anlockt. ■

Riesenmuschel Die Riesenmuschel ist tatsächlich die größte Muschel der Welt. Sie wird bis 1,50 Meter lang und 200 Kilogramm schwer. Alte Exemplare sind völlig im Riff eingewachsen. Ihr fleischiger Mantel leuchtet oft hellblau. Er enthält einzellige Algen, mit denen die Muschel ähnlich wie die Korallen in Symbiose lebt. Die Riesenmuschel ernährt sich von Kleinstlebewesen, die sie aus dem Wasser herausfiltert. Dafür muss sie ihre beiden Schalen immer ein Stück geöffnet lassen. Wenn sie sich gestört fühlt, macht sie im wahrsten Sinne des Wortes die Klappe zu. Und zwar so fest, dass sich ein Taucher, der aus Versehen in den Spalt getreten ist, nicht mehr aus eigener Kraft befreien kann! Weil auf diese Weise schon Menschen umgekommen sind, wird die Muschel auch »Mördermuschel« genannt. Auf diese Weise schützen sie sich vor Feinden. Die größte bislang gefundene Riesenmuschelperle soll fünf Kilogramm gewogen haben! Allerdings war sie nicht rund, sondern unregelmäßig geformt. Die weißen Schalen der Riesenmuscheln galten in der Barockzeit als große Kostbarkeiten. Man verwendete sie in katholischen Kirchen oft als Weihwasserbecken an den Kirchenpforten. ■

STECKBRIEF

Größe: Schale bis 1,5 m lang

Merkmale: Schalenrand stark gewellt

Ernährung: winzigste Nahrungsteilchen

Vorkommen: Indischer Ozean

Besonderheiten: Die größte Perle aus einer Riesenmuschel soll 5 kg gewogen haben.

STECKBRIEF

Größe: bodenbewohnende Arten bis 2,5 m lang

Merkmale: Rumpf flach mit breit angesetzten Brustflossen, Schwanz oft peitschenförmig

Ernährung: Muscheln, Krebse und andere Bodentiere

Vorkommen: in allen wärmeren Meeren, wenige Arten auch in kalten Meeren

Besonderheiten: Die Stromschläge des Zitterrochen können auch Menschen gefährlich werden.

Rochen Rochen gehören wie die Haie zu den Knorpelfischen und bilden damit bei den Fischen eine eigene Art. Im Gegensatz zu den Haien sind sie allerdings platt und flach und halten sich am liebsten auf dem Meeresboden auf. Dort im Flachwasser, in einer Tiefe von höchstens 20 Metern, graben sie sich in den Sand ein und warten geduldig auf Beute: Krebse, Fische, Muscheln, Schnecken – sie sind nicht wählerisch. Durch ihre Färbung verschwimmen Rochen mit dem Untergrund und sind perfekt getarnt. Nur ihre oben sitzenden Augen und die Atemlöcher sind dann noch zu sehen.

Die meisten Arten bringen ihre Jungen lebend zur Welt, nur der Echte Rochen bildet hier eine Ausnahme: Er legt Eier, die sich erst nach einem halben Jahr in die erwachsenen Rochen umzuwandeln beginnen.

Wenn Rochen schwimmen, hat man den Eindruck, sie würden fliegen. In wellenförmigen Bewegungen schlagen sie mit ihren Brustflossen, die mit dem Körper zu einer Art Flügel verwachsen sind. Der Schwanz trägt bei vielen Arten einen Stachel, mit dem Rochen sehr schmerzhaft zustechen können. Beim Stachel- oder Steckrochen kann das auch Vergiftungen verursachen. ■

Seegurke Auf oder im Meeresboden bewegen sich eigenartige walzen- oder wurmförmige Tiere vorwärts. Man nennt sie Seewalzen oder Seegurken. Ihre nächsten Verwandten sind die ▶ Seesterne. Die Haut von Seegurken erinnert an Leder. Wenn man sie berührt, ziehen sie sich zusammen und spritzen dabei alles Wasser aus, das sie gerade im Körper festhalten. Und wenn sie sich ernsthaft bedroht fühlen, stülpen sie zuerst ein Gewirr äußerst dehnbarer Schläuche aus, in denen sich ein Feind rettungslos verheddert. In letzter Not stoßen die Seegurken auch noch ihren ganzen Darm ab. Der wächst aber in ein paar Tagen wieder nach. Ähnlich wie ▶ Regenwürmer fressen Seegurken einfach

Sand und Schlamm. Sämtliche tierischen und pflanzlichen Bestandteile, die darin enthalten sind, werden verdaut. Den Rest scheiden die Tiere wieder aus. Von ihrer regen Verdauung zeugen lange Würste, die sie alle paar Meter ausstoßen. ■

STECKBRIEF

Größe: Länge bis 50 cm

Merkmale: walzenförmige Tiere mit Fangarmen um die Mundöffnung, Bodenbewohner

Ernährung: fressen Schlamm und Sand und verdauen die darin enthaltenen pflanzlichen Teile

Vorkommen: wärmere Meere, auch im Mittelmeer

Besonderheiten: Einzelne Seegurkenarten zerfallen, wenn man sie grob anfasst, in Einzelstücke, aus denen sich wieder ganze Tiere entwickeln.

Seepferdchen Woher die Seepferdchen ihren Namen haben, ist nicht schwer zu erkennen. Der Kopf sieht eindeutig einem Pferd ähnlich, auch wenn der Rest des Körpers nicht dazu passt. Trotz ihrer aufrechten

Körperhaltung sind Seepferdchen Fische. Ihren Schwanz benutzen sie wie einen Greifarm, um sich an Wasserpflanzen festzuhalten und nicht von der Strömung fortgetrieben zu werden. Wenn sie ihren Halt einmal loslassen, dann dient die kleine Rückenflosse als Steuerruder. Aber gezielt schwimmen können die Seepferdchen nicht.

Ungewöhnlich ist auch ihre Brutpflege: Es sind nämlich die Männchen, die schwanger werden und sich um den Nachwuchs kümmern. Bei der Balz tanzen sie oft tagelang um die Weibchen und zeigen ihnen ihren Brutbeutel. Während der Paarung von Mai bis August spritzt das Weibchen in Sekundenschnelle über 200 Eier in den Brutbeutel des Männchens. Nach der Besamung entwickeln sich die Jungen im Bauch des Männchens und sind dabei von einer gut durchbluteten Wand geschützt. Und nach etwa einem Monat gebiert das Männchen seine Jungen und hat dabei regelrecht Wehen. Kurze Zeit danach kann es schon wieder Eier aufnehmen und ausbrüten.

Die Seepferdchen sind mit den Seenadeln eng verwandt. Wie der Name sagt, handelt es dabei um extrem dünne Fische. Seenadeln sind mit Knochenplatten gepanzert. Sie stehen senkrecht in Seegraswiesen und sind dadurch hervorragend getarnt. Die bis 45 Zentimeter langen Tiere kommen in allen europäischen Meeren vor. ■

STECKBRIEF

Größe: Länge bis 25 cm

Merkmale: aufrechte Körperhaltung mit pferdeähnlichem Kopf

Ernährung: Kleinkrebse, Fischlarven

Vorkommen: wärmere Meere, schon im Mittelmeer vertreten

Besonderheiten: Die Seepferdchen schwimmen vor allem mit der Rückenflosse, kommen aber nur sehr langsam voran.

Meer

Meer

Das große offene Meer, die Hochsee, ist ein sehr merkwürdiger Lebensraum. Die Tiere der Hochsee leben weit von jeder Küste entfernt, sie stoßen nie an sichtbare Grenzen – wenn man die Wasseroberfläche nicht zählt. Sonst können sie in jeder Richtung schwimmen oder sich treiben lassen: Sie bleiben aber immer in der Hochsee.

Manchmal gelangen sie in Gebiete, die ihnen vielleicht nicht mehr zusagen. Für die einen wird zum Beispiel das Wasser zu warm, für die anderen dagegen zu kalt. Auch Salzgehalt und chemische Zusammensetzung des Wassers sind keineswegs überall gleich und haben einen Einfluss auf die Ausbreitung der Hochseetiere. Der Tierforscher spricht in diesem Zusammenhang von »Umweltfaktoren« oder »ökologischen Faktoren«. Die Tiere meiden dann diese Gebiete und werden dort sehr selten.

Nur in den obersten 30–40 Metern ist es im Meer für Menschenaugen noch hell genug. Darunter beginnt eine Dämmerzone, und ab 200 Meter Tiefe ist das Meer praktisch ohne Licht. Hier nimmt die nachtschwarze Tiefsee ihren Anfang. Sie ist der weitaus größte Lebensraum der Erde. In der Tiefsee können allerdings keine grünen Pflanzen mehr leben, weil sie unbedingt Licht zum Wachsen brauchen. Es kommen auch nur noch sehr wenige Tiere hier unten vor. Mit Riesenmäulern und Dolchzähnen machen Tiefseefische Jagd auf ihresgleichen. Immer wieder gelangen große Kadaver, etwa die von Walen, in den schwarzen Bauch des Meeres; sie sinken nach dem Tod der Tiere allmählich nach unten. Von diesen Überresten leben einige hochinteressante Tiere und Bakterien. Die Tiefsee ist der rätselhafteste und am wenigsten erforschte Lebensraum der Erde, und das wird vermutlich noch viele Jahrzehnte so bleiben.

STECKBRIEF

Größe: Länge bis zu 1 m, in der Regel 20 cm

Merkmale: bizarre Körperform, Leuchtorgane

Ernährung: Fische

Vorkommen: Tiefsee, auch in nördlicheren Meeren

Besonderheiten: Die Weibchen des Anglerfischs tragen die winzigen Männchen mit sich herum.

Anglerfisch (Tiefseeangler) Anglerfische angeln tatsächlich! Ein Strahl ihrer Rückenflosse ist lang ausgezogen und trägt einen Hautlappen mit einem Leuchtorgan. Dieses Anhängsel benutzen die Anglerfische als Köder, indem sie es vor ihrem Kopf hin und her schwenken. Wenn ein neugieriger oder hungriger Fisch danach schnappen will, dann reißt der Anglerfisch sein gewaltiges Maul auf. Dadurch entsteht ein Sog, der das Beutetier förmlich in den Räuber hineinzieht. Darüber hinaus hat der Anglerfisch noch dolchartige Zähne, um seine Beute festzuhalten.

Der Tiefseeangler trägt auch auf dem Körper Leuchtorgane. Sie dienen vermutlich der gegenseitigen Erkennung. Die Weibchen werden 30–100 Zentimeter lang. Die Männchen bleiben dagegen zwergenhaft klein und erreichen nur wenige Zentimeter Länge. Damit besteht die Gefahr, dass sie in der Dunkelheit verloren gehen. Deswegen heften sich die Männchen an die Weibchen und verschmelzen mit ihnen. Sie wurden zu Schmarotzern. Sie jagen nicht mehr, sondern lassen sich von den Weibchen miternähren. Sie besitzen nicht einmal mehr Zähne und Darm! Die meiste Zeit des Tages liegt der Anglerfisch auf dem Meeresboden und lauert dort auf Beute. ■

Barrakuda Dieser ursprünglich spanische Name hört sich kriegerisch an und gehört einem Raubfisch, der bis zu drei Meter lang wird. Barrakudas leben vor allem in tropischen Meeren und machen dort Jagd auf Schwarmfische. Der deutsche Name »Pfeilhecht« charakterisiert die Tiere sehr gut: Sie sind pfeilschnell, exzellente Schwimmer und ähneln im Aussehen unserem einheimischen ► Hecht: Kopf sehr lang, zugespitzt, Unterkiefer verlängert. Die Stachelstrahlen auf dem Rücken verweisen auf seine Zugehörigkeit zu den barschartigen Fischen. Er hat mächtige Fangzähne, die sich tief in das Fleisch der Opfer schlagen können. Taucher haben ziemlichen Respekt vor großen Barrakudas.

Barrakudas nehmen ihre Beute nicht über den Geruch wahr, sondern mit ihren Augen. Sie sind sehr aufmerksame Jäger und achten auf alles, was sich in ihrer Umgebung bewegt. Wenn sie nicht gereizt werden, verhalten sie sich aber normalerweise friedlich. In Schwärmen trifft man nur die Jungfische an, die im Alter von etwa drei oder vier Jahren geschlechtsreif werden. Die erwachsenen Tiere bleiben lieber für sich. ■

STECKBRIEF

Größe: Länge bis 3 m

Merkmale: sehr schlanke, hechtähnliche Fische mit großen Fangzähnen

Ernährung: Fische

Vorkommen: überwiegend in wärmeren Meeren

Besonderheiten: Viele Barrakudas leben in großen Schwärmen.

STECKBRIEF

Größe: Länge bis 33 m, Gewicht bis 136 Tonnen. Diese Werte werden heute aber nicht mehr erreicht.

Merkmale: typischer Wal mit Barten im Mund, quer liegender Schwanz- und sehr kleiner Rückenflosse

Ernährung: Plankton, vor allem Garnelen (Krill) und kleine Fische

Vorkommen: vor allem Atlantik und Pazifik

Besonderheiten: Der Blauwal ist das größte Tier, das auf der Erde lebt.

Blauwal Der Blauwal ist der größte ▶ Wal und das größte Tier, das wir kennen. Er gehört zu den Bartenwalen und filtert seine Nahrung, das Plankton, mit den Barten – das sind Hunderte schmaler Hornplatten am Oberkiefer – aus dem Wasser. Die Wale lassen das Wasser in den Mund laufen, dann drücken sie die Zunge gegen den Gaumen und pressen das Wasser hinaus. Plankton und andere Kleinstlebewesen bleiben zwischen den unzähligen Barten hängen und werden hinuntergeschluckt. Am meisten schätzt der Blauwal etwa zwei Zentimeter lange Krebschen, den Krill.

Im Frühjahr gibt es Krill in Massen in den Eismeeren an den Polen. Dort findet man dann auch die meisten Blauwale. Im Herbst, zur Paarungszeit, wandern die Wale jedoch in wärmere Meere. Die Blauwalkühe bringen nach einer einjährigen Schwangerschaft nur alle zwei bis drei Jahre ein Jungtier auf die Welt. Das wiegt bei der Geburt allerdings bereits zwei Tonnen und ist etwa drei Meter lang. Ein erwachsener Wal wiegt so viel wie 30 Elefanten. Von der Mutter wird das Junge etwa ein halbes Jahr gesäugt, dann fischt es wie die Erwachsenen nach Kleinstlebewesen im Wasser.

Der Blauwal war wegen seiner ungeheueren Fettmenge ein beliebtes Jagdtier. Er war nahezu ausgerottet, ehe die Jagd auf ihn verboten wurde. Heute gibt es wieder etwa 13 000 Blauwale insgesamt in den Weltmeeren. ■

DAS PLANKTON UND DIE NAHRUNGSKETTEN

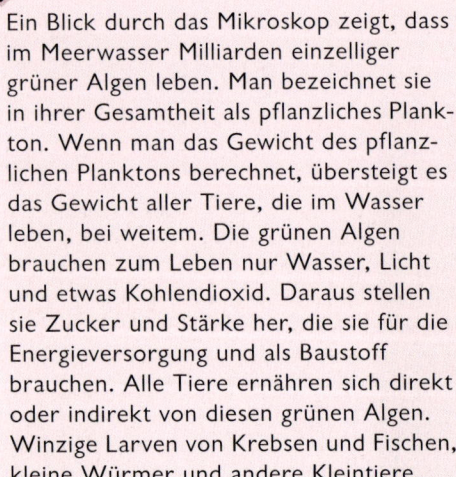

Ein Blick durch das Mikroskop zeigt, dass im Meerwasser Milliarden einzelliger grüner Algen leben. Man bezeichnet sie in ihrer Gesamtheit als pflanzliches Plankton. Wenn man das Gewicht des pflanzlichen Planktons berechnet, übersteigt es das Gewicht aller Tiere, die im Wasser leben, bei weitem. Die grünen Algen brauchen zum Leben nur Wasser, Licht und etwas Kohlendioxid. Daraus stellen sie Zucker und Stärke her, die sie für die Energieversorgung und als Baustoff brauchen. Alle Tiere ernähren sich direkt oder indirekt von diesen grünen Algen. Winzige Larven von Krebsen und Fischen, kleine Würmer und andere Kleintiere, das tierische Plankton, fressen zunächst die einzelligen Algen. Sie selbst dienen größeren Tieren, etwa Fischen, Quallen, Muscheln und Schwämmen, als Nahrung. Die wiederum werden von noch größeren Fischen oder von Schildkröten gefressen. Und diese schließlich fallen Haien, Delfinen oder Tümmlern zum Opfer. Von den einzelligen grünen Algen angefangen bis zum Hai entsteht eine Nahrungskette, die aus mehreren Stufen besteht. Am Anfang steht dabei immer das pflanzliche Plankton, am Ende immer ein großer Räuber. Im Meer gibt es sehr viele Nahrungsketten, die sich zu einem Nahrungsnetz verflechten.

Entenmuschel Die Entenmuschel ist weder Ente, noch Muschel – auf den ersten Blick erkennt kaum jemand, zu welcher Gruppe dieses Tier wirklich gehört: zu den Krebsen! Die Entenmuschel sitzt nicht ihr ganzes Leben lang an Felsen oder treibenden Gegenständen fest. Die Larve schwimmt frei im Wasser. Irgendwann heftet sie sich mit dem Kopf an eine feste Unterlage, etwa Flaschen oder Schiffe. Der Kopf wächst zu einem bis zu 80 Zentimeter langen Stiel heran. Am anderen Ende entwickelt sich eine zweiklappige Kalkschale. Aus ihr streckt der Krebs seine Füßchen heraus. Die zieht er mit ausholenden Bewegungen durch das Wasser und packt winzige Nahrungsteilchen und Krebschen, die an ihm vorbei schweben. Die Entenmuschel zählt also zu den Plankton fressenden Filtrierern.

Warum aber heißt dieser Krebs, der eng mit der ▶ Seepocke verwandt ist, Entenmuschel? Im Mittelalter glaubte man, aus der Entenmuschel würden Enten entstehen. Und da

STECKBRIEF

Größe: mit Stiel bis 30 cm lang

Merkmale: Panzer aus 5 Kalkplatten, daraus ragen lange Beine hervor, die Greifbewegungen durchführen

Ernährung: Plankton, Kleinlebewesen, Schwebeteilchen

Vorkommen: sehr weit verbreitet, vor allem in den europäischen Meeren

Besonderheiten: Die Entenmuschel ist ein fest sitzender Krebs, keine Muschel.

die »Muschel« ein Kaltblüter war, musste auch die Ente ein Kaltblüter sein. Damit konnte die Ente in der Fastenzeit, während der das Fleisch von Warmblütern verboten war, auf die Speisekarte. ■

Fliegender Fisch Spektakulär sieht dieser Fisch nicht aus – ungefähr wie ein Hering. Staunen erregt nur seine Art der Flucht. Fliegende Fische leben in Schwärmen und locken dadurch große Räuber an – Haie beispielsweise, Delfine oder Tunfische. Bei einer Jagd sind ihnen die Fliegenden Fische immer unterlegen. In der Hochsee bleibt dann nur ein Fluchtweg: in die Luft! Mit 50 Kilometern pro Stunde durchstoßen sie die Wasseroberfläche und breiten blitzschnell ihre breiten Brustflossen aus. Durch den Auftrieb des Windes steigen sie bis in acht Meter Höhe und werden dabei auch in eine andere Richtung gelenkt. In der Luft segeln die Fische ruhig dahin. Nach 50 Metern tauchen sie wieder ins Wasser ein. Doch kaum berührt der Fisch mit dem Schwanz das Wasser, beginnt er wie wild damit zu schlagen. Dadurch hebt er zu einem weiteren Flug ab. Das kann sich noch ein bis zwei Mal wiederholen. Bis dahin wissen die Räuber schon lange nicht mehr, wo sich ihre Beute befindet, und geben auf. Fliegende Fische kommen vor allem in warmen Meeren vor. Gelegentlich begegnet man ihnen aber auch im Mittelmeer. ■

STECKBRIEF

Größe: Länge bis 45 cm

Merkmale: stark vergrößerte Brustflossen, unterer Teil der Schwanzflosse verlängert

Ernährung: Kleintiere, Krebschen, Larven

Vorkommen: vor allem tropische Meere

Besonderheiten: Ein Fliegender Fisch erreicht Geschwindigkeiten von bis zu 60 km/h.

deren Theorie zufolge kann der Hai seine Beutetiere, vorwiegend Fische, genauer orten, weil die Augen und die Nasenöffnungen weiter auseinander liegen. Auf diese Weise sollen die Haie ein besseres räumliches Bild von ihrer Umgebung erhalten. Doch auch diese Erklärung konnte bisher nicht bewiesen werden.

Wissenschaftlich nachgewiesen ist jedoch, dass der Hammerhai einen besonders feinen elektrischen Sinn besitzt. Er kann damit Rochen und Plattfische wahrnehmen, die sich in den Sandboden eingegraben haben. Deren Muskeln erzeugen selbst in Ruhestellung winzige Stromschwankungen, die der Hammerhai wahrnimmt. Auch sein Geruchssinn ist hervorragend. Junge Hammerhaie haben übrigens noch keinen verbreiterten Kopf; der wächst erst später zu dieser eigenartigen Form heran.

STECKBRIEF

Größe: Länge bis 5,5 m

Merkmale: Kopf T-förmig verbreitert mit weit auseinander liegenden Augen

Ernährung: Fische, auch Robben

Vorkommen: überwiegend in den warmen Meeren

Besonderheiten: Einige Hammerhaiarten treten in Schwärmen auf.

Hammerhai Besonders charakteristisch für den Hammerhai ist seine t-förmige Verbreiterung des Kopfes. Er ist seitlich stark verbreitert und erinnert an den Frontspoiler eines Rennwagens. Auf den Seiten befinden sich die Augen und Nasenöffnungen.

Man hat zuerst angenommen, dass der Hammer als Stabilisator und Auftriebshilfe dient. Aber andere Haie, die noch schneller schwimmen als der Hammerhai, kommen ohne eine solche Verbreiterung aus. Einer an-

Während der Sommermonate unternimmt der Hammerhai lange Wanderungen. Dabei kann er auch schon einmal in Küstennähe geraten, allerdings ist das eher selten. Er kann sich in Tiefen bis zu 80 Metern aufhalten. Wie alle Haie besitzt er eine dreieckige Rückenflosse und ein knorpeliges Skelett. ■

STECKBRIEF

Größe: Länge bis 40 cm

Merkmale: Mund oberständig. Lebt in großen Schwärmen

Ernährung: Plankton, Kleinlebewesen, Larven

Vorkommen: Nordatlantik. Im Nordpazifik kommt eine eigene Art vor.

Besonderheiten: Der Hering kommt bei Dunkelheit an die Meeresoberfläche, tagsüber sinkt er wieder auf den Boden.

Hering Der Hering ist ein eher unscheinbarer, kleiner Fisch von durchschnittlich 30 Zentimeter Länge, der sich allerdings in unzählige Gruppen, Familien und Unterfamilien aufsplittet. Die bekannteste Art ist eher schlank und schmal, oben graugrün und an den Seiten silbrig schimmernd. Er liebt kaltes, aber nicht zu salzreiches Wasser.

Heringe ernähren sich wie die riesigen Blauwale von Plankton, das sie aus dem Meer fischen, und sie stehen selbst auf der Speisekarte von unzähligen Meeresbewohnern. Das macht sie leicht angreifbar, deshalb leben Heringe in riesigen Schwärmen. Tausende von Heringen, von gleicher Größe und gleichem Alter, schließen sich zu einer einzigen großen Fischwolke zusammen. Und diese Schwärme sind ständig unterwegs und legen gewaltige Strecken zurück.

Zur Laichzeit legen die Weibchen Unmengen von Eiern im Meer ab, aus denen

durchsichtige, winzige Larven schlüpfen. Ein Weibchen bringt es dabei auf die erstaunliche Zahl von 5 bis 30 Millionen Eiern. Während die erwachsenen Tiere in der Hochsee leben, bleiben die Jungfische auch gern eine Zeitlang in Küstennähe. Geschlechtsreif werden sie erst mit drei bis vier Jahren, dann sind sie auch fast ausgewachsen. ■

STECKBRIEF

Größe: Länge bis zu 2 m, Gewicht bis 800 kg

Merkmale: anstelle von Panzerplatten eine ledrige Haut mit 7 Längskielen

Ernährung: Quallen und andere Hohltiere, Schwämme

Vorkommen: in wärmeren Meeren

Besonderheiten: Die Lederschildkröte legt jedes Jahr bis zu 100 Eier am Strand ab.

Lederschildkröte Diese meeresbewohnende Art ist die größte Schildkrötenart. Sie erreicht mehr als zwei Meter Länge und ein Gewicht von 800 Kilogramm. Trotz dieses Gewichts liegt sie flach im Wasser und schwimmt mit ihren flossenartig verbreiterten Vorderbeinen sehr elegant. Die Lederschildkröte unterscheidet sich von den anderen Meeresschildkröten durch ihren Panzer. Er besteht aus Hunderten kleiner Knochenplatten. Doch die kann man von außen nicht sehen, weil sie in eine dicke ledrige Haut eingebettet sind. Auf der Rückenseite erkennt man deutlich sieben Kiele, auf der Bauchseite fünf. Damit können die Schildkröten beim Schwimmen besser Kurs halten. Aus Magenuntersuchungen weiß man, dass sich diese mächtigen Tiere von Quallen, Schwämmen und anderen weichen Meerestieren ernähren. Lederschildkröten streifen meistens allein durch die Hochsee. Männchen und Weibchen treffen sich allerdings zu bestimmten Zeiten an den Stellen, wo sie selbst auf die Welt gekommen sind. Die Weibchen kriechen nachts an Land, graben mit den Hinterbeinen eine tiefe Grube im Sand und legen dort an die 100 kugelrunde schneeweiße Eier ab. Dann decken sie das Nest wieder mit Sand zu. Nach sieben Wochen schlüpfen die jungen Schildkröten und machen sich sofort auf den Weg ins rettende Meer. Auf dieser kurzen Strecke werden allerdings schon sehr viele von ihnen von anderen Tieren gefressen. ■

Leuchtsardine Auf den ersten Blick sehen Leuchtsardinen wie jeder beliebige Schwarmfisch aus. Sie haben tatsächlich Ähnlichkeit mit der Sardine, obwohl sie nicht mit ihr verwandt sind. Nachts allerdings kann man die drei bis fünf Zentimeter langen, sehr zarten Fische nicht verwechseln. Sie tragen auf der Bauchseite Leuchtorgane, die ein fahles grünliches oder bläuliches Licht aussenden. Solche Leuchtorgane findet man bei mehreren Meerestieren. Sie deuten immer darauf hin, dass die Tiere einen großen Teil ihres Lebens in der nachtschwarzen Tiefsee verbringen. Die Leuchtsardine hält sich tagsüber in rund 150 Metern Tiefe auf, wo kaum mehr Licht vorhanden ist. Nachts steigt sie langsam nach oben und mischt sich mit den Schwärmen von Sprotten und Kleinheringen. Wie diese frisst sie winzige im Wasser schwebende Krebschen und andere Kleintiere, das so genannte Plankton. ■

STECKBRIEF

Größe: Länge bis 5 cm

Merkmale: großes Maul, Leuchtorgane, sonst unauffällig

Ernährung: Plankton, Kleinstlebewesen

Vorkommen: wärmere Meere

Besonderheiten: Leuchtsardinen findet man gelegentlich nach Stürmen am Strand.

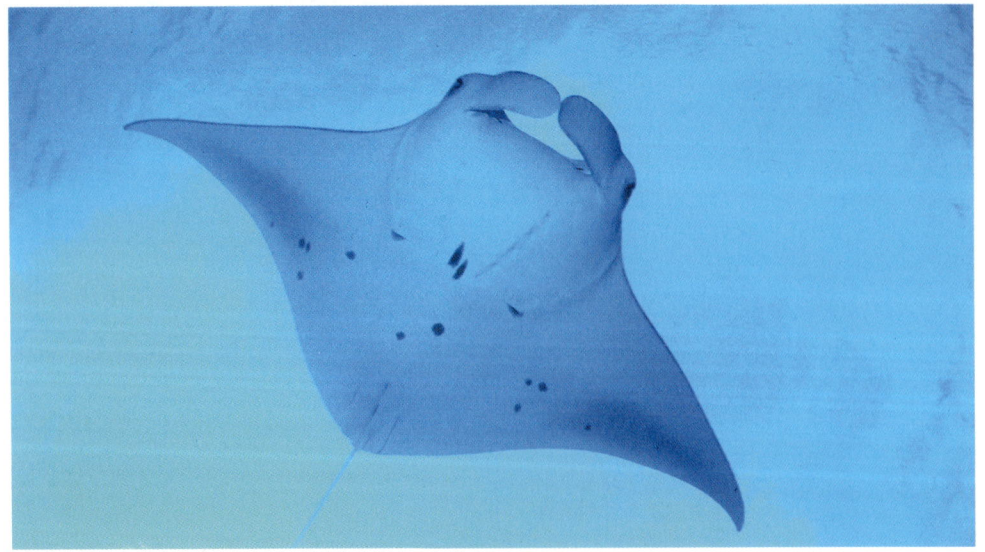

STECKBRIEF

Größe: Spannweite bis 7 m, Gewicht bis 2 Tonnen

Merkmale: die Form erinnert an einen (Papier-)Drachen, vorne zwei Kopfflossen

Ernährung: Plankton, Kleinlebewesen, Schwebeteilchen

Vorkommen: wärmere und tropische Meere

Besonderheiten: Die Mantas sind Rochen, die sich an das Leben in der Hochsee angepasst haben.

Manta Die Mantas sind die größten ▶ Rochen der Welt. Sie erreichen eine Spannweite von 6,70 Meter und ein Gewicht von über 1500 Kilogramm. Obwohl sie auch »Teufelsrochen« heißen, sind sie ganz harmlos – sofern man sie nicht provoziert. Mantas ernähren sich wie der ▶ Blauwal von Kleinlebewesen und Plankton, die sie mit ihren Kiemen aus dem Wasser herausfiltern. Dazu haben sie am Kopf zwei lappenartige Fortsätze, mit denen sie den Planktonstrom zum Mund lenken.

Mantas schwimmen ausdauernd mit eleganten, kraftvollen Bewegungen. Sie scheinen durch das Wasser zu fliegen. Sie kommen in allen tropischen Meeren vor. Taucher können sie gelegentlich in Küstennähe beobachten. Mantas besuchen nämlich gerne so genannte Putzerstationen: Dort liest ihnen ein kleiner Putzerfisch Parasiten und tote Hautreste vom Körper. Die Weibchen der Mantas bringen ein bis zwei lebende Junge auf die Welt. Die Geburt erfolgt oft bei einem Luftsprung. ∎

STECKBRIEF

Größe: an der Oberfläche treibender Teil bis 40 cm lang, Fangfäden bis 50 m lang

Merkmale: Auf dem Wasser treiben die silberglänzenden »Gasflaschen«.

Ernährung: kleine Fische

Vorkommen: wärmere und tropische Meere

Besonderheiten: Die Portugiesische Galeere ist ein außerordentlich komplizierter Tierstock und gehört zu den Staatsquallen.

Portugiesische Galeere An der Wasseroberfläche treibt etwas, das aussieht wie ein aufgeblasenes Floß mit einer Art Segel. Es wirkt ganz harmlos, zumal es sich nicht

selbst fortbewegen kann, sondern auf Wind, Wellen und Strömung angewiesen ist. Doch das Tier erstreckt sich bis in 50 Meter Tiefe!

Die Portugiesische Galeere gehört zu den Quallen und ist eines der giftigsten Tiere überhaupt. Von der Gasblase, die an der Oberfläche treibt, hängen lange Tentakel herunter, und jeder Tentakel enthält Millionen von Nesselkapseln. Im Inneren einer solchen Kapsel befindet sich eine winzige Harpune, die von einem Katapult aufgespannt wird. Bei der leisesten Berührung explodiert die Kapsel und die Harpune wird mit ihrer Giftladung in die Haut des Opfers geschossen. Die Portugiesische Galeere fängt damit vor allem Fische.

Die Portugiesische Galeere, sie wird auch Seeblase genannt, gehört zu den so genannten Staatsquallen, die nicht aus einem, sondern aus Hunderten von Tieren zusammengesetzt sind. Es sind Polypen. Sie alle werden von der an der Wasseroberfläche schwimmenden Blase zusammengehalten und nehmen innerhalb des Verbandes jeweils spezifische Aufgaben wahr. ∎

Größe: Länge des Männchens bis 18 m, des Weibchens bis 11 m; Gewicht bis 55 Tonnen

Merkmale: riesiger viereckiger Kopf, Mund mit kegelförmigen Zähnen

Ernährung: überwiegend Kalmare und Kraken

Vorkommen: vor allem im Nordpazifik

Besonderheiten: Der Pottwal ist der größte Zahnwal und wahrscheinlich die häufigste Walart überhaupt.

Pottwal Der Pottwal erhielt seinen Namen, weil er einen riesigen Kopf hat (der allerdings nur sehr entfernt wie ein Topf aussieht). Der Kopf macht ein Drittel der Gesamtlänge von maximal 18 Metern aus und wirkt viereckig. Den größten Teil nimmt nicht etwa das Gehirn ein, sondern eine Gewebemasse, die ein helles Öl enthält, das so genannte Spermaceti. Die Zahnwale, zu denen auch der Pottwal zählt, verfügen ähnlich wie die ▶ Fledermäuse über ein Echopeilsystem. Damit machen sie ihre Beutetiere ausfindig. Beim Pottwal bedeutet das vor allem Riesenkalmare.

Pottwale jagen in der Tiefsee und tauchen fast 2000 Meter tief, sie sind die besten Taucher unter den Walen. Sie kommen in allen wärmeren Meeren vor, sind heute aber durch die Jagd ziemlich selten geworden. Am leichtesten kann man sie bei der Inselgruppe der Azoren beobachten.

Wie alle Wale leben Pottwale gerne in Gruppen zusammen, die Führung erhält stets ein einzelnes Pottwalmännchen. Regelmäßig zur Paarungszeit muss sich der Chef einer Gruppe seine Vorrangstellung erneut erkämpfen. ◼

Riesenkalmar Unter den Tintenfischen gibt es zwei grundverschiedene Lebensformen: auf der einen Seite die rundlichen, langsamen ▶ Kraken, auf der anderen die pfeilschnellen Kalmare. Kleine Kalmare, wie auf dem Foto, machen Jagd auf Schwarmfische. Sie erreichen durch ihren Rückstoßantrieb gut 50 Kilometer pro Stunde. Dabei stoßen sie Wasser aus der Mantelhöhle nach hinten aus und werden dadurch vorwärts bewegt. In der Tiefsee leben riesenhafte Kalmare, die bis zu 18 Meter lang werden. Man hat von ihnen jedoch bisher nur wenige tote Exemplare gefunden und weiß sehr wenig über diese Riesen. Jedoch wurde 1933 ein Tier erbeutet, das mit einem acht Meter langen Körper und Fangarmen von 14 Meter Länge eine Gesamtlänge von 22 Metern erreichte. Und hin und wieder fing man Pottwale, die von den Kämpfen mit den Riesenkalmaren noch Narben von den Saugnäpfen aufwiesen: die Narben der Saugnäpfe waren so groß wie Teller. ◼

Größe: Länge bis 20 m, vielleicht sogar mehr

Merkmale: riesige Augen und tellergroße Saugnäpfe auf den Fangarmen

Ernährung: weitgehend unbekannt

Vorkommen: weitgehend unbekannt, vielleicht besonders häufig vor Neuseeland

Besonderheiten: Man weiß über die riesenhaften Kalmare von bis zu 20 m nahezu nichts.

STECKBRIEF

Größe: Länge bis 4 m, Gewicht bis 600 kg

Merkmale: Schnauze kurz, rundlich, doch gut abgesetzt

Ernährung: vorwiegend Fische

Vorkommen: fast weltweit

Besonderheiten: Der Name »Tümmler« leitet sich ab vom holländischen »Tuimelaar«, das bedeutet »Akrobat«

Tümmler Die Tümmler tummeln sich immer gruppenweise im Ozean: Sie springen gerne in die Luft und schlagen dabei sogar Purzelbäume. Sie sind ebenso verspielt wie andere Delfine und Zahnwale. Der Tümmler kommt weltweit in den wärmeren Meeren vor und ist heute noch ziemlich häufig. Man trifft ihn in der Hochsee ebenso an wie an der Küste. Gerne begleitet er Schiffe und reitet mit Vergnügen auf deren Bugwelle. Er spart dabei nämlich viel Energie. Tümmler werden bis vier Meter lang und 250 Kilogramm schwer. Nach einer Tragzeit von zwölf Monaten bringt das Weibchen ein circa ein Meter langes und zwölf Kilogramm schweres Jungtier auf die Welt. Es wird unter Wasser geboren, muss dann aber zum Atemholen an die Wasseroberfläche. Erfahrene Weibchen sind bei der Geburt dabei und schubsen das Junge nach oben. Die meisten Tiere, die in den Delfinarien der Zoos gehalten werden, sind übrigens Tümmler. Sie verhalten sich dort sehr kontaktfreudig und haben offensichtlich Spaß an der Dressur. ■

STECKBRIEF

Größe: Länge bis 5 m, Gewicht bis 750 kg

Merkmale: extrem stromlinienförmige Körperform mit sichelförmiger Schwanzflosse

Ernährung: Fische

Vorkommen: in wärmeren Meeren, auch im Mittelmeer

Besonderheiten: Bei schnellem Schwimmen wird der Tunfisch bis zu 10 Grad wärmer als das umgebende Wasser.

Tunfisch Die Tunfische gehören zu den schnellsten Fischen: Verbürgt ist eine Geschwindigkeit von 75 Stundenkilometern. Noch etwas schneller sollen der Marlin und der Schwertfisch schwimmen. Alle diese Tieren besitzen eine extrem stromlinienförmige Gestalt. Die sichelförmige Schwanzflosse entwickelt beim Tun die Hauptantriebskraft. Tunfische können stundenlang hohe Geschwindigkeiten beibehalten. Dazu müssen sie allerdings eine enorme Muskelarbeit leisten. So verwundert es nicht, dass sich ihr Körper bis um zehn Grad Celsius über die Wassertemperatur erwärmt. Tunfische sind also schon ein bisschen warmblütig.

Die größte Art heißt Roter Tunfisch. Sie kommt in allen warmen und gemäßigten Meeren vor. Früher war sie auch einmal im Mittelmeer zu Hause. Ihre Nahrung besteht vor allem aus Heringen und Makrelen, die sie aktiv verfolgen, sie tauchen aber auch in tiefere Gewässer.

Berühmtheit erlangten ihre weiten Wanderungen, dabei legen sie Tausende Kilometer zurück und überqueren dabei auch den Atlantik. Am liebsten leben Tunfische im tiefen Gewässer, nur zur Laichzeit kommen sie in Küstennähe. Die Larven der Tunfische schlüpfen schon nach zwei Tagen, das Larvenstadium haben sie nach etwa einem Vierteljahr hinter sich, dann folgen sie den Eltern aufs Meer hinaus. ■

Viperfisch Ein riesiges Maul und lange Zähne verleihen diesem Tiefseefisch seinen Namen. Nachts steigt der Viperfisch – ähnlich wie die ▶ Leuchtsardine – in höhere Wasserschichten auf, sogar bis an die Oberfläche. Tagsüber hält er sich in Tiefen zwischen 500 und 3500 Metern auf. Dort senden seine vielen Leuchtorgane auf der Bauchseite und am Kopf ein rosafarbenes Licht aus. Sie erhellen

die Umgebung bis in eine Entfernung von zwei Metern. Im Gegensatz zu vielen Tiefseefischen sieht der Viperfisch gut und nimmt das Licht anderer Fische wahr. Auf sie macht er Jagd. Möglicherweise trifft er nur alle paar Monate auf ein Beutetier. Er muss also sicher sein, dass es ihm nicht entwischt: deswegen das zähnestarrende Maul. Eine einmal geschlagene Beute kann nicht mehr entkommen. Der Viperfisch sperrt sein Riesenmaul auf und zieht gleichzeitig lebenswichtige Eingeweide nach hinten. So kann er Beutetiere verschlucken, die größer sind als er selbst – ohne dass er daran erstickt oder dass Blutgefäße durch die Anstrengung reißen. Manche Viperfische haben eine Rückenflosse mit einem verlängerten Strahl und einem Leuchtorgan daran. Wie der ▶ Tiefseeangler benutzen sie das Gebilde als Köder. ■

STECKBRIEF

Größe: Länge bis 25 cm

Merkmale: extrem großes Maul mit vielen langen Zähnen, Leuchtorgane

Ernährung: Fische

Vorkommen: in den wärmeren Meeren

Besonderheiten: Der Viperfisch lebt tagsüber in Tiefen von über 3000 m.

Weißhai Mehrere Kinofilme haben aus diesem Raubfisch eine Fressmaschine und ein monströses Ungeheuer gemacht. Die Wahrheit sieht anders aus: Ein Weißhai macht vielleicht nur einmal im Monat richtig Beute. Mehr braucht er nicht. Seine Hauptnahrung besteht aus Robben und Seelöwen, auf die er tagsüber Jagd macht. Weißhaie sind ständig unterwegs und erreichen dabei mitunter sehr hohe Geschwindigkeiten. Sie leben vor allem in der Hochsee, können aber auch in Küstennähe vorkommen.

Der Weißhai hat wie alle seine Verwandten ein knorpeliges Skelett und die dreieckige

Rückenflosse. In einem Punkt unterscheidet er sich jedoch: er besitzt nahezu symmetrische dreieckige Zähne.

Das Weibchen bringt nach einer zwölfmonatigen Entwicklungszeit etwa sieben lebende Junge zur Welt, die erst im Alter von 10 oder 12 Jahren geschlechtsreif werden. Das Weibchen kann sich erst wieder nach zwei oder drei Jahren fortpflanzen. Da in vielen Ländern Jagd auf den Weißhai gemacht wird, hat seine Zahl sehr stark abgenommen.

Nach der Geburt sind die Jungen selten reinweiß, sie haben eine bräunliche Oberseite, die mit den Jahren heller wird. ■

STECKBRIEF

Größe: Länge bis über 6 m, Gewicht bis über 1,5 Tonnen

Merkmale: Stromlinienform mit großer Schwanzflosse

Ernährung: Fische, Robben, Schildkröten, Seevögel

Vorkommen: weltweit in wärmeren Meeren

Besonderheiten: Die größten Weißhaie können einen Menschen verschlingen.

Polar-gebiete

Arktis

1 Walross
2 Polarfuchs
3 Eisbär
4 Sturmvogel
5 Ringelrobbe
6 Sattelrobbe
7 Schwertwal
8 Narwal
9 Weißwal

Antarktis

10 Seeleopard
11 Albatros
12 Schwertwal
13 Raubmöwe
14 Kaiserpinguin
15 Weddellrobbe
16 See-Elefant
17 Adeliepinguin

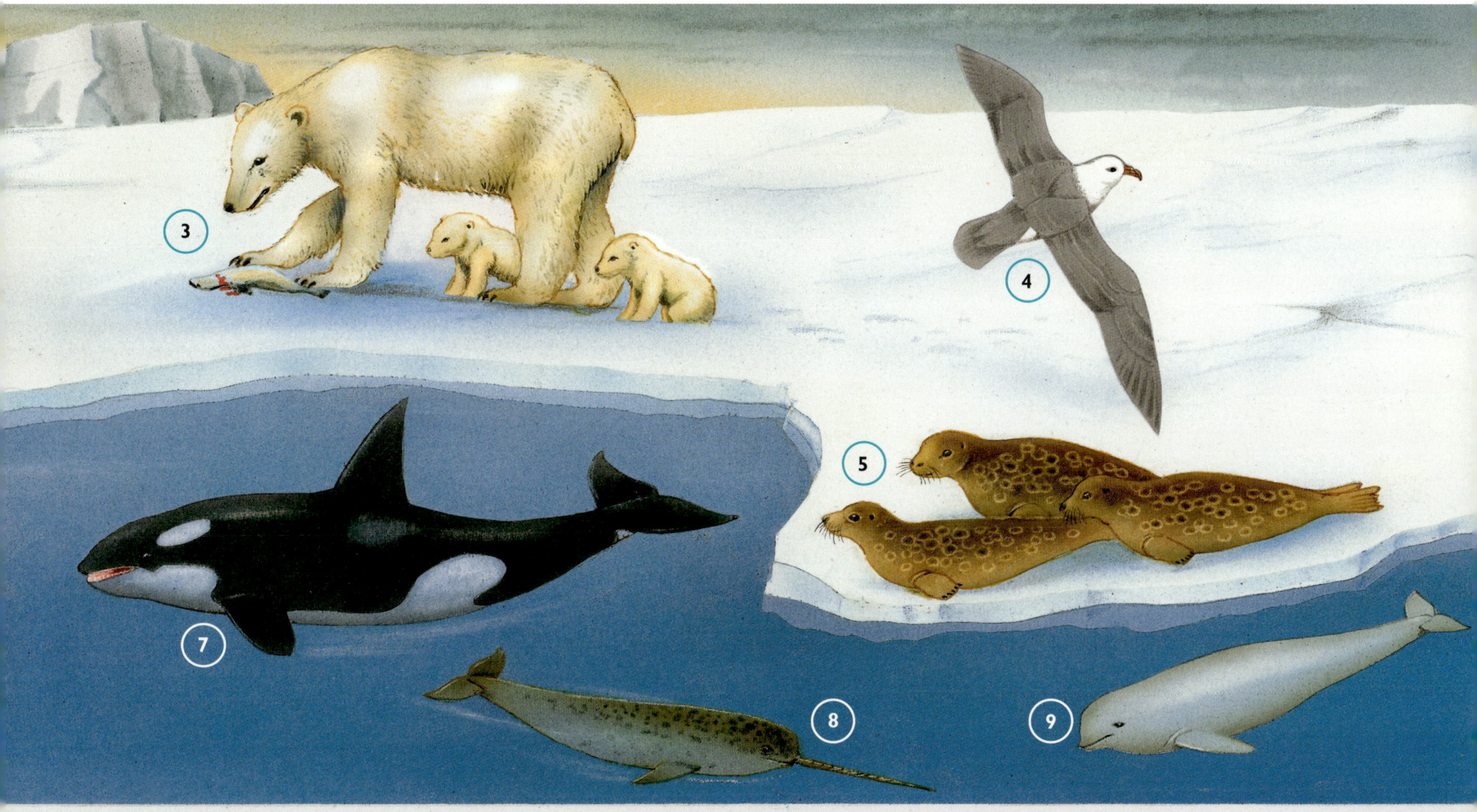

3
4
5
7
8
9

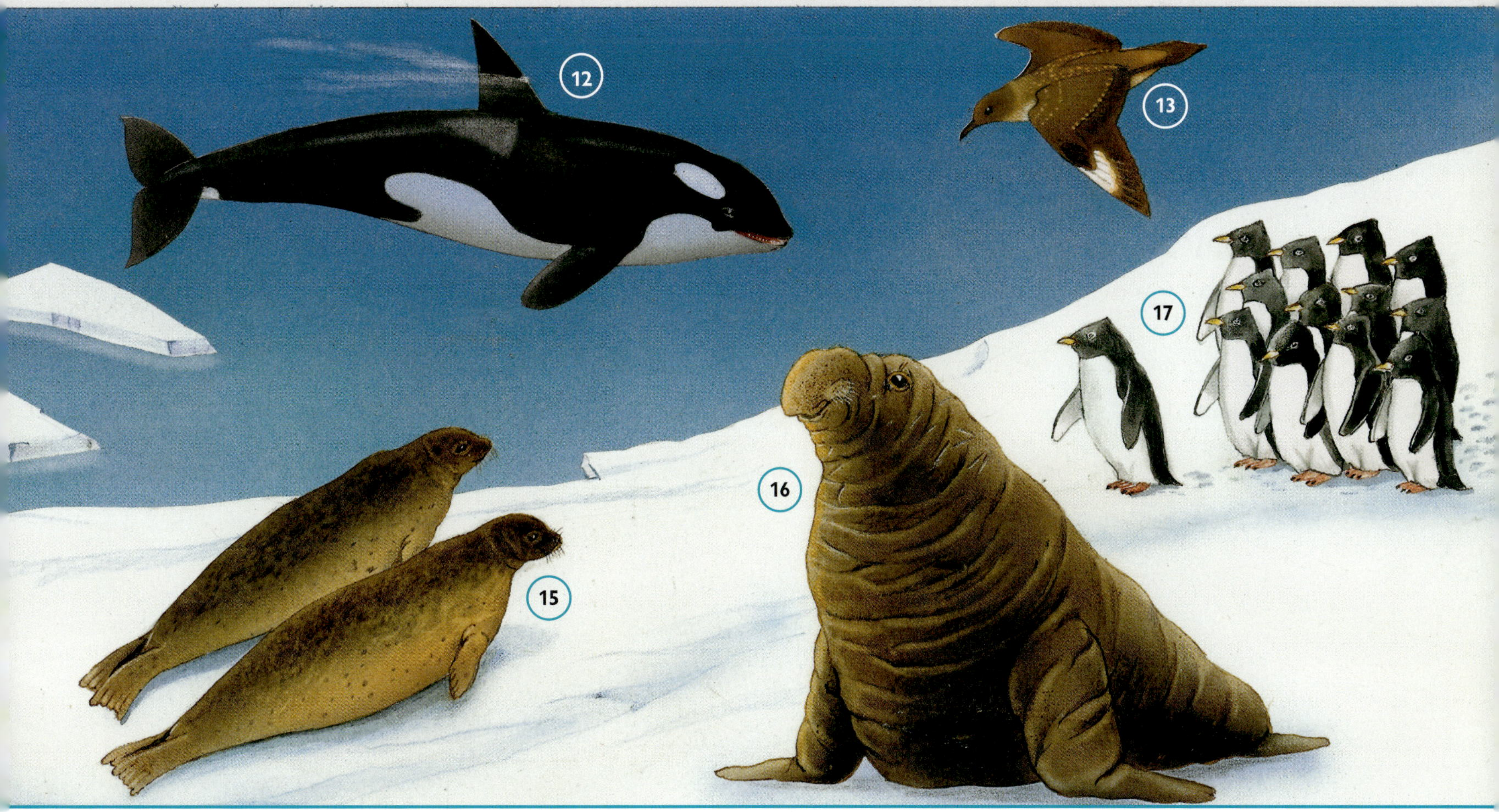

12
13
17
16
15

Polargebiete

Bekanntlich dreht sich die Erde jeden Tag einmal um ihre Achse. Diese gedachte Erdachse durchstößt die Oberfläche der Erdkugel am Nordpol und am Südpol. Das Gebiet um den Nordpol heißt Arktis, das Gebiet um den Südpol Antarktis. In den Polarregionen ist es sehr kalt und windig, die Temperaturen liegen fast immer unter dem Gefrierpunkt. Im Winter geht die Sonne an den Polen sechs Monate lang nicht auf. Während der sechs Sommermonate geht sie nicht unter, steht aber immer sehr tief, knapp über dem Horizont, und spendet kaum Wärme.

Auf der Südhalbkugel der Erde sind die Jahreszeiten denen auf der Nordhalbkugel entgegengesetzt: Wenn bei uns Winter ist, herrscht in der Antarktis Sommer.

In beiden Polargebieten liegen ewiges Eis und ewiger Schnee. Doch die Arktisregion schwimmt gleichsam auf dem Meer: Wenn man einige Meter tief ins Eis bohrt, stößt man auf Meerwasser. Die Antarktis hingegen ist ein fester Kontinent aus Gestein, zum Teil mit hohen Bergen. Hier ist die Eisschicht bis zu vier Kilometer dick und so schwer, dass sie das Festland um einen Kilometer in die Erdkruste hineindrückt. Am Rand der Arktis, aber innerhalb des Polarkreises, befinden sich die Nordküsten Amerikas, Grönlands, Europas und Sibiriens sowie viele kleinere Inseln. In der kurzen Zeit, in der dort kein Schnee liegt, wächst eine niedrige karge Pflanzendecke, die ▶ Tundra. Im Sommer finden wir hier viele Tiere der Polargebiete. Die Antarktis ist viel unwirtlicher als die Arktis, vor allem kälter und stürmischer. Kein Landsäugetier kann sich auf diesem Südkontinent halten. In der Antarktis leben nur Robben sowie Pinguine und andere Vögel.

Adeliepinguin Pinguine sind flugunfähige Meeresvögel. Ihre Flügel haben sich stattdessen zu Rudern oder Flippern umgebildet. Damit schwimmen die Pinguine so schnell, dass sie Fische fangen können. An Land dagegen wirken sie ziemlich unbeholfen – vor allem wegen ihres watschelnden Gangs. Es gibt insgesamt 17 Pinguinarten, die alle nur auf der Südhalbkugel vorkommen. Zwei Arten leben ausschließlich in der Antarktis, der Adeliepinguin und der ▶ Kaiserpinguin.

Im antarktischen Sommer – also unserem Winter – bilden die Adeliepinguine große Kolonien, die aus Tausenden von Tieren bestehen. Die Paare bauen kleine Nester aus Steinen. Nachdem das Weibchen zwei Eier gelegt hat, kehrt es ins Meer zurück und überlasst die Brutpflege dem Männchen. Das Männchen brütet die Eier (ohne Unterbrechung!) 36 Tage lang aus. Nach dem Schlüpfen brauchen die Jungen zwei Monate, um selbstständig zu werden. Dann gehen alle ins Meer. Das ist ihr eigentlicher Lebensraum. Manchmal trifft man Adeliepinguine Hunderte von Kilometern von der Küste entfernt mitten in der Hochsee an. ■

STECKBRIEF

Größe: Länge bis 70 cm, Gewicht bis 5 kg

Merkmale: Weißer Hautring um die Augen, Schnabel rot

Ernährung: Fische, Garnelen, Kalmare

Vorkommen: antarktische Küsten und Inseln

Besonderheiten: Adeliepinguine sind außerhalb der Brutzeit oft Hunderte von Kilometern von der Küste entfernt im Meer anzutreffen.

Albatros Albatrosse sind die größten Vögel der Welt, wenn man die Flügelspannweite als Maß nimmt. Der Wanderalbatros, der auf der ganzen Südhalbkugel zu Hause ist, bringt es im Normalfall auf eine Spannweite von 3,50 Metern. Mit seinen schnittigen Flügeln kann er aber nur bei hohen Geschwindigkeiten fliegen und segeln. Bei geringen Fluggeschwindigkeiten sind die langen Flügel eher hinderlich. Deswegen bereiten ihm Starts und Landungen erhebliche Probleme. Die Albatrosse überschlagen sich dabei sogar. Deshalb kommen sie nur zur Brutzeit an Land und bauen ihre Nester gern auf erhöhten Plätzen wie Felsklippen.

Alle zwei Jahre ziehen sie ein einziges Junges groß, das erst nach sechs Monaten flügge wird. Außerhalb der Brutzeit ziehen die Albatrosse mit den Winden um den ganzen Erdball. Auf dem Wasser landen sie nur, um dort Kalmare und Fische zu erbeuten.

Die größten Albatrosse sind der Wanderalbatros und der Königsalbatros.

STECKBRIEF

Größe: Spannweite bis über 3 m

Merkmale: Flügel sehr schmal, Schnabel lang, kräftig, Zehen mit Schwimmhäuten

Ernährung: Fische, Krebse, Kalmare

Vorkommen: Südhalbkugel

Besonderheiten: Der Albatros geht nur zum Brüten an Land.

STECKBRIEF

Größe: Kopf und Rumpf bis 2,50 m, Weibchen etwas kleiner

Merkmale: Fell immer reinweiß, Schwimmhäute zwischen den Zehen

Ernährung: vor allem Robben, auch Aas

Vorkommen: Arktis

Besonderheiten: Der Eisbär verbringt den Winter in einer Schneehöhle.

Eisbär Die meisten Eisbären wandern ihr Leben lang um den Nordpol. Sie laufen schnell, klettern gut in Eis und Fels, schwimmen sehr gewandt und können zwei Minuten lang tauchen. Ihr dichtes Fell ist Wasser abweisend und sie haben Schwimmhäute zwischen den Zehen, sodass sie ihre Füße wie Paddel benutzen können.

Das Fell der Eisbären besteht aus einem kurzhaarigen Unterfell und sehr viel längeren Deckhaaren. Insgesamt kann der Pelz bis zu 30 Zentimeter dick werden. Er dient vor allem als Windschutz und Wärmespeicher. Außerdem ist er so fettig, dass kein Wasser an die Haut dringt. Die weißen Deckhaare absorbieren und bündeln die Sonnenstrahlen und leiten die Wärme an die Fettschicht weiter, die direkt unter der Haut liegt. Die isoliert den Körper zusammen mit dem Fell so gut, dass fast keine Wärme verloren geht. Im warmen Sonnenschein können sich Eisbären deshalb leicht überhitzen. Selbst wenn sie nur kurze Strecken laufen, müssen sie sich mehrmals hinlegen, um sich im Schnee wieder abzukühlen.

Im Gegensatz zu ihren Verwandten, den Braunbären, fressen Eisbären nur Fleisch, denn in ihrem kalten, dunklen Lebensraum gibt es so gut wie keine Pflanzen. Robben

sind für die Eisbären die wichtigsten Beutetiere. Weil die im Wasser aber schneller sind als sie, halten sie nach Robben Ausschau, die auf dem Eis liegen und schlafen oder an Wasserlöchern auftauchen. Ein Prankenhieb genügt, um die Beute zu erlegen. Eisbären schleichen sich aber auch an Robben an: Mit ihrem weißen Fell sind sie dazu hervorragend getarnt. Im Sommer fangen sie vor allem Lachse und Lemminge.

Wenn der Winter kommt, gräbt sich der Eisbär ein oder lässt sich einschneien. Die kalte Jahreszeit verbringt er in seiner Schneehöhle. Während dieser Zeit bringen die weiblichen Eisbären je zwei sehr kleine Junge auf die Welt. Nach etwa vier Monaten verlässt die Bärin, die dann ziemlich abgemagert ist, mit ihren Jungen die Höhle. Die Kleinen bleiben jedoch noch immer in der Nähe der Mutter. Sie könnten nämlich alten Eisbären zum Opfer fallen. Das erste Lebensjahr ist für sie wie für viele Tierkinder das schwierigste. Nicht wenige junge Eisbären verhungern, weil ihre Mutter nicht genügend Nahrung für sie herbeischaffen kann.

STECKBRIEF

Größe: Länge bis 120 cm, Gewicht bis 30 kg

Merkmale: die bei weitem größte Pinguinart

Ernährung: Fische, Kalmare, Garnelen

Vorkommen: Antarktis

Besonderheiten: Der Kaiserpinguin brütet mitten im antarktischen Winter!

Kaiserpinguin

Kaiserpinguin Im Gegensatz zum Adeliepinguin brütet der Kaiserpinguin sein Ei mitten im antarktischen Winter aus, bei stürmischen Winden und Temperaturen von mindestens –40 Grad. Wenn das Pinguinei auch nur eine Minute ungeschützt im Freien liegt, erfriert der Embryo. Deshalb lässt es der Vater niemals allein. Zu Beginn des Winters treffen die Kaiserpinguine an ihren Brutplätzen ein. Diese liegen oft sehr weit von der Meeresküste entfernt im Landesinneren. Die Pinguine watscheln dorthin oder fahren »Schlitten«: Sie legen sich auf den Bauch und stoßen sich mit Beinen und Flügeln ab. Das Weibchen legt ein großes Ei und überlässt dem Männchen das Brutgeschäft. Zwei Monate lang steht der künftige Vater auf einem Fleck. Er trägt das Ei auf seinen Füßen und schützt es durch eine Hautfalte am Bauch. Das Weibchen kehrt in dieser Zeit zum Meer zurück und frisst sich voll. Nach dem Schlüpfen der Jungtiere kehren die Mütter zurück, die Kröpfe gefüllt mit halbverdautem Fisch für die Jungen. Dann endlich dürfen die Männchen ans Meer eilen und können nach dem monatelangen Fasten zum ersten Mal wieder fressen!

QUIZBOX

Wo begegnen sich Eisbären und Pinguine?

1. Am Nordpol

2. Am Südpol

3. Im Zoo

Antwort: Pinguine und Eisbären begegnen sich nie in freier Natur, sondern nur im Zoo: Pinguine leben auf der Südhalbkugel, Eisbären auf der Nordhalbkugel der Erde.

GEGENSEITIGES ERKENNEN

Kaiserpinguine brüten in Kolonien von mehreren Tausend Männchen. Oft stehen bis zu zehn Tiere dicht gedrängt auf einem Quadratmeter Eis. Wie kann das zurückkehrende Weibchen seinen Partner da überhaupt finden? Feste Nester haben die Tiere nicht, und die Männchen sehen alle gleich aus: weiß und schwarz befrackt. Daher hegte man schon lange die Vermutung, dass sich die Kaiserpinguine an ihren trompetenartigen Rufen erkennen. Aber erst seit kurzem ist bekannt, wie es wirklich funktioniert. Jeder Ruf eines Kaiserpinguins besteht aus zwei verschiedenen Tonhöhen. Diese sind für jedes einzelne Tier typisch. Und anhand der charakteristischen Tonhöhen gelingt es einem Weibchen offensichtlich, ihr Männchen aus dem Stimmenmeer der anderen Männchen herauszuhören.

STECKBRIEF

Größe: Körperlänge bis 5 m

Merkmale: Männchen mit spiralig gewundenem, bis 2 m langem Stoßzahn

Ernährung: Krebse, Tintenfische, Fische

Vorkommen: arktische Meere

Besonderheiten: Der Stoßzahn des Narwals entwickelt sich aus einem Schneidezahn.

Narwal Im Mittelalter glaubten die Menschen, tief im Inneren der Wälder würden Einhörner leben. Man stellte sie sich vor wie Pferde, die mitten auf der Stirn ein langes Horn tragen. Gesehen hat es nie jemand, allerdings besaßen einige Fürsten und Könige das Horn eines Einhorns. Es war an die zwei Meter lang, spiralig gewunden – und stammte vom Narwal. Nur die Männchen tragen dieses Horn, das nichts anderes ist als ein verlängerter Schneidezahn. Bis heute weiß man nicht, wozu diese Lanze dient.

Narwale sind gute und geschickte Schwimmer, die ihre Nahrung in großer Tiefe aufspüren. Weil diese Art der Nahrungssuche an das Gründeln der Enten erinnert, erhielten sie die Familienbezeichnung Gründelwale.

Im Aussehen ähneln Narwale den ▶ Delfinen, haben aber keine spitz zulaufende Schnauze. Sie fressen Tintenfische, Fische und Krebse, die sie auf dem Meeresboden erbeuten. Die Narwale halten sich das ganze Jahr über an der Grenze des Packeises auf: im Sommer weiter nördlich, im Winter weiter im Süden. Meist trifft man sie in kleinen Gruppen von sechs oder acht Narwalen an, die in der Regel aus gleichgeschlechtlichen Tieren bestehen. ■

STECKBRIEF

Größe: Kopf und Rumpf bis 50 cm, Schwanz bis 40 cm

Merkmale: Sommerfell hellbraun, Winterfell reinweiß

Ernährung: Allesfresser, Aas, Reste der Beute von Eisbären sowie deren Kot

Vorkommen: Arktis

Besonderheiten: Der Polarfuchs verbringt fast sein ganzes Leben in Schnee und Eis.

Polarfuchs Der Polar- oder Eisfuchs sieht unserem einheimischen Fuchs sehr ähnlich. Er ist nur etwas kleiner und hat auch kleinere Ohren. Diese Verkleinerung der »Oberfläche« ist in der kalten Arktis wichtig, um möglichst wenig Wärme zu verlieren. Der Polarfuchs besitzt ein unglaublich warmes Winterfell, sodass er noch bei Temperaturen von unter −40 Grad Celsius unterwegs sein kann. Zu-

sammen mit dem ▶ Eisbär ist er das einzige Landsäugetier, das im ewigen Eis überleben kann. Was Nahrung angeht, gibt es hier wenig Auswahl. Und so frisst der Polarfuchs alles, was er findet. Dabei hat er sich in eine starke Abhängigkeit vom Eisbären begeben: Er folgt dessen Spuren und frisst die Reste seiner Beutetiere. Manchmal begnügt er sich sogar mit dem fettreichen Kot des Eisbären.

Zu Beginn des arktischen Sommers bringt das Fuchsweibchen seine Jungen auf die Welt. Gibt es genug zu fressen, so kann ein Wurf bis zu 14 Junge umfassen. Davon überleben aber längst nicht alle. Auch das Männchen beteiligt sich an der Aufzucht der Jungen, indem es Futter für sie und ihre Mutter heranschafft. Polarfüchse leben mit mehreren Familien zusammen in einem Bau. Nach ihren ausgedehnten Wanderungen kehren sie immer hierher zurück. Nur im Sommer gehen Polarfüchse ihre eigenen Wege. Die Pärchen bleiben aber ihr Leben lang zusammen. ■

Raubmöwe

Raubmöwe Die großen Raubmöwen oder Skuas haben eine besondere Art des Nahrungserwerbs entwickelt: Sie jagen anderen Vögeln – zum Beispiel Möwen oder auch Albatrossen – ihr Futter ab. Dabei greifen sie ihre Opfer an und bedrängen sie so lange, bis diese den erbeuteten Fisch aus dem Schnabel fallen lassen oder ihn sogar wieder hochwürgen, wenn sie ihn schon verschluckt haben. Wie gnadenlos Raubmöwen angreifen, hat schon mancher Vogelkundler und Tierfotograf erfahren müssen. Im Sturzflug greifen sie einen Eindringling an und hacken mit ihren mächtigen Schnäbeln nach dem Kopf des vermeintlichen Angreifers.

Raubmöwen kommen sowohl in der Arktis als auch in der Antarktis vor, sie sind auf der Südhalbkugel aber häufiger. Hier gelten sie als die Hauptfeinde der jungen Pinguine und übernehmen damit die Rolle großer Greifvögel, die es in der Antarktis nicht gibt.

Ihre zwei bis drei Eier legen Raubmöwen in Bodenmulden ab. Die Raubmöwen bilden

STECKBRIEF

Größe: Länge 55 cm, Spannweite bis 1,5 m

Merkmale: kräftiger Hakenschnabel, sonst sehr möwenähnlich

Ernährung: Fische, Weichtiere, Krebse, Nestlinge

Vorkommen: Arktis und Antarktis

Besonderheiten: Raubmöwen haben sich darauf spezialisiert, anderen Vögeln die Beute abzujagen.

Kolonien mit Tausenden von anderen Pärchen. Sowohl das Männchen als auch das Weibchen kümmern sich um den Nachwuchs. Wer sich dem Nest nähert, wird augenblicklich angegriffen. ■

Ringelrobbe

Ringelrobbe Die Ringelrobbe ist ein naher Verwandter unseres ▶ Seehunds. Beide zählen zu den kleinsten Robbenarten. Die Ringelrobbe lebt in den Gebieten des nördlichen Eismeers am Rande des Eises. Sie hält sich immer mehrere Atemlöcher in der Eisdecke offen. Ganz in der Nähe solcher Löcher hat die Robbe eine Schlafhöhle, in der das Weibchen auch seine Jungen zur Welt bringt. Die jungen Robben werden schnell selbstständig. Zunächst ziehen sie ein paar Jahre allein umher. Dann aber kehren sie an den Ort zurück, wo sie geboren wurden und pflanzen sich fort. Der größte Feind der Ringelrobbe ist der Eisbär. Er kann die Robbe in ihrer Schlafhöhle riechen, oder er wartet auf sie an ihrem Atmungsloch.

Ringelrobben gibt es auch in der Ostsee und in einigen Süßwasserseen, zum Beispiel im großen Ladogasee in Russland sowie im Kaspischen Meer und im sibirischen Baikalsee. Die Ringelrobben dort haben sich jedoch zu eigenen Arten weiterentwickelt. ■

STECKBRIEF

Größe: Länge 1,40 m

Merkmale: Färbung unterschiedlich, aber meist mit hellen Flecken und einem dunklen Tupfen darin.

Ernährung: Fische, Krebse, Tintenfische

Vorkommen: Arktis

Besonderheiten: Von der Ringelrobbe gibt es Rassen, die in Binnengewässern leben.

STECKBRIEF

Größe: Länge der Männchen bis 2,20 m, Gewicht bis 180 kg, Weibchen kleiner

Merkmale: erwachsene Tiere mit sattelförmiger dunkler Zeichnung auf dem Rücken

Ernährung: Fische, Tintenfische, Krebse

Vorkommen: Nordkanada

Besonderheiten: Um unter der Eisschicht regelmäßig Luft zu schöpfen, hacken sie mehrere Atemlöcher ins Eis.

Sattelrobbe Die kuschelig aussehenden weißen Robbenbabys, die immer auf Plakaten abgebildet werden, sind junge Sattelrobben. Wegen ihres Pelzes wurden und werden die Tiere in Massen abgeschlachtet. Die Jungtiere haben keine Höhle oder kein Nest, sondern liegen ungeschützt auf dem Eis, wenn ihre Mütter im Meer nach Dorschen und anderen Fischen suchen. Das weiße Fell ist ihre ideale Tarnung. Das Liegen auf dem Eis macht

den jungen Sattelrobben nichts aus: Sie sind durch ein dichtes Fell und eine dicke Fettschicht vor der Kälte geschützt. Ins Wasser gehen die Jungen erst mehrere Wochen nach ihrer Geburt. Dann haben sie den weißen Babyflaum gegen das wasserdichte dunkle Fell getauscht.

Sattelrobben leben die meiste Zeit im Wasser und kommen nur selten an Land. Auf ihren Wanderungen legen sie zum Teil große Strecken zurück, aber sie kehren immer wieder an vertraute Orte zurück und verlassen ihre Gebietsgrenzen nie. Zur Frühjahrszeit suchen sie stets die gleichen Plätze auf, um ihre Jungen zur Welt zu bringen. Sattelrobben sind keine Einzelgänger, man trifft sie stets in größeren Gruppen an. Dabei kann man feststellen, dass innerhalb der Gruppe alle Tiere die gleichen Bewegungen zur gleichen Zeit ausführen. ■

Schwertwal Kaum ein Tier lässt so viel geballte Kraft erkennen wie der Schwertwal. Sie fressen am liebsten Robben und kleinere Wale. Manchmal drücken sie mit dem Kopf von unten gegen eine Eisscholle, bis sie kippt, und schnappen sich dann die ins Wasser purzelnden Pinguine, die darauf gesessen hatten. In Gruppen greifen Schwertwale sogar die riesigen Bartenwale an und reißen sie in Stücke. Der Schwertwal ist der größte Zahnwal und

damit ein Verwandter des ▶ Delfins. Er trägt große kegelförmige Zähne im Mund, mit denen er glitschige Beute festhalten kann. Auffallend ist seine dreieckige Rückenflosse. Schwertwale kommen in allen Meeren der Erde vor, besonders aber in der Arktis und der Antarktis, denn in den Polargebieten gibt es für sie das größte Nahrungsangebot.

Schwertwale leben in Gruppen, die aus fünf bis vierzig Tieren bestehen können. Manchmal leben mehrere Generationen zusammen. Wird die Familie zu groß, verlassen einige Männchen die Gruppe und schließen sich in kleineren zusammen. Schwertwale verständigen sich untereinander mit pfeifenden Lauten. Dabei bildet jede Familie ihren eigenen »Dialekt«. ■

STECKBRIEF

Größe: Männchen bis 9 m, Weibchen bis 6 m lang

Merkmale: schwarz-weiße Zeichnung, Männchen mit sehr hoher schwertförmiger Rückenflosse

Ernährung: Robben, Vögel, andere Wale

Vorkommen: arktische und antarktische Gewässer

Besonderheiten: Schwertwale können in Gruppen sogar große Bartenwale wie den Blauwal überwältigen.

See-Elefant

Der Name verrät es: Der See-Elefant ist die größte Robbenart. Die Männchen werden bis zu 6,50 Meter lang und 3500 Kilogramm schwer! Die Weibchen kommen nur auf die halbe Länge und ein Viertel des Gewichts. Der Name »See-Elefant« bezieht sich allerdings nicht nur auf die Größe, sondern auch auf die rüsselartig verlängerte Schnauze der Männchen. Deshalb gehören sie zur Familie der Rüsselrobben. Für die ist der Oktober die anstrengendste Zeit des Jahres, denn in diesem Monat findet die Fortpflanzung statt. Die Bullen versammeln an Land einen Harem aus etwa zwölf Weibchen um sich. Doch sie müssen ständig auf der Hut sein, damit ihre Damen nicht mit anderen Männchen »anbandeln«. An Land bewegen sich See-Elefanten nur sehr unbeholfen, im Wasser sind sie hervorragende Schwimmer. Dort jagen sie Fische und Tintenfische.

Die Jungen der See-Elefanten kommen im Januar zur Welt und wiegen bei der Geburt bereits um die 30 Kilogramm. ◼

STECKBRIEF

Größe: Männchen bis 6,5 m lang und bis 3,6 Tonnen schwer, Weibchen nur halb so lang und ein Viertel so schwer

Merkmale: Männchen mit rüsselartiger, stark vortretender Schnauze

Ernährung: Fische, Tintenfische

Vorkommen: Südhalbkugel, auf der Insel Südgeorgien und den Falklandinseln

Besonderheiten: Eine zweite nördliche See-Elefantenart lebt bei den Galapagosinseln.

Seeleopard

Das Gebiss des Seeleoparden macht dem Namen dieser Art alle Ehre: Es erinnert mit seinen scharfen Eckzähnen daran, dass alle Robben aus Landraubtieren entstanden sind. Die Robben spalteten sich vor rund 60 Millionen Jahren von urtümlichen Bären ab und passten sich dem Leben im Wasser an. Seeleoparden jagen vor allem Fische und Pinguine. Sie sind mit vier Metern außerordentlich lang, gleichzeitig aber auch sehr schlank und wendig. Sie packen die Vögel an den Füßen oder am Körper und schütteln sie zu Tode, ähnlich wie es auch die Schwertwale mit ihrer Beute tun. Dann verschlingen die Seeleoparden die Pinguine mitsamt dem ganzen Federkleid. Seeleoparden sind Einzelgänger. Nur in der Paarungszeit, im September und Oktober, jagen die Tiere zu zweit. Das Weibchen bringt acht Monate später auf dem Packeis ein Jungtier auf die Welt. ◼

STECKBRIEF

Größe: Länge bis zu 4 m

Merkmale: sehr schlanke, stromlinienförmige Robbe mit ausgeprägtem Raubtiergebiss

Ernährung: Fische und Pinguine

Vorkommen: Gebiet um die Antarktis

Besonderheiten: Die jungen Seeleoparden werden auf dem Packeis geboren.

Sturmvogel Mit ausgebreiteten Schwingen segelt der Eissturmvogel knapp über dem Wasser. Von den Aufwinden über jedem Wellenberg lässt er sich hochheben und fliegt im Gleitflug zum nächsten Wellenberg. Er braucht dabei kaum mit den Flügeln zu schlagen. Durch seine Art des Flugs unterscheidet sich der Eissturmvogel deutlich von den äußerlich ähnlichen Möwen. Diese schlagen sehr viel mehr mit den Flügeln, fliegen nicht so dicht über dem Wasser und können somit auch die Aufwinde der Wellen nicht nutzen. Aus größerer Nähe erkennt man den Eissturmvogel außerdem an den röhrenförmig ausgezogenen Nasenlöchern des Oberschnabels: den Röhrennasen. Ihre Aufgabe ist noch nicht klar. Möglicherweise scheiden sie überschüssiges Salz aus, das die Tiere mit der Nahrung aufnehmen.

Die Röhrennasen sind das Merkmal einer ganzen Vogelordnung, der Sturmvögel. Mit rund 100 Arten bewohnen sie die Hochsee aller Meere der Welt, besonders in den kalten Gebieten. Zu den Röhrennasen zählen die

Albatrosse, die Sturmtaucher und die Sturmschwalben.

Nur zum Brüten kommen Sturmvögel an die Küsten. Die meisten nisten in großen Kolonien auf Felsklippen. Jedes Paar legt ein einziges Ei, das beide abwechselnd bebrüten. Nach drei Monaten schlüpft das Junge und wird weitere drei Monate von den Eltern gefüttert. Gegen Angreifer verteidigen sich die Jungvögel, indem sie Feinden ein faulig riechendes Öl entgegenspeien, das vom Magen produziert wird. ■

Walross Walrosse sind nach den See-Elefanten die zweitgrößten Wasserraubtiere. Sie fressen jedoch vor allem Muscheln, die sie mit ihren Hauern aus dem Meeresboden holen. Sie saugen das leckere Muschelfleisch heraus und verwenden dazu ihre Mundhöhle als Vakuumpumpe: Das Walross presst seine Lippen auf die Muschel und zieht dann seine Zunge rasch nach hinten. Durch den starken Sog wird der Muschelkörper herausgerissen. Schon die jungen Walrosse entwickeln einen unheimlichen Zug: In Zoos trinken sie eine Babyflasche in wenigen Sekunde leer. Dabei brechen die Wände durch den hohen Saugdruck nach innen ein!

Nur alle zwei Jahre bekommen die Weibchen ein Junges. Die sind bei der Geburt bereits mehr als 50 Kilogramm schwer und werden etwa 18 Monate von ihren Müttern gesäugt. Schwimmen können sie jedoch bereits nach zwei Wochen. Das ist lebenswichtig, denn alle Walrosse halten sich die meiste Zeit im Wasser auf. ■

Weddellrobbe

Weddellrobbe Kein Säugetier wohnt näher am Südpol als die Weddellrobbe. Sie muss gegen die extreme Kälte ankämpfen. Um ihre Körpertemperatur zu halten, stopft sie ungeheure Mengen Fisch in sich hinein. Dazu ist sie zwölf Stunden lang auf der Jagd. Die tägliche Mindestration entspricht zwei Eimern voller Fisch. Die Weddellrobbe taucht bis 600 Meter tief, unter den Robben ist das ein kleiner Rekord, so tief und lange taucht keine andere Robbenart. Sie kann sich eine halbe Stunde unter Wasser aufhalten. Dort unten herrscht fast absolute Dunkelheit. Trotzdem

nimmt sie ihre Beute mit den Augen wahr: Sie sieht die Fische von unten als Schatten gegen das schwache Licht von oben. Wenn eine Robbe einen Heringsschwarm aufgespürt hat, hören andere Robben die Fressgeräusche und schwimmen sofort herbei.

Im Sommer kommen Wedellrobben manchmal an Land und liegen dann stundenlang schlafend in der warmen Sonne. Im Winter bleiben sie lieber im Wasser, dort sind sie vor den rauen, stürmischen Winden der Antarktis geschützter. Wie die Sattelrobben halten sie mehrere Eislöcher stets offen, an denen sie Luft schöpfen können, ohne das Wasser zu verlassen.

Von Oktober bis November werden die Jungen geboren, und die Weibchen verlassen zu diesem Zweck das eisige Meer. Dann kann man die eher einzelgängerisch lebenden Tiere in Gruppen zusammenliegen sehen. Die Jungtiere wiegen bei der Geburt etwa 25 Kilo und sind bereits über einen Meter lang. Sie werden von der Mutter sechs Wochen lang gesäugt.

STECKBRIEF

Größe: Länge bis 3 m, Gewicht bis über 400 kg

Merkmale: dunkelgrau, ziemlich schlank

Ernährung: Fische

Vorkommen: Antarktis

Besonderheiten: Die Weddellrobbe lebt von allen Säugetieren am weitesten im Süden.

Weißwal

Weißwal Der Weißwal ist auch unter dem russischen Namen »Beluga« bekannt, der sich in etwa mit »Weißling« übersetzen lässt. Im Alter von vier bis fünf Jahren wird der Beluga tatsächlich schneeweiß. In der Jugend allerdings zeigen die Tiere eine graue bis schwärzliche Färbung. Der Weißwal ist mit dem ▶ Narwal verwandt, hat aber keinen verlängerten Schneidezahn wie dieser. Beide Arten bewohnen die Küsten des Eismeers. Gelegentlich wandern Weißwale auch große Ströme hoch. So wurden schon Tiere im Rhein, mitten in Deutschland, gesichtet. Weißwale

fressen vor allem Fische, Krebse und Weichtiere, die sie auf seichten Meeresböden erbeuten. Deshalb werden sie den Gründelwalen zugerechnet. Die Tiere leben sehr gesellig und verständigen sich mit einer Vielzahl von Lauten, die man auch außerhalb des Wassers gut hören kann.

STECKBRIEF

Größe: Länge bis 4,5 m

Merkmale: ziemlich plumpe Gestalt, im Alter rein weiß

Ernährung: Krebse, Tintenfische, Plattfische

Vorkommen: arktische Gewässer in Europa, Asien und Nordamerika

Besonderheiten: Der Weißwal verirrt sich gelegentlich in große Flüsse wie den Rhein.

Tundra

Tundra

Je weiter man auf der Erdkugel nach Norden kommt, desto kälter wird das Klima. Kurzen Sommern stehen lange Winter gegenüber. Im nordischen Sommer sind zwar die Tage länger, aber da die Sonne niedrig steht, ist es in Schweden beispielsweise lange nicht so warm wie in Italien. Im Winter hingegen ist es genau umgekehrt: Die Tage werden kürzer, die Nächte länger und das Thermometer fällt tiefer als im Süden. Nördlich des Polarkreises, der (unter anderem) durch Nordskandinavien verläuft, geht die Sonne an mindestens einem Wintertag nicht auf und an einem Sommertag nicht unter.

In der Nähe des Polarkreises herrschen so niedrige Temperaturen, dass Bäume nicht mehr gedeihen können. Dort wachsen höchstens noch kleine geduckte Sträucher; Kräuter, Moose und Flechten bilden die übrige Pflanzendecke. Diesen Lebensraum nennt man Tundra. Auf den Inseln um den Nordpol besteht die Tundra dann fast ausschließlich aus Flechten und Moosen. Nur wenige, einzelne Blütenpflanzen halten das strenge Klima aus. Obwohl die Tundra kalt ist und man selbst im Sommer mit Schneeschauern rechnen muss, ist sie doch ein Tierparadies. Hier brüten im Sommer nämlich viele Vögel und nutzen die Tatsache, dass es vor Mücken und anderen Insekten geradezu wimmelt. Im Spätsommer ziehen allerdings fast alle Vögel wieder weg. Für sie ist der Winter in der Tundra zu kalt, und sie finden nichts mehr zu fressen. Tundra gibt es nicht nur im Norden Europas, sondern auch in Nordsibirien und am Nordrand Nordamerikas und natürlich auf Grönland. Viele Tiere, die im Gebiet der eisigen Arktis leben, kommen auch in der Tundra vor.

Eiderente Die Eiderente ist zumindest jedem Bergsteiger ein Begriff: Aus ihren Daunenfedern werden nämlich die wärmsten Schlafsäcke hergestellt. In einer Bodenmulde in der Tundra legt das Weibchen der Eiderente ein Nest aus Pflanzenteilen an, das es mit seinen Daunenfedern auskleidet. Das Weibchen rupft sie sich aus der Brust. Später werden diese Federn eingesammelt, gereinigt und in Schlafsäcke gefüllt. Die Eiderente erkennt man an ihrem merkwürdigen Profil: Stirn und Schnabel bilden eine gerade Linie. Das Männchen besitzt hinten am Hals einen auffälligen moosgrünen Fleck, eine außergewöhnliche Farbe bei Vögeln. Die Eiderente lebt in den Küstengebieten Nordeuropas, Grönlands, Kanadas und Sibiriens. Sogar auf den nordfriesischen Inseln brütet sie regelmäßig. Die Tiere laufen ziemlich ungeschickt,

schwimmen aber gut und kommen auch mit hohem Wellengang zurecht. Sie ernähren sich von Meerestieren, vor allem Krebsen. ■

STECKBRIEF

Größe: Länge 58 cm

Merkmale: einzige Ente, die oben weiß und unten schwarz gefärbt ist

Ernährung: Weichtiere, Krabben und andere Krebse

Vorkommen: nördliche Küstengebiete Europas

Besonderheiten: Die Eiderente gehört zu den Meeresenten.

Eistaucher Die Eistaucher verbringen fast ihr ganzes Leben auf dem Wasser. Sie tauchen ausdauernd und tief und holen als Nahrung vor allem Fische aus dem Wasser. An Land gehen sie nur zum Brüten. Dort wirken sie sehr unbeholfen, weil ihre Beine ganz hinten am Körper sitzen. Im Wasser ist dieser »Heckantrieb« allerdings von Vorteil.

Ihre Nester bauen sie aus Pflanzenteilen direkt am Wasser. Die Eltern brauchen nämlich unbedingt den Fluchtweg ins Wasser. Während der Fortpflanzungszeit tragen die Eistaucher ein prächtiges Gefieder mit einem schwarz-weißen Schachbrettmuster. Ähnlich, aber noch viel schöner sehen die Prachttaucher und die Sterntaucher aus, die ebenfalls in der Tundra vorkommen. Beide zeichnen sich durch ein seidig graues Gefieder am

Kopf und rote Augen aus. Außerdem überwintern beide Arten an europäischen Küsten und vor allem am Schwarzen Meer. Die sibirischen Prachttaucher legen dabei eine besonders weite Strecke zurück.

Bereits im August begeben sich die Eltern mit ihren noch flugunfähigen Jungen auf Wanderschaft und lassen sich auf den großen Strömen bis zum Nordmeer treiben. Von dort fliegen sie westwärts. In Skandinavien angekommen, biegen sie schließlich südwärts ab – der Wärme entgegen. ■

STECKBRIEF

Größe: Länge bis 80 cm

Merkmale: Kopf und Schnabel schwarz, tauchen von der Wasseroberfläche aus

Ernährung: Fische, Krebse, Würmer

Vorkommen: Nord- und Westeuropa

Besonderheiten: Bei allen Seetauchern liegen die Beine ganz weit hinten. Damit können sie besonders kraftvoll schwimmen.

FLÜGELFORM UND FLUGEIGENSCHAFTEN

Alle Seeschwalben haben lange, schmale, zugespitzte Flügel. Insgesamt besitzen sie nur eine kleine »Tragfläche«, zum geruhsamen Segeln – wie es manche Greifvögel praktizieren – eignen sie sich überhaupt nicht. Dazu fehlen ihnen die mächtigen, breiten Schwingen der Adler und Greifvögel. Dafür zählen die Seeschwalben zu den wendigsten Vögeln überhaupt. Sie müssen aber dauernd mit den Flügeln schlagen. Selbst längere Gleitphasen kennen sie kaum.

Diese beobachten wir hingegen oft bei den Möwen: Ihre Flügel sind denn auch schon deutlich breiter und weniger zugespitzt als die von Seeschwalben. Ganz kurze, aber breite Flügel hat zum Beispiel der Fasan. Er kann äußerst kraftvoll und schnell auffliegen, um einem Feind zu entkommen.

Aber zu viel mehr reicht es nicht, auch weil der Fasan so schwer ist. Dieser Vogel ist nicht dafür »gebaut«, größere Strecken fliegend zurückzulegen. Deswegen ist er auch kein Zugvogel. Noch viel schnittigere, fast sichelförmige Flügel besitzen die Segler, etwa der Mauersegler. Er erreicht damit eine Geschwindigkeit von 180 Stundenkilometern! Beim langsamen Fliegen bekommt er allerdings Probleme: Er kann sich dann einfach nicht in der Luft halten. Segler brüten deswegen immer an senkrechten Wänden. Sie werfen sich von dort in die Luft und bekommen durch den freien Fall genügend Geschwindigkeit für ihren Flug. Vom Boden aus können die meisten Segler nicht mehr starten, weil ihre Anfangsgeschwindigkeit zu gering ist.

nach unten gesenkt, um Beute auf der Wasseroberfläche sofort packen zu können. Der Schwanz ist oft lang und gegabelt wie bei den Schwalben. Daher stammt die Bezeichnung »Seeschwalbe«. Die Vögel haben meist ein weißes Gefieder, einen dunkleren Rücken und schwarzen Kopf sowie Nacken. Als einzige der vielen Seeschwalbenarten brütet die Küstenseeschwalbe an den Küsten hoch im Norden. Sie ist dadurch berühmt geworden, dass sie von allen Vögeln die weitesten Wanderungen unternimmt. Sie verbringt unseren Winter nämlich in der Antarktis und den Sommer in der Arktis, wo sie sich auch fortpflanzt. Zweimal im Jahr zieht die Küstenseeschwalbe somit um die ganze Erde und legt dabei rund 24 000 Kilometer zurück.

STECKBRIEF

Größe: Länge 35 cm

Merkmale: schwer von anderen Seeschwalben zu unterscheiden

Ernährung: Fische

Vorkommen: Nordeuropa

Besonderheiten: Die Küstenseeschwalbe hat von allen Vögeln den längsten Zug: Sie überwintert in der Antarktis.

Küstenseeschwalbe Seeschwalben und Möwen werden immer wieder miteinander verwechselt. Aber an einigen Merkmalen kann man sie doch unterscheiden: Seeschwalben besitzen immer kräftige gerade und spitze Schnäbel, die meist gelb, rot oder schwarz gefärbt sind. Ober- und Unterschnabel haben die gleiche Länge. Die Flügel der Seeschwalben sind schmaler, und die Tiere fliegen auch deutlich eleganter als die Möwen. Im Flug halten sie den Schnabel gerne

QUIZBOX

Welcher Vogel hat die größte Spannweite (Abstand zwischen den Flügelspitzen)?

Antwort: Der Wanderalbatros. Von Flügelspitze zu Flügelspitze misst er ungefähr 3,5 m.

 **STECKBRIEF**

Größe: Kopf und Rumpf bis 15 cm

Merkmale: ziemlich untersetztes Nagetier mit dichtem Fell

Ernährung: Moose, Flechten, Gräser, Beeren, Kräuter

Vorkommen: Berglemming in Nordeuropa, andere Arten im nördlichsten Asien und Nordamerika

Besonderheiten: Lemminge stellen die Hauptnahrung für alle Fleischfresser in der Tundra dar

Lemming Der Lemming ist bei uns sprichwörtlich geworden, und das, obwohl das 15 Zentimeter lange Nagetier in Mitteleuropa gar nicht vorkommt. Wenn sich Menschen wie Lemminge verhalten, folgen sie einem Herdentrieb, ohne weiter zu überlegen. Bei allen drei Lemmingarten, vor allem aber beim Berglemming im hohen Norden Skandinaviens, kommt es nämlich in manchen Jahren zu Massenvermehrungen. Lemmingweibchen können bis zu fünfmal im Jahr Junge bekommen. In futterreichen Jahren kann das pro Weibchen 30 Junge betragen. Von einer bestimmten Bevölkerungsdichte an wird die Nahrung für die Tiere knapp, und die Lemminge »treten sich auf die Füße«. Der Stress steigt, weil Lemminge eigentlich Einzelgänger sind, die sich lieber aus dem Weg gehen. Schließlich beginnt ein Teil der Lemmingbevölkerung abzuwandern. Dies erfolgt in Massenzügen. Selbst während der Wanderung geraten sich die Tiere ständig in die Haare. Das kostet viel Kraft. Lemminge sind in der Lage, Flüsse und Meeresarme zu durchschwimmen. Ihr Fell hält Luftblasen fest, sodass sie fast so etwas wie eine Art Schwimmweste tragen. Trotzdem ertrinken immer wieder Tausende von Lemmingen im Wasser. Am Ende ihres Zuges sterben sie meist an Entkräftung. Das ist der Ursprung der Legende, die Lemminge würden Selbstmord begehen und sich freiwillig ins Meer stürzen. Die Massenzüge der Lemminge haben aber durchaus einen biologischen Sinn: Die Tiere versuchen auf diese Weise, in neue Lebensräume vorzudringen. Lemminge legen unterirdische Baue an. Dort halten sie sich auch während des Winterschlafs auf. Unter der Schneedecke ist es verhältnismäßig warm. Trotzdem haben die Lemminge ein sehr warmes, dichtes Fell, aus dem die Augen und die Ohren kaum herausschauen.

 DAS LEMMINGFIEBER

Wo viele Tiere derselben Art eng zusammenleben, können sich Krankheiten schnell ausbreiten. Die Natur sorgt auf diese Weise dafür, dass die Bevölkerungsdichte nicht zu hoch wird. Lemminge bekommen das Lemmingfieber: Blut saugende Insekten übertragen einen Krankheitserreger, ein Bakterium, von einem Tier auf das andere. Wenn Hasen diese Krankheit bekommen, heißt sie Hasenpest. Der Arzt kennt sie unter der Bezeichnung Tularämie, denn sie kann auch auf den Menschen (und auf Haustiere) übergehen. Wir Menschen sind aber widerstandsfähiger: Die Tularämie ist zwar gefährlich, endet aber nur selten tödlich. Nagetiere und Hasen haben allerdings kaum eine Überlebenschance. Die Tularämie tritt vor allem in Russland, Japan und Nordamerika auf. Ihren Namen hat sie von der kalifornischen Landschaft Tulare.

STECKBRIEF

Größe: von Kopf bis Schwanz höchstens 23 cm

Merkmale: wie ein kleines Hermelin

Ernährung: vorwiegend Mäuse

Vorkommen: Europa, Nordafrika, Nordasien, Nordamerika

Besonderheiten: Das Mauswiesel ist das kleinste Raubtier der Welt.

Mauswiesel

Auf seinen beiden Hinterbeinen steht das Mauswiesel in der Tundra und macht Männchen. Nervös schnuppert es und schaut mit seinen samtschwarzen Augen nach links und nach rechts. Dann läuft es einige Schritte weiter und reckt sich wieder nach oben. So geht es eine ganze Weile, bis es eine Maus oder einen Lemming ausfindig gemacht hat. So ein Lemming sieht viel massiger aus als das Mauswiesel und ist meist auch schwerer. Aber das zarte Wiesel zögert keinen Augenblick, greift an und überwältigt seine Beute mit einem sicheren Biss in den Nacken. Das Mauswiesel wirkt wie eine Miniaturausgabe des ▶ Hermelins. Wenn man den Schwanz dazurechnet, wird es aber nur rund halb so lang. Dank seiner geringen Größe kann es Mäuse in ihren eigenen Gängen verfolgen! In der Tundra färbt sich das Mauswiesel im Winter weiß; nur die Schwanzspitze und die Füße bleiben braun. Bei uns behält das Mauswiesel auch in der kalten Jahreszeit sein braunes Fell. ■

Moschusochse

Als Moschus bezeichnet man einen eigentümlich riechenden Stoff, der heute noch in geringen Mengen in Parfüms verwendet wird. Mehrere Tierarten, unter ihnen der Moschusochse, produzieren diese Substanz in bestimmten Körperdrüsen. Früher hielt man den Moschusochsen für einen Verwandten des Rinds, worauf auch sein Name hindeutet. Heute weiß man jedoch, dass er viel näher mit den Ziegen verwandt ist. Der Moschusochse ist ein bewundernswertes Tier: Mit seinem fast bodenlangen zottigen Fell widersteht er den schlimmsten Winterstürmen. Als Nahrung reichen ihm Gräser und das ledrige Laub von Kleinsträuchern. Moschusochsen bilden größere Herden, die aus mehreren Bullen, mehreren Weibchen und deren Jungen bestehen. Wenn Gefahr von Wölfen droht, bildet die Herde einen Kreis: Die alten Tiere mit den kräftigen Hörnern stehen außen, die Jungen werden in die Mitte genommen. Im Schneesturm ordnen sich die Tiere zu einem dichten Keil an. An der Spitze steht ein altes Männchen. Alle Tiere wenden dabei den Kopf vom Wind ab.

Der Moschusochse kommt nur im arktischen Teil Nordamerikas und Grönlands und den vielen Inseln dazwischen vor. In Norwegen hat man ihn wieder eingebürgert. Während der Eiszeit bewohnte das Tier auch die Tundren, die es damals in Mitteleuropa gab. Doch hier starb es aus, als sich das Klima wieder erwärmte. ■

STECKBRIEF

Größe: Schulterhöhe bis 130 cm

Merkmale: zottiges Fell, geschwungene Hörner, die in der Mitte fast zusammenstoßen

Ernährung: Moose, Flechten, Gräser, Laub von Sträuchern

Vorkommen: Nordkanada, Nordgrönland, wieder eingebürgert auch in Europa

Besonderheiten: Der Moschusochse ist eines der widerstandsfähigsten Säugetiere der Welt.

Papageitaucher An den Küsten des Nordatlantiks und des Eismeers brütet der Papageitaucher. Er sieht sehr prächtig aus und macht mit dem bunten Gefieder seinem Name alle Ehre: Kopf und Bauch weiß, Rücken schwarz, Füße hellrot, Schnabel rot, gelb und graublau gestreift. Auch die Form des Schnabels erinnert entfernt an den von Papageien: Er wirkt sehr groß, gedrungen dreieckig und seitlich zusammengedrückt. Der Papageitaucher stürzt sich kopfüber ins Wasser und erbeutet dort kleine Fische und Tintenfische. Man nennt das »Stoßtauchen«. Bis heute weiß man nicht, wie es der Papageitaucher schafft, mehrere Fische im Schnabel zu behalten und dann noch einen weiteren zu erbeuten.

Papageitaucher legen ihre Nester am Ende langer Gänge an, die sie selbst in die Erde graben; manchmal übernehmen sie aber auch Kaninchenbaue. Ihr einziges Junges ist unscheinbar braun gefärbt und in seiner Höhle gut getarnt. Sechs Wochen nach dem Schlüpfen verlässt es seinen Unterschlupf und lässt sich ins Wasser plumpsen.

STECKBRIEF

Größe: Länge 30 cm

Merkmale: durch den großen bunten Schnabel nicht zu verwechseln

Ernährung: kleine Fische

Vorkommen: Nordeuropa

Besonderheiten: Der Papageitaucher brütet in selbstgegrabenen Höhlen.

STECKBRIEF

Größe: Länge bis 65 cm

Merkmale: nur schwer von anderen Möwenarten zu unterscheiden

Ernährung: Fische, Tintenfische, Würmer

Vorkommen: Nordeuropa

Besonderheiten: Die Polarmöwe ist eng mit der Eismöwe verwandt, die ebenfalls in Nordeuropa vorkommt.

Polarmöwe Selbst Zoologen tun sich bei der Unterscheidung verschiedener Möwenarten schwer. Die Polarmöwe sieht zum Beispiel fast genau so aus wie die weltweit verbreitete Silbermöwe. Die Polarmöwe brütet im Norden Nordamerikas und auf Grönland. Im Winter weicht sie vor dem schlechten Wetter nach Irland und auf die britischen Inseln aus. Ihre Nester legen sie auf Küstenfelsen an. Sie sind Allesfresser, doch am liebsten nehmen sie Muscheln, Würmer und Krebse. Viele Möwenarten haben sich als außerordentlich anpassungsfähig erwiesen. Sie besu-

chen zum Beispiel Müllhalden oder folgen Fischfangschiffen, weil es da immer viel Fischabfall gibt. Möwen tauchen aber nie ins Wasser ein wie die ähnlich aussehenden ▶ Seeschwalben. Sie müssen ihre Nahrung von der Wasseroberfläche aufnehmen. Möwen treten außerdem gerne als Nesträuber auf und brechen in die Kolonien anderer Vogelarten ein.

Größe: Schulterhöhe des Rentiers bis 110 cm

Merkmale: viel kleiner als der Elch, Geweih bei beiden Geschlechtern vorhanden, nicht schaufelförmig

Ernährung: Moose, Flechten, Gräser und andere Pflanzen

Vorkommen: Nordeuropa, Nordasien, Nordamerika, Grönland

Besonderheiten: Das Rentier ist bei den Lappen und vielen sibirischen Völkern zum Haustier geworden.

Rentier Das Rentier ist die einzige Hirschart, bei der beide Geschlechter ein Geweih tragen. Es kommt in den nördlichen Regionen Europas, Asiens und Amerikas vor. In Europa ist es überwiegend ein Haustier der Lappen, in Nordsibiren wird es von den dort lebenden Chanten, Ewenken und Tschuktschen gehalten. Noch heute liefert es diesen Völkern beinahe alles, was sie zum Leben brauchen. Das europäische Rentier erreicht eine Schulterhöhe von 110 Zentimetern und ein Gewicht von 100 Kilogramm. Besonders kräftige Exemplare dienen den Züchtern als Reittiere. Das nordamerikanische Rentier oder Karibu ist nicht domestiziert (▶ Infobox Hund: Ein Haustier entsteht – die Domestikation). Karibus werden zum Teil über 300 Kilogramm schwer.

Rentiere leben in größeren oder kleineren Rudeln. Im Mai bilden sie große Herden und wandern nordwärts in die Tundra, wo sie den Sommer verbringen. Auf ihrem Zug folgen sie festgelegten Wegen. Im Spätsommer ziehen die Rentiere wieder südwärts in die Nadelwaldgebiete. Dabei überqueren sie als gute Schwimmer auch breite Flüsse und sogar Meeresarme.

Ein ähnliches Verbreitungsgebiet wie das Rentier hat die zweite nordische Hirschart, der Elch. Man kann ihn kaum mit dem Rentier verwechseln. Der Elch ist mit einer Schulterhöhe von bis zu 2,30 Meter der größte Hirsch der Erde. Er wird bis 650 Kilogramm schwer! Nur das Männchen trägt ein mächtiges, schaufelförmiges Geweih. Der Elch geht nicht so weit in den Norden wie das Rentier und bewohnt am liebsten sumpfige Wälder. Der Unterschied zwischen Elch und Rentier ist auch zu hören: Wenn das Rentier geht, knarren die Hufe; beim Elch machen sie kein Geräusch.

Größe: Länge 16 cm

Merkmale: durch das schwarzweiße Kleid nicht zu verwechseln

Ernährung: Insekten, Samen, Körner

Vorkommen: Nordeuropa

Besonderheiten: Die Schneeammer ist der am weitesten nördlich brütende Singvogel.

Schneeammer Kein Singvogel brütet weiter im Norden als die Schneeammer. In manchen Gegenden zieht sie im Winter nicht einmal weg, etwa auf Island. Die Schneeammern sind mit ihrem schwarz-weißen Gefieder gut getarnt. In der freien Natur brüten sie immer in Felsritzen und Spalten, niemals in der freien Tundra. Sie fühlen sich aber auch in der Nähe von menschlichen Siedlungen wohl. Eine nahe Verwandte der Schneeammer ist die Spornammer. Sie bewohnt praktisch dasselbe Gebiet und bleibt nur etwas weiter südlich.

RÄUBER UND BEUTE

Räuber fressen, Beutetiere werden gefressen. Das klingt einfach, aber die Natur ist viel komplizierter. Viele Räuber sind auch gleichzeitig Beutetiere, weil sie selbst wieder anderen Räubern als Nahrung dienen. Jedes Tier auf der Welt wird irgendwann von einem anderen Tier, einem Räuber, gefressen. Lange glaubten die Tierforscher, die Räuber würden die Beutetiere in Schach halten und dafür sorgen, dass kein Beutetier jemals überhand nimmt. So steht es noch in manchen Schulbüchern. Aber gerade die Tundra lehrt, dass es genau umgekehrt ist: Kein Räuber – wie etwa der Wolf oder die Schnee-Eule – kann verhindern, dass sich die Lemminge vermehren. Es ist im Gegenteil so, dass die Zahl der Lemminge darüber bestimmt, wie viele Junge die Wölfe und die Schnee-Eulen durchbringen. Sind viele Lemminge da, können die Schnee-Euleneltern auch viele Junge durchfüttern. Dem Wolf und dem Luchs ergeht es nicht anders: Gibt es viele Beutetiere, vermehren sich auch die Räuber. Gibt es wenige, verhungern viele Räuber. Die Beutetiere regeln die Zahl der Räuber und nicht umgekehrt.

Schnee-Eule Die Eulenart ist unverkennbar: das Männchen fast ganz weiß, das Weibchen weiß und schwarz gesprenkelt. Das Schnee-Eulenweibchen baut sein Nest allein, macht sich aber nicht viel Arbeit damit: Eine flache Mulde auf dem Boden, das genügt. Die Eier brütet es ganz allein aus. In diesen 35 Tagen versorgt das Männchen seine Partnerin mit Nahrung. Meistens schleppt es Lemminge oder andere Nagetiere an. Wenn es reichlich Futter gibt, ziehen die Eltern bis zu zehn Junge groß. Wenn jedoch Mangel an Beutetieren herrscht, verzichten die Schnee-Eulen manchmal sogar ganz auf die Fortpflanzung und warten einfach das nächste Jahr ab. Die Schnee-Eule kommt in den Tundren rund um die Arktis vor: in Europa, Asien und Nordamerika. ◼

 STECKBRIEF

Größe: Länge bis 65 cm

Merkmale: Gefieder fast rein weiß, Weibchen größer als das Männchen, mit mehr dunkler Zeichnung

Ernährung: Mäuse, Lemminge, Vögel

Vorkommen: Nordeuropa

Besonderheiten: Die Schnee-Eule ist gelegentlich auch in Mitteleuropa zu beobachten.

Schneegans In der Tundra des hohen Nordens brüten mehrere Gänsearten: die Blässgans, die Zwerggans, die Saatgans, die Ringelgans, die Nonnengans und die Schneegans. Allein vom Kleid her gesehen, ist die Schneegans am besten an das Leben im Norden angepasst. Sie ähnelt durchaus einer weißen Hausgans, bleibt aber immer kleiner als diese. Zum Leben bevorzugt sie die lichte Tundra. Schneegänse nisten gruppenweise und bilden sogar riesige Kolonien von 30 000 Tieren. In der Gruppe verhalten sich die Tiere Menschen gegenüber recht zutraulich und lassen sie sogar ziemlich nahe herankommen. Wenn man Schneegänse aber außerhalb ihrer Kolonie antrifft, sind sie sehr scheu und fliegen bei Annäherung weg. Wie alle Gänse frisst auch die Schneegans am liebsten Gräser und Kräuter. ◼

STECKBRIEF

Größe: Länge bis 75 cm

Merkmale: tritt in zwei Formen auf, einer weißen mit schwarzen Flügeln und einer schiefergrauen

Ernährung: Pflanzen

Vorkommen: Nordamerika, Nordgrönland, Nordostsibirien

Besonderheiten: Die Schneegans ist im Winter sogar gelegentlich in Mitteleuropa anzutreffen.

STECKBRIEF

Größe: Länge bis 42 cm

Merkmale: Schnabel schlank, gerade

Ernährung: Fische

Vorkommen: Nordeuropa

Besonderheiten: Die Trottellumme brütet an unzugänglichen Felsen auf Simsen.

Trottellumme An den arktischen Küsten leben Meeresvögel mit schwarz-weißem Gefieder. Wir nennen sie ganz allgemein Alken. Sie können nicht gut laufen und erinnern in ihren Bewegungen an Pinguine. Die Flügel der Alken sind kurz und erlauben nur einen geraden, fast schwirrenden Flug. Sie fangen ihre Beute tauchend und schwimmend und halten sich die meiste Zeit auf der Wasseroberfläche auf. Nur zum Brüten gehen sie an

Land. Dort bilden sie meist große Kolonien. Der bekannteste Alk ist der ▶ Papageitaucher. Doch zu dieser Familie gehören auch die Gryllteiste, der Krabbentaucher, der Tordalk und die Lummen, allen voran die Trottellumme, die ihren Namen wohl von ihrem watschelnden Gang an Land hat.

Die Trottellumme brütet dicht gedrängt an Felsen und Klippen. Die Lummeneier zeigen eine individuelle Sprenkelung, sodass die Vogeleltern ihre eigenen sofort daran erkennen. Die Eier besitzen einen spitzen und einen stark abgerundeten Pol. Mit dieser extremen Birnenform können sie nicht wegrollen und vom Felssims ins Meer fallen. Ungefähr einen Monat nach dem Schlüpfen wartet auf die Jungen eine große Mutprobe: Sie sollen ihr Nest in der Klippe verlassen und ins Meer springen. Das ist ein besonderes Wagnis, denn zu diesem Zeitpunkt können die Jungen noch gar nicht fliegen. Sie werden erst flügge, wenn ihnen drei Wochen später die dafür erforderlichen Federn gewachsen sind. ■

STECKBRIEF

Größe: Kopf und Rumpf bis 1 m lang, Gewicht bis 20 kg

Merkmale: wirkt wie eine Mischung aus Marder und Bär

Ernährung: Allesfresser – Pflanzen, Beeren, Vogelnester, Insekten, kranke Huftiere, besonders deren Junge

Vorkommen: nördliche Gebiete der Nordhalbkugel

Besonderheiten: Der Vielfraß kann eine stinkende Flüssigkeit bis zu drei Meter weit auf seine Feinde versprühen.

Vielfraß Der Name »Vielfraß« ist eigentlich eine falsche Übersetzung der skandinavischen Bezeichnung »fjälfräs«, was ungefähr so viel wie »Felsenkatze« bedeutet. Aber es trifft zu, dass der Vielfraß oft mehr Beutetiere tötet, als er selber fressen kann. Darin zeigt sich seine Verwandtschaft mit den ▶ Mardern und ▶ Wieseln. Der Vielfraß ist der größte Vertreter dieser Familie: Er wird (mit Schwanz) einen Meter lang, 45 Zentimeter hoch und 20 Kilogramm schwer. Er wirkt recht gedrungen und zottelig und erinnert dabei etwas an einen kleinen Bären. Da er keine feste Höhle hat, zieht er die meiste Zeit durch sein ausgedehntes Revier und markiert mit Duftmarken seine Gebietsgrenzen. Zum Schlafen legt er sich in Erdkuhlen oder Schneegruben, mehr als drei oder vier Stunden schläft er allerdings nie. Nur für die Jungtiere suchen sich Vielfraße eine feste Unterkunft, die jedoch nicht gepolstert wird. Die Jungen liegen auf dem nackten Erdboden. Während die Jungen noch klein sind, bilden Vielfraße eine kleine Familie. Sie

bleiben etwa zwei Jahre zusammen, bis die Jungen ausgewachsen sind, dann gehen alle ihre eigenen Wege.

Der Vielfraß ist ein Allesfresser – von Wespennestern über Beeren bis zu kranken Rehkälbern vertilgt er buchstäblich alles, was er findet. Doch Allesfresser haben in den kargen Gebieten des Nordens die beste Chance zu überleben. ■

STECKBRIEF

Größe: Schulterhöhe bis 100 cm

Merkmale: dem Schäferhund ähnlich, gedrungener, Rücken gerade, nicht abfallend

Ernährung: Mäuse, Ratten, große Säuger, auch Abfälle

Vorkommen: ursprünglich ganze Nordhalbkugel

Besonderheiten: Der Haushund stammt vom Wolf ab.

Wolf Der Wolf hat auf der Nordhalbkugel ein sehr großes Verbreitungsgebiet. Er kommt in trockenen Wüstengebieten ebenso vor wie in Nadelwäldern und der kargen Tundra. Im Sommer leben die Wölfe meist paarweise mit ihren Jungen in den nördlichen Regionen. Sie machen Jagd auf Lemminge und andere Kleinsäuger. Im Winter schließen sich mehrere solche Familiengruppen zu einem Rudel zusammen. Es herrschen darin zwei strenge Rangordnungen, eine für Männchen, die andere für Weibchen. Welchen Rang jedes Tier einnimmt, wird meist in Zweikämpfen bestimmt. Die Kämpfe können ziemlich rau ausfallen, aber es kommt fast nie zu ernsthaften Verletzungen oder gar zum Tod eines Beteiligten. Am Ende des Kampfes zeigt das unterlegene Tier dem Sieger seine ungeschützte Bauchseite und löst damit eine Beißhemmung aus. Der Verlierer räumt dann sofort das Feld und nimmt von nun an dem Stärkeren gegenüber eine Demutshaltung ein: Er duckt sich, macht sich kleiner, legt die Ohren nach hinten, klemmt den Schwanz zwischen die Beine oder legt ihn sogar an den Bauch. Dasselbe Verhalten zeigt auch der Haushund, wenn man mit ihm schimpft. Von dieser Verhaltensweise leitet sich der Ausdruck her »jemand zieht den Schwanz ein«. Wenn die Rangordnung im Rudel einmal feststeht, bleibt sie meist für ein halbes Jahr bestehen. Das ranghöchste Tier nennen die Biologen Alpha-Männchen oder Alpha-Weibchen. Es zeigt seinen Rang ebenfalls durch die Körperhaltung an: Es geht aufrecht mit hoch aufgestelltem Schwanz. Bei Meinungsverschiedenheiten nimmt ein rangniedrigerer Wolf gegenüber einem ranghöheren und vor allem gegenüber dem Alpha-Tier eine Demutshaltung ein. Der Stärkere wendet sich nach der Auseinandersetzung ab und verspritzt etwas Urin gegen einen Felsen oder einen Baum und zeigt damit, wer das Sagen hat.

Den Zusammenhalt im Rudel stärken die Tiere vor allem durch das Heulen, das gar nicht so markerschütternd klingt, wie immer behauptet wird. Auch versprengte Rudelmitglieder finden so wieder zu ihrer Gruppe zurück. Im Rudel gelingt es den Wölfen, Tiere zu erlegen, die viel größer sind als sie selbst. Es fallen ihnen aber zunächst vor allem Jungtiere, alte und schwache Tiere zum Opfer. Obwohl der beste Freund des Menschen, der ▶ Hund, vom Wolf abstammt, verfolgt der Mensch den Wolf seit jeher. In vielen Gebieten hat er ihn an den Rand des Aussterbens gebracht. ■

Prärie

Prärie

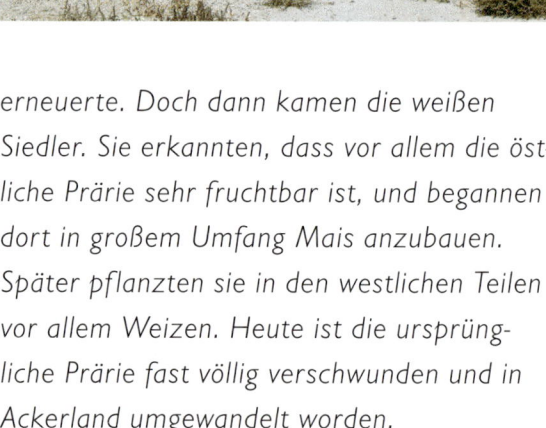

Im Inneren des nordamerikanischen Kontinents lag früher einmal ein riesiges Steppengebiet, die Prärie. Auf ihr wuchsen wegen der Trockenheit im Sommer und der Kälte im Winter kaum Bäume, sondern nur Gräser und Kräuter. In der feuchteren östlichen Prärie standen die Gräser meterhoch, während sie in der trockeneren westlichen Prärie niedrig blieben. Das Charaktertier der Prärie war der Bison. Vor 200 Jahren stellte der Bison die Lebensgrundlage für die vielen Stämme der Prärieindianer dar. Bis zu 60 Millionen dieser massigen Tiere bevölkerten einst die Ebenen. Durch Abweiden der Pflanzen trugen sie dazu bei, dass die Prärie als Graslandschaft erhalten blieb. Blitzschläge führten immer wieder zu Präriebränden. Die Tiere und Pflanzen waren aber an die wiederkehrenden Feuersbrünste angepasst. Sie sorgten ebenso wie der Bison dafür, dass sich die Prärie immer wieder erneuerte. Doch dann kamen die weißen Siedler. Sie erkannten, dass vor allem die östliche Prärie sehr fruchtbar ist, und begannen dort in großem Umfang Mais anzubauen. Später pflanzten sie in den westlichen Teilen vor allem Weizen. Heute ist die ursprüngliche Prärie fast völlig verschwunden und in Ackerland umgewandelt worden.

Ähnliche Steppen- oder Grasgebiete wie die Prärie gibt es auch im südlichen Teil Südamerikas, besonders in Argentinien. Diese Pampas beherbergen allerdings eine ganz andere Tier- und Pflanzenwelt.

Beifußhuhn Das amerikanische Beifußhuhn zählt zu den Raufußhühnern, wie das europäische ▶ Auerhuhn, das Birkhuhn, das ▶ Schneehuhn und die ▶ Wachtel. Die Raufußhühner zeichnen sich vor allem dadurch aus, dass die Geschlechter ganz unterschiedlich aussehen: Die Weibchen (Hennen) sind unscheinbar, die Männchen (Hähne) hingegen prächtig gefärbt. Während der Balz zeigen die Männchen eindrucksvolle Verhaltensweisen, die wie Tanzvorführungen anmuten.

Das Beifußhuhn verdankt seinen Namen einer Pflanze, dem Beifuß. Der Hauptteil seiner Nahrung besteht aus dessen Knospen, Blättern, Samen und Früchten. Die Pflanze überzieht im westlichen Nordamerika heute noch einige Präriegebiete. Dort liegt die Heimat dieser bis vier Kilogramm schweren Hühner.

Die Männchen des Beifußhuhns zeigen zur Paarungszeit eine eindrucksvolle Balz: Sie stellen ihre langen spitzen Schwanzfedern senkrecht und fächern sie auf. Gleichzeitig blasen sie ihre großen weißen Kehlsäcke auf. Dann tanzen sie auf dem Balzplatz im Kreis, trampeln auf dem Boden herum und lassen aus den ballonartigen Hautsäcken einen tiefen brummenden Ton erklingen, der kilometerweit zu hören ist. Die unscheinbar gefärbten Weibchen finden sich am Balzplatz ein und paaren sich mit den Männchen. Leider ist das Beifußhuhn durch die Zerstörung seiner Lebensräume selten geworden. ◼

BODENVERLUST UND EROSION

Zu Beginn des 20. Jahrhunderts begannen die Amerikaner die westlichen Präriegebiete in großem Umfang zu besiedeln und in Ackerland umzuwandeln. Schon damals gab es warnende Stimmen, die voraussagten, dass dies schiefgehen und dem Gebiet schaden würde. Doch niemand hörte auf sie. So wurden große Gebiete vor allem mit Weizen kultiviert. Doch dafür waren sie eigentlich zu trocken. Weil der Boden den größten Teil des Jahres nackt dalag, konnten die Winde ungehindert angreifen. Sie trugen große Mengen Erde einfach als Staub fort.

Diese Art der Bodenabtragung wird als Erosion bezeichnet. Innerhalb von nur 20 Jahren verloren die westlichen Prärien große Teile ihres fruchtbaren Bodens. Heftige Sandstürme zogen durch das Gebiet. Die Menschen konnten am Ende nichts mehr anpflanzen und verließen das Gebiet. Die meisten von ihnen waren völlig verarmt. Damals sprach man vom »Dust Bowl«, einem Gebiet, in dem es nur noch Staub gab.

Boden kann durch Wind oder Wasser abgetragen werden. Voraussetzung ist, dass die schützende Pflanzendecke ganz oder teilweise entfernt wurde. Das Fehlen von Bäumen macht sich besonders schwerwiegend bemerkbar. Eine starke Erosion durch Wasser gibt es zum Beispiel in Süditalien und vielen Mittelmeerländern, wo immer mehr Wälder abgeholzt oder abgebrannt werden. Wenn dann noch Schafe und vor allem Ziegen die letzten Kräuter wegfressen, ist die Erosion nicht mehr aufzuhalten.

STECKBRIEF

Größe: Männchen bis 75 cm lang und 4 kg schwer, Weibchen deutlich kleiner

Merkmale: Weibchen unscheinbar, Männchen mit weißen Kehlsäcken und Schwanzfedern, die es wie einen Fächer aufstellen kann

Ernährung: Pflanzen, Knospen, Samen des Beifuß, Insekten

Vorkommen: Steppen und Prärien des westlichen Nordamerika

Besonderheiten: In Nordamerika leben noch zwei weitere große Hühner, das Präriehuhn und das Schweifhuhn.

STECKBRIEF

Größe: Schulterhöhe bis 190 cm, Männchen bis 800 kg schwer, Weibchen bis 500 kg

Merkmale: tief angesetzter Kopf und hoher Widerrist, mähnenartiges Fell an Hals und Schultern

Ernährung: Gräser, Kräuter, Moose, Flechten, Blätter

Vorkommen: Nordamerika

Besonderheiten: Der Bison ist mit dem europäischen Wisent sehr nahe verwandt.

Bison Der Bison ist der Büffel der Prärieindianer. Er bildete ihre Lebensgrundlage und lieferte ihnen Fleisch, Häute, Knochen und Sehnen. Noch vor 200 Jahren lebten die Bisons in vieltausendköpfigen Herden, die von Weidegrund zu Weidegrund zogen. Dann kamen die Weißen mit der Eisenbahn und tödlichen Feuerwaffen und vernichteten aus reinem Übermut die Bisonherden, bis von diesen mächtigen Tieren weniger als 1000 übrig geblieben waren. Gerade noch rechtzeitig richtete man Schutzparks für die Bisons ein. Inzwischen sind sie nicht mehr gefährdet. Die riesigen Herden dieser bis 800 Kilogramm schweren Tiere gehören allerdings der Vergangenheit an. Im nördlichen Kanada lebt der noch etwas größere Waldbison.

Bisons sind kräftige, bullige Tiere mit einem auffallenden Schulterbuckel. Ihre Hörner zeigen in einem Bogen schräg nach oben und wenn sie in die Enge getrieben werden, greifen sie damit an. Obwohl sie etwas plump wirken, können Bisons erstaunliche Geschwindigkeiten von bis zu 50 Stundenkilometer entwickeln.

Bisonweibchen bringen nach einer neunmonatigen Tragzeit ein Kalb zur Welt, das bei der Geburt etwa 30 Kilogramm wiegt. Unge-

fähr ein Jahr werden die Jungen gesäugt, dann fressen sie wie die Erwachsenen Gras, Kräuter, im Winter Moose und Flechten, die sie mit ihrem bulligen Schädel aus dem Schnee graben.

EIN BISON IN EUROPA

Der nächste Verwandte des amerikanischen Bisons ist der europäische Wisent. Früher war er weit verbreitet und kam in ganz Europa und Nordasien vor. Doch durch die Jagd und die Rodung der Wälder verschwand er schon früh. Im 14. Jahrhundert lebte er noch in Pommern. Schließlich gab es Wisente nur noch in russischen Wäldern.

Mittlerweile ist es jedoch gelungen, mithilfe von Zootieren eine kleine Herde im polnischen Bialowieza aufzubauen. Das ist heute der für uns nächstgelegene Ort, an dem man diese Tiere in freier Wildbahn beobachten kann.

Größe: Schulterhöhe bis 100 cm, Gewicht bis 40 kg

Merkmale: Fell sandfarben mit weißen Flecken, besonders in der Schwanzgegend

Ernährung: Pflanzen

Vorkommen: westliches Nordamerika

Besonderheiten: Der Gabelbock wechselt seine Hörner jedes Jahr.

Gabelbock Die Gabelböcke gelten als die schnellsten und gleichzeitig ausdauerndsten Landtiere. Über 1500 Meter halten sie eine Geschwindigkeit von 80 Stundenkilometern. Mit Tempo 60 sollen sie eine ganze Stunde laufen können. Früher gab es in Nordamerika Millionen von Gabelböcken. Sie wurden aber – genau wie die ▶ Bisons – Ende des 19. Jahrhunderts in Massen gejagt. Anfang des 20. Jahrhunderts stellte man sie schließlich unter Schutz. Seitdem haben sie sich wieder auf eine halbe Million Tiere vermehrt.

Sowohl die Männchen als auch die Weibchen tragen Hörner, die nach der Brunftzeit abgeworfen werden. Übrig bleiben kleine Knochenzapfen, auf denen ein Jahr später neue Hörner wachsen.

Gabelböcke leben in kleinen Herden, sind aber auch als Einzelgänger unterwegs. Die Jungtiere, gewöhnlich bekommt jedes Weibchen zwei Kitze, werden im Mai zur Welt gebracht. Sie können erst nach wenigen Tagen ihrer Mutter folgen und bleiben deshalb in dieser Zeit lange allein. ▪

Klapperschlange Die Klapperschlangen gelten zu Recht als sehr gefährliche Giftschlangen. In Amerika leben rund 20 Arten, und jede besitzt ihren eigenen Giftcocktail. Das Klapperschlangengift enthält zunächst Stoffe, die die Wände der Blutgefäße sowie die weißen und roten Blutkörperchen zerstören. Andere Stoffe führen zur Gerinnung des Blutes. Es bilden sich Blutklumpen, die die größeren Gefäße verstopfen und zu Embolien führen. Dazu kommen noch Nervengifte. Sie lähmen die Nerven, sodass der Gebissene blind wird oder nicht mehr atmen kann und erstickt.

Das kennzeichnende Merkmal der Klapperschlangen ist die Klapper oder Rassel am Schwanzende. Sie besteht aus sechs bis zehn Hornringen, den Resten früherer Häutun-

gen. Wenn sich die Schlange bedroht fühlt, bringt sie diese Rassel zum Vibrieren. Das Geräusch ist auf gut 20 Meter Entfernung zu hören. Klapperschlangen lieben warme offene Landschaften. Einige Arten leben jedoch auch im Wald. ▪

Größe: größte Art bis 2,5 m

Merkmale: dreieckiger Kopf, plumper Körper mit kompliziertem Zeichnungsmuster, Hornrassel am Schwanzende

Ernährung: kleine Säugetiere

Vorkommen: südliche Hälfte Nordamerikas

Besonderheiten: Klapperschlangen bringen lebende Junge auf die Welt.

STECKBRIEF

Größe: Schulterhöhe bis 50 cm, Gewicht bis 18 kg

Merkmale: dem Wolf sehr ähnlich, aber etwas schlanker, Ohren länger

Ernährung: Kleinsäuger, aber auch Insekten, Fische und Früchte

Vorkommen: Nord- und Mittelamerika

Besonderheiten: Der Kojote ähnelt im Verhalten sehr den Schakalen Europas und Asiens.

Kojote Der Heul- oder Präriewolf, wie der Kojote auch genannt wird, ist in der Tat ein naher Verwandter unseres Wolfs. Und wie dieser wird er gejagt. Doch er reagiert ganz anders darauf: Während sich der Wolf aus vielen vom Menschen besiedelten Gebieten zurückzieht, kommt der Kojote hier gut zurecht und kann sich sogar weiter ausbreiten. Er ist ein Kulturfolger. Der Kojote lebt überwiegend von Aas, Kleintieren und Abfällen. Er jagt paarweise oder in kleinen Rudeln und erbeutet meist kranke und schwächliche Tiere.

Damit spielt er die Rolle der Gesundheitspolizei und macht sich dadurch nützlich. Die Paarungszeit der Kojoten liegt im Dezember. Die Männchen kämpfen im Vorfeld oft heftig um ein Weibchen. Aber der Sieger hat keine Garantie, dass ihm das Weibchen nachher auch tatsächlich gehört. Es kommt nicht selten vor, dass die Umworbene am Ende mit dem Unterlegenen davonzieht. Wahrscheinlich bleiben die Paare ein Leben lang zusammen und sorgen auch gemeinsam für ihre Jungen.

Der Kojote ist so eng mit dem Wolf verwandt, dass er sich gelegentlich mit dem Haushund kreuzt. So entstehen die so genannten »Coydogs«. Sie sind viel aggressiver als die Kojoten und können recht gefährlich werden. Dasselbe gilt übrigens auch für die Kreuzungen zwischen Haushund und Wolf. Solche Tiere sind wahrscheinlich für die Geschichten von Menschen fressenden Wölfen verantwortlich.

DIE KOJOTEN UND DIE VÖGEL

Kojoten jagen nicht im Rudel wie ihre Verwandten, die Wölfe, sie sind vielmehr in kleinen Gruppen unterwegs. Deswegen müssen sie sich mit Beute begnügen, die kleiner ist als sie selbst. Am häufigsten erbeuten die Kojoten ▶ Präriehunde und andere Nagetiere. Sie jagen aber auch gerne Füchse, Opossums, Waschbären und streunende Hauskatzen. Alle diese Tiere sind dafür bekannt, dass sie Vögeln nachstellen. Praktisch jeder Katzenbesitzer berichtet, dass sein Liebling hin und wieder einen toten Vogel zu Hause abliefert. Man schätzt, dass streunende Hauskatzen pro Jahr 50–150 Vögel erlegen. Wo aber Kojoten auf Vogelfresser Jagd machen, haben Vögel bessere Überlebenschancen: In Kojotengebieten sind daher deutlich mehr Vogelarten anzutreffen. Das haben Forscher nachgewiesen.

Monarchfalter Der nordamerikanische Monarchfalter ist durch seine jährlichen Massenwanderungen berühmt geworden. Im Herbst fliegt er in großen Gruppen aus fast ganz Nordamerika südwärts zu den Überwinterungsquartieren in Kalifornien und Nordmexiko. Die Tiere sammeln sich dort in bestimmten Gebieten und suchen vor allem einzelne Bäume auf. An diesen hängen dann Tausende von Schmetterlingen. Diese Ansammlungen sind so fantastisch anzusehen, dass sie sich zu einem Reiseziel für Touristen entwickelt haben. Im Frühjahr wandern die Falter wieder nordwärts, allerdings eher einzeln und nicht in so spektakulären Zügen. Unterwegs pflanzen sie sich fort und legen Eier. Der Monarchfalter hat sich in den vergangenen 100 Jahren fast über die ganze Welt ausgebreitet. Heute kommt er auch in Australien, Neuseeland und auf den Kanarischen Inseln vor. Gelegentlich zieht er als Wanderfalter bis zu den europäischen Küsten. Eine mit dem Monarch nah verwandte Art kommt

auch in Südeuropa vor, zeigt aber keine so auffälligen Wanderungen.

STECKBRIEF

Größe: Spannweite bis 10 cm

Merkmale: leuchtend orange mit schwarz gesäumten Flügeln, weiße Tupfen im schwarzen Saum

Ernährung: Der Falter lebt von Blütennektar, die Raupe von Blättern giftiger Schwalbenwurzarten.

Vorkommen: Nord- und Mittelamerika, kommt als Wanderfalter aber auch in anderen Gebieten vor, etwa auf den Kanarischen Inseln

Besonderheiten: Der Monarchfalter hat elastische Flügel, die nicht leicht knicken.

Präriehase In Nordamerika leben viel mehr Hasenarten als in Europa und Asien. In ihrer Lebensweise unterscheiden sie sich aber wenig von unserem ▶ Feldhasen. Der Präriehase ist – wie der Name schon sagt – in der Prärie zu Hause. Er kommt allerdings auch im Gebirge vor und steigt dort bis in Höhen von mehr als 4000 Meter auf. Der Präriehase besitzt besonders lange Ohren, was ihm die Bezeichnung »Eselhase« eingetragen hat. Die Amerikaner nennen diese Langohren »Jack Rabbits«. Der Kalifornische Eselhase kommt mit dem Präriehasen zusammen vor, besiedelt aber auch die Wüstengebiete Nordamerikas. In Dürrezeiten frisst er Kakteen, ohne sich von deren Stacheln stören zu lassen. Seine langen Ohren haben eine besondere Bedeutung. Sie sind gut durchblutet und geben durch ihre große Oberfläche viel Wärme ab. In heißen Klimaten ist das sehr wichtig: Auf diese Weise kann der Hase seine Körpertemperatur konstant halten und sich vor Überhitzung schützen.

STECKBRIEF

Größe: wie ein Feldhase

Merkmale: auffallend lange Ohren

Ernährung: Pflanzen, saftiges Gras, Zweige von Sträuchern

Vorkommen: westliches Nordamerika

Besonderheiten: Im Gegensatz zu unserem Feldhasen legt sich der Präriehase eine eigene Höhle an, in der er die heißeste Zeit des Tages verbringt.

STECKBRIEF

Größe: Kopf und Rumpf bis 35 cm, Gewicht bis 1300 g

Merkmale: wirkt wie ein kleines schlankes Murmeltier

Ernährung: Pflanzen

Vorkommen: westlicher Teil Nordamerikas

Besonderheiten: Der Präriehund lebt gesellig in großen »Dörfern« oder »Städten«.

Präriehund Der Präriehund ist gar kein Hund, obwohl auch er bellen kann. Er gehört vielmehr zu den Nagern und hier in die Verwandtschaft der ▶ Murmeltiere. Er wird aber nur halb so groß wie das Alpenmurmeltier.

Präriehunde leben gesellig in Gemeinschaften, die eine auffallende Ähnlichkeit mit Dörfern und Städten besitzen. Ein Präriehund»dorf« besteht aus mehreren Familien, und jede Familie setzt sich aus einem Männchen, einem oder mehreren Weibchen und deren Jungen zusammen. Jede Familie hat einen eigenen Erdbau. Das Schlupfloch ist von einem Wall aus Erde umgeben. Der Hauptgang führt einige Meter tief in die Erde und verzweigt sich dann. Die Präriehunde arbeiten bei der Bewachung des Dorfes zusammen. Immer halten einige erwachsene Tiere Wache. Sie stehen dabei aufrecht und lassen ihre Vorderpfoten herabhängen. Bei Gefahr wird gebellt. Auf dieses Signal hin verschwinden alle Präriehunde in ihrem Bau. Den teilen sie übrigens oft mit ▶ Klapperschlangen und ▶ Eulen. Man vermutet, dass in den Bauen zwischen diesen ungleichen Bewoh-

nern Frieden herrscht. Draußen allerdings fallen Präriehunde oft Klapperschlangen und Eulen zum Opfer. Vor der Ankunft der weißen Siedler in Nordamerika muss es riesige Präriehundstädte mit Millionen von Einwohnern gegeben haben. Diese Bestände sind aber durch die allgemeine Zerstörung des Lebensraums stark zurückgegangen. ■

STECKBRIEF

Größe: Schulterhöhe bis 80 cm, Gewicht bis 100 kg

Merkmale: ungeflecktes, graues bis rötlich braunes Fell, Hinterbeine etwas länger als die Vorderbeine

Ernährung: Säugetiere bis zur Größe eines Hirschs, auch Vögel und Reptilien

Vorkommen: Nord-, Mittel- und Südamerika

Besonderheiten: Der Puma ist die einzige Raubkatze Nordamerikas.

Puma Die Bezeichnung »Puma« für den Berg- oder Silberlöwen stammt aus dem Ketschua, einer südamerikanischen Indianersprache, denn der Puma war einst über ganz Nord- und Südamerika verbreitet. Heute fehlt er in vielen Gebieten, weil er stark verfolgt wurde. Gelegentlich tötet er nämlich Haus-

tiere des Menschen. Dabei schleicht er sich an seine Beute an und überfällt sie aus dem Hinterhalt; eine Verfolgung nimmt er nicht auf. Der Puma ist die größte Kleinkatze und daher zum Beispiel mit dem ▶ Karakal viel näher verwandt als mit dem ▶ Löwen. Der Puma bewegt sich mit unglaublicher Eleganz und zeigt besonders beim Sprung große Geschicklichkeit. Pumas können mit einem einzigen Satz fünf Meter hoch und sieben Meter weit springen. Bei einem Sprung in die Tiefe sind auch zwanzig Meter kein Hindernis.

Pumas sind wie die meisten Katzen Einzelgänger. Sie gehen ihren Artgenossen aus dem Weg, sind dabei aber keineswegs aggressiv. Männchen und Weibchen treffen sich nur zur Paarung. Später bringt das Weibchen zwei bis vier schwarz gefleckte Junge auf die Welt, die es allein aufzieht. Das Fleckenfell der Jungtiere verwandelt sich erst nach einem halben Jahr in das einfarbige Fell der Eltern. Im Alter von zwei Jahren sind die jungen Pumas selbstständig. ■

Skunk Der Skunk besitzt eine Waffe, die alle Tiere fürchten: seinen Gestank. Deshalb wird er auch Stinktier genannt. Der Geruch der Flüssigkeit, die er verspritzt, ist mit »Gestank« allerdings nur unzureichend umschrieben. Er ist so ziemlich das Übelste, was es auf der Welt gibt. Wenn sich ein Skunk bedroht fühlt, dreht er dem vermeintlichen Angreifer sein Hinterteil zu und hebt den buschigen schwarz-weißen Schwanz. Die beiden Stinkdrüsen liegen nämlich am After. Angesichts dieser ersten eindeutigen Warnung nehmen schon alle Tiere Reißaus. Manche Menschen verstehen sie allerdings nicht. Bei seiner zweiten Drohung dreht der Skunk den Kopf zurück und fletscht die Zähne. Wer jetzt nicht das Feld räumt, wird angespritzt. Der Skunk trifft dabei auf einige Meter Entfernung zielgenau das Gesicht. Den Opfern wird sofort übel und sie müssen sich übergeben. Der Gestank hält sich tagelang auf dem Körper und wird kaum schwächer. Er kann auch fast nicht abgewaschen werden. Die Kleider sind völlig unbrauchbar und müssen verbrannt werden. Skunke haben demzufolge nur wenige Feinde: Das sind Tiere, die den Gestank nicht riechen können, wie zum Beispiel die großen Eulen.

Die mit den ▶ Mardern verwandten Stinktiere leben in Bauen und ernähren sich hauptsächlich von Insekten, Mäusen, Fröschen, Eiern und auch Früchten. Das Weibchen bringt vier bis fünf Junge auf die Welt, die bereits nach fünf Wochen Stinkdrüsen ausbilden und einsetzen. ▪

STECKBRIEF

Größe: Kopf und Rumpf bis 80 cm, Gewicht bis 5 kg

Merkmale: typische schwarz-weiße Zeichnung, buschiger Schweif

Ernährung: Allesfresser, vor allem Kleintiere, Reptilien, Vögel, Eier, Würmer, Früchte

Vorkommen: Nord- und Mittelamerika mit Ausnahme des äußersten Nordens

Besonderheiten: Skunks verspritzen den Stoff ihrer Stinkdrüsen zielgenau auf Störenfriede.

Stachelschwein Das amerikanische Stachelschwein, das auch Urson heißt, ist ein sehr wehrhaftes Tier. Sein Körper ist über

und über mit Stacheln bedeckt. Am gefährlichsten sind die Schwanzstacheln. Bei Bedrohung schlägt das Urson nämlich wie wild mit dem Schwanz um sich. Die Stacheln bohren sich in die Haut des Angreifers. Und da sie Widerhaken haben, graben sie sich mit jeder Bewegung tiefer ins Fleisch. Auf diese Weise dringen sie tief in den Körper und können ihn sogar durchbohren. Man möchte glauben, mit einer derart furchtbaren Waffe habe das Stachelschwein keine Feinde. Doch in Wirklichkeit muss es manche Raubtiere fürchten, etwa Füchse, Marder und Pumas. Stachelschweine sind ursprünglich Baumtiere, aber sie leben auch in Erdbauen und wandern immer mehr in die offene Landschaft ein. Das Stachelschwein gehört übrigens zu den Nagetieren und ernährt sich – wie die anderen Vertreter dieser Gruppe – von harten Pflanzen. Im Mittelmeergebiet lebt ebenfalls ein Stachelschwein. Seltsamerweise ist es mit dem Urson überhaupt nicht verwandt und seine Stacheln sind harmlos. ▪

STECKBRIEF

Größe: Länge bis 90 cm, Gewicht bis 10 kg

Merkmale: Kleid aus dicken Stacheln mit Widerhaken, darunter lange steife Haare

Ernährung: Rinden und Blätter

Vorkommen: fast ganz Nordamerika, auch im hohen Norden

Besonderheiten: Das Urson ist ein sehr geschickter Kletterer und heißt deswegen auch Baumstachler.

STECKBRIEF

Größe: Länge von Kopf und Rumpf bis 23 cm

Merkmale: maulwurfsähnlich, kurze Beine mit starken Grabkrallen

Ernährung: Knollen, Wurzeln, Samen, Körner

Vorkommen: Nordamerika

Besonderheiten: In Amerika leben über 250 Taschenrattenarten.

Taschenratte Taschenratten leben unterirdisch und sehen unserem ▶ Maulwurf ähnlich. Ihr Körper ist gedrungen, geradezu plump. Sie haben nur winzige Augen und Ohren. Dafür tragen sie an den Vorderpfoten starke, sichelförmig gekrümmte Grabkrallen. Dazu kommen Nagezähne, mit denen sie den Boden umbrechen und Wurzeln durchtrennen. Taschenratten können in ihren Gängen schnell rückwärts laufen und besitzen deshalb auch am Schwanz Tasthaare. Die Nahrung dieser Nager besteht aus Knollen, Samen und Früchten. Wenn sie massenhaft auftreten, können sie große Schäden anrichten. Ihren Namen verdanken die Tiere den

Backentaschen, in denen sie Futter für ihr Vorratslager transportieren. ■

STECKBRIEF

Größe: Schulterhöhe bis 160 cm, Gewicht bis 500 kg

Merkmale: mächtiges Geweih mit vielen Enden

Ernährung: Pflanzen, Rinden

Vorkommen: Nordamerika

Besonderheiten: Der Wapiti ist nichts anderes als die amerikanische Rasse des Rothirschs. Die Tiere werden in Amerika aber viel größer als bei uns.

Wapiti Das Wort »Wapiti« stammt aus der Sprache der Algonkinindianer und bedeutet »weißer Hirsch«. Zoologisch gesehen gehört der Wapiti derselben Art an wie unser einheimischer Rothirsch (▶ Hirsch). Er wird aber deutlich größer als bei uns und ist gelbgrau gefärbt. Die amerikanischen Wapitis wanderten vermutlich vor einigen 100 000 Jahren nach Amerika ein, als zwischen Ostsibirien und Nordamerika eine Landbrücke bestand. Auf dem selben Weg könnte auch der Mensch nach Amerika gekommen sein. Die meisten Forscher glauben daher, dass alle amerikanischen Ureinwohner, die Indianer, die Inuit (»Eskimos«) und die Indios, von asiatischen Völkern abstammen. Die englischen Siedler nannten den Wapiti wegen seiner Größe »elk«, also »Elch«. Dieser Name ist natürlich falsch, denn Wapiti und Elch sind ganz verschiedene Tiere. Um die Verwirrung komplett zu machen, tauften die Neuamerikaner den eigentlichen Elch, der ebenfalls in Nordamerika vorkommt, »moose«. Der Wapiti bewohnte einst den größten Teil des nordamerikanischen Kontinents. Heute ist sein Verbreitungsgebiet leider sehr begrenzt. ■

QUIZBOX

Was ist ein Albino?

  **Antwort:**

Bei Albinos können aufgrund einer erblichen Störung keine Farbstoffe im Körper gebildet werden. Deshalb sind Albinos ganz weiß. Ihre Augen erscheinen rötlich, da das Blut durchschimmert.

Weißwedelhirsch Diesen Hirsch kennt garantiert jedes Kind in Europa – nur unter einem anderen Namen: Bambi. Die Geschichte des kleinen Bambis schrieb zwar ein Österreicher, und »Bambi« war für ihn ein Rehkitz, doch es war der Amerikaner Walt Disney, der das Buch 1942 verfilmte. Und weil es in den USA keine Rehe gibt, nahm Disney den Weißwedelhirsch als Vorbild. Sein auffälligstes Merkmal ist die weiße Schwanzunterseite. Auf der Flucht klappen die Tiere den Schwanz hoch. Mit diesem weißen »Spiegel« alarmieren sie die ganze Herde. Das Geweih des Weißwedelhirschs sieht anders aus als das von Hirsch und Reh, mit dem er nahe verwandt ist. Es erscheint nach vorne und innen gebogen. Der Weißwedel- oder Virginiahirsch war zu Beginn des 20. Jahrhunderts in vielen Staaten der USA ausgerottet, weil man ihn so stark bejagt hatte. Doch als Schutzmaßnahmen ergriffen wurden, erholten sich die Bestände wieder. Überdies gelang es dem Weißwedelhirsch, sich der offenen Kulturlandschaft anzupassen.

STECKBRIEF

Größe: Schulterhöhe bis 110 cm, Gewicht bis 200 kg

Merkmale: Schwanz sehr groß, bei der Flucht auffällig weiß

Ernährung: Pflanzen

Vorkommen: südliches Nordamerika, Mittelamerika, nördliches Südamerika

Besonderheiten: Der Weißwedelhirsch war das Vorbild für Walt Disneys »Bambi«.

Ziesel (Streifenziesel) Mit 13 weißen Streifen auf braunem Grund ist der Ziesel – oder genauer Streifenziesel – eine auffällige Erscheinung in der Prärie. Dieses Erdhörnchen gräbt Erdbaue für sich und seine Familie und ist meistens dann zu sehen, wenn es in Männchenstellung die Umgebung mustert. Die Ziesel leben in Kolonien, doch hat jede Familie ihren eigenen Bau. In Nordamerika kommen insgesamt 14 ähnliche Zieselarten vor. Der Kalifornische Ziesel ist die Leibspeise der Prärieklapperschlange. Die erwachsenen Tiere haben allerdings Stoffe in ihrem Blut, die das Schlangengift unschädlich machen. Für die Jungen bedeutet der Schlangenbiss jedoch den sicheren Tod. Zur Abwehr von Klapperschlangen haben die Mütter eine raffinierte Strategie entwickelt. Wenn sie eine lauernde Schlange entdecken, signalisieren sie dies deutlich, sodass die Schlange weiß, dass der Überraschungseffekt verloren gegangen ist. Schlangen, die sich daraufhin nicht zurückziehen, spritzt die Zieselmutter Sand ins Gesicht, dann geht sie selbst zum Angriff über und beißt zu. Bei großen Schlangen wagt sie dies nicht, sondern zieht mit ihren Nachkommen kurzerhand um.

Dem Streifenziesel verwandt ist das Streifenhörnchen oder Chipmunk. Es gräbt ebenfalls Baue im Boden und ernährt sich hauptsächlich von Früchten, Samen und Nüssen, nimmt wie unser Eichhörnchen aber auch tierisches Futter, vor allem Schnecken und Insekten. Was die Streifenhörnchen nicht sofort verzehren, schieben sie zunächst in ihre Backentaschen und verstecken es dann in Vorratskammern. Das hat ihnen auch den Namen »Backenhörnchen« eingetragen.

In Sibirien lebt ebenfalls eine Streifenhörnchenart, der Burunduk. Die Zieselart breitet sich seit einigen Jahren westwärts aus und scheint bereits Finnland erreicht zu haben.

STECKBRIEF

Größe: Länge von Kopf und Rumpf bis 15 cm

Merkmale: 13 Längsstreifen

Ernährung: Gräser, Kräuter, Wurzeln, Samen, Insekten

Vorkommen: Nordamerika

Besonderheiten: In Deutschland und Osteuropa lebt eine ähnliche, allerdings ungestreifte Art, der Europäische Ziesel.

Wüste

Wüste

Wenn wir in Europa von der Wüste sprechen, denken wir meistens zuerst an die Wüste Sahara in Nordafrika. Sie ist die größte Wüste der Welt, aber längst nicht die einzige. Auf allen Kontinenten – außer Europa – gibt es Wüsten: die Wüste Sahara, über die wir hier sprechen, die arabische Wüste, die zentralasiatische Wüste, die zentralaustralische Wüste, die Wüste im Südwesten der USA, die Atacamawüste in Chile und die Namibwüste im Süden Afrikas. Eine wesentliche Voraussetzung für die Entstehung einer Wüste ist der Regenmangel. Wüsten entwickeln sich in Gegenden, in denen im Jahresdurchschnitt weniger als 100 Millimeter Regen (das sind 100 Liter pro Quadratmeter) niedergehen. Typisch ist außerdem, dass dieser Regen unregelmäßig fällt: Nach Jahren ohne einen einzigen Regentropfen stürzt das Wasser mit einem Mal wolkenbruchartig vom Himmel. Trockentäler verwandeln sich dann in reißende Flüsse. Nach einem solchen Regen blüht die Wüste im wahrsten Sinne des Wortes auf. Überall im Boden liegen nämlich Samen, die nur darauf warten, dass endlich genügend Feuchtigkeit vorhanden ist. Sie keimen sofort und beginnen in aller Eile Blüten auszubilden. In den drei bis vier Wochen nach dem Gewitter ist die Wüste grün. Dann trocknet sie langsam wieder aus und kehrt in den Zustand zurück, in dem wir sie kennen: kahl, voller Sand und Schutt, lebensfeindlich.

Wüsten sind tagsüber sehr heiß und es herrscht fast immer schönes Wetter. Nachts allerdings kann es selbst in der heißesten Wüste bitterkalt werden, mit Temperaturen, die deutlich unter null Grad Celsius liegen. Für die Tiere der Wüste ist der Wassermangel das Schlimmste. Sie können nirgendwo trinken. Sie müssen vielmehr alles benötigte Wasser mit der Nahrung aufnehmen. Gleichzeitig müssen sie Wasser sparen und sehr haushälterisch mit den eigenen Reserven umgehen. Das bedeutet zum Beispiel: wenig schwitzen und nur ganz wenig Urin abgeben.

STECKBRIEF

Größe: bis 30 cm lang

Merkmale: unverwechselbare Echse mit Greifschwanz, langer Zunge, hervortretenden Augen

Ernährung: Insekten

Vorkommen: vom Mittelmeergebiet bis nach Indien

Besonderheiten: Das Chamäleonweibchen legt Eier, die sich sehr langsam entwickeln; erst nach mehreren Monaten schlüpfen die Jungen.

QUIZBOX

Wann ändert ein Chamäleon seine Farbe?

1. Wenn es sich tarnen will
2. Wenn es auffallen will
3. Wenn es Hunger hat

Antwort: Das Chamäleon kann seinen Farbwechsel nicht bewusst steuern! Es verändert seine Farbe unwillkürlich, zum Beispiel, wenn es erschrickt, schläft, Hunger oder Durst hat.

Chamäleon

Das Chamäleon ist die wohl eigenartigste Echse der Welt. Es hat einen hochrückigen Körper, der seitlich abgeplattet ist. Seinen Greifschwanz wickelt es um einen Ast. Die Zehen stehen einander gegenüber, sodass sich das Chamäleon gut an Zweigen festhalten kann. Es bewegt sich aber ganz langsam und selten mehr als ein Bein auf einmal. Erst wenn ein Bein fest verankert ist, wird das nächste bewegt. Dabei halten die Augen dauernd Ausschau nach möglicher Beute. Das Chamäleon kann seine Augen unabhängig voneinander bewegen. Wenn es eine Fliege oder einen Käfer entdeckt hat, lässt es seine Zunge aus dem Mund schnellen. Die Zunge ist länger als der ganze Körper und hat eine klebrige Spitze. Daran bleibt das Beutetier hängen und wird sofort verschluckt.

Chamäleons können ihre Farbe wechseln, was sie sogar sprichwörtlich werden ließ: Einen wankelmütigen Menschen, der seine Ansichten dauernd ändert und der Meinung anderer anpasst, nennen man ein Chamäleon. Mit dem Farbwechsel drückt das Chamäleon seine innere Stimmung aus. Bei Gefahr und bei Wut läuft es zum Beispiel dunkel an – wie wir Menschen auch. In erster Linie dient der Farbwechsel aber der Tarnung. ■

Hornviper

Alle Vipern sind giftig, und einige von ihnen gehören in die Kategorie »besonders gefährliche Schlangen«. Dazu zählt die Hornviper. Ihren Namen verdankt sie dem spitzen Schuppendorn über jedem Auge. Eigentlich ist die Hornviper nicht besonders angriffslustig. Sie gräbt sich tagsüber gerne bis zu den Augen im Sand ein und bleibt liegen, wenn man sich ihr nähert. Erst wenn der Abstand zu gering geworden ist, schlägt sie zu, um sich zu verteidigen.

Auf die Jagd geht die Hornviper erst in der Dämmerung. Sie sucht dann nach Kriechtieren und Mäusen. Die Beute wird stets mit einem schnellen Biss getötet und ganz verschlungen. Die Hornviper gehört zu den wenigen Vipern, die Eier legen. Ein Weibchen legt etwa 20 Eier im warmen Sand ab. Die Jungen schlüpfen nach etwa 7 Wochen. ■

STECKBRIEF

Größe: bis 60 cm lang

Merkmale: spitzer Dorn über jedem Auge

Ernährung: vor allem Kleinsäuger und Echsen

Vorkommen: Nordafrika, Arabien, Südwestasien

Besonderheiten: Die Hornviper erzeugt – ähnlich wie die Sandotter – bei Gefahr ein rasselndes Geräusch mit ihren sägeförmigen Schuppen.

STECKBRIEF

Größe: Körperhöhe bis 2,30 m, Gewicht bis 1000 kg

Merkmale: ein Höcker (Trampeltiere haben zwei Höcker), langer Hals, gespaltene Oberlippe, breite weiche Hufe

Ernährung: Gras, Blätter, Kräuter, auch härteste und dornigste Pflanzen

Vorkommen: Nordafrika, Arabien

Besonderheiten: Reitkamele gehören zu den schnellsten und ausdauerndsten Läufern.

DIE VERMENSCHLICHUNG

Dem Kamel eilt der Ruf voraus, rettungslos dumm und hochmütig zu sein. Wenn wir sein Gesicht betrachten, drängt sich dieser Eindruck förmlich auf: Die Mundwinkel sind herabgezogen. Das Kamel trägt die Nase hoch, oft sogar höher als die Augen, die es meist halb geschlossen hält. Wenn wir diesen Gesichtsausdruck vor dem Spiegel annehmen, sehen wir in der Tat hochmütig aus. Wir dürfen unsere Mimik aber nicht einfach auf ein Tier übertragen. Das ist eine unzulässige Vermenschlichung. Wenn ein Kamel erregt ist, behält es übrigens seinen Gesichtsausdruck bei. Um zu erfahren, wie das Tier gestimmt ist, achtet der wahre Kamelkenner auf die Ohren.

Kamel »Wüstenschiff« nannte man das einhöckrige Kamel oder Dromedar früher. Das war ganz richtig beobachtet. Kamele gehen nämlich im Passgang: Sie bewegen immer die Beine derselben Körperseite nach vorne und nicht versetzt wie das Pferd. So entsteht ein wiegender Gang, der an das Rollen und Schaukeln eines Schiffs erinnert. Kamele sind außerordentlich genügsame Tiere. Sie fressen selbst härteste Disteln. Da ihre Mundinnenseite wie Leder ist, macht ihnen das nichts aus. Bei heißem Wetter halten Kamele bis zu 14 Tage durch, ohne zu trinken!

Um Wasser zu sparen, haben sie besondere Anpassungen entwickelt. Ihre Körpertemperatur kann im Bereich von 34 bis 40 Grad Celsius schwanken. Erst ab 40 Grad beginnen sie zu schwitzen und Wasser zu verlieren. Sie geben außerdem einen äußerst konzentrierten Harn und ganz trockenen Kot ab. Und sie können bis zu 40 Prozent des Körpergewichts an Wasser verlieren. Menschen sterben bereits bei einem Verlust von 10 Prozent.

Ein durstiges Kamel wittert eine Wasserstelle aus mehreren Kilometern Entfernung und ist dann nicht mehr zu halten. Auf einmal kann es 100 Liter oder mehr trinken. Besondere Abneigungen zeigt es dabei nicht: Es nimmt auch mit brackigem Wasser vorlieb. Das Kamel speichert das Wasser aber nicht im Höcker. Dieser ist vielmehr ein Fettspeicher. Gut genährte Kamele haben immer einen schönen festen Höcker.

In den zentralasiatischen Kaltwüsten wie der Gobi im Süden der Mongolei lebt eine zweite Kamelart, das zweihöckrige Kamel oder Trampeltier. Während die Dromedare alle als Haustiere leben, gibt es vom asiatischen Trampeltier noch wild lebende Exemplare. Das domestizierte Trampeltier ist überall in Asien verbreitet. Vom einhöckrigen Kamel oder Dromedar ist dagegen keine Wildart bekannt.

Karakal Die langen Pinselohren lassen die Vermutung aufkommen, dass der Karakal mit dem ▶ Luchs verwandt ist; wegen dieser Ähnlichkeit heißt er auf Deutsch auch »Wüstenluchs«. Das exotisch klingende Wort »Karakal« stammt aus einer Turksprache und be-

STECKBRIEF

Größe: mit Schwanz bis 100 cm lang

Merkmale: hochbeinig und zierlich, dunkle Gesichtszeichnung

Ernährung: kleine Wirbeltiere

Vorkommen: Afrika, Arabien, Teile Asiens

Besonderheiten: Früher hat man den Karakal wie auch den Gepard in Indien zur Jagd abgerichtet.

deutet »Schwarzohr«. Der Karakal kommt in den Wüsten und Trockengebieten Afrikas, Arabiens und Asiens vor. Er wirkt sehr hochbeinig und mit seinem sandfarbenen Fell fügt er sich besonders gut in die Umgebung ein. Der Karakal jagt vor allem kleinere Nagetiere. Gelegentlich fällt ihm sogar eine Gazelle zum Opfer. Wie der ▶ Wüstenfuchs muss er beinahe nie trinken: Die Körpersäfte der erlegten Beutetiere reichen ihm aus. Der Karakal kann sich offensichtlich das ganze Jahr über fortpflanzen. Er reagiert damit flexibel auf das schwankende Angebot an Beutetieren. ∎

Mendesantilope In der Sahara leben insgesamt drei Antilopenarten: die Mendesantilope, die Säbelantilope und der Spießbock. Alle drei sind untereinander so nahe verwandt, dass sie sich sogar kreuzen. Der Mensch allerdings stellte diesen Tieren so sehr nach, dass heute alle drei vom Aussterben bedroht sind.

Am besten ist wohl die Mendesantilope oder Addax an das Leben in der Wüste angepasst. Zur Mittagszeit scharrt sie sich mit den Füßen eine Grube und legt sich hinein. Damit bekommt der Bauch etwas Kühlung, während die Oberseite der prallen Sonne ausgesetzt bleibt. Die nächtliche Kälte bis unter null Grad Celsius macht ihr ebenfalls nichts aus. Die Mendesantilope ist Tag und Nacht in kleinen Herden unterwegs. Sie frisst vorzugsweise nachts, weil die Gräser dann durch die höhere Luftfeuchtigkeit etwas mehr Wasser enthalten.

Bei der Mendesantilope tragen auch die Weibchen ein längeres Gehörn, das in der unteren Hälfte zwei spiralige Windungen zeigt.

STECKBRIEF

Größe: Körperhöhe 110 cm, Länge von Kopf und Rumpf 120 cm, Gewicht 120 kg

Merkmale: dunkler Stirnschopf, weiße Gesichtszeichnung

Ernährung: Gräser, Blätter von Sträuchern, Kräuter

Vorkommen: Sahara

Besonderheiten: Von der Mendesantilope sind leider nur noch winzige Bestände erhalten.

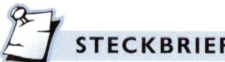

STECKBRIEF

Größe: bis 3 cm groß

Merkmale: breiter schwarzer Körper, verbreiterte Vorderbeine

Ernährung: Dung

Vorkommen: Mittelmeergebiet, Afrika, Teile Asiens

Besonderheiten: Der Pillendreher schiebt seine Dungkugel rückwärts.

Pillendreher Im Glauben der alten Ägypter spielten der Tod und das Weiterleben nach dem Tod eine sehr große Rolle. Ihnen war der Pillendreher oder Skarabäus heilig. Sie beobachteten nämlich, dass die Käfer aus Dung eine Kugel formten und sie über weite Strecken rollten. Dann vergruben die Käfer die Kugel und verschwanden. Nach einigen Wochen kamen sie wieder ans Tageslicht. Dies betrachteten die Ägypter als die Wiederauferstehung von den Toten, die sie für sich selbst herbeisehnten. Deswegen trugen sie aus Steinen geschnittene Skarabäen als Schmuck und gaben solche Steine auch ihren einbalsamierten Toten, den Mumien, mit.

Der Pillendreher gehört zu den Mistkäfern. In Mitteleuropa kommt er nicht vor, aber schon in Italien kann man dem Skarabäus begegnen. Das Geheimnis seiner »Wiederauferstehung« ist natürlich die Fortpflanzung. Wenn sie einen geeigneten Brutplatz gefunden haben, vergraben die Käfer die Dungpille. Das Weibchen legt seine Eier hinein und stirbt dann. Aus den Eiern schlüpfen Larven, die sich von dem Dung ernähren.

Nach der Verpuppung erscheinen sie als fertige Käfer an der Erdoberfläche.

In Australien gab es früher keine größeren Mistkäfer. Erst als man Rinder ins Land brachte, fehlte es an Käfern, die die vielen Kuhfladen verarbeiten konnten. So führte man Skarabäen nach Australien ein. Das war eine der wenigen geglückten Einbürgerungen eines Tiers in ein fremdes Land. ■

Sandotter »Seitenwinden« nennt man die eigentümliche Fortbewegungsweise dieser Schlange. Sie bewegt sich nicht in Richtung der Längsachse des Körpers, sondern schräg seitwärts dazu fort. Dabei steigt die Schlange immer wieder auf eine neue Spur um. Man könnte auch von einem »Abrollen« sprechen. Die Schlange hinterlässt somit keine zusammenhängende Spur. Dieses Seitenwinden ist im Sand die beste Art sich fortzubewegen, deswegen finden wir es auch bei der Hornviper und den Klapperschlangen der amerikanischen Wüste.

Die Sandotter hat an den Körperseiten sägeförmige Schuppen. Wenn sie sich bedroht fühlt, reibt sie diese Schuppen aneinander und erzeugt damit ein rasselndes Geräusch. Ihr Gift ist sehr gefährlich: Es besteht aus einem Cocktail verschiedener chemischer Stoffe. Einer dieser Stoffe zersetzt das Blut, ein anderer lähmt die Nerven, ein dritter zerstört Proteine des Körpers. ■

STECKBRIEF

Größe: 60 cm lang

Merkmale: breiter abgesetzter Kopf, rasselt mit den Schuppen

Ernährung: Kleinsäuger und Echsen

Vorkommen: weite Teile Afrikas und Asiens

Besonderheiten: Das Gift der Sandotter ist fünfmal so stark wie das der ▶ Kobra.

Schwarzkäfer Der abgebildete helle Käfer heißt tatsächlich Schwarzkäfer. Der Gegensatz zwischen Name und Aussehen erklärt sich so: Die meisten Schwarzkäfer sind tatsächlich schwarz und viele von ihnen leben in der Wüste. Das erstaunt: Wer würde gerne in der Wüste in einem schwarzen Auto sitzen? Das wäre doch viel zu heiß! Den Schwarzkäfern scheint dies aber nichts auszumachen. Die meisten Arten sind allerdings nachts unterwegs, wenn es kühler ist und die Sonne sie nicht mehr überhitzen kann. Trotzdem müssen die Schwarzkäfer mit dem Wasser sehr sorgsam umgehen. Der Außenpanzer ist extrem fest und lässt keinen Wasserdampf hindurch. Die Atemöffnungen münden unter den Flügeldecken, sodass auch durch die Atmung nur wenig Wasser verloren geht. Viele Schwarzkäfer besitzen sehr lange Beine, um den Körper möglichst weit vom heißen Sand abzuheben. Einige Käfer, die in der Wüste leben, haben sich inzwischen an das

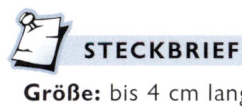

STECKBRIEF

Größe: bis 4 cm lang

Merkmale: fast immer kohlrabenschwarz, sehr starker Panzer

Ernährung: Pflanzenstoffe

Vorkommen: weltweit

Besonderheiten: Unser bekannter Mehlkäfer gehört auch zu den Schwarzkäfern.

Leben in der Sonne angepasst und sind ganz weiß geworden: Weiß wirft den größten Teil des Lichts und der Wärmestrahlung zurück.

Fast alle Schwarzkäfer leben von Wurzeln und anderen pflanzlichen Abfallstoffen. Gerade in Wüsten und Steppen erreichen sie eine große Vielfalt an Arten und Körperformen. Sie sind in Wüsten die häufigsten Käfer überhaupt.

Skink (Apothekerskink) Der merkwürdige Name geht auf das Altgriechische zurück und bezeichnete eine ägyptische Echse. Ihr Körper ist walzenförmig und trägt ganz glatte Schuppen, was ihr auch den deutschen Namen »Glattechse« eingetragen hat. Bei den Skinken kann man den Übergang von vierbeinigen zu beinlosen Echsenarten hervorragend beobachten: Einige besitzen noch vier gut ausgebildete Beine. Bei anderen Arten sind die Vorderbeine verkümmert und nur noch als Stummel vorhanden. Und ein paar Arten haben die Beine ganz verloren und erinnern somit an unsere Blindschleiche.

Die häufigste Art in der Sahara ist der Apothekerskink. Früher trocknete man die Tiere

und zerrieb sie. Dieses Pulver galt als Heilmittel gegen allerlei Beschwerden. Damals konnte man das Mittel in fast jeder Apotheke bekommen. Für den Apothekerskink gibt es auch den Namen »Sandfisch«. Im feinen Sand der Sahara schwimmt er tatsächlich mit Ruderbewegungen wie ein Fisch. In Nu taucht er in den Sand ab und ist dort völlig geschützt. Der Apothekerskink ist in der Dämmerung aktiv und macht Jagd auf Heuschrecken oder auf Käfer. Das Weibchen bringt lebende Junge auf die Welt.

STECKBRIEF

Größe: bis 20 cm lang

Merkmale: walzenförmig, gelblich braun mit dunklen Querbändern

Ernährung: Insekten

Vorkommen: Nordafrika und Arabien

Besonderheiten: Der Apothekerskink schwimmt im Sand wie ein Fisch.

Skorpion Alle Skorpione haben acht Beine wie die Spinnen und gehören zu den Spinnentieren. Vorne tragen sie ein paar mächtige Greifscheren. Ihre eigentliche Gefahr geht aber vom Schwanz aus. Der Stachel am Schwanzende steht mit einer Giftdrüse in Verbindung. Skorpione sind eigentlich ganz harmlose Tiere, weil sie ihren Stachel nur bei Bedrohung einsetzen. Der Stich der europäischen Skorpione ist harmlos und einem Wespenstich vergleichbar. Doch in der Sahara und südlich davon ist höchste Vorsicht geboten. Todesfälle durch Skorpionstiche sind hier nicht allzu selten: Zwei von hundert Stichen enden tödlich.

Skorpione zeigen ein interessantes Fortpflanzungsverhalten. Das Männchen packt das Weibchen bei den Scheren und versucht es wegzuschieben. Das Weibchen leistet Widerstand. Dieser wird erst geringer, wenn das Männchen das Weibchen ein paarmal ins »Handgelenk« der Schere gestochen hat. Nun führen die beiden einen richtigen Tanz auf. Danach legt das Männchen ein Samenpaket auf dem Boden des Tanzplatzes ab und zieht das Weibchen darüber. Dabei entleert sich die Samenflüssigkeit in den weiblichen Körper. Einige Zeit später bringt das Weibchen lebende Junge auf die Welt. Sie bleiben noch viele Tage auf dem Rücken der Mutter und lassen sich herumtragen. ∎

Springmaus Sie können gar nicht mehr auf allen Vieren laufen. Die Hinterbeine der Springmäuse sind so stark verlängert, dass sie hüpfen wie Kängurus. Mit den verkürzten

Vorderbeinen hingegen halten die zierlichen Tiere Samen und Früchte fest. Der lange Schwanz dient beim Springen als Balancierstange. Sie können selbst dem Wüstenfuchs und den Eulen entkommen. Bei den alten Ägyptern galt die Springmaus deswegen als Symbol für Wendigkeit und Geschwindigkeit. An das Leben in Trockengebieten sind sie hervorragend angepasst. Tagsüber sind sie kaum zu sehen, da ist es ihnen zu heiß. Die warmen Stunden verbringen sie in ihren Erdbauen, die sie zusätzlich mit Sand verstopfen, um möglichst wenig Wasser durch die Atemluft zu verlieren. Nachts kommen die Springmäuse an die Oberfläche. Dank ihrer großen Knopfaugen und Ohren sehen und hören sie sehr gut. Die Wüstenspringmaus der Sahara kommt auch im Vorderen Orient und im Iran vor. ∎

Größe: bis 8 cm lang

Merkmale: eine kräftige Heuschrecke mit langen Flügeln, die nicht selten auch im europäischen Mittelmeerraum anzutreffen ist.

Ernährung: Pflanzen

Vorkommen: Südeuropa, Nordafrika, Teile Asiens

Besonderheiten: Die Wanderheuschrecke bildet die größten Tierschwärme, die man kennt.

Wanderheuschrecke »... so schicke ich morgen Heuschrecken über dein Land. Sie werden die Oberfläche der Erde bedecken, sodass man den Erdboden nicht mehr sehen kann. Sie werden auch noch das verzehren, was der Hagel verschont hat, und alle Bäume kahl fressen, die auf euren Feldern wachsen.« Mit diesen Worten drohte Moses dem ägyptischen Pharao die achte Plage an. Die achte Plage, die Gott damals den Ägyptern sandte, ist bis auf den heutigen Tag ein Schreckgespenst geblieben. Immer wieder zeigt das Fernsehen Bilder von Menschen, die dicke Heuschreckenwolken zu vertreiben versuchen. Innerhalb von nur wenigen Stunden können Heuschreckenschwärme ganze Täler und Landstriche kahl fressen. Es bleibt dann buchstäblich kein grünes Blatt mehr übrig. Doch wie entstehen solche Heuschreckenschwärme?

Wanderheuschrecken leben lange Zeit im Verborgenen, vor allem in abgelegenen Wüstengebieten. Dort bleiben sie unbemerkt und können sich erheblich vermehren. Wenn die Bevölkerungsdichte jedoch ein bestimmtes Maß überschritten hat, verwandeln sich die zunächst standorttreuen Tiere in Schwarmtiere. Auf wenigen Quadratkilometern können sich 700 Millionen bis zwei Milliarden Tiere versammeln. Diese Schwärme begeben sich dann auf Wanderschaft. Sie fliegen hoch und bewegen sich überwiegend in Windrichtung. In grünen Oasen lassen sie sich nieder und fressen dort alles kahl. Wanderheuschrecken fielen bis ins 18. Jahrhundert auch immer wieder in Europa ein und verursachten Hungersnöte. Übrigens gibt es Wanderheuschrecken nicht nur in Nordafrika, sondern auch im Vorderen Orient, in Südafrika, in Nord- und Südamerika und in Australien. ◼

Größe: mit Schwanz bis 70 cm lang

Merkmale: sandfarbenes Fell, große Ohren

Ernährung: Insekten, Echsen, Mäuse, auch Früchte, Eier und Aas

Vorkommen: Nordafrika

Besonderheiten: Der Fennek lebt gesellig in Bauen, wobei Männchen und Weibchen jahrelang zusammen bleiben.

Wüstenfuchs Beim Wüstenfuchs oder Fennek fallen einem zunächst die großen Ohren auf. Sie sind meist so lang wie der ganze Kopf. Mit den Ohren kann der Fennek nicht nur Geräusche in der Wüste punktgenau orten, sie strahlen auch viel Wärme ab. Damit vermeidet der Fuchs die Überhitzung. Erstaunlicherweise hat er aber ein weiches dickes Fell. Es isoliert gut – nicht nur gegen Kälte, sondern eben auch gegen Hitze: Ein dickes Fell hält Wärme fern. Kein Wunder, dass sich auch die Beduinen als Schutz vor der Hitze in ziemlich schwere Gewänder hüllen. Der Fennek gehört zu den Füchsen, deshalb ist der Name »Wüstenfuchs« durchaus korrekt. Er braucht überhaupt nicht zu trinken, denn das Wasser, das seine Beutetiere enthalten, reicht ihm, genau wie dem ▶ Karakal, zum Überleben aus. ◼

Australische Steppe und Busch

Australische Steppe und Busch

Vor 200 Millionen Jahren lebten auf der Erde weder Menschen noch sonstige Säugetiere, nur Amphibien, Reptilien und Insekten. Aber die Erde sah damals auch ganz anders aus als heute: Alle Kontinente lagen zusammen und bildeten einen einzigen Urkontinent. Pangäa, wie die Geologen die riesige Landmasse nannten, brach aber irgendwann auseinander. Australien spaltete sich als erstes ab. Seither ist dieser Kontinent isoliert und hat keine Verbindung mehr zu den übrigen.

Als sich Australien von Pangäa trennte, lebten dort nur zwei primitive Säugergruppen, die Eier legenden Säugetiere und die Beuteltiere. Die höher entwickelten Säugetiere, die später auf anderen Kontinenten entstanden, konnten nicht mehr nach Australien gelangen. Sie wurden erst viel später von den Menschen eingeführt. An ihrer Stelle entfalteten sich dort die Beuteltiere. Ihre Fortpflanzung verläuft etwas anders als bei den übrigen Säugern. Das Weibchen gebiert winzige, unreife Jungtiere. Die müssen sich ohne Hilfe den Weg bis zum Beutel der Mutter suchen.

Einmal angekommen, heften sie sich an den Milchdrüsen fest und wachsen noch einige Wochen oder Monate weiter. Selbst wenn sie schon laufen können, kehren sie immer wieder gerne in den Beutel der Mutter zurück.

Die Beuteltiere haben sich in Australien in verschiedene Richtungen weiterentwickelt. Es gibt Pflanzenfresser, Fleischfresser, daneben Allesfresser und hoch spezialisierte Blütenbesucher. Einige Beuteltiere können schnell laufen, andere hüpfen, die dritten klettern. Manche graben wie Maulwürfe im Boden oder haben sich sogar aufs Segelfliegen verlegt.

Ameisenigel

Ameisenigel Mit seinem stacheligen Kleid sieht der Ameisenigel (oder auch Schnabel-

igel) tatsächlich wie ein Igel aus. Aber er ist mit dem ▶ Schnabeltier verwandt und gehört somit zu den wenigen Säugern, die Eier legen. Der Ameisenigel brütet sie in einer Tasche aus. Die Jungen erinnern beim Schlüpfen eher an Larven, wachsen im Brutbeutel aber schnell heran, weil sie dort Muttermilch bekommen. Nach einem Jahr werden sie geschlechtsreif. Balz und Paarung ist für die Männchen besonders mühselig: Wochenlang müssen sie einer Igelin im Gänsemarsch hinterherlaufen. Wer aus der Reihe tanzt, um vielleicht kurz Nahrung zu suchen, muss sich wieder hinten anstellen. Auf diese Weise wird die Zahl der Verehrer mit der Zeit immer kleiner, nur die ausdauerndsten Männchen sind bis zum Schluss dabei. Kurz vor der Paarung laufen sie in einem Kreis um das Weibchen und scharren dabei einen Graben frei. Das kräftigste Männchen wirft die anderen dann einfach aus der Bahn und paart sich schließlich mit dem Weibchen. ■

STECKBRIEF

Größe: Länge von Kopf und Rumpf bis 75 cm, Gewicht bis 7 kg

Merkmale: igelähnlich, aber mit langer röhrenförmiger Schnauze

Ernährung: Ameisen und Termiten sowie andere Kleintiere

Vorkommen: Australien und Neuguinea

Besonderheiten: Ameisenigel legen wie das Schnabeltier Eier.

Beutelmull

Beutelmull Im Jahr 1888 entdeckten Zoologen in Australien ein 15 Zentimeter langes bodenbewohnendes Tier, das sie Beutelmull nannten. Sie waren damals überrascht von der Ähnlichkeit mit afrikanischen Maulwürfen, den Goldmullen. Beide Tiere zeigen in der Tat merkwürdige Übereinstimmungen: ein prächtiges goldgelbes Fell, das seidig glänzt, große Grabklauen, zurückgebildete Augen und vor allem einen Hornschild auf der Schnauze, mit dem die Mulle ähnlich wie ein Bagger losgelöste Erde vor sich herschieben. Der australische Beutelmull gehört allerdings zu den Beuteltieren, die Goldmulle zu den Insektenfressern, die ihre Jungen so auf die Welt bringen wie die meisten anderen Säuger auch. Australische Forscher haben mittlerweile noch eine zweite Beutelmullart entdeckt, die nur neun Zentimeter lang wird: Bisher ist davon allerdings nur ein Exemplar bekannt – so selten sind die Tiere! ■

STECKBRIEF

Größe: Körperlänge bis 18 cm

Merkmale: Fell weiß bis orange, keine Augen, keine Ohren

Ernährung: bodenbewohnende Insekten und Larven

Vorkommen: Australien

Besonderheiten: Beutelmulle sind sehr selten – oder werden selten beobachtet.

ÄHNLICHKEIT

Daran, dass sich Beutelmull und Goldmull ähnlich sehen, ist keineswegs nur der Zufall Schuld. Vielmehr haben sich die beiden Tierarten an ähnliche Lebensbedingungen angepasst – das Leben unter und das Graben in der Erde. Entwicklungen dieser Art, bei der aufgrund von ähnlichen Lebensweisen ähnliche Körperformen entstehen, nennt der Zoologe »konvergent«. Ein besonders schönes Beispiel für Konvergenz sind Tiere, die schnell schwimmen: Pinguine, Fische, Delfine und Otter. Sie alle besitzen einen stromlinienförmigen Körperbau, ohne näher miteinander verwandt zu sein. Auch bei den Flügeln von Vögeln, Fledermäusen und Flugsauriern ist die Konvergenz gut zu erkennen.

Dornteufel Ein Horrorspezialist aus den Filmstudios von Hollywood hätte diese Echse nicht schrecklicher erfinden können: Ihr krötenartiger Körper ist über und über mit Dornen und Stacheln bedeckt. Auf der Nase und am Hals stehen je zwei besonders große Dornen. Der Dorn- oder Wüstenteufel, der nach einer phönizischen Gottheit auch »Moloch« heißt, begnügt sich zur Abschreckung aber nicht mit seinem Stachelkleid. Er bewegt sich auch noch bedrohlich ruckartig fort und zischt bei Gefahr. Trotzdem ist er ein ganz harmloses Tier.

Der Dornteufel lebt in den Sandwüsten Australiens und frisst Ameisen. An die 2000 Stück braucht er pro Mahlzeit. Dabei muss er sich schnell bewegen. Seine Beute fängt er geschickt mit der Zunge und zermalmt sie mit seinen Backenzähnen. Wasser erhält der Dornteufel auf besondere Weise: Regen- und

Tautropfen werden von seinen Schuppen aufgefangen, über Kanäle gesammelt und zum Maul geleitet. ■

Emu Der straußenähnliche und ebenfalls flugunfähige Emu gehört zu den wenigen Tieren, gegen die ein richtiger Krieg geführt wurde. Die Viehzüchter hatten den Verdacht, dass der größte Vogel Australiens den Rindern und Schafen das Futter wegfressen würde. So bekam eine australische Eliteeinheit des Militärs 1932 den Auftrag, Emus zu erlegen, sie erwischten aber gerade mal zwölf Tiere. Heute umgibt man die feuchteren Weidegründe mit Zäunen, die oft Hunderte von Kilometern lang sind. Dadurch drängt man die Emus in die trockeneren Gebiete ab – mit der Folge, dass der Emubestand vor allem in den trockeneren Jahren stark dezimiert wird. Auf diese Weise haben es die Schafzüchter tatsächlich geschafft, dass der Emu heute zu den gefährdeten Arten zählt.

Die Fortpflanzung des Emus ist recht ungewöhnlich für einen Vogel. Meist legen mehrere Weibchen ungefähr sieben Eier in eine flache Mulde. Zwei Monate lang brütet der Hahn sie aus. Auch nach dem Schlüpfen der Küken kümmert sich das Männchen noch weitere 18 Monate um sie. ■

Größe: Gesamtlänge bis 30 cm

Merkmale: erinnert an unseren Siebenschläfer, große Flughaut zwischen den Gliedmaßen

Ernährung: Blütennektar, Pollen, Insekten

Vorkommen: Australien und Neuguinea

Besonderheiten: Der Gleitbeutler kann bis zu 70 Meter weit gleiten.

Gleitbeutler Auf den ersten Blick sieht er wie ein Siebenschläfer aus: samtiges, braunes oder gelbes Fell, schwarze Knopfaugen. Der Gleitbeutler wirkt nur etwas plumper und dicker. Nachts tollt er geschickt im Geäst der Bäume herum. Dabei wechselt er gerne den Baum. Er springt einfach in die Luft und spreizt dabei seine Beine vom Körper ab. Dadurch spannt er eine Flughaut auf, die bis dahin seinem Körper anlag und die ihn plump erscheinen ließ. Auf seiner Flughaut segelt der Gleitbeutler bis zu 50 Meter weit. Seinen buschigen Schwanz setzt er dabei als Steuerruder ein. Die Mutter kann ein bis zwei Junge in ihrem Beutel tragen. Natürlich gehen sie mit auf die Flugreise von Baum zu Baum. Wenn sie für den Beutel zu groß geworden sind, trägt sie die Mutter dabei auf dem Rücken. ■

Helmkasuar Wie der ▶ Emu ist auch der Helmkasuar ein flugunfähiger Laufvogel und damit ein Verwandter des Straußes. Er kommt aber nur in den Waldgebieten Nordaustraliens und Neuguineas vor. Deshalb hat er eine etwas gebückte Haltung, während sich der Emu hoch aufgerichtet fortbewegt. Auf dem Kopf trägt der Kasuar einen knöchernen Helm, von dem man nicht genau weiß, wozu er dient. Einige Zoologen glauben, der Helmkasuar zerteile damit bei schneller Flucht das Dickicht – eine Art eingebaute Machete also.

Werden Helmkasuare angegriffen, verteidigen sie sich mit dolchartigen Krallen, die schwere Verletzungen zufügen können. Sie kämpfen auch gegen streunende Hunde, besonders wenn diese sich für den Nachwuchs interessieren. Bei Gefahr ergreifen die großen Vögel aber lieber die Flucht.

Wie beim ▶ Emu ist auch das Helmkasuarmännchen für die Brutpflege verantwortlich. Er brütet die bis zu acht Eier aus und kümmert sich auch danach noch wochenlang um die Kleinen. ■

Größe: Höhe bis 160 cm

Merkmale: Helm auf dem auffällig blauen Kopf

Ernährung: Pflanzen, Früchte, Kleintiere

Vorkommen: Neuguinea und Nordostaustralien

Besonderheiten: Die Kasuare leben im Gegensatz zu den Emus am liebsten im dichten Wald.

STECKBRIEF

Größe: Länge bis 38 cm

Merkmale: typische Papageiengestalt mit rosa Federkleid

Ernährung: Pflanzen, richtet oft große Schäden in Pflanzungen an

Vorkommen: Australien

Besonderheiten: Alle Kakadus erkennt man an der Federhaube auf dem Kopf.

Kakadu (Rosakakadu) Papageien mit einem Federschopf auf dem Kopf heißen Kakadus. Sie kommen vor allem in Neuguinea und Australien vor. Die häufigste Art ist der Rosakakadu. Er fühlt sich in den unterschiedlichsten Lebensräumen zu Hause, sogar in menschlichen Siedlungen. Dort bildet er Schwärme von mehreren Hundert Tieren und fällt über die saftigen Pflanzen von Plantagen her. Deswegen gilt der schöne Vogel in Australien als ausgesprochener Schädling. Andere Kakaduarten sind so selten geworden, dass sie schon lange unter Schutz stehen, etwa der rein weiße Gelbhaubenkakadu. Er bewohnt Nord- und Ostaustralien. In den nordaustralischen Regenwaldgebieten lebt einer der größten Papageien überhaupt, der Arakakadu. Der grauschwarze Vogel wird bis 80 Zentimeter lang und hat einen mächtigen, 10 Zentimeter langen, gekrümmten Schnabel. ■

STECKBRIEF

Größe: Die größten Arten, die Riesenkängurus, werden bis 2 m hoch.

Merkmale: unterschiedlich große Vorder- und Hinterbeine, kräftiger Stützschwanz, lange Ohren

Ernährung: Pflanzen, Gras, Kräuter, auch Rinden

Vorkommen: Australien, kleinere Arten auch in Neuguinea

Besonderheiten: Der bis 1 m lange Schwanz dient den Riesenkängurus sozusagen als dritter Fuß.

Känguru (Riesenkänguru) Im Jahr 1629 sah ein europäischer Seefahrer in Australien ein merkwürdiges Tier und beschrieb es folgendermaßen: Es ist so groß wie ein Mensch, hat den Kopf eines Rehs, einen langen Schwanz und hüpft wie ein Frosch. Damit beschrieb er recht treffend ein Känguru, genauer ein Riesenkänguru. Von diesem kennt man heute zwei Arten, das Graue und das Rote. Das sind die größten Beuteltiere. Meist sitzen sie aufrecht auf den Hinterbeinen, wobei der muskulöse Schwanz als Stütze dient. Bei langsamer Fortbewegung stützen sich die Riesenkängurus auf die viel kleineren Vorderbeine.

QUIZBOX

Wie schnell können Kängurus springen?

Antwort: Das Riesenkänguru bringt es für kurze Strecken auf knapp 90 km/h. Das ist fast die Geschwindigkeit, die ein Auto auf der Landstraße fahren darf.

Bei schnellerer Bewegung hüpfen sie nur noch mit den Hinterbeinen. Auf der Flucht erreichen sie Sprungweiten von 10 Metern. Ihre Fortbewegungsweise ist sehr Energie sparend: Bei jedem Aufsetzen auf den Boden wird im Bein ein elastisches Band gespannt, ähnlich einer Bogensehne. Beim Weiterhüpfen entspannt sich das Band – wie beim Abschuss des Pfeils – und das Tier schnellt nach vorne.

In Australien leben insgesamt 55 Känguruarten. Allen gemeinsam ist die Ernährungsweise: Sie fressen nur Pflanzen. Doch sonst findet man unter diesen Tieren die unterschiedlichsten Lebensformen. Die Rattenkängurus werden nicht größer als ihr Name sagt. Felsenkängurus klettern so geschickt, dass man sie schon mit Gämsen verglichen hat. Im Norden Australiens findet man sogar baumbewohnende Arten. Die Australier nennen mittelgroße Kängurus übrigens »Wallabys«. ■

DER TEDDYBÄR

Einen Koala hat vermutlich fast jedes Kind zu Hause: als Teddybär. Angeblich war der Koala – obwohl er nicht zu den Bären gehört – das Vorbild für die Plüschtiere. Der Name des Teddybären geht allerdings auf den früheren amerikanischen Präsidenten Theodore (Teddy) Roosevelt zurück. Er weigerte sich nämlich einmal bei einer Jagd, auf einen jungen Bären zu schießen. Die Geschichte von »Teddys Bär« ging daraufhin durch alle Zeitungen. Eine Spielzeugmacherfamilie in New York hörte davon und fragte bei Präsident Roosevelt an, ob sie einen Plüschbären, den sie herstellte, nach ihm »Teddy« nennen dürfte. Der Präsident hatte nichts dagegen, und der »Teddybär« war geboren. Das war im Jahr 1902.

Koala Der Koala oder Beutelbär lebt nur auf Bäumen. Um Äste besser packen zu können, kann er – ähnlich wie der Mensch – den Daumen den übrigen Fingern seiner Hand gegenüberstellen. Koalas sind extrem spezialisiert: Von den 300 australischen Eukalyptusarten fressen sie gerade mal die Blätter von 12 Arten. Die anderen enthalten nämlich ein Gift für sie. Selbst die ganz jungen Blätter der genießbaren Bäume vertragen sie oft nicht. Deshalb sind Koalas viel unterwegs, immer auf der Suche nach einem geeigneten Eukalyptusbaum. Die Beutelbären müssen pro Tag mehr als ein Kilogramm Laub fressen. Auch die Verdauung des Futters gestaltet sich kompliziert: In ihrem überlangen Blinddarm bilden die Tiere eine Art »Vorkot«, den sie absetzen und gleich wieder fressen. Besonders die jungen Tiere brauchen diese vitaminreiche »Zusatzkost«. Erst später können sie allein von den harten ledrigen Eukalyptusblättern leben. Koalas lebten einst zu Millionen in den lichten australischen Buschwäldern. Doch dann entdeckte die Pelzindustrie, dass die Tiere ein seidenweiches Fell haben. Die Jagd war erbarmungslos, und der Koala stand bald am Rand des Aussterbens. Heute ist diese Gefahr gebannt, doch das Verbreitungsgebiet der Beutelbären ist deutlich kleiner geworden. ■

 STECKBRIEF

Größe: Kopf und Rumpf bis 75 cm lang, Gewicht bis 12 kg

Merkmale: wie ein Teddy mit Plüschohren, auffallend ist die dicke schwarze Nase

Ernährung: nur die Blätter bestimmter Eukalyptusarten

Vorkommen: Ostaustralien

Besonderheiten: Der Koala dient heute vielfach als Vorbild für Teddybären.

 QUIZBOX

Was ist am Beutel des Koalas so besonders?

1. Er sitzt auf dem Rücken.

2. Er ist nach unten offen

3. Er hat zwei Fächer

Antwort: Der Beutel sitzt bei den Koalas nicht wie bei den Kängurus vor dem Bauch, sondern auf dem Rücken der Mutter. So kann sie besser in den Bäumen herumklettern.

STECKBRIEF

Größe: Gesamtlänge bis 1 m

Merkmale: große Hautfalte am Hals, ähnlich einer Halskrause

Ernährung: Insekten, Spinnen, auch Kleinsäuger

Vorkommen: Australien und Neuguinea

Besonderheiten: Die Kragenechse läuft bei der schnellen Flucht nur auf den Hinterbeinen.

Kragenechse Die bis zu ein Meter lange Kragenechse lebt vor allem in trockenen Gebieten. Bei Gefahr läuft das Tier schnell weg. Dabei richtet es sich auf den Hinterbeinen auf. Die Vorderbeine hält die Echse eng am Körper angelegt. Der Schwanz dient bei der

DROHEN UND IMPONIEREN

Wenn Menschen imponieren wollen, atmen sie tief ein und halten die Luft an, damit der Brustkorb größer erscheint. Sie winkeln die Arme etwas ab und gehen leicht breitbeinig. Das lässt sie größer aussehen. Tiere zeigen ähnliche Verhaltensweisen. Sie alle dienen dazu, größer und damit gefährlicher oder wehrhafter zu erscheinen: Der Igelfisch und die Kröte blähen sich auf, der Elefant stellt seine Ohren nach vorne, der Gorilla richtet sich auf. Löwe und Tiger reißen den Rachen auf und brüllen. Das Imponieren und das Drohen sind eng miteinander verwandt. Das Drohen fällt noch etwas stärker aus als das Imponieren und richtet sich auch gegen artfremde Feinde.

schnellen Flucht als Balancierstange. Merkt die Kragenechse aber, dass sie nicht entkommen kann, so klappt sie eine schuppige Hautfalte um den Hals auf. Der aufgespannte Kragen erreicht einen Durchmesser von 20 Zentimetern und lässt das Tier viel größer erscheinen als es wirklich ist. Gleichzeitig zischt die Kragenechse böse und reißt ihr Maul weit auf. Mit diesem Verhalten gelingt es der Kragenechse, selbst die australischen Wildhunde, die Dingos, die sonst gerne Reptilien fressen, zu vertreiben. ◾

STECKBRIEF

Größe: Männchen bis 90 cm lang, Weibchen kleiner und mit kürzeren Schwanzfedern

Merkmale: durch die Schwanzfedern und die Balz sind die Männchen unverkennbar

Ernährung: Insekten, auch kleine Vögel und Kleinsäuger

Vorkommen: Ost- und Südaustralien

Besonderheiten: Der Leierschwanz ist der größte Sperlingsvogel.

Leierschwanz Im Jahr 1798 sahen Forscher im Südosten Australiens die ersten Leierschwänze. Sie nannten sie zunächst »Bergfasane« – und das nicht einmal zu Unrecht. Die Männchen haben nämlich einen rund 60 Zentimeter langen Schwanz. Bei der Balz kippen sie die Schwanzfedern nach vorne über den Körper, sodass sie eine Art Baldachin bilden. Die äußeren, längsten Federn sehen dabei wie eine griechische Leier aus. Bei der Balz singen die Männchen betörend schön und bauen in ihre Gesänge auch Nachahmungen anderer Vogelstimmen und sogar von Geräuschen ein. Sie können zum Beispiel das quietschende Bremsen eines Autos oder das Herunterrasseln von Jalousien imitieren. Es kommt vor, dass zwei Männchen miteinander wetteifern und im Duett singen. Trotz ihrer Starqualitäten sind sie aber schlechte Väter: Sie paaren sich mit vielen Weibchen, kümmern sich aber gar nicht um

den Nachwuchs. Die Leierschwänze gehören übrigens zu den Sperlingsvögeln. ◾

Schnabeltier Als Seeleute 1798 das erste Fell eines Schnabeltiers nach London brachten, hielten es die damaligen Naturforscher für eine Fälschung. Sie meinten, es sei aus Stücken verschiedener Tiere zusammengesetzt. Es hatte ein weiches Fell wie ein Otter, einen breiten behaarten Schwanz, Schwimmhäute zwischen den Zehen, einen Entenschnabel und zu guter Letzt Milchdrüsen. Eine Sensation! Heute stellt man dieses merkwürdige Tier zusammen mit dem ▶ Ameisenigel in die Gruppe der Eier legenden Säugetiere.

Das Schnabeltier lebt an Bächen und Flüssen. In die Uferböschungen gräbt es einen vier bis zehn Meter langen Bau. Die Kammer für die Jungen wird ausgepolstert. Das Schnabeltier frißt alle möglichen Wassertiere. Es ist aber praktisch blind und taub. Zur Orientierung und zum Beutefang setzt es – wie die Haie – einen elektrischen Sinn ein. Es nimmt damit die winzigen Ströme wahr, die Beutetiere mit ihren Muskeln erzeugen und stöbert sie auf. Das Männchen trägt am Hinterbein einen Giftstachel, doch weiß man noch nicht, wozu er dient. ■

STECKBRIEF

Größe: Kopf und Rumpf bis zu 60 cm lang, Gewicht bis über 2 kg

Merkmale: hat einen Entenschnabel, Paddelfüße, ein Fell und legt Eier

Ernährung: Krebse, Schnecken, Würmer, Insekten, Frösche

Vorkommen: Ostaustralien und Tasmanien

Besonderheiten: Das Männchen hat einen Giftsporn am Hinterbein.

EIER LEGENDE SÄUGETIERE

Säugetiere gebären ihre Jungen. Die Mütter säugen sie mit ihrer Milch. Die Eier legenden Säugetiere legen zunächst aber Eier und brüten sie aus. Daraus schlüpfen Junge, die die pergamentartige Eischale wie Vögel mit einem Eizahn sprengen. Das Weibchen hat auf der Bauchseite Milchdrüsen. Diese sondern Milch ab, die von den Jungen aufgeleckt wird. Das Schnabeltier und der Ameisenigel haben Haare – das ist ein typisches Säugermerkmal. Die Zoologen nennen die Eier legenden Säugetiere auch Kloakentiere, weil die Ausscheidungs- und Geschlechtsorgane in eine gemeinsame Öffnung münden, die Kloake.

Stabheuschrecke Man kann direkt vor einer Stabheuschrecke stehen und sie doch nicht sehen. Sie hängt bewegungslos in den Zweigen eines Buschs und ist durch ihre überschlanke Gestalt hervorragend getarnt. Dazu kommt, dass sich die Insekten nur sehr langsam bewegen. Sie vertrauen auf ihre Tarnung und laufen deshalb nicht sofort weg.

Bereits in Südeuropa leben ein paar Stabheuschreckenarten. Auf der ganzen Welt gibt es mehr als 200 Arten. Besonders große und dornige Tiere leben in Australien. Sie werden über 20 Zentimeter lang. Manche Stabheuschrecken pflanzen sich durch Jungfernzeugung fort: Die Weibchen legen unbefruchtete Eier, die sich – ganz ohne männlichen Samen – zu normalen Jungtieren entwickeln. Dabei entstehen fast nur Weibchen. Aus 1000 Eiern schlüpfen gerade mal fünf Männchen. Diese paaren sich zwar mit Weibchen, doch kommt es zu keiner Befruchtung der Eier. Damit sind die Männchen praktisch überflüssig geworden.

Mit den Stabheuschrecken nahe verwandt ist das Wandelnde Blatt. Sein Name sagt es schon: Das abgeflachte Tier sieht einem Blatt täuschend ähnlich, und bei der leisesten Gefahr bewegt es sich wie ein Blatt im Wind. Diese Tiere leben vor allem in Indonesien. ■

STECKBRIEF

Größe: Länge bis 30 cm

Merkmale: Fast alle Stabheuschrecken haben einen extrem lang gezogenen Körper.

Ernährung: Blätter

Vorkommen: Vertreter dieser Insektengruppen kommen in allen warmen Ländern vor.

Besonderheiten: Eine Stabheuschreckenart wurde zu einem bekannten Labortier. Sie pflanzt sich durch Jungfernzeugung fort, da fast keine Männchen auftreten.

STECKBRIEF

Größe: Länge bis 4 m

Merkmale: dicke schwarze Schlange, helle Kopfunterseite

Ernährung: kleine bis mittel-große Säugetiere

Vorkommen: Nordaustralien und Neuguinea

Besonderheiten: Der Taipan gilt als eine der giftigsten Schlangen.

Taipan Der bis vier Meter lange Taipan gilt als die gefährlichste Giftschlange Australiens – und das in einem Land, wo es vor Giftschlangen geradezu wimmelt! Eine Schönheit ist diese Schlange allerdings nicht: Auf den großen dreieckigen Kopf folgt ein plumper, bis oberarmdicker schwarzer Körper.

Der Taipan gehört zu den Giftnattern. Er besitzt vorne im Oberkiefer verlängerte Zähne, die das Gift in die Bisswunde spritzen. Alle Natterngifte haben eine schnelle Wirkung, sie lähmen die Nerven. Was bei den Beutetieren des Taipans hervorragend und schnell funktioniert ist, ist für den Menschen in den meisten Fällen harmlos.

Taipane sind sehr scheu und flüchten normalerweise schnell. ■

STECKBRIEF

Größe: bis 1,5 m lang

Merkmale: sieht wie eine riesen-große Eidechse aus

Ernährung: Kleintiere

Vorkommen: Australien

Besonderheiten: Die Warane sind eine besonders altertümliche Echsengruppe.

Waran (Buntwaran) Schlangen haben bekanntlich eine zweigespaltene Zunge, mit der sie ständig »züngeln«. Durch das Züngeln nehmen sie Geruchsstoffe aus der Luft auf – man könnte sagen, sie riechen mit der Zunge. Das gilt auch für die Warane und darin unterscheiden sie sich von den anderen Echsen. Die Warane sehen dadurch (und durch ihre schiere Größe) besonders gefährlich aus. Und tatsächlich ist mit einem 1,50 Meter langen australischen Buntwaran nicht zu spaßen. Er meidet zwar Menschen, doch wird er gereizt, greift er ohne zu zögern an. Seine zentimeterlangen Krallen können tiefe Wunden zufügen. Als Echsen fressen die Warane lebende Beute, Aas oder Eier. Einige Arten schwimmen sehr gut, andere klettern hervorragend, und alle können schnell laufen. Bei Gefahr zischen sie laut, schlagen mit dem Schwanz um sich, beißen und setzen ihre Krallen ein.

Die Warane stellen die älteste Gruppe der Echsen dar: Es gibt sie schon seit 130 Millionen Jahren. Auf der Insel Komodo im Sundaarchipel leben die Komodowarane. Mit einer Länge von über drei Metern sind sie die größten lebenden Warane. Sie greifen nicht nur Artgenossen an, sondern auch größere Säugetiere und Menschen. ■

Wellensittich Der wilde Wellensittich ist grasgrün mit wellenförmiger Zeichnung, einem hellgelben Kopf und blauem Schwanz. Er bildet in den trockenen Buschgebieten Australiens große Schwärme. Sie ziehen umher und sammeln Samen vom Boden auf. Zur Brutzeit hacken die Vögel Höhlen in Bäume und legen dort vier bis sechs Eier ab.

Im Jahr 1860 gelangten die ersten lebenden Wellensittiche nach England. Dort züchtete man sie mit Erfolg weiter. Die Leute waren begeistert von dem neuen Heimtier, und so wurde der Wellensittich bald zu einem der beliebtesten Käfigvögel. Schon nach wenigen Jahren entstanden die Farbschläge, die wir heute noch kennen, gelbe, blaue, weiße, grüne und auch graue.

Wenn man den Wellensittich genau ansieht, erkennt man den typischen, wenn auch kleinen Papageienschnabel. Als kleiner Papagei hat er tatsächlich ein gewisses Talent zum Sprechen. Dieses tritt stärker hervor, wenn man ihn einzeln hält. Artgerecht wäre die Haltung aber mindestens paar- oder besser noch gruppenweise. In der Natur kommen die Vögel nur in Schwärmen vor. ■

STECKBRIEF

Größe: Gesamtlänge bis 20 cm

Merkmale: »Minipapagei«, der durch Züchtung in vielen Farbschlägen existiert

Ernährung: Samen und Körner

Vorkommen: Australien

Besonderheiten: Der Wellensittich ist der häufigste in Gefangenschaft gehaltene Papagei.

Wombat »Plumpbeutler« ist ein treffender deutscher Name für die Wombats. Sie sind sehr gedrungen gebaut, mit kurzen Beinen und einem Stummelschwanz. Sie graben lange Gänge im Boden und verschlafen den Tag unter der Erde. Erst nachts verlassen sie ihre Höhlen und gehen auf Nahrungssuche. Dabei fressen sie nur Pflanzen.

Insgesamt wirken die Wombats drollig und gutmütig. Aber dieser Eindruck täuscht, sie sind auch sehr starrköpfig. Wenn sie sich für eine Richtung entschieden haben, bahnen sie sich mit ihren kräftigen Grabkrallen unerbittlich ihren Weg. Kein Wunder, dass die Wombats als Einzelgänger leben. Männchen und Weibchen treffen sich nur zur Paarungszeit. Einige Monate später kommt ein Junges auf die Welt. Weitere sechs Monate verbringt es im Beutel, der nach hinten offen ist. Dann bleibt es noch einmal vier Monate bei der Mutter und geht erst dann seiner Wege. ■

STECKBRIEF

Größe: Gesamtlänge bis über 100 cm, Gewicht bis 30 kg

Merkmale: sehr plumpes Tier mit dickem Kopf

Ernährung: Pflanzen, Wurzeln, Knollen

Vorkommen: Australien

Besonderheiten: Wombats sind außerordentlich kräftige Grabtiere.

Afrikanische Savanne

1 Giraffe

2 Zebra

3 Webervogel (Nester)

4 Gnu

5 Elefant

6 Strauß

7 Elenantilope

8 Löwe

9 Erdferkel

10 Hyäne

11 Gepard

12 Kaffernbüffel

13 Webervogel

14 Grantgazelle

15 Impala

16 Nashorn

Afrikanische Savanne

Im südlichen Teil Afrikas liegen ausgedehnte Steppen und Grasgebiete, die man als Savanne bezeichnet. Gräser sind hier die wichtigsten Pflanzen. Ihre Wurzelbüschel befinden sich dicht unter der Erdoberfläche, um auch noch den geringsten Niederschlag nutzen zu können. In der Savanne herrscht nämlich Wassermangel. Wo etwas mehr Regen fällt oder wo Feuchtigkeit zurückgehalten werden kann, wachsen in der Savanne vereinzelt Schirmakazien. Diese großen Bäume spenden den Großtieren der Savanne Schatten. Mit ihren langen Hälsen schaffen es Giraffen gerade, das Laub der Schirmakazien abzufressen. In trockeneren Regionen besteht die Savanne nur noch aus Gräsern und Kräutern.

Die afrikanische Savanne ist die Heimat großer Huftierherden, etwa von Antilopen, Gazellen, Büffeln und Zebras. Hier leben auch Nashorn und Elefant und der flugunfähige Vogel Strauß. Löwen, Hyänen und Geparde stellen den Pflanzenfressern nach und finden einen reich gedeckten Tisch. In der Savanne regnet es nur zu bestimmten Jahreszeiten: In der Regenzeit ist das Gras saftig und grün, in der Trockenzeit gelb und dürr. Um immer frisches Futter zu haben, müssen die Tierherden ständig in Bewegung sein: Sie wandern dorthin, wo es noch grünes Gras gibt. Die Züge der Gnus beispielsweise führen viele Hundert Kilometer weit.

Elefant Der Afrikanische Elefant ist das größte Landsäugetier. Er wird an die vier Meter hoch und bis zu 7500 Kilogramm schwer. Der Rüssel der Elefanten ist aus der Nase und der Oberlippe entstanden. Er dient den Dickhäutern als vielseitiges Werkzeug. Sie reißen damit Grasbüschel aus, brechen Zweige ab und pflücken Früchte von hoch oben aus den Bäumen. Vorne hat der Rüssel ein fingerförmiges Greiforgan, mit dem der Riese selbst eine Münze aufnehmen kann. Da der Rüssel ein Teil der Nase ist, können ihn die Elefanten nicht wie einen Strohhalm zum Trinken benutzen: Das Wasser würde in ihre Luftröhre und in die Lunge geraten. Deshalb saugen sie das Wasser nur in den Rüssel hoch – etwa einen Eimer voll –, spritzen es sich dann aber in den Mund. Mit dem Rüssel graben die Elefanten in der Trockenzeit Wasserlöcher in trockenen Flussbetten. Von diesen Wasserlöchern profitieren natürlich auch andere Tiere. Wenn die Elefanten aus irgendeinem Grund aus einem Gebiet verschwinden, so sind deswegen viele Tierarten vom Tod durch Verdursten bedroht, weil sie solche Löcher nicht graben können.

Die Stoßzähne der Elefanten sind stark verlängerte Schneidezähne. Bei den Bullen werden sie manchmal über 100 Kilogramm schwer. Das so genannte Elfenbein stammt von den Stoßzähnen der Elefanten. Sonst tragen die Elefanten im Mund nur wenige brotlaibartige Zähne. Sie dienen als Mahlflächen für die Pflanzennahrung. Die Zähne schleifen ziemlich schnell ab und werden durch neue

ersetzt. Aber sie wachsen nicht ewig nach. Nach 30–40 Jahren sind die letzten Zähne abgeschliffen und die Tiere sterben an Unterernährung. Nur in der Obhut des Menschen werden Elefanten 60–70 Jahre alt.

Eine normale Elefantenherde besteht aus zirka acht erwachsenen Weibchen mit ihren Kindern. Geführt wird eine solche Herde immer von einem erfahrenen Weibchen. Die Männchen halten sich abseits und leben einzeln oder in Junggesellengruppen. Die Mitglieder einer Herde helfen sich gegenseitig und halten dauernd untereinander Kontakt. Dazu setzen sie auch Infraschall ein, also Töne, die so tief sind, dass wir sie nicht mehr hören, sondern höchstens in Form von Druckwellen wahrnehmen können. Mit Infraschall »sprechen« die Elefanten über weite Entfernungen miteinander.

STECKBRIEF

Größe: Schulterhöhe bis 4 m, Gewicht bis über 7 Tonnen

Merkmale: Stoßzähne beim Männchen viel länger als beim Weibchen, durchschnittlich 2,5 m

Ernährung: Pflanzen, auch Wurzeln und Rinden

Vorkommen: tropisches Afrika

Besonderheiten: Der Indische Elefant bleibt deutlich kleiner und erreicht höchstens ein Gewicht von 5 Tonnen.

ELEFANTEN

Unterschiede zwischen dem	und dem	
	Indischen Elefanten	**Afrikanischen** Elefanten
Schulterhöhe	bis 3 m	bis 4 m
Rücken	gerundet	eingebuchtet
Ohren	verhältnismäßig klein	groß und segelförmig
Stoßzähne	eher klein, fehlen beim Weibchen oft	beim Männchen groß, beim Weibchen kleiner, fehlen selten

STECKBRIEF

Größe: Schulterhöhe beim Männchen bis 190 cm, Gewicht bis 1000 kg; Weibchen deutlich kleiner und leichter

Merkmale: für eine Antilope sehr massig gebaut, mit langer Kehlwamme und spiralförmigen Hörnern

Ernährung: Pflanzen

Vorkommen: tropisches Afrika

Besonderheiten: Die Elenantilope steigt am Kilimandscharo bis 4700 m hoch, wo regelmäßig Schnee fällt.

Elenantilope Die Elenantilope ist die größte Antilope der Erde. Sie wird mannshoch und bis zu 1000 Kilogramm schwer. Trotzdem wirkt sie ziemlich schmal und beweglich. Sie kann aus dem Stand zwei Meter hoch springen! An der Kehle trägt die Elenantilope eine auffällige, schlabberig aussehende Haut, die Wamme.

Die Elenantilope wandert in Gruppen von ungefähr 50 Tieren durch die Savanne und bildet gerne gemischte Herden mit ▶ Zebras, ▶ Straußen und anderen Antilopenarten. Gemischte Herden nehmen einen Feind viel früher wahr als Gruppen aus einer einzigen Tierart. Elenantilopen fressen nur wenig Gras, sie ziehen vielmehr Laub vor. Mit ihren spiraligen Hörnern brechen sie geschickt Zweige von Bäumen und Sträuchern in der Savanne und fressen dann die Blätter ab.

»Antilope« ist die allgemeine Bezeichnung für verschiedene Arten von Wiederkäuern, die mit den Rindern näher verwandt sind und wie diese Hörner auf dem Kopf tragen. Der Name »Antilope« leitet sich von einem alten griechischen Fabeltier her und bedeutet »Blumenauge«. Feingliedrige und zierliche Antilopen heißen auch ▶ Gazellen. ∎

STECKBRIEF

Größe: Kopf und Rumpf 110 cm lang, Schwanz ca. 50 cm, Gewicht bis 70 kg

Merkmale: ferkelähnlicher Kopf, ziemlich plump, mit sehr kräftigem Schwanz

Ernährung: nur Termiten

Vorkommen: tropisches Afrika

Besonderheiten: Man kann das Erdferkel als lebendes Fossil bezeichnen. Besonders eigenartig ist der Aufbau seiner Zähne.

Erdferkel Eine Schönheit ist das Erdferkel nicht gerade. Der Kopf erinnert mit seinem langen Rüssel tatsächlich an ein Schwein, und doch sind die Tiere nicht miteinander verwandt. Das Erdferkel ist in Wirklichkeit ein altertümliches Tier, der letzte Nachfahre der schon längst ausgestorbenen Urhuftiere. Es macht sich nichts aus dem Gras, das in der Savanne reichlich wächst. Mit den vier kräftigen Grabklauen an seinen Vorderbeinen öffnet es die betonharten Termitennester, die wie Kuppeln in der Ebene stehen. Dann fährt es mit seiner langen Zunge in die Gänge, und die wimmelnden Termiten bleiben am klebrigen Speichel der Zunge hängen. Obwohl solche Termitenbaue zum Teil mehr als eine Million Tiere beherbergen, hat das Erdferkel mit seinen 70 Kilogramm Gewicht doch ziemliche Mühe, satt zu werden.

Das Erdferkel ist meist nachts unterwegs. Den hellen Tag verbringt es in einem Bau, den es mit erstaunlicher Geschwindigkeit in den Erdboden gräbt. Immer wieder legen die Erdferkel neue Baue an, und das nutzen vor allem die Warzenschweine, die mit ihren Familien gerne in verlassene Erdferkelwohnungen einziehen. Aber auch andere Tiere finden so Unterschlupf, etwa Schakale, Nagetiere, Vögel oder sogar Fledermäuse. ∎

HÖCHSTGESCHWINDIGKEITEN IM TIERREICH

Die Geschwindigkeiten von Tieren zu messen ist schwieriger, als man zunächst denkt. Deswegen sind manche Angaben widersprüchlich. Aufgrund von Messfehlern glaubte man einige Zeit, einige Fliegen erreichten sogar Überschall – was für ein Unsinn, es würde die zarten Tiere schon vorher zerreißen! Beim Laufen liegt der Gepard mit 120 km/h relativ unangefochten an der Spitze. Allenfalls der Windhund kommt mit 110 km/h noch in seine Nähe. Der Löwe bringt es auf 75 km/h und selbst das schwergewichtige Nashorn auf über 50 km/h. Was sind dagegen die 45 km/h, die ein einzelner menschlicher 100-Meter-Sprinter einmal vorgelegt hat? Beim Schwimmen sieht der Vergleich für den Menschen ebenfalls schlecht aus: 7 km/h neben den erstaunlichen 90 km/h des Schwertfischs. Der Schwertwal erreicht immerhin noch 55 km/h. Fehlt als letzte Fortbewegungsart das Fliegen: Der unübertroffene Sturzflieger ist der Wanderfalke, er soll über 300 km/h erreichen! Auf eine ordentliche Reisegeschwindigkeit bringt es die Brieftaube mit 90 km/h. Tja, und Menschen setzen sich in ein Düsenflugzeug und lassen sich mit über 800 km/h durch die Lüfte tragen ...

Gepard Der Gepard gilt als das schnellste Landtier. Auf kurzen Strecken kommt er auf über 100 Stundenkilometer! Diese Geschwindigkeit, die der Mensch nicht einmal mit dem Fahrrad erreicht, kann er aber nur wenige Hundert Meter beibehalten. Dann lässt der Gepard von der Jagd ab und sucht sich ein neues Opfer. Gazellen entkommen ihm oft. Sie sind zwar langsamer als ihr Verfolger, schlagen aber auf der Flucht unvermittelt Haken und entwischen ihm dadurch häufig. Bei erfolgreicher Jagd wirft der Gepard seine Beute mit den Vorderbeinen auf den Boden und beißt ihr in die Kehle, bis das Tier erstickt ist.

Früher kam der Gepard in fast ganz Afrika, auf der Arabischen Halbinsel und in weiten Teilen Vorderasiens vor. Die Inder richteten ihn sogar für die Jagd auf Gazellen ab. Heute jedoch ist er in den meisten Gebieten ausgestorben. Selbst in den ostafrikanischen Schutzgebieten wurde der Gepard selten.

Die Vererbungsforscher konnten übrigens feststellen, dass der Gepard vor einigen Tausend Jahren schon einmal kurz vor dem Aussterben stand. Damals überlebten nur wenige Tiere. Auf sie gehen alle heutigen Geparde zurück: Sie sind also alle ziemlich eng miteinander verwandt und besitzen ein recht einheitliches Erbgut. Auch deswegen haben Geparde Schwierigkeiten, sich an neue Umweltbedingungen anzupassen. ■

STECKBRIEF

Größe: Schulterhöhe bis 80 cm, Kopf und Rumpf bis 150 cm lang, Schwanz sehr lang

Merkmale: Rumpf sehr lang gestreckt, Fell gefleckt, charakteristisches schwarzes Band vom Augen- zum Mundwinkel

Ernährung: Hasen, Gazellen, kleine Antilopen, Zebrajunge

Vorkommen: Afrika und Zentralasien

Besonderheiten: In Asien ist der Gepard fast ausgestorben. Letzte Bestände gibt es südlich des Kaspischen Meeres.

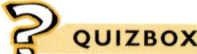
QUIZBOX

Wie bringt eine Giraffe ihr Junges zur Welt?

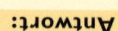

Antwort:

Giraffen gebären ihre Jungen im Stehen. Das Junge fällt aus über 2 m Höhe auf den Boden, verletzt sich dabei aber nicht. Es wiegt bei der Geburt bereits ca. 100 kg.

STECKBRIEF

Größe: Gesamthöhe beim Männchen bis 5,80 m, beim Weibchen bis 4,50 m

Merkmale: unverkennbar durch Körperform und Fellzeichnung

Ernährung: Laub von höheren Bäumen

Vorkommen: Afrika südlich der Sahara

Besonderheiten: Giraffen können in der Ebene sehr schnell laufen, haben aber selbst bei kleinen Abhängen Probleme.

Giraffe Am Beispiel der Giraffe erkennt man sehr deutlich, dass sich die vielen Pflanzenfresser in der Savanne kaum Konkurrenz machen. Sie teilen die Nahrung unter sich auf: Die einen fressen nur hartes Gras, die anderen nur weiches; die einen weiden nur die obersten Spitzen der Gräser ab und hinterlassen eine Art Rasen, andere wiederum sind Kurzgrasfresser. Manche Antilopen fressen überwiegend das Laub von Bäumen und Sträuchern und lassen das Gras links liegen. Die Giraffe kommt mit ihrem langen Hals – der Kopf liegt bis zu 5,80 Meter über dem Boden – an die obersten Blätter der Schirmakazien, die überall in der Baumsavanne verstreut stehen. Gras frisst die Giraffe dagegen überhaupt nicht, das wäre ihr bei der Größe viel zu mühselig. Tatsächlich hat sie schon beim Trinken Schwierigkeiten: Sie muss ihre Beine stark spreizen und kommt dann mit dem Kopf gerade bis zum Wasser. In dieser Situation sind junge Giraffen am meisten durch Raubtiere gefährdet.

Der extrem lange Hals der Giraffe besteht wie der aller anderen Säuger aus nur sieben Wirbeln. Diese sind allerdings extrem in die Länge gewachsen. Die große Höhe, in der sich der Kopf befindet, schafft auch einige Probleme. Giraffen sind Wiederkäuer, befördern also Nahrungsbissen aus dem Magen wieder in den Mund zurück, um sie dort ein zweites Mal zu kauen. Die Speiseröhre muss

diese Bissen bis zu drei Meter hoch befördern; dazu braucht die Giraffe außerordentlich kräftige Muskeln. Ebenso stark gefordert ist der Kreislauf: Das Herz muss das Blut bis in den Kopf hochpumpen. Giraffen dürfen nicht an Herzschwäche leiden, sonst bekommt das Gehirn zu wenig Blut, und das Tier wird ohnmächtig! Deshalb besitzen Giraffen sehr muskulöse Arterien, die bei der Beförderung des Blutes mithelfen. Wie schlafen Giraffen? Auch hier musste eine Lösung für den langen Hals gefunden werden: Im Tiefschlaf legen Giraffen ihren Hals nach hinten und krümmen ihn so, dass der Kopf auf dem Unterschenkel ruht. Allerdings schlafen Giraffen immer nur wenige Minuten.

STECKBRIEF

Größe: Schulterhöhe bis 140 cm, Gewicht bis über 250 kg

Merkmale: Hörner ähnlich wie beim Rind, mit wulstiger Basis

Ernährung: Gras

Vorkommen: Süd- und Ostafrika

Besonderheiten: Das Weißschwanzgnu ist viel seltener als das Streifengnu und sieht beinahe wie ein Pony mit Hörnern aus.

Gnu Das Gnu oder Streifengnu lebt sehr gesellig und bildet Herden aus Tausenden von Tieren. Sie sind dauernd unterwegs auf der Suche nach Nahrung. Auf ihren Wanderzügen durchschwimmen die Gnus auch größere Flüsse. Einzelne Tiere fallen dabei immer wieder Krokodilen zum Opfer. Fast alle Weibchen gebären ihre Jungen zur selben Zeit, kurz bevor die Regenzeit einsetzt. Die Jungtiere können ihrer Mutter schon nach wenigen Minuten folgen. Der Name »Gnu« stammt aus der Sprache der ostafrikanischen Bantu. In Ostafrika sind sie die Hauptbeute für viele Raubtiere, besonders für die Löwen.

Die Räuber folgen den riesigen Gnuherden und lauern darauf, ob sie nicht vielleicht ein Jungtier oder ein geschwächtes Tier von der Herde abdrängen und erbeuten können. Aber die Gnus verteidigen sich gemeinsam und bilden zur Abwehr einen Kreis. Dabei empfiehlt es sich für ein Raubtier, den spitzen Hörnern der Gnus nicht zu nahe zu kommen. ◼

Grantgazelle Als Gazellen bezeichnet man schlanke, zierliche ▶ Antilopen mit geringelten Hörnern. Die meisten Arten sind in Afrika zu Hause. Am häufigsten trifft man in der Savanne auf die Grant- und die Thomsongazelle. Ebenfalls zur Gazellenverwandtschaft zählen Springbock und ▶ Impala. Thompsongazelle und Springbock erkennt man an ihrem schwarzen Flankenstreif. Gazellen bilden oft große Herden, die auf Nahrungssuche umherziehen. In der Regenzeit teilen sich die Herden in kleinere Gruppen auf. Bei der Grantgazelle besteht eine solche Gruppe aus einem Männchen und bis zu zehn Weibchen. Viele Gazellen sind sehr genügsam. Sie kommen mit nährstoffarmem Gras zurecht und müssen oft nicht einmal trinken. Auch außerhalb Afrikas leben einige Gazellenarten, zum Beispiel auf der Arabischen Halbinsel, in Iran und Irak, Indien und Zentralasien. Trotzdem sind heute viele Gazellenarten durch übertriebene Jagd und die Zerstörung ihrer Lebensräume bedroht.

STECKBRIEF

Größe: Schulterhöhe bis 90 cm, Gewicht bis 80 kg

Merkmale: dunkler Farbstreifen an beiden Seiten, spiralförmige Hörner

Ernährung: Pflanzen

Vorkommen: Ostafrika

Besonderheiten: In Afrika leben noch über 10 weitere Gazellenarten.

STECKBRIEF

Größe: Schulterhöhe bis 90 cm, Gewicht bis über 60 kg

Merkmale: die größte Hyänenart, mit Punkten, ohne Streifen

Ernährung: überwiegend Fleisch von meistens gemeinschaftlich erlegten Tieren

Vorkommen: Afrika südlich der Sahara

Besonderheiten: Wahrscheinlich frisst die Fleckenhyäne viel weniger Aas, als man früher glaubte.

Hyäne (Fleckenhyäne) Hyänen haben bei uns einen schrecklichen Ruf: Oft werden profitgierige Menschen, die keine Skrupel kennen und über Leichen gehen, als »Hyänen« bezeichnet. Wie unrecht tut man diesen Tieren damit! Vor allem die Flecken- oder Tüpfelhyäne ist alles andere als ein »feiger« Aasfresser. Das Rudel jagt seine Beute meistens selbst. Im Gegenteil: Man konnte sogar nachweisen, dass sich vielmehr der Löwe oft wie ein Schmarotzer verhält, die Hyänen von ihrer Beute vertreibt und sie dann genüßlich verspeist!

Die Fleckenhyänen graben ausgedehnte unterirdische Baue. Wenn sie auf die Jagd gehen, entfernen sich die Tiere oft sehr weit davon und kehren erst nach Tagen wieder zurück. Innerhalb des Hyänenrudels herrscht eine strenge Rangordnung: Nur die ranghöchsten Männchen dürfen sich mit den Weibchen paaren.

In Afrika leben noch drei weitere Hyänenarten. Die Streifenhyäne geht kaum selbst auf Jagd und frisst neben Aas buchstäblich alles, was sie findet, auch Abfälle des Menschen. Die Braune Hyäne und der Erdwolf sind nur selten anzutreffen. Hyänenartig sieht auch der Afrikanische Wildhund oder Hyänenhund aus. Er besitzt ein prächtiges schwarz, gelb, braun und weiß geflecktes Fell. Hyänenhunde jagen wie Wölfe in Rudeln. Ihr Jagdrevier umfasst ein sehr großes Gebiet, das sie durchwandern. Nur wenn Jungtiere dabei sind, bleiben sie längere Zeit an einem festen Platz. Die Tiere gehen sehr liebevoll miteinander um und alle Erwachsenen kümmern sich rührend um die Welpen. Sie füttern sie mit ausgewürgter Nahrung. Leider hat der Mensch diesen afrikanischen Wildhund so stark verfolgt, dass er am Rand des Aussterbens steht. ◼

STECKBRIEF

Größe: Schulterhöhe 90 cm, Gewicht bis 80 kg

Merkmale: Die Männchen tragen dünne s-förmig gebogene Hörner.

Ernährung: Pflanzen

Vorkommen: tropisches Afrika

Besonderheiten: Die Impala zeigt gerne hohe Luftsprünge, selbst auf der Flucht.

Impala Ein hübscher, aus einer südafrikanischen Sprache stammender Name für ein schönes Tier! Unter der deutschen Bezeichnung »Schwarzfersenantilope« kennt es kaum jemand, obwohl das eine treffende Beschreibung ist. Wer schon einmal Gelegenheit hatte, Impalas zu beobachten, wird sich immer an ihre Verspieltheit erinnern. Ohne jeden äußeren Anlass vollführen sie gerne elegante Sprünge – man könnte glauben, es sei die reine Lebensfreude. Dabei hüpfen sie leicht zwei Meter hoch und sechs bis acht Meter weit. Auf der Flucht scheinen die Impalas richtiggehend zu fliegen: Ihre Sprünge werden bis zu drei Meter hoch und über zehn Meter weit. Sogar die Jungtiere halten schon wenige Tage nach der Geburt mit – nur sind ihre Sprünge noch etwas kürzer. Impalaböcke tragen ein elegant geschwungenes Gehörn, das bis zu neunzig Zentimeter lang werden kann. Die Tiere ernähren sich von unter-

schiedlicher Kost, vor allem von Gras, aber auch von Laubblättern und Wurzeln. Heute hält man die Impala gerne auf so genannten Wildfarmen, das sind riesengroße umzäunte Gebiete, in denen auch noch andere Antilopen leben. ◼

STECKBRIEF

Größe: Schulterhöhe bis 170 cm, Gewicht 650 kg und mehr

Merkmale: Die großen gekrümmten Hörner bilden einen Wulst auf der Stirn.

Ernährung: Pflanzen

Vorkommen: Afrika südlich der Sahara

Besonderheiten: Auf den Büffeln klettern meist kleine Vögel herum.

Kaffernbüffel Bis 700 Kilogramm schwer wird der Kaffernbüffel. Er trägt auf dem Kopf große geschwungene Hörner, die in der Mitte zu einem dicken Wulst zusammenwachsen. Wie sein asiatischer Vetter, der Wasserbüffel, liebt er die Nähe des Wassers. Er nimmt auch mit dem härtesten Schilf als Futter vorlieb. Meistens äst er nachts. Tagsüber hält er sich versteckt oder suhlt im Wasser. Früher fürchteten die Großwildjäger den Kaffernbüffel, weil er sie oft angriff, wenn er sich in die Enge getrieben fühlte oder wenn er angeschossen wurde. Sonst leben die Büffel aber friedlich mit anderen Tieren zusammen, vor allem mit Vögeln: Kuhreiher halten sich fast immer in ihrer Nähe auf, weil die massigen Büffel beim Gehen Heuschrecken und andere Kleintiere aufscheuchen, die die Reiher dann erbeuten. Auf den Büffeln selbst klettern meist Madenhacker herum und befreien ihre Wirte von lästigen Schmarotzern. ■

Löwe Bei allen Völkern gilt der Löwe als Sinnbild der Stärke, der Tapferkeit und des Heldentums. Deswegen erscheint er so häufig auf Wappen oder auf Denkmälern. Viele Portale romanischer Kirchen werden von Löwen getragen. Im Märchen ist der Löwe der König aller Tiere. Natürlich meint man dabei immer den männlichen Löwen mit seiner prachtvollen Mähne.

Die Wirklichkeit sieht allerdings ganz anders aus. In einem Rudel leben zwei bis drei erwachsene Männchen und rund zehn Weibchen mit ihren Jungen zusammen. Auf die Jagd gehen überwiegend die Weibchen. Die Männchen spielen den Pascha: Wenn die Beute erlegt ist, vertreiben sie die Weibchen und schlagen sich selbst den Bauch voll.

Löwen sind sehr träge Tiere. Zwanzig Stunden eines Tages dösen sie im Schatten eines Baumes. Nur zur Jagd werden alle aktiv. Der Löwe kommt heute nur noch in Afrika und in einem kleinen Gebiet im westlichen Indien vor. Früher war er viel weiter verbreitet. Der Philosoph Aristoteles konnte in seiner griechischen Heimat vor etwas mehr als 2000 Jahren noch Löwen beobachten. Vor 80 Jahren wurde der letzte Berberlöwe in Marokko geschossen. Heute lebt der Löwe nur noch südlich der Sahara. ■

STECKBRIEF

Größe: Schulterhöhe beim Männchen bis 110 cm, Gewicht bis 250 kg

Merkmale: Großkatze ohne Flecken oder Streifen, das Männchen ist an der meist umfangreichen Kopfmähne leicht zu erkennen

Ernährung: meist Huftiere wie Zebras

Vorkommen: tropisches Afrika, selten im Iran und im westlichen Indien, früher auch in Nordafrika und in Südeuropa

Besonderheiten: Von allen Katzenarten ist der Löwe die einzige Art, die im Rudel lebt.

Nashorn (Breitmaulnashorn) Es ist ein unausrottbarer Aberglaube vieler asiatischer Völker, das Horn des Nashorns berge magische Kräfte. Dabei besteht es aus demselben Stoff wie Haar, Krallen oder Hornhaut. Da nun die asiatischen Nashornarten schon weitgehend ausgerottet sind, verlegen sich die Wilderer immer mehr auf die beiden afrikanischen Arten. Glücklicherweise sind die nicht direkt vom Aussterben bedroht. Heute leben mehr Nashörner in Afrika als vor 20 Jahren.

Am häufigsten ist mit über 10 000 Tieren das Breitmaulnashorn. Es wird immer wieder auch »Weißes Nashorn« genannt, obwohl es ebenso grau gefärbt ist wie die anderen Arten. Die Bezeichnung geht auf eine falsche Übersetzung zurück. Die in Südafrika lebenden Buren sind Nachfahren von holländischen Einwanderern und die gebrauchten für das Tier das Wort »wijde«. Das aber bedeutet »breit« und nicht »weiß«. Das Breitmaulnashorn ist das größte Landsäugetier nach dem Elefanten. Kaum zu glauben, dass das 2300 Kilogramm schwere Tier im Angriff eine Geschwindigkeit von 50 Stundenkilometer erreicht. Die zweite afrikanische Art, das Spitzmaulnashorn, ist sehr leicht mit dem Breitmaulnashorn zu verwechseln. Es trägt zwei deutliche Hörner auf der Stirn. Vom Spitzmaulnashorn gibt es noch ungefähr 2700 Exemplare in Afrika. ◾

Strauß Schon die alten Griechen kannten den Strauß, denn dieses Wort geht direkt auf die altgriechische Bezeichnung »struthion« zurück. Noch bis ins 20. Jahrhundert hinein lebte der Strauß auch in Vorderasien und Nordafrika, wo ihn die Griechen und Römer beobachten konnten. Mittlerweile ist er bis auf wenige Savannen- und Steppengebiete in Afrika in freier Wildbahn verschwunden.

Der Strauß ist ein Anpassungskünstler und ein Allesfresser. Er schluckt selbst härteste Wurzeln, Abfälle, Insekten, Nagetiere. Sein 14 Meter langer Darm wird mit allem fertig. Zum Fliegen sind die Strauße zu schwer, und sie haben nur noch Stummelflügel. Dafür laufen sie bis zu 65 Stundenkilometer schnell! Der Straußenhahn schart zur Brutzeit mehrere Hennen um sich. Nach der Paarung richtet er einen flachen Nistplatz auf dem Boden her. Alle Hennen legen ihre jeweils sechs bis acht Eier in dieses gemeinsame Nest. Ein Straußenei wird bis 1,5 kg schwer und entspricht damit rund 20 Hühnereiern. Sechs Wochen lang werden die Straußeneier ausgebrütet: nachts vom Hahn, tagsüber von seiner Lieblingshenne. Die jungen Strauße sind Nestflüchter und folgen ihren Eltern schon am dritten Tag. ◾

Webervogel (Blutschnabelweber) Manchmal gleichen die Bäume in der Savanne einem Bienenstock. Bei näherem Hinsehen erkennt man, dass hier Hunderte von Vogelpaaren ein riesiges gemeinsames Nest gebaut haben. Jedes Nest ist zwar eine abgeschlossene Einheit für sich, doch die Nester hängen dicht an dicht von den Ästen. Solche Nistkolonien sind unseren Wohnblocks nicht un-

ähnlich. Manchmal werden die Vogelnestersiedlungen allerdings so schwer, dass die Bäume unter ihrer Last zusammenbrechen. Die Webervögel machen ihrem Namen alle Ehre: Grashalme fügen sie mit Web- und Flechttechniken zusammen und verwenden dazu sogar richtige Knoten. So entstehen kunstvolle hängende Nistbeutel mit einem Haupteingang, der zu einer langen Röhre ausgezogen sein kann, und einem Notausgang für die Flucht. Der Nestbau ist Sache der Männchen. Sie fertigen erst ihr Nest und führen es dann dem Weibchen vor. Nach der Paarung wird das Nest bezogen und die Tiere beginnen sofort mit dem Brutgeschäft. Zu den Webervögeln gehört übrigens auch unser Spatz oder ▶ Sperling. Er zieht es allerdings vor, bereits bestehende Nisthöhlen zu nutzen. Stehen ihm aber keine zur Verfügung, so kann auch er durchaus noch ein hübsches Beutelnest flechten wie seine afrikanischen Verwandten. ■

STECKBRIEF

Größe: etwas mehr als sperlingsgroß

Merkmale: vor allem an den eigenartigen Nestern zu erkennen

Ernährung: Körner, Samen, Insekten

Vorkommen: tropisches Afrika

Besonderheiten: Eine verwandte Art baut ein Gemeinschaftsnest mit einem gemeinsamen Dach und zwei Eingängen.

Zebra (Steppenzebra) Warum besitzt das Zebra Streifen? Auf diese Frage hat noch niemand eine einleuchtende und vor allem nachprüfbare Antwort gefunden. Irgendeinen Sinn müssen die Streifen allerdings haben, denn die nächsten Verwandten der Zebras, die Pferde und die Esel, sind nicht gestreift.

Lange Zeit dachte man, die Streifen würden die Konturen des Körpers auflösen und somit der Tarnung dienen. Leider verhalten sich die Zebras aber nicht wie gewünscht. Sie leben tags wie nachts gut sichtbar in der Savanne und verhalten sich noch dazu ziemlich geräuschvoll. Was nützt da die Tarnung? Raubtiere werden von den Streifen weder verwirrt noch abgelenkt: Im Gegenteil, Löwen erbeuten viele Zebras und haben dabei nicht mehr Schwierigkeiten als mit Antilopen. Nur eines steht fest: Jedes Zebra besitzt sein eigenes Streifenmuster und die Tiere erkennen sich daran – das Streifenkleid als Personalausweis.

Aber Zebrafohlen erkennen ihre Mutter nicht nur an den Streifen, sondern genau so am individuellen Geruch und an der Stimme.

Also darf weiter über die Funktion der Streifen gegrübelt werden. Zebras kreuzen sich übrigens mit Pferden und Eseln. Daraus entstehen Zebroide oder Zebrulen, die sich allerdings ihrerseits nicht mehr fortpflanzen können und nur noch teilweise gestreift sind. Das Zebra selbst lässt sich – im Gegensatz zu Pferde und Esel – nicht als Haustier nutzen; sein Temperament ist zu ungestüm. Der Zoologe unterscheidet drei Zebraarten: Steppenzebra, Bergzebra und Grevyzebra. ■

STECKBRIEF

Größe: Schulterhöhe bis 140 cm, Gewicht bis über 400 kg

Merkmale: pferdeartiges Äußeres, schwarz-weiße Zeichnung

Ernährung: Pflanzen

Vorkommen: tropisches Afrika

Besonderheiten: Pferde, Zebras und Esel sind nahe miteinander verwandt.

Afrika-nischer Regenwald

Afrikanischer Regenwald

Die Tropen sind das Gebiet um den Äquator. Die Sonne steht dort am Mittag sehr hoch, es ist sehr heiß, und meistens regnet es einmal am Tag ziemlich heftig. In diesem schwülen (= tropischen) Klima sind die Regenwälder entstanden. In ihnen leben Tausende von Tier- und Pflanzenarten. Der Wald setzt sich aus vielen Hundert verschiedenen Baumarten zusammen – und nicht nur aus einigen wenigen wie bei uns. Die Bäume sind unterschiedlich hoch und bilden mehrere »Etagen« oder Kronschichten. Dort spielt sich der größte Teil des Lebens ab. Unten auf dem Boden ist es in den Regenwäldern oft sehr dunkel, sodass die Pflanzen kaum mehr genügend Licht bekommen. Deswegen wachsen zum Beispiel die Lianen weit nach oben. Die Epiphyten – das Fremdwort bedeutet »Aufsitzer« – haben eine andere Strategie gewählt: Sie haben den Boden ganz verlassen und wurzeln hoch oben auf Baumstämmen und Ästen. Auf der Erde gibt es drei große Regenwaldgebiete: den afrikanischen Regenwald, der sich von Westafrika bis in den Kongo erstreckt, den asiatischen Regenwald (vor allem auf den Inseln Borneo und Sumatra) und den südamerikanischen Regenwald am Amazonas.

STECKBRIEF

Größe: Gesamtlänge 0,5 m und mehr

Merkmale: Männchen mit Stacheln am Kopf und oft großem Kehlsack

Ernährung: Kleintiere

Vorkommen: Afrika, verwandte Arten auch in Asien und Australien

Besonderheiten: Agamenmännchen halten Reviere besetzt und verteidigen sie streitsüchtig gegen mögliche Eindringlinge.

Agame In allen warmen Gebieten Afrikas und Asiens leben kräftig gebaute Echsen, die gut einen halben Meter lang werden. Manche Agamen haben einen auffälligen Rückenkamm, spitze Stacheln oder sogar einen abenteuerlich geformten Kragen. Der Kopf der Männchen ist häufig auffällig gefärbt. Sie nicken gerne damit oder bewegen ihn auf andere merkwürdige Weise. Damit verteidigen sie ihr Revier und machen Weibchen auf sich aufmerksam. Oft können sie auch – je nach Stimmung – ihre Farbe wechseln. Agamen haben lange Schwänze, die sie bei Bedrohung nicht abwerfen. Man kann sie also daran festhalten. Die Tiere laufen schnell auf Bäumen und dem Boden und fangen vor allem Insekten und Spinnen.

In Europa lebt nur eine einzige Agamenart, der Hardun. Am ehesten begegnet man ihm bei einer Reise durch Griechenland (oder die Türkei). Er hält sich besonders gerne in den Mauern antiker Ruinen auf und bietet dort mit seinem drachenartigen Kopf einen beeindruckenden Anblick. In den anschließenden Wüstengebieten Asiens kann der Reisende auf Krötenköpfe treffen. Die sehen aus wie Agamen, die von einer Dampfwalze überfahren wurden: platt und kurzschwänzig. Obwohl sie einen gefährlichen Eindruck machen, sind sie völlig harmlos.

Afrikanischer Riesenschwalbenschwanz

»Papilio« ist ein Zauberwort für jeden Schmetterlingsfreund. Der lateinische Gattungsname steht für die Schwalbenschwänze

oder Ritterfalter, wie sie auch heißen. Bei uns kommt nur der eigentliche Schwalbenschwanz mit seinem schönen gelb-schwarzen Muster vor. Aber in den Tropen übertrifft die Farbenpracht dieser Schmetterlingsgruppe alles, was sich ein Künstler ausdenken könnte. Typisch für die meisten Schwalbenschwänze sind die namengebenden Fortsätze an den Hinterflügeln – auch der hier abgebildete Afrikanische Riesenschwalbenschwanz zeigt deutlich die langen Enden.

Oft hält sich der Afrikanische Riesenschwalbenschwanz hoch oben in den Baumkronen auf. Dort segelt er mit einem kraftvollen Flug. Die Raupen der Schwalbenschwänze verteidigen sich auf eine eigenartige Weise. Bei Belästigung stülpen sie eine Nackengabel hinter dem Kopf aus, die einen merkwürdigen, fauligen bis aromatischen Duft verströmt.

STECKBRIEF

Größe: Spannweite 15–25 cm

Merkmale: auffallend große Vorderflügel, Zeichnung schwarz und orange

Ernährung: Blütennektar und Säfte faulender Früchte

Vorkommen: tropisches Afrika

Besonderheiten: Der Afrikanische Riesenschwalbenschwanz ist der größte afrikanische Schmetterling.

STECKBRIEF

Größe: Länge bis 8 cm

Merkmale: unserem Laubfrosch ähnlicher Baumbewohner mit waagrechter Pupille

Ernährung: Kleintiere

Vorkommen: tropisches Afrika

Besonderheiten: Bei der Gruppe der Waldsteiger sind die Pupillen senkrecht.

Baumfrosch (Waldsteiger) Die bunten afrikanischen Baumfrösche haben waagrechte Pupillen und an den Fingern und Zehen große Haftscheiben, mit denen sie sich selbst auf glatten Blättern mühelos festhalten können. Zweige umklammern sie ähnlich wie wir Menschen, weil sie eine Art Greifhand haben. Bei der Fortpflanzung gehen manche Baumfrösche ganz eigene Wege. Die Paarung findet auf Blättern oberhalb des Wassers statt. Dabei gibt das Weibchen eine Flüssigkeit ab, die es mit Ruderbewegungen der Beine zu einem zähen Schleim schlägt. Danach legt es seine Eier in den Schaum hinein ab und das Männchen besamt sie. Das Schaumnest trocknet außen, bleibt innen aber flüssig. Die Eier entwickeln sich darin zu Kaulquappen und sind dabei vollständig vor Laichräubern ge-

schützt. Schließlich wird das Nest wieder flüssig und die Kaulquappen fallen heraus – direkt in das darunter liegende Wasser. Von diesem Augenblick an müssen sie selbst auf sich aufpassen.

Baumschliefer Der ungewöhnliche Begriff »Schliefer« stammt aus der Jägersprache und bedeutet ursprünglich »in den Bau kriechen«. Das trifft jedoch nur auf die steppenbewohnenden Klippschliefer zu. Die Baumschliefer leben, wie der erste Teil ihres Namens bereits andeutet, hauptsächlich auf Bäumen.

Schliefer sind etwa so groß wie Murmeltiere und können bis zu 5 Kilogramm wiegen. Sie haben ein langes, seidiges Fell und einen kurzen Stummelschwanz. Damit sich in den feuchtheißen Klimazonen keine Parasiten festsetzen, betreiben die Baumschliefer

eine intensive Fellpflege. Dafür benutzen sie eine spezielle Putzkralle an den Hinterfüßen, mit der sie jede Stelle ihres Körpers erreichen können. Sie sind meist nachts als Einzelgänger unterwegs, und man sieht sie nur höchst selten. Trotzdem kennt sie jeder, der schon einmal im Regenwald war. Sie markieren ihr Territorium durch ein lang gezogenes »Lied« aus vielen ständig anschwellenden Rufen. Der Gesang kann fünf Minuten dauern und endet in einem Gekreische – etwas schaurig hört sich das schon an.

Bis heute sind die Verwandtschaftsverhältnisse der Schliefer nicht geklärt. Lange Zeit galten sie als Nagetiere, dann hielt man sie für die nächsten Verwandten der Elefanten, und heute stellen sie manche in die Nähe von Pferden und Nashörnern.

STECKBRIEF

Größe: Länge von Kopf und Rumpf bis 50 cm

Merkmale: kaum je zu sehen, verrät sich aber durch die langen Rufe

Ernährung: Baumblätter

Vorkommen: tropisches Afrika

Besonderheiten: Die Baumschliefer klettern gerne wie die Bergsteiger in einem Kamin: Sie stemmen sich zwischen zwei ganz nahe beieinander stehenden Bäumen nach oben.

Ducker Die Ducker heißen so, weil sie sich bei Gefahr im Wald niederducken, anstatt davonzulaufen. Sie schlüpfen geschickt selbst durch unzugängliches Dickicht. Dabei müssen sich die Tiere nicht einmal allzusehr ducken, denn sie bleiben relativ klein, meist etwa hasengroß. Man könnte sie als eine Art Waldantilopen bezeichnen. Die Männchen tragen kurze Hörner, die Weibchen sind hornlos. Sie führen ein so zurückgezogenes Leben, dass man fast nichts über sie weiß. Offensichtlich besitzt ein Paar ein Revier, dessen Grenzen es gegenüber Eindringlingen derselben Art verteidigt. Ducker ernähren sich vor allem von Blättern und Früchten, aber auch von kleineren Tieren wie Termiten – eine ungewöhnliche Ernährungsweise für einen Verwandten unseres Rindes!

STECKBRIEF

Größe: Schulterhöhe je nach Art von 30–80 cm

Merkmale: Körper ziemlich plump im Vergleich zu den schlanken Beinen

Ernährung: Blätter, gelegentlich auch Kleintiere und Vögel

Vorkommen: tropisches Afrika

Besonderheiten: Die Ducker sind mit Gazellen und Rindern verwandt. Um so erstaunlicher die Tatsache, dass sie gelegentlich Vögel jagen und fressen.

Flusspferd Vier Tonnen, also 4000 Kilogramm, kann ein ausgewachsenes Flusspferd auf die Waage bringen. Den Tag verbringen diese massiv gebauten Tiere untergetaucht in Seen und Flüssen. Dabei schauen nur Nasenlöcher, Augen und Ohren aus dem Wasser. Ohren und Nasenlöcher sind verschließbar. So kann kein Wasser eindringen. Unterwasseraufnahmen zeigen auch, dass sich die Flusspferde im Wasser elegant wie Tänzer bewegen. Auf festem Boden kann ein wütendes Tier überraschend schnell heranpreschen. Doch die Flusspferde gehen nur nachts an Land und fressen dort Unmengen von Gras.

Flusspferde haben eine ungewöhnliche Art ihr Revier zu markieren. Während sie ihren Kot abgeben, drehen sie ihren Schwanz schnell wie einen Propeller und verteilen dabei den Kot. Die Männchen haben übrigens mächtige Hauer, mit denen sie Rivalen bei Kämpfen in der Paarungszeit klaffende Wunden schlagen können.

STECKBRIEF

Größe: Schulterhöhe rund 165 cm, Gewicht über 3 Tonnen

Merkmale: massige Tiere mit riesigem Maul und winzigen Augen und Ohren. Flusspferde wirken fett, enthalten in ihrem Körper aber weniger Fett als alle anderen Säuger!

Ernährung: Gras

Vorkommen: Afrika

Besonderheiten: In einem kleinen Gebiet im westlichen Afrika lebt das viel kleinere, bis 250 kg schwere Zwergflusspferd.

Gecko Geckos verdanken ihren Namen einer großen Art, die in fast jedem indonesischen Haus vorkommt. Dieser Gecko sitzt an den Wänden unter dem Dach und ruft laut und vernehmlich »tokeh« oder »geckoh«. Geckos gibt es in allen warmen Gebieten der Erde, auch in Südeuropa. Im Gegensatz zu den übrigen Echsen setzen sie gerne ihre Stimme ein. Einige zirpen, andere bellen, wieder andere quaken oder blöken sogar. Bewundernswert ist ihre Fähigkeit, auf glatten Flächen Halt zu finden: Mühelos laufen sie auf Blättern, Rinden, Wänden und sogar Glasscheiben. Auf der Jagd nach Insekten huschen sie sogar über die Zimmerdecke. Das Geheimnis liegt in ihren Füßen: Geckos tragen hauchdünne Borsten an den meistens verbreiterten Zehen. Zwischen den Molekülen der Borstenspitzen und den Molekülen der Unterlage entstehen schwache elektrische Kräfte, die sich gegenseitig anziehen. Der Gecko besitzt aber sehr viele solcher Borsten, deshalb sind die Kräfte zusammengenommen groß genug, um ihn an der Wand zu halten. Die Mehrzahl der Geckos führt ein nachtaktives Leben.

STECKBRIEF

Größe: Gesamtlänge bis 20 cm

Merkmale. Körper abgeflacht, Zehenenden verbreitert, Augen hervortretend

Ernährung: Kleintiere

Vorkommen: mit vielen Arten in ganz Afrika und in allen warmen Gebieten der Erde verbreitet

Besonderheiten: Viele Geckos rufen gerne und laut, vor allem der südostasiatische Tokeh, der genau so ruft, wie er heißt.

STECKBRIEF

Größe: Panzerlänge höchstens 30 cm

Merkmale: hinteres Drittel des Rückenpanzers kann herabgeklappt werden

Ernährung: Pflanzen und Insekten

Vorkommen: tropisches Afrika

Besonderheiten: Die Gelenkschildkröte ist eine Landschildkröte, die weitgehend zum Leben im Wasser übergegangen ist.

Gelenkschildkröte Der Körperpanzer der Schildkröten ist ein ziemlich starres Gebilde. Er schützt zwar den Rumpf, doch die Beine bleiben verwundbar, auch wenn das Tier sie in den Panzer zurückziehen kann. Um Angriffe von hinten abzuwehren, klappen die Gelenkschildkröten das hintere Drittel ihres Panzers wie ein Visier nach unten und können sich so völlig abschließen. Gelenkschildkröten zählen zu den Landschildkröten, doch sie leben meist im Wasser und können auch schwimmen. Sie vertreten in diesem Lebensraum die Sumpfschildkröten, die sonst in Europa, Asien und Amerika das Süßwasser bewohnen. In Afrika leben drei Arten von Gelenkschildkröten. Die größte hat einen stacheligen Panzerrand, bei den anderen ist er ganz glatt. Diese Arten sind übrigens nicht die einzigen Schildkröten, die ein Panzergelenk erfunden haben: Die amerikanischen Dosenschildkröten können mit einem Gelenk am Bauchpanzer die Öffnungen für die Vorder- und Hinterbeine fest verschließen.

QUIZBOX

Wie alt können Schildkröten werden?

Antwort: Manche Arten können weit über 100 Jahre alt werden. Die älteste untersuchte Schildkröte wurde auf rund 300 Jahre geschätzt!

Gorilla Der Gorilla ist der größte Menschenaffe. Alte Männchen werden bis zu 1,80 Meter hoch und 250 kg schwer. Besonders beeindruckend wirken der mächtige Brustkorb, der breite Nacken und die muskulösen Hände und Füße. Gorillas sind aber keineswegs die furchtbaren Bestien, als die sie früher von Seeleuten und Missionaren geschildert wurden. Erst 1890 kamen die ersten lebenden Gorillas nach Europa, unter anderem in Hagenbecks Tierpark in Hamburg. Da man über ihre Haltung und Ernährung noch zu wenig wusste, starben diese Tiere bereits nach einigen Wochen.

Gorillas sind sanfte Riesen, obwohl ihr Gesichtsausdruck wild oder grimmig auf uns wirkt. Davon sollte man sich nicht täuschen lassen! Gorillas leben friedlich in Gruppen von ungefähr 15 Tieren. Jede Gruppe steht unter der Leitung eines alten, erfahrenen Männchens, das man wegen seiner hellen Haare »Silberrücken« nennt. Die Gorillas streifen gemeinsam durch die Wälder und legen sich für die Nachtzeit immer neue Schlafnester an. Sie essen nur Pflanzen. Interessanterweise müssen Gorillas das Verhalten während der Paarung offenbar erst lernen – einfach durch Abgucken. Ungewöhnlich auch, dass manche

Gorillamütter bei ihrem ersten Kind nicht so recht wissen, was sie mit ihm machen sollen und es sogar als lästigen Störenfried behandeln. Ganz anders verhalten sie sich, wenn sie vorher schon älteren Weibchen bei der Pflege der Babys zusehen konnten.

Beim Gorilla unterscheidet man zwei Unterarten: Die eine lebt im Flachland, die andere im Gebirge. Der Berggorilla steht kurz vor dem Aussterben, weil in seiner Heimat immer wieder Kriege aufflackern und die Menschen Jagd auf die Tiere machen. ■

STECKBRIEF

Größe: Gesamthöhe beim Männchen bis 180 cm, Gewicht bis über 250 kg; Weibchen deutlich kleiner und leichter

Merkmale: die größten Menschenaffen; schwarzes Fell, ausgewachsene Männchen mit silbergrauem Rücken

Ernährung: ausschließlich Pflanzenfresser, Laub, Knollen, Wurzeln, Früchte

Vorkommen: tropisches Afrika, heute stark gefährdet

Besonderheiten: Die Forscher unterscheiden zwei Unterarten, den Flachland- und den Berggorilla.

Graupapagei Unser deutsches Wort »Papagei« ist schon über 500 Jahre alt. Trotzdem weiß man noch immer nicht, was es bedeutet. Vermutlich gelangte es aus einer afrikanischen Sprache durch Vermittlung des Arabischen nach Europa.

Der mächtige Schnabel ist ein typisches Papageienmerkmal. Der Oberschnabel ist beweglich mit dem Hirnschädel verbunden, und der Unterschnabel wird durch den Gebrauch immer am Oberschnabel geschärft. Papageien können damit fest zubeißen. Aber meistens zeigen sie verspielte, manchmal fast menschlich anmutende Verhaltensweisen. Große Samen oder Früchte halten sie beispielsweise mit den Füßen fest und bearbeiten sie dann mit dem Schnabel. Diesen benutzen sie auch zum Klettern im Geäst. Berühmt wurde der Papagei für seine Fähigkeit, Stimmen nachzuahmen. Als die besten Stimmenimitatoren gelten die afrikanischen Graupapageien, die oft in großen Scharen auftreten. Sie plappern nach, was ihr Besitzer oder Trainer ihnen vorsagt. ■

STECKBRIEF

Größe: Länge bis 40 cm

Merkmale: graues Gefieder mit rotem Schwanz

Ernährung: Früchte, Samen, Nüsse, auch Insekten

Vorkommen: tropisches Afrika

Besonderheiten: Der Graupapagei ist ein hervorragender Stimmenimitator.

STECKBRIEF

Größe: bis 70 cm lang

Merkmale: Männchen mit blauschwarzem Gefieder und weißem Federkrönchen

Ernährung: Allesfresser, besonders gern Früchte

Vorkommen: tropisches Afrika

Besonderheiten: Der Kongopfau besitzt keine Federschleppe wie der indische Pfau, der bei uns häufig zu sehen ist.

Kongopfau Die Geschichte der Entdeckung des Kongopfaus ist ebenso merkwürdig wie die des ▶ Okapis. Ungefähr um 1920 ging die erste Kunde von einem großen, bisher unbekannten Vogel, der in den Urwäldern des Kongos leben sollte. Dann tauchten vereinzelt Federn auf, die die Forscher tatsächlich keinem bekannten Vogel zuordnen konnten. Schließlich gelang es Mitte der Dreißigerjahre, ein erstes Tier zu erlegen. 1936 wurde der Kongopfau beschrieben und erhielt dabei seinen heute gültigen wissenschaftlichen Namen Afropavo congensis. Der Fund war eine große Sensation, denn es handelte sich um den ersten Vertreter der Pfauen in Afrika.

Der Kongopfau hält sich am liebsten am Boden von dämmrigen Regenwäldern auf und frisst die herabgefallenen Früchte von Urwaldbäumen. Er kann aber auch gut fliegen und sucht sich für die Nacht immer einen Schlafplatz in den Bäumen. Zur Balz färbt sich der Hals des Pfauenhahns feuerrot, er spreizt sein Federkrönchen und schlägt ein Rad. Da sein Schwanz nicht so lang ist wie der des indischen Pfaus, sieht das allerdings nicht ganz so beeindruckend aus. Die Henne legt zwei bis drei Eier in ein Nest am Boden. Während sie brütet, wird sie die ganze Zeit vom Hahn bewacht. Die Jungen können schon wenige Tage nach dem Schlüpfen fliegen, und ab dann übernachtet die Familie wieder ein paar Etagen höher – sicher ist sicher. ■

STECKBRIEF

Größe: Maximallänge früher bis 7 m, heute höchstens 5 m, Gewicht nicht über 1 Tonne

Merkmale: große gepanzerte Echse, hochliegende Augen; Ohren und Nase verschließbar

Ernährung: Fleischfresser, Fische, Vögel, auch große Säuger

Vorkommen: tropisches Afrika

Besonderheiten: Die Paarung erfolgt im Wasser.

Krokodil Eine alte Sage behauptet, das Krokodil weine Tränen, um seine Opfer anzulocken. Deshalb nennt man unechte, heuchlerische Tränen »Krokodilstränen«. Richtig an dieser Geschichte ist nur, dass das Krokodil seinen Beutetieren auflauert. Es treibt meist im Wasser, und außer den Augen und den Nasenlöchern ist von ihm nichts zu sehen. Kommt ein Beutetier nahe genug heran, beschleunigt das Krokodil blitzschnell und beißt zu. Es zieht sein Opfer unter das Wasser, wo es erstickt. Dann beißt das Reptil Fleischstücke und Gliedmaßen aus dem Beutetier, indem es sich ruckartig im Wasser dreht. Das Opfer wird so buchstäblich zerrissen. Übrigens kann ein großes Nilkrokodil sogar einen Büffel überwältigen. Bei der Fortpflanzung aber zeigt sich das Krokodil äußerst zart und fürsorglich. Das Weibchen legt fast 100 Eier in eine Grube am Flussufer. Vier Monate lang passt es auf das Gelege auf. Wenn die Jungen schlüpfen, gräbt die Mutter den Boden auf und hilft ihnen. Schließlich trägt sie die Babykrokodile zwischen ihren scharfen Zähnen ins Wasser, ohne sie zu verletzen. ■

Größe: Schulterhöhe bis 75 cm, Gewicht bis 80 kg

Merkmale: schwarze Flecken mit gelbem Hof

Ernährung: Fleischfresser, meist kleinere Tiere, aber auch Antilopen

Vorkommen: tropisches Afrika und Südasien

Besonderheiten: Vom südamerikanischen Jaguar unterscheidet sich der Leopard dadurch, dass seine Flecken im Zentrum keinen dunklen Punkt aufweisen.

Leopard Von allen Großkatzen besitzt der Leopard die weiteste Verbreitung. Er bewohnt das tropische Afrika ebenso wie große Teile des südlichen Asiens. Früher kam er sogar in der Türkei vor. In diesem riesigen Verbreitungsgebiet bewohnt der Leopard die unterschiedlichsten Lebensräume: Er ist im afrikanischen wie im asiatischen Regenwald zu Hause, er kommt in Savannen und Steppengebieten vor, man trifft ihn sogar in Halbwüsten und der ostsibirischen Taiga an.

Der Leopard verfügt über unglaubliche Kräfte. Er kann eine erlegte Antilope, die schwerer ist als er selbst, mehrere Meter hoch in die Astgabel eines Baumes zerren.

Dort ist sein Fang vor anderen Raubtieren sicher und er und seine Jungen können sich mehrere Tage ungestört davon ernähren.

Da Leoparden nicht so schnell sprinten können wie ▶ Geparden, schleichen sie sich vorsichtig an ihre Beute an. Ihr geflecktes Fell ist eine gute Tarnung. Minutenlang bleiben sie regungslos liegen und beobachten ihre Beute, dann springen sie mit einem mächtigen Satz hervor und töten ihr Opfer mit einem Biss in die Kehle. Leoparden sind Einzelgänger und treffen sich nur zur Paarungszeit. Ansonsten streifen sie durch ihre großen Reviere und markieren mit Urin und Kratzspuren ihre Grenzen.

Größe: Länge höchstens 4 m

Merkmale: leben auf Bäumen und am Boden; dort gelten sie als die schnellsten Schlangen

Ernährung: Vögel, Echsen, auch Frösche

Vorkommen: tropisches Afrika

Besonderheiten: Mambas pflegen mehrfach zuzubeißen.

Mamba Der Schwarzen und der Grünen Mamba eilt ein furchtbarer Ruf voraus: Sie

gelten als tödliche Giftschlangen, die von Bäumen aus den Menschen angreifen. Nur ein Teil davon ist richtig. Mambas werden bis vier Meter lang und jagen tatsächlich oft auf Bäumen. Aber oft sind Mambas auch auf dem Boden anzutreffen. Dort erreichen sie kurzfristig eine Geschwindigkeit von 24 km/h. Da muss man schon sprinten wie ein Hundertmeterläufer, um der Schlange zu entkommen. Obwohl ihr Gift sehr stark ist, sterben doch verhältnismäßig wenig Menschen am Biss der Mamba. Die indische Kobra zum Beispiel ist viel gefährlicher.

STECKBRIEF

Größe: Die Monameerkatze erreicht eine Kopf-Rumpf-Länge von 55 cm

Merkmale: Gesicht mit fleischfarbenem Mund

Ernährung: Früchte, Blätter, Insekten

Vorkommen: tropisches Afrika

Besonderheiten: In Afrika leben zahlreiche Meerkatzenarten, die man alle an ihren langen Schwänzen erkennt.

Meerkatze Die Meerkatzen wohnen weder am Meer noch sind sie Katzen. Diese langschwänzigen Affen leben in vielen Arten in den Wäldern Afrikas. Bemerkenswert ist nicht nur die Artenvielfalt, sondern auch die Farbigkeit dieser Affengruppe; selbst grünlich schimmernde Felle kommen vor. Häufig haben die Tiere kontrastierende Bärte und Augenbrauen, die Gesichter sind unbehaart und nicht selten farbig gezeichnet. Die Blaumaulmeerkatze beispielsweise erweckt den Eindruck, eine leuchtend blaue Maske mit einem weißen Schnurbart zu tragen.

Viele Meerkatzen klettern katzenartig elegant, springen weit und laufen auch sehr schnell. Der Husarenaffe bringt es auf eine Geschwindigkeit von 50 Stundenkilometern. Ihre schlimmsten Feinde sind die Leoparden. Doch das Affenrudel setzt sich bei Gefahr gemeinsam gegen einen Angriff zur Wehr und hat damit oft Erfolg. Manche Meerkatzen sind sehr verspielt und treiben allerhand Schabernack. Sie springen zum Bei-

spiel Antilopen von Bäumen herunter auf den Rücken und haben ihren Spaß daran, wenn diese furchtbar erschrecken. ■

STECKBRIEF

Größe: Schulterhöhe bis 170 cm, Gewicht rund 200 kg

Merkmale: einfarbig braun, mit zebraartigen Streifen an den Beinen

Ernährung: Blätter, Kräuter, Früchte, Gräser

Vorkommen: tropisches Afrika

Besonderheiten: Die Zunge ist so lang, dass es sich damit die Augen säubern kann.

Okapi Es war der damals berühmteste Afrikaforscher Henry Stanley, der 1890 erstmals aus dem Urwald am Kongo von einer unbekannten »Waldgiraffe« berichtete. Doch es dauerte noch zehn Jahre, bis das Okapi endlich wissenschaftlich beschrieben und benannt werden konnte. Seine Entdeckung war eine echte Sensation, denn das Okapi wird rund 220 Kilogramm schwer und erreicht 1,60 Meter Schulterhöhe. Und es ist der einzige und nächste Verwandte der Giraffe. Wie konnte ein so großes Tier der Aufmerksamkeit der Forscher so lange entgehen? Vermutlich liegt es daran, dass das Okapi äußerst selten ist. Es hält sich im Schutz dunkler Wälder auf und frisst gern Blätter. Bei der Auswahl ist es sehr wählerisch und rupft nur die zartesten Blätter und Früchte ab. Die Paarung kann offensichtlich das ganze Jahr über stattfinden. Das Weibchen bringt nach einer Schwangerschaft von rund 450 Tagen ein einziges Baby auf die Welt. Viel mehr weiß man aus Freilandbeobachtungen nicht über das Okapi. Alle weiteren Kenntnisse, die wir über das Okapi haben, stammen vom Zootieren. ■

es zu trinken. Der Schimpanse lebt in einer Region, die sich von West- bis Ostafrika erstreckt. Sein Zuhause sind die Bäume. Dort baut er sich jeden Abend ein Schlafnest. Zur Nahrungssuche geht er allerdings auch auf den Boden. Meist begnügt er sich mit Blättern, Früchten und Samen. Doch manche Schimpansengruppen machen gerne Jagd auf kleinere Antilopen oder andere Affen und verzehren deren Fleisch.

Seit Jahren wogt unter Wissenschaftlern ein Streit darüber, ob der Schimpanse die Fähigkeit hat, richtige Sätze zu bilden. Man hat dazu mehreren Schimpansen eine Art Zeichensprache beigebracht, und es scheint, als könnten sie mit den gelernten Symbolen sinnvolle Aussagen machen. Manche Forscher meinen allerdings, diese Sätze seien nur Zufallsprodukte. Sprechen wie wir Menschen können die Schimpansen keinesfalls, weil ihr Kehlkopf nicht dafür gebaut ist.

Im dichtesten Regenwald am Kongo lebt noch eine zweite Schimpansenart, der Zwergschimpanse oder Bonobo. Diese vierte Menschenaffenart ist uns Menschen ebenso stark ähnlich wie der gewöhnliche Schimpanse. Leider sind diese Tiere stark gefährdet. Erst vor kurzem hat eine Biologin begonnen, die Bonobos in freier Wildbahn zu studieren. ■

STECKBRIEF

Größe: Gesamthöhe beim Männchen 170 cm, Gewicht 50 kg; Höhe beim Weibchen 130 cm, Gewicht 40 kg

Merkmale: Der Schimpanse ist der menschenähnlichste Affe.

Ernährung: Blätter, Früchte, Insekten, auch kleinere Säuger (vor allem Affen)

Vorkommen: tropisches Afrika

Besonderheiten: In Gefangenschaft kann der Schimpanse 50 Jahre alt werden.

Schimpanse Was Körperbau, Intelligenz und Verhalten anbelangt, steht der Schimpanse dem Menschen von allen Tieren am nächsten. Schimpansen können zum Beispiel Werkzeuge herstellen und sinnvoll benutzen. Mit Stöckchen stochern sie nach Honig, Ameisen und Termiten. Steine verwenden sie, um Nüsse aufzuklopfen und Leoparden zu verjagen. Und mit schwammartigen, zerkauten Blättern nehmen sie Wasser aus Baumhöhlen auf, um

MENSCHENAFFEN

Die drei großen Menschenaffen Schimpanse, Orang-Utan und Gorilla kennt vermutlich jeder. Dazu kommt noch der schimpansenähnliche Bonobo. Außer diesen vier großen Menschenaffenarten gibt es aber noch die kleinen Menschenaffen oder Gibbons. Sie kommen nur in Südostasien vor. Man unterscheidet mehrere Arten, die auch Lar, Siamang oder Hulock heißen. Alle sind Kletterakrobaten, die sich mit atemberaubender Geschwindigkeit durch den Wald hangeln. Leider sind alle diese Menschenaffen durch die Zerstörung ihrer Lebensräume stark bedroht.

Asiatischer Regenwald

Asiatischer Regenwald

Im östlichen Teil Indiens, in Hinterindien, auf den Philippinen und auf den Inseln Borneo und Sumatra regnet es das ganze Jahr hindurch so viel, dass dort immergrüne Regenwälder entstanden sind. Fast jeden Tag gehen gewaltige Gewitter nieder. Diese Regenwälder gehören zu den üppigsten Lebensräumen der Welt. Hier wachsen Tausende verschiedener Blütenpflanzen, von den Farnen, Moosen und Flechten gar nicht zu sprechen. Der fast undurchdringliche Wald ist in mehrere Stockwerke gegliedert. Die größten Baumriesen sind fast 80 Meter hoch. An und auf ihnen wachsen Lianen und viele andere Pflanzen.

Indien und Hinterindien sind sehr dicht besiedelt. Um Platz für die Menschen zu schaffen, wird der Regenwald gerodet. In Assam beispielsweise, wo es mit 10 Metern pro Jahr am meisten regnet, musste er Teeplantagen und Dörfern weichen. Von der übervölkerten Insel Java in Indonesien sind viele Menschen nach Borneo ausgewandert und haben dort große Teile des Regenwalds gefällt. Auch Firmen, die mit wertvollen Tropenhölzern handeln, stellen eine große Gefahr dar. Sie fällen die Bäume und lassen ein zerstörtes Paradies zurück.

Im indischen Dschungel am Fuß des Himalaja haben Panzernashorn, Wasserbüffel und andere Wildrinder ihre Heimat. Von dort stammen auch der Pfau und das Bankivahuhn, aus dem unser Haushuhn hervorging. In den tropischen Regenwäldern Indonesiens und der Philippinen leben natürlich besonders viele Baumbewohner. Sie haben sich an neue Arten der Fortbewegung angepasst. Es fällt auf, dass in Asien viele Tiere den Gleitflug entdeckt haben, zum Beispiel der Flugdrache und der Pelzflatterer. Sogar fliegende Schlangen und Frösche gibt es hier. Weil es in den Regenwäldern so feucht und heiß ist, sind manche Tiere, die wir als Wasserbewohner kennen, aufs feste Land übergegangen. Auf den Sträuchern lauern beispielsweise fingerlange Landblutegel auf Beute.

PFAU

Von einem Menschen, der sich besonders eingebildet benimmt, sagt man, er stolziere herum wie ein Pfau. Und die Italiener nennen es »Pfauenfedern anlegen«, wenn sich jemand mit fremden Federn schmückt. So beeindruckt der Pfau die Menschen seit Jahrtausenden. 1965 wurde er sogar zum indischen Nationalemblem erklärt. Wenn vom Pfau die Rede ist, sind eigentlich immer die Männchen gemeint: Nur sie tragen das prächtige, an Brust und Hals leuchtend blaue Gefieder und nur sie schlagen das Rad. Auf den ersten Blick meint man, es bestehe aus den Schwanzfedern. Die meterlange Schleppe wird jedoch von den enorm verlängerten Oberschwanzdecken gebildet. Die Pfauenweibchen sind unscheinbar und kleiner als die Männchen. Sie haben auch keine Schleppe, mit der sie ein Rad schlagen könnten. Als Wildvogel lebt der Pfau in lockeren Gruppen. Ursprünglich kam er nur im Urwald vor. Heutzutage hat er seinen Lebensraum stark erweitert und lebt auch in der Nähe menschlicher Siedlungen. Heute trifft man den Pfau als Ziervogel in vielen Parks in Europa an. Übrigens: Die schaurigen Rufe in vielen älteren englischen Kriminalfilmen stammen vom Pfau.

Argusfasan Im Regenwald von Malaya, Sumatra und Borneo hört man zur Paarungszeit gelegentlich die lauten Rufe des Argusfasans. Das Tier selbst sieht man jedoch so gut wie nie – aber nicht etwa, weil es unscheinbar wäre. Der Argusfasan ist vielmehr fast so groß wie der Pfau und hat auch einen ähnlich langen Schwanz, der einen Meter weit übertrifft. Die Armschwingen sind bei ihm stark verlängert und tragen in der Mitte eine auffällige augenförmige Zeichnung. Diese hat ihm den Namen eingetragen, denn in der griechischen Sagenwelt war Argus ein vieläugiger Riese. Seine durchdringenden Rufe stößt das Fasanmännchen auf einem freien Platz im Urwald aus. Es lockt damit die viel kleineren und unscheinbaren Hennen an. Zu Beginn des vorigen Jahrhunderts fand man im Urwald von Borneo eine Feder, die stark an die des Argusfasans erinnerte. Doch ihre Augenzeichnung wirkt dreidimensional, wie ein Hologramm. Deshalb vermuten die Forscher, dass in diesen Wäldern eine zweite Argusfasanart lebt, die bisher noch niemand zu Gesicht bekommen hat!

Der Argusfasan wird manchmal auch Arguspfau genannt. Zoologisch steht er zwischen den Fasanen und den Pfauen. Eine enge Verwandtschaft besteht außerdem zu den Truthühnern.

STECKBRIEF

Größe: Männchen mit den Schwanzfedern bis 170 cm lang, Weibchen nur 70 cm lang

Merkmale: viele »Augen« auf den verlängerten Armschwingen

Ernährung: Samen, Körner, Insekten

Vorkommen: Malaysia, Sumatra und Borneo

Besonderheiten: Das Männchen legt sich im Regenwald einen freien Balzplatz zu.

Größe: Gesamtlänge bis 20 cm

Merkmale: eidechsenartig, aber mit orangeroter Flughaut, die von verlängerten Rippen aufgespannt wird

Ernährung: Insekten und Spinnen

Vorkommen: Südostasien

Besonderheiten: Der Flugdrache gleitet bis 60 m weit.

Flugdrache Der Flugdrache hat eine gewisse Ähnlichkeit mit unserer einheimischen Eidechse (▶ Zauneidechse). Allerdings lebt er auf Bäumen und mag sie gar nicht mehr verlassen und auf den Boden gehen, wo viele Gefahren auf ihn lauern.

Wie aber kommt er von einem Baum zum andern? Dafür hat diese kleine Echse eine Anpassung entwickelt, auf die ihr deutscher Name anspielt. Der Flugdrache springt in die Luft und spreizt gleichzeitig fünf bis sechs stark verlängerte Rippen an den Körperseiten ab. Diese sind durch eine bunte Flughaut miteinander verbunden. Wie ein Paraglider kann der Flugdrache bis zu 60 Meter weit segeln. Er fliegt dabei passiv und bewegt seine Flughaut nicht. Er ist ein echter Gleitflieger. ◾

Größe: Spannweite der größten Art bis 150 cm, Gewicht bis 1 kg

Merkmale: große Fledermaus, die riesige Schlafkolonien bildet

Ernährung: Früchte

Vorkommen: tropische Gebiete Asiens und Afrikas

Besonderheiten: Die Flughunde haben kein Echoortungssystem wie unsere einheimischen, Insekten fressenden Fledermäuse.

Flughund Von diesem Anblick sind alle begeistert, die schon einmal im tropischen Asien waren: Bei Sonnenuntergang, wenn der Himmel in allen Farben glüht, verlassen die Flughunde ihre Schlafbäume oder Schlafhöhlen und fliegen zu Hunderten oder Tausenden weg auf Nahrungssuche. Der Himmel ist dann fast bedeckt von den lautlos fliegenden Tieren. Die größten dieser Fledermäuse erreichen immerhin eine Flügelspannweite von 1,50 Meter. Im Gegensatz zu den einheimischen ▶ Fledermäusen ernähren sich die Flughunde fast nur von Früchten. Nicht wenige Arten haben sich auf den Besuch von Blüten spezialisiert: Sie trinken deren Nektar, fressen etwas Pollen und Blütenblätter und bestäuben dabei die Blüten. Man weiß heute, dass fast die Hälfte aller Bäume des Regenwalds auf den Besuch dieser Flughunde angewiesen sind. Die Blüten locken ihre Besucher mit einem uns Menschen meist etwas muffig anmutenden Geruch an. Die Geschmäcker sind eben verschieden! ◾

STECKBRIEF

Größe: Körper bis zu 90 cm lang

Merkmale: sehr lange Arme und Beine

Ernährung: Blätter, Früchte, Kleintiere, Vogeleier, Kleinsäuger

Vorkommen: Südostasien

Besonderheiten: Gibbons sind außerordentlich geschickte und schnelle Kletterer.

Gibbon Die Gibbons sind die Akrobaten des Regenwaldes. Mit unglaublicher Leichtigkeit hangeln sie sich von Baum zu Baum. Sie erreichen dabei Geschwindigkeiten von bis zu 30 Stundenkilometern und springen zwischen einzelnen Bäumen an die zehn Meter weit. Gibbons sind die einzigen Menschenaffen, die gerne und häufig aufrecht gehen. Man unterscheidet mehrere Arten, die einander aber recht ähnlich sehen, zum Beispiel den Siamang, den Hulock und den Lar. Alle leben in kleinen Gruppen; diese bestehen meist aus nur einem Paar, das lebenslang zusammenbleibt, sowie seinen Kindern.

Die Gibbons bewohnen ein bestimmtes Gebiet oder Territorium. Jeden Morgen markieren sie es mit lauten Rufen, die andere Gibbons fernhalten sollen. Gibbons ernähren sich vorwiegend von Früchten. Wie fast alle Affen nehmen sie aber bei Gelegenheit auch gerne Insekten, Vogeleier oder Kleinsäuger. Der ▶ Schimpanse – ein anderer Menschenaffe – macht sogar ganz gerne Jagd auf Säugetiere, besonders auf andere Affen oder Gazellen! ◾

Granatpitta Im Süden Indiens leben einige Völker, die nicht Hindi, sondern ganz andere Sprachen sprechen, die man »drawidisch« nennt. In diesen Sprachen bedeutet das Wort »pitta« einfach »Vogel«. Die Zoologen dagegen bezeichnen nur die Angehörigen einer Vogelfamilie mit etwa 25 Arten als Pittas; dazu gehört auch der Granatpitta.

Die Pittas sehen relativ plump, fast kugelig aus, sie haben einen sehr kurzen Schwanz und lange Beine. Alles in allem wirken sie nicht sehr elegant, wären da nicht die prächtigen Farben! Wegen des Federkleids und wegen ihres weit tragenden, lauten Rufs haben ihnen die Vogelforscher, die Ornithologen, auch den Namen »Prachtdrosseln« gegeben. Die Pittas halten sich überwiegend auf dem Boden auf, wo sie behände hin und her flitzen. Bei Gefahr ziehen sie es vor, zu Fuß zu entkommen. Sie können mit ihren gerundeten kurzen Flügeln jedoch auch sehr schnell auffliegen. Wie die ▶ Fasane landen sie aber nach kurzem Flug schon bald wieder. Erstaunlich ist, dass einige Pittas trotz ihrer Flugfaulheit Zugvögel sind. Die Pittas bauen kugelförmige Nester, die sie nicht selten mit Schlamm auskleiden. ◾

STECKBRIEF

Größe: Länge bis 25 cm

Merkmale: plumpe Gestalt, sehr farbenprächtig, lauter Ruf

Ernährung: Insekten, Würmer, Schnecken

Vorkommen: Südostasien, einige Arten auch in Afrika und Australien

Besonderheiten: Die Pittas zählen innerhalb der Sperlingsvögel zu den Schreivögeln. Deren Stimmmuskulatur ist einfacher ausgebildet, sodass sie keine raffinierten Rufe zustande bringen.

VOM AUSSTERBEN BEDROHT

Wenn in Deutschland eine Pflanzen- oder Tierart vom Aussterben bedroht ist, bedeutet das, dass es sie hier schon bald nicht mehr geben wird. Wolf und Bär etwa sind in Deutschland seit langem ausgestorben. Aber sie kommen immerhin noch in anderen Ländern vor, wo sie weniger bedroht sind. Eine echte Katastrophe tritt allerdings ein, wenn eine Tierart weltweit vor dem Aussterben steht. Aussterben bedeutet dann, dass es auf der ganzen Erde kein einziges Tier mit dem typischen Aussehen, dem Verhalten, kurz: dem Genvorrat dieser Art mehr geben wird. Eine einmal ausgestorbene Tierart lässt sich nicht mehr auf die Erde zurückholen.

Die wichtigsten Gründe für das Aussterben liefert der Mensch, vor allem durch die Überbevölkerung. Sie führt zur Zerstörung vieler Lebensräume. Innerhalb von nur 70 Jahren ist rund die Hälfte aller Wälder auf der Erde abgeholzt worden. Schätzungen zufolge werden bis 2100 ein bis zwei Drittel aller Tierarten aussterben. Bis heute wurden rund 1,7 Millionen Tierarten beschrieben. Auf der Erde leben aber über sechs Millionen Arten. Der größte Teil dieser bis heute noch unbekannten Tiere wird wegen der Umweltzerstörung aussterben, bevor sie ein Wissenschaftler überhaupt zu Gesicht bekommen hat.

STECKBRIEF

Größe: Schulterhöhe bis 80 cm, Gewicht bis über 100 kg

Merkmale: Bär mit charakteristischer schwarz-weißer Zeichnung

Ernährung: Bambusschösslinge

Vorkommen: Südwestchina

Besonderheiten: In einem Gebiet westlich davon lebt der waschbärartige Kleine Panda, den man auch Katzenbär nennt. Sein Fell ist kupferrot, das Gesicht weiß.

Großer Panda Wahrscheinlich ist der Große Panda das bekannteste Tier der Welt. Mit ihm als Symbol und Maskottchen wirbt der WWF, der World Wide Fund for Nature, unermüdlich für den Schutz bedrohter Tierarten. Der Panda zeigt besonders anschaulich, wie eine Tierart an den Rand des Aussterbens gelangen kann.

Der Pandabär lebte schon vor rund 1,5 Millionen Jahren in einem Gebiet, das viel größer war als sein heutiges Verbreitungsgebiet. Warum er sich ins Hsifangebirge im südchinesischen Szetschuan zurückzog, weiß man nicht. Der Große Panda ist ein ausgesprochener Ernährungsspezialist. Er frisst ausschließ-

lich junge Bambustriebe. Diese Kost ist nicht besonders nahrhaft, deshalb muss der Bambusbär – wie er auch heißt – jeden Tag Unmengen davon vertilgen. Solange es Bambus gibt, kann der Panda ganz gut existieren. Aber der Bambus hat eine merkwürdige Eigenschaft: Alle 30, 70 oder 100 Jahre beginnen alle Pflanzen einer Art zu blühen, sie fruchten und sterben dann ab. Anschließend dauert es einige Jahre, bis die Bambuswälder wieder herangewachsen sind. Früher konnte der Panda diesem Bambustod ausweichen, indem er in Täler weiterwanderte, wo andere Bambusarten wuchsen, die noch nicht blühten. Das ist heute kaum mehr möglich, da inzwischen fast überall Bauern leben.

Viele hochspezialisierte Tiere pflanzen sich nur sehr langsam fort, so auch der Große Panda. Er bekommt nur alle paar Jahre ein Junges: Es ist nur so groß wie eine Ratte, höchstens 150 Gramm schwer und völlig von der Mutter abhängig. Viele Jungtiere sterben schon früh aus unbekannten Gründen. In freier Wildbahn leben heute höchstens noch 1000 Pandas.

QUIZBOX

Wie lange frisst der Panda am Tag?

STECKBRIEF

Größe: Schulterhöhe bis 80 cm, Gewicht bis 100 kg

Merkmale: Die Zähne des Oberkiefers wachsen durch den Kiefer hindurch.

Ernährung: Früchte, Nüsse, Blätter, Insekten

Vorkommen: Indonesien

Besonderheiten: Man weiß nur wenig über dieses sehr seltene und vom Aussterben bedrohte Tier.

Hirscheber

Babirusa, wörtlich übersetzt »Hirschschwein«, nennen die Einwohner der Insel Celebes (Sulawesi) dieses schlanke Wildschwein. Es zieht durch Sumpf- und Regenwälder und sucht Früchte, Nüsse und Insektenlarven, die es vor allem aus morschem Holz holt. Die oberen Eckzähne des Männchens sind überaus merkwürdig: Sie wachsen nämlich nach oben durch die Haut und bilden bei älteren Tieren einen Kreis. Dabei kommt es sogar vor, dass sie wieder in die Haut der Schnauze eindringen. Über die Lebensweise des Hirschebers weiß man nicht viel. Möglicherweise wird man auch nicht mehr viel über ihn erfahren, denn er stirbt in seiner Heimat bald aus.

Kobra

An Kobrabissen sterben allein in Indien jedes Jahr 10 000 Menschen. Als Hauptbestandteil enthält das Gift Stoffe, die die Nerven angreifen und die im schlimmsten Fall innerhalb von 15 Minuten zum Herzstillstand führen. Das macht die Kobra zu einer der gefährlichsten Giftschlangen. Sie selbst frisst vor allem Nagetiere. Auf der Suche nach Ratten gelangt sie oft in Häuser. Dort ereignen sich auch die meisten Unfälle. Wenn sich eine Kobra bedroht fühlt, richtet sie ihren Vorderkörper auf und spreizt einen Teil ihrer Rippen ab. Auf der Rückseite wird dadurch bei vielen Tieren eine schwarzweiße Brillenzeichnung erkennbar, die der Kobra auch den Namen »Brillenschlange« eingetragen hat. Kobras kommen im ganzen tropischen Asien und in fast ganz Afrika vor. Besonders gefährlich ist die afrikanische Speikobra. Sie verspritzt ihr Gift zielgenau in die Augen der Opfer. Unerträgliche Schmerzen und zeitweilige Blindheit sind die Folge.

STECKBRIEF

Größe: Länge bis 2 m

Merkmale: spreizt bei Erregung die Rippen ab, wodurch bei manchen Unterarten auf dem Rücken eine brillenförmige Zeichnung sichtbar wird

Ernährung: Kleinsäuger, Ratten

Vorkommen: Südostasien, einige Arten auch in Afrika

Besonderheiten: Die Kobra gehört wegen ihrer Häufigkeit zu den gefährlichsten Giftschlangen.

Größe: Kopf und Rumpf bis 75 cm lang, Männchen bis 24 kg schwer, Weibchen bis 11 kg

Merkmale: an der klobigen Nase sofort zu erkennen

Ernährung: überwiegend Blätter

Vorkommen: Borneo

Besonderheiten: Wahrscheinlich wird auch der Nasenaffe aussterben, bevor man ihn richtig erforscht hat.

Nasenaffe Jeder Affe hat eine Nase, aber bei den Nasenaffen ist sie gigantisch! Beim Männchen wird sie so groß, dass es sie beiseite schieben muss, wenn es etwas essen will. Dabei dient diese Nase nicht als Riechorgan, sondern als Resonanzboden für laute Rufe. Die Weibchen zeigen eine eindeutige Vorliebe für Männchen mit großen Nasen: Je länger die Nase und je lauter der Ruf, desto besser sind seine Chancen beim anderen Geschlecht.

Die Nasenaffen leben auf der Insel Borneo. An sich haben die Tiere eine helle Haut. Doch bei Erregung färbt sich ihr Gesicht puterrot. Die Ureinwohner nannten die Affen deswegen »Orang belanda« – das heißt »Holländer«. Die einstigen Kolonialherren auf Borneo, eben die Holländer, hatten nämlich nach längerem Aufenthalt in der Sonne ebenso rote Gesichter wie die aufgeregten Nasenaffen. Bei der Fortbewegung legen die Nasenaffen eine ungeheure Geschicklichkeit an den Tag: Sie klettern in den Mangrovenbäu-

men umher und vollführen sehr weite, elegante Sprünge. Sie können aber auch auf dem Boden laufen und schwimmen geschickt im Meer und in den Flüssen. Dabei können sie bis zu einer halben Minute lang tauchen. ■

Nashornvogel Wenn man einen Nashornvogel ansieht, möchte man meinen, er hätte schwer an seinem mächtigen Schnabel mit dem Horn darauf zu tragen. Doch das Gebilde ist unglaublich leicht; es besteht aus einem sehr feinen schwammartigen Knochengewebe, also fast nur aus Luft. Alle Nashornvögel fressen Früchte, zum Beispiel Bee-

ren. Die Vögel sitzen gerne am Ende von Zweigen und können mit ihren langen Schnäbeln selbst die am weitesten entfernten Früchte picken. Für ihre Jungen fangen die Nashornvögel auch Insekten oder kleinere Reptilien.

Nashornvögel brüten in Baumhöhlen und zeigen hier eine Besonderheit: Hat das Weibchen angefangen zu brüten, vermauert das Männchen den Höhleneingang mit Lehm. Nur ein schmaler Schlitz bleibt frei. Durch den füttert das Männchen das Weibchen. Sind die Jungen geschlüpft, wird die Öffnung aufgebrochen. ■

Größe: Länge bis 130 cm

Merkmale: Oberschnabel mit großem Aufsatz

Ernährung: Früchte, Beeren, Insekten

Vorkommen: Südostasien, einige Arten auch in Afrika

Besonderheiten: In den Tropen Amerikas leben ganz ähnliche Vögel, die ▶ Tukane. Sie haben zwar mächtige Schnäbel, aber keine Schnabelaufsätze.

STECKBRIEF

Größe: Körperhöhe bis 100 cm; Männchen bis 90, Weibchen bis 50 kg schwer

Merkmale: Menschenaffe mit rötlichem, langhaarigem Fell und extrem langen Armen

Ernährung: Blätter, Früchte, Vogeleier

Vorkommen: Sumatra und Borneo

Besonderheiten: Die Orang-Utans schätzen – ebenso wie der Tiger – die Durianfrucht, die für uns Menschen wie eine Mischung aus stinkendem Weichkäse und Knoblauch schmeckt.

Orang-Utan

Orang-Utan ist indonesisch und heißt wörtlich übersetzt »Waldmensch«. Noch heute behaupten die Ureinwohner Borneos, der Orang-Utan rede nur deswegen nicht, um vom Menschen nicht zum Arbeiten eingesetzt zu werden! Immerhin betrachteten sie diese Menschenaffen als Menschen.

Orang-Utans kommen auf den Inseln Sumatra und Borneo vor, doch ihre Zahl ist durch die Entwaldung und die Jagd stark zurückgegangen. Orang-Utans verbringen fast ihr ganzes Leben auf Bäumen und klettern hervorragend. Gelegentlich stürzt aber auch einmal einer ab, deshalb findet man nicht selten geheilte Knochenbrüche bei diesen Tieren. Die Arme der Orangs sind gut eineinhalb mal so lang wie die Beine. Sie können nur schwer aufrecht stehen und gehen und tun das sehr staksig. Jeden Abend bauen sich die Orang-Utans ein Schlafnest hoch oben in den Bäumen. Sie sind eher Einzelgänger. Mütter ziehen mit ihren Jungen umher. Erst im Alter von vier bis sechs Jahren schließt sich ein Jungtier mit anderen zu einer Gruppe zusammen. Die Weibchen bekommen das erste Baby, wenn sie etwa zehn Jahre alt sind. Da sie ihre Kinder bis zu fünf Jahre stillen und Orang-Utans nur 30 Jahre alt werden, kann ein Weibchen höchstens 4 bis 6 Kinder bekommen. Wegen dieser geringen Fortpflanzungsrate stehen die Orang-Utans kurz vor dem Aussterben.

Panzernashorn

Das Panzernashorn gehört zu den seltensten Säugern überhaupt. In den Wäldern Nordindiens sollen noch einige Hundert Tiere leben. Die Panzernashörner der Inseln Java und Sumatra stehen kurz vor dem Aussterben. Ihren Namen verdanken diese asiatischen Nashörner der schweren Haut, die wie ein Panzer auf ihnen liegt. Von Falten wird sie in »Platten« unterteilt, die durch Nähte und Buckel noch verstärkt sind. Die Haut selbst ist aber keineswegs gepanzert und auch nicht besonders dick.

Die Tiere lieben das Wasser und wechseln auf eigenen Trampelpfaden von den Gewässern zu den Weiden und Schlafplätzen. Dabei benutzen sie sozusagen gemeinsame Toiletten: Jedes Nashorn, das an einer solchen Kotstelle vorbeikommt, setzt ebenfalls sein »Häufchen« ab. Sogar auf der Flucht hält es zu diesem Zweck kurz an.

STECKBRIEF

Größe: Schulterhöhe beim Männchen bis 2 m, Gewicht bis 2 Tonnen; Weibchen etwas kleiner

Merkmale: panzerartige, in »Platten« unterteilte Haut

Ernährung: Gräser, Blätter

Vorkommen: Südostasien

Besonderheiten: Panzernashörner sind sehr stark an das Wasser gebunden und suhlen sich jeden Tag.

STECKBRIEF

Größe: Kopf und Rumpf bis zu 50 cm lang

Merkmale: Der ganze Körper ist von einer großen Flughaut umgeben.

Ernährung: Blätter, Blüten, Knospen, Früchte

Vorkommen: Südostasien

Besonderheiten: Der Pelzflatterer kann über 100 m weit in der Luft von Baum zu Baum gleiten.

Pelzflatterer Es gibt viele Namen für dieses Tier, das selbst Zoologen nur selten zu Gesicht bekommen haben. Die einen nennen es Pelzflatterer, andere Riesengleiter oder Großgleiter. Der Pelzflatterer wird etwa so groß wie eine Hauskatze und sieht auf den ersten Blick nicht besonders ungewöhnlich aus. Aber vom Nacken bis zum Schwanz zieht sich eine Flughaut, die auch Arme und Beine mit allen Fingern und Zehen mit einbezieht. Tagsüber schlafen die Pelzflatterer in luftiger Höhe – in Baumhöhlen von Urwaldriesen. Nachts aber machen sie sich auf die Luftreise: Sie springen ab, spreizen die Gliedmaßen, sodass die Flughaut gespannt wird, und gleiten auf ihr bis zu 100 Meter weit durch die Luft. Zielsicher landen sie auf dem nächsten Baum. Die Weibchen nehmen ihre Jungen sogar huckepack auf den Flug mit.

STECKBRIEF

Größe: Körperlänge bis 30 cm

Merkmale: typische Taubengestalt, Gefieder sehr farbenprächtig

Ernährung: Früchte

Vorkommen: Südostasien, verwandte Arten auch in Neuguinea und Afrika

Besonderheiten: Das Gelege der Prachttaube besteht oft nur aus einem Ei.

Prachttaube (Dolchstichtaube) Unsere fünf einheimischen Taubenarten bestechen nicht gerade mit farbenfrohem Gefieder. Ihr Federkleid ist eher eintönig gefärbt, und wir erkennen die Tiere an ihrer charakteristischen Gestalt und ihrer gurrenden Stimme. Die zuletzt genannten Merkmale gelten auch für die weit über 200 tropischen Taubenarten. Zusätzlich zeichnen die sich jedoch meist durch eine ausgesprochene Farbigkeit aus. Die Frucht- oder Prachttauben fallen aber im Gewirr des Regenwalds gar nicht besonders auf. Man übersieht sie sogar leicht. Bunte Zeichnung dient in den Tropen oft als Tarnung. Das ist mit ein Grund, warum die farbenprächtigsten Arten fast immer in den Tropen leben. Die Prachttauben bilden eine sehr artenreiche Gruppe. Die meisten sind grün mit einem kompliziertem Zeichnungsmuster. Eine Art trägt mitten auf der hellen Brust einen roten Fleck, der wie ein Blutfleck aussieht. Die Zoologen gaben ihr den bildhaften Namen »Dolchstichtaube«.

Frucht- oder Prachttauben fressen – wie der Name vermuten lässt – überwiegend Früchte, Nüsse und Samen. Sie können Brocken schlucken, die größer sind als ihr Kopf. Zu diesem Zweck haben die Tiere einen sehr dehnbaren Mund und Kropf. Kein Vogel besitzt Zähne, dafür haben die Vögel einen festen Muskelmagen, der die Nahrung zerreibt und so zerkleinert. Der Darm der Fruchttauben ist geradezu darauf spezialisiert, saftige Fruchtschichten abzuschaben. Die Samen gelangen dann mit dem Kot unbeschädigt wieder ins Freie. Nicht wenige Pflanzen sowohl in unseren Breiten als auch in den Tropen sind darauf angewiesen, dass ihre Früchte von Tieren gefressen werden. Erst nachdem die Samen den Verdauungstrakt durchlaufen haben, können sie keimen.

DAS GROSSE FRESSEN

Ein Python hat keine Probleme damit, ein Tier zu verschlingen, das einen deutlich größeren Umfang aufweist als er selbst, etwa eine Antilope oder einen Hirsch. Schlangen können ihre Beute zwar nicht zerteilen, doch sie besitzen Kiefer, deren einzelne Knochen sehr beweglich miteinander verbunden sind. Ist das Beutetier deutlich größer als der eigene Körperumfang, dann hängen die Schlangen ihren Unterkiefer einfach aus dem Schädel aus. Das Schlucken kann gut und gerne eine halbe Stunde dauern. Dabei darf das Riesenbeutetier aber nicht die Luftwege blockieren, sonst würde die Schlange an ihrem überdimensionalen Bissen ersticken. Schlangen haben besondere Mittel und Wege entwickelt, um mit großen Beutetieren fertig zu werden. Wenn sie gefressen haben, beginnen innerhalb weniger Stunden Darm und Leber zu wachsen. Dadurch passen sie sich den gewaltigen Anforderungen der Verdauung an. Die Leber vergrößert sich auf das Dreifache und speichert die Nährstoffe. Ist die Verdauung abgeschlossen, so verkleinern die Schlangen ihren Verdauungsapparat wieder und versetzen ihn in den Normalzustand zurück. Auf diese Weise können Schlangen Wochen oder Monate ohne Fressen auskommen.

Python (Tigerpython) Pythons lauern im Verborgenen auf Hasen, Ratten und kleine Hirsche. Sie packen ihre Beute mit den Kiefern. Da sie keine Giftdrüsen besitzen, umwickeln sie ihr Opfer mit zwei oder drei Körperwindungen und drücken zu. Dabei brechen alle Knochen und das Beutetier erstickt in kurzer Zeit. Sehr große Tigerpythons

werden bis zu sechs Meter lang und sollen schon Menschen getötet haben. Das ist aber sicher eine absolute Ausnahme. Um einen großen Python zu fangen, braucht man allerdings 12–20 Männer – so kräftig sind diese Riesenschlangen. Sie haben übrigens in der Nähe des Afters, ungefähr bei zwei Drittel der Länge, kleine Sporne. Das sind die letzten Reste von Hinterbeinen. Sie beweisen, dass sich die Schlangen aus vierfüßigen Echsen entwickelt haben. Die Pythons legen Eier. Doch im Gegensatz zu den meisten Schlangen bleiben die Weibchen beim Gelege und wärmen es mit ihrem Körper, sodass die Jungen eher ausschlüpfen. Die nächsten Verwanden der Pythons sind die Boas und die ▶ Anakonda in Südamerika.

STECKBRIEF

Größe: Länge bis 6 m

Merkmale: Kopf deutlich vom recht plumpen Körper abgesetzt, keine Giftzähne

Ernährung: Säugetiere bis Hirschgröße

Vorkommen: tropische Gebiete Asiens und auch Afrikas

Besonderheiten: Der Python erwürgt seine Beute.

STECKBRIEF

Größe: Kopf und Rumpf bis 80 cm, Schwanz fast ebenso lang

Merkmale: große dachziegelartige Schuppen, die den Tieren auch den Namen »Tannenzapfentiere« eingetragen haben

Ernährung: Ameisen, Termiten und andere Insekten

Vorkommen: Südostasien und tropisches Afrika

Besonderheiten: Die Schuppentiere können ihre Schuppen aneinander reiben und dadurch ein Geräusch erzeugen.

Schuppentier Die Schuppentiere könnten einem Fantasy-Film entsprungen sein, so bizarr sehen sie aus – mit den breiten, sich überlappenden Hornschuppen, die ihre Körperoberfläche bedecken. Die Tiere leben meist auf Bäumen. Auf dem Boden sieht man sie nicht selten aufrecht gehen, wobei sie ihren langen Schwanz nach hinten strecken, um das Gleichgewicht zu halten. Und bei Gefahr rollen sich die »Tannenzapfentiere« – wie die Engländer sie nennen – zu einer Kugel zusammen. Schuppentiere sind nachts aktiv. Sie haben keine Zähne und fressen vorwiegend Termiten. Mit ihren kräftigen Klauen öffnen sie deren Baue. Dann fahren sie mit ihrer riemenförmigen, klebrigen Zunge in die Gänge. Anschließend müssen die Schuppentiere die Zunge nur noch einziehen und die Termiten schlucken, die daran kleben geblieben sind. In ihrer Ernährungsweise ähneln die Schuppentiere den südamerikanischen ▶ Ameisenbären.

STECKBRIEF

Größe: Kopf und Rumpf bis 20 cm

Merkmale: eichhörnchenähnliche Gestalt, Schnauze aber langgezogen

Ernährung: Früchte, Insekten, auch Kleinsäuger

Vorkommen: Südostasien

Besonderheiten: Die Zoologen sind sich noch nicht einig darüber, wie viele Spitzhörnchenarten es gibt. Die Angaben schwanken von 16 bis 47.

Spitzhörnchen Lange Zeit wussten die Zoologen nicht, wo sie im Stammbaum der Tiere die Spitzhörnchen oder Tupajas unterbringen sollten: Waren sie Insektenfresser wie der Igel oder urtümliche Halbaffen? Schließlich fand man heraus, dass sie mit beiden verwandt sind. Mit den Hörnchen, die zu den Nagern zählen, haben sie allerdings nur die längliche Gestalt gemeinsam. Spitzhörnchen sind auf dem Boden ebenso zu Hause wie auf Bäumen. Sie fressen Früchte, aber auch Insekten oder Kleinsäuger. Trotz ihrer auffallend großen, seitlich stehenden Augen scheinen sie nicht besonders gut zu sehen.

Die Spitzhörnchen können sich das ganze Jahr über fortpflanzen. Sie haben pro Wurf ein bis zwei Junge, die sie nur alle zwei Tage pflegen und mit Nahrung versorgen.

DAS SPITZHÖRNCHEN UND DER STRESS

Zoologen stellten fest, dass Spitzhörnchen bei unbekannten Gerüchen, Kälte und Lärm leicht unter Stress geraten. In einer solchen Situation sträuben sie die Haare ihres Schwanzes. Forscher können also am Zustand des Schwanzes sofort erkennen, wie sich ein Spitzhörnchen fühlt. Wenn der Stress anhält und die Haare über längere Zeit gesträubt werden, hat dies direkte Auswirkungen auf das Verhalten und die Gesundheit der Tiere. Die Weibchen bringen dann zwar noch Junge zur Welt, fressen sie aber auf. Bei noch höherem Stress werden Männchen und Weibchen unfruchtbar. Lang anhaltender Stress führt schließlich dazu, dass die Tiere an Nierenversagen und Gewichtsverlust sterben.

Tiger Der Tiger ist die größte Katzenart. Mit seiner Fellzeichnung und der Eleganz seiner Bewegungen gehört er zu den schönsten Tieren überhaupt. Früher war der Tiger vor allem in Indien häufig. Dann brachte ihn die Jagd an den Rand des Aussterbens. Durch gezielte Schutzmaßnahmen konnten sich die Bestände wieder erholen.

Der Tiger frisst vor allem Hirsche, Antilopen, Wildschweine und auch kleinere Tiere. Nur selten wagt er sich an einen großen Wasserbüffel. Menschen werden nur gelegentlich von alten oder schwachen Tigern angefallen. Der Tiger liebt das Wasser und schwimmt hervorragend. Klettern kann er dagegen fast gar nicht. Damit bildet er eine Ausnahme unter den Katzen. Wie viele Katzen sind Tiger Einzelgänger. Nur zur Paarungszeit schließen sich Männchen und Weibchen zusammen. Nach der Paarung trennen sie sich sofort wieder. Die Tigerin bringt nach etwa vier Monaten zwei bis vier Junge zur Welt. Erst nach einem halben Jahr, in dem sie gesäugt werden, bekommen sie erstmals Fleisch. Sind die Jungen ein Jahr alt, bringt ihnen die Mutter das Jagen bei: Sie schleppt kleinere Tiere an, an denen die Jungen das Anschleichen und Töten üben. Erst mit zwei Jahren sind die Jungen selbstständig. ■

STECKBRIEF

Größe: Schulterhöhe bis 110 cm, Gewicht des Männchens bis 280 kg; Weibchen deutlich leichter

Merkmale: Großkatze mit schwarzen Streifen

Ernährung: Vögel und Säugetiere bis Wildrindgröße

Vorkommen: Asien

Besonderheiten: Die größte Rasse des Tigers lebt in Sibirien und im fernen Osten Russlands. Die südasiatischen Rassen sind deutlich kleiner.

Vogelfalter (Trogonoptera brookiana) In der Wipfelregion mancher Regenwälder in Südostasien fliegen Schmetterlinge, die mit zu den größten und schönsten der Welt zählen. Die Männchen und Weibchen dieser Vogelfalter teilen sich allerdings in die Aufgaben: Die Weibchen sind ungeheuer groß, fast wie Suppenteller, zeigen jedoch eher zurückhaltende Farben wie Schwarz, Braun, Gelb oder Ocker. Die Männchen bleiben deutlich kleiner, sind aber viel farbenprächtiger mit grünen, blauen, roten und metallischen Tönen. Die Insektenkundler nannten diese Schmetterlinge »Ornithoptera«, der griechische Ausdruck bedeutet »Vogelflügler«. Das nahmen die ersten Forscher, die diesen eleganten Fliegern begegneten, ganz wörtlich. Weil kein Schmetterlingsnetz bis in die Baumkronen der Urwaldriesen hinaufreichte, wussten sich die Wissenschaftler nicht anders zu helfen, als die Vogelfalter mit feinstem Vogelschrot aus der Flinte abzuschießen!

Vogelfalter gehören zur Familie der Ritterfalter oder Schwalbenschwänze, die noch viele weitere farbenprächtige Schmetterlinge in den Tropen umfasst. ■

STECKBRIEF

Größe: Spannweite bis 25 cm

Merkmale: Weibchen extrem groß, aber nicht besonders bunt, manchmal sogar düster gefärbt; Männchen kleiner, aber farbenprächtig

Ernährung: Die Falter saugen Blütennektar und Saft von Früchten, die Raupen fressen Blätter bestimmter Pflanzen.

Vorkommen: Südostasien

Besonderheiten: Einige Vogelfalterarten werden heute in Schmetterlingsfarmen gezüchtet und für Schmuckzwecke verkauft.

Südamerikanischer Regenwald

Südamerikanischer Regenwald

In dem Gebiet, durch das der Amazonas und seine Nebenflüsse fließen, liegt der größte geschlossene Regenwald der Welt. Die Lufttemperatur beträgt gleichmäßig um die 27 Grad Celsius, und es regnet praktisch jeden Tag. Hier gedeihen Hunderte verschiedener Baumarten, von denen die meisten bis 40 Meter hoch werden. Das Kronendach ist so dicht, dass nur wenig Licht auf den Boden gelangt. Deshalb ist es im Regenwald auch tagsüber ziemlich schummrig. Der südamerikanische Regenwald gilt als der artenreichste Lebensraum der Erde. Dabei kennt man noch lange nicht alle existierenden Tierarten, die Kleintierwelt der hohen Bäume etwa ist bislang kaum erforscht. In einem sehr aufwändigen Versuch wurden die Insekten einzelner Urwaldbäume so vollständig wie möglich eingesammelt. Es zeigte sich, dass von den Käfern beispielsweise gerade ein Fünftel bekannt war. Oder anders herum: Vier von fünf gefundenen Käferarten waren Neuentdeckungen für die Wissenschaft. Manche Forscher schließen daraus, dass es nicht zwei Millionen Tierarten gibt, wie man bisher dachte, sondern vielleicht bis zu zehn.

Aber die Gefahr, dass wir alle diese unentdeckten Arten niemals zu Gesicht bekommen, wächst ständig. Wahrscheinlich sind schon Tausende von Tierarten ausgestorben, ohne dass sie jemals ein Forscher hat beobachten können. Der südamerikanische Regenwald wird sehr stark wirtschaftlich genutzt. Nach dem Bau von zwei Straßen ins Amazonasgebiet kamen Siedler, die den Urwald rodeten und abbrannten. Auch Holzfirmen und Bergbauunternehmen tragen viel zur Zerstörung des Regenwalds bei. Möglicherweise werden in 50 Jahren nur noch kümmerliche Reste davon übrig sein.

Größe: Gesamtlänge bis 2 m, Gewicht bis 35 kg, Weibchen kleiner

Merkmale: röhrenförmige Schnauze und nach innen eingeschlagene mächtige Krallen

Ernährung: Ameisen und Termiten

Vorkommen: Mittel- und Südamerika

Besonderheiten: Der Ameisenbär fängt seine Beutetiere mit der langen Zunge.

Ameisenbär (Tamandua)

Den Ameisenbär kann man in unseren zoologischen Gärten nie sehen. Das hängt mit seiner Ernährungsweise zusammen: Der Ameisenbär ernährt sich ausschließlich von Ameisen und Termiten. Mit den mächtigen Krallen reißt er die Baue auf. Dann steckt er seine röhrenförmige Schnauze hinein und fährt bis 160-mal in der Minute mit der langen Zunge hinein. Sie ist mit klebrigem Schleim bedeckt, an dem die Insekten hängen bleiben. Beim Zurückziehen streifen Fortsätze im Mund die Ameisen ab. Der Große Ameisenbär oder Tamandua fängt auf diese Weise jeden Tag einige Zehntausend Insekten. Das Weibchen bekommt einmal im Jahr ein Junges. Es kann kurz nach der Geburt schon laufen, klettert aber sofort auf den Rücken seiner Mutter und lässt sich ein Jahr lang herumtragen. In Südamerika leben noch drei weitere Ameisenbärenarten. Sie alle können sehr geschickt klettern und benutzen dazu auch ihren Greifschwanz. ■

Anakonda

Die südamerikanische Anakonda gilt als die größte Schlange der Welt. Sie soll über acht Meter lang werden können. Alle Angaben über noch längere Tiere sind wohl erfunden, ebenso die Schauergeschichten, dass Anakondas Menschen auflauern und sie fressen.

Die Anakonda hält sich am liebsten im Wasser auf und jagt von dort kleinere Krokodile, Vögel, Nagetiere und besonders Wasserschweine. Ansonsten macht es die Anakonda, wie ihr Verwandter, der Python: Sie packt die Beute blitzschnell und beißt sich fest. Da sie keine Giftzähne hat, umschlingt sie das Tier und erdrosselt es. Dabei ist sie so kräftig, dass selbst große Knochen brechen. Die Anakonda hat einen auffallend kleinen Kopf. Kaum zu glauben, dass sie ein ganzes Wasserschwein verschlingen kann. Aber sie kann – wie alle Schlangen – gleichsam ihre Kiefer aushängen und ihr Maul dann unglaublich weit aufsperren. ■

Größe: Länge bis 8 m

Merkmale: meist olivgrau mit großen schwarzen Flecken

Ernährung: Reptilien, Vögel, Säugetiere bis Wildschweingröße

Vorkommen: nördliches Südamerika

Besonderheiten: Die Anakonda hat keine Giftzähne und ist mit dem Python verwandt.

STECKBRIEF

Größe: Kopf und Rumpf bis 90 cm lang, Schwanz zusätzlich bis 60 cm lang

Merkmale: sehr farbenfroher großer Papagei

Ernährung: Pflanzen, Nüsse, Samen, Früchte

Vorkommen: Mittel- und Südamerika

Besonderheiten: Die amerikanischen Ureinwohner verarbeiteten die Federn der verschiedenen Ara-Arten früher zu Schmuck.

Ara (Ararauna) In den tropischen Regenwäldern Mittel- und Südamerikas leben viele Papageien. Die farbigsten und größten sind die Aras. Kein Künstler hätte diese Vögel bunter bemalen können! Die Indios halten seit Jahrhunderten halbzahme Aras in ihren Dörfern und stellen aus deren bunten Federn prächtigen Schmuck her. Die größte Ara-Art ist der Hyazinthara: Er ist einheitlich hellblau gefärbt. Den Hellroten Ara oder Arakanga kann man oft in Zoos sehen. Seine Federn sind knallrot, gelb, dunkel- und hellblau. Alle Aras haben mächtige Schnäbel, mit denen sie sogar die hartschaligen Paranüsse öffnen können, für die wir eine kräftige Zange brauchen. Ihren Schnabel benutzen die Tiere auch, um geschickt im Geäst oder an steilen Felswänden herumzuklettern.

STECKBRIEF

Größe: Kopf und Rumpf bis 70 cm lang, Gewicht bis 10 kg

Merkmale: riesiger Kehlkopf als Resonanzkörper, meist umrahmt von einem Bart

Ernährung: Früchte, Blätter

Vorkommen: Mittel- und Südamerika

Besonderheiten: Die Rufe der Brüllaffen sind kilometerweit zu hören.

Brüllaffe In kleinen Trupps ziehen die Brüllaffen auf der Suche nach Nahrung durch den Regenwald. Sie lieben vor allem Knospen und frische Blätter. Sie kommen recht gemächlich voran, weil sie durch das Geäst klettern und dabei den Schwanz wie eine fünfte Hand einsetzen. Tatsächlich können sie ihr ganzes Körpergewicht mit dem Schwanz halten. Von Zeit zu Zeit stimmen die Brüllaffen ein wahrhaft ohrenbetäubendes Konzert an. Man kann ihre Stimmen noch in fünf Kilometer Entfernung hören. Die einzelnen Trupps unterrichten sich mit dem Gebrüll gegenseitig, wo sie sich gerade befinden. So vermeiden sie ein Zusammentreffen, das in einem Kampf um das Territorium enden könnte. Ihre ungeheure Lautstärke erzielen die Brüllaffen mithilfe eines mächtig aufgeblasenen Kehlkopfs. Er bildet ein hohles Organ, in dem die Schallwellen verstärkt werden, ähnlich wie im Körper einer Geige. Bei Musikinstrumenten und bei diesem Organ spricht man denn auch von einem Resonanzkörper.

Faultier Faultiere hängen fast ihr ganzes Leben mit dem Rücken nach unten an Ästen und halten sich dabei mit ihren langen Krallen fest. Wenn sie sich beim Klettern beeilen, schaffen sie gerade mal zwei Meter in der Minute. 19 Stunden am Tag verschlafen die Faultiere einfach. Die restliche Zeit fressen sie Blätter und Früchte. Sie müssen sich dabei auch nicht groß anstrengen. Die Blätter wachsen ihnen sozusagen in den Mund. Durch die Unbeweglichkeit dieser Tiere können sich in ihrem Fell grüne Algen einnisten. Deswegen sieht ihr Haarkleid manchmal richtig grün aus. Sogar kleine Raupen entwickeln sich darin und fressen ihnen die Haare vom Leib! Die unglaubliche Trägheit der Faultiere hat aber auch Vorteile: Die meisten Raubtiere entdecken sie erst gar nicht, weil sie nur Bewegungen wahrnehmen. Einmal in der Woche verlassen Faultiere ihre Bäume und gehen am Boden zur Toilette. Aber auf der Erde sind sie kaum schneller als in den Bäumen: 3 Meter pro Minute ■

STECKBRIEF

Größe: Kopf und Rumpf bis 70 cm lang, Gewicht bis 8 kg

Merkmale: lebt ständig auf Bäumen und bewegt sich extrem langsam

Ernährung: Blätter und Früchte

Vorkommen: tropisches Amerika

Besonderheiten: Kaum zu glauben, aber das Faultier ist ein guter Schwimmer!

Gürteltier Wer ein Gürteltier aus der Nähe betrachtet, weiß, warum es diesen Namen trägt. Der ganze Körper steckt in einem Panzer, der in viele querverlaufende Spangen oder Gürtel unterteilt ist. Vorne und hinten liegt je ein größerer Schild. Die Schilde und Gürtel sind untereinander durch Hautfalten verbunden, sodass das Tier trotz der Panzerung noch beweglich ist. Bei Gefahr rollen sich die Gürteltiere einfach bauchwärts zu einer Kugel zusammen; sogar für Kopf und Schwanz gibt es passende Vertiefungen. So eingerollt überstehen die Tiere selbst den Angriff eines Jaguars.

Gürteltiere sind meist nachts unterwegs und machen Jagd auf Termiten und Ameisen. Sie fressen aber auch Aas, Wurzeln und Früchte. Zum Zerkleinern der Nahrung haben die Tiere 70–90 Zähne im Mund. Im Regenwald kommt vor allem das Riesengürteltier vor. Den Tag verbringt es in einem selbst gegrabenen Bau. Nachts bricht es gerne Termitenbauten auf.

In der Fortpflanzung der Gürteltiere gibt es eine Besonderheit, die sie unter den Säugern einzigartig macht: Das befruchtete Ei teilt sich nämlich in 4, 8 oder 12 Eier, die sich dann selbstständig weiterentwickeln. Die Jungen sind somit Klone und völlig erbgleich wie eineiige Zwillinge beim Menschen. Ein Weibchen wirft deswegen immer nur Jungtiere eines Geschlechts! ■

STECKBRIEF

Größe: Kopf und Rumpf bei der größten Art bis 100 cm lang, Gewicht bis über 50 kg

Merkmale: Haut mit Panzerplatten und Gürteln bedeckt

Ernährung: Ameisen und Termiten, auch Kleinsäuger, Wurzeln und Früchte

Vorkommen: Mittel- und Südamerika

Besonderheiten: Gürteltiere werden wegen ihres Fleisches viel gejagt.

STECKBRIEF

Größe: Länge bis 100 cm, Gewicht bis über 4 kg

Merkmale: einer der größten Greifvögel mit mächtigen Krallen

Ernährung: Affen, Papageien

Vorkommen: Mittel- und Südamerika

Besonderheiten: Harpyien sind selbst während der Brutzeit eher unduldsame Einzelgänger.

Harpyie Das ist ein wahrhaft zungenbrecherischer Name für den großen Greifvogel. Dabei stammt er nicht einmal aus einer Indianersprache, sondern aus dem Griechischen. Die Harpyien – man spricht das Wort »harpüjen« aus – waren weibliche Unheilsdämonen in Vogelgestalt. Sie konnten ihre Federn wie Pfeile auf Gegner abschießen. Das kann der Harpyienadler des Regenwaldes natürlich nicht. Er zählt aber zu den imposantesten Greifvögeln der Erde. Die Harpyie jagt entlang von Lichtungen und an Flussufern und fliegt mit hoher Geschwindigkeit zwischen den Bäumen hindurch. Mit ihren mächtigen Fängen packt sie Affen und große Papageien im Geäst. Gelegentlich erbeutet sie auch ein ▶ Faultier, obwohl es so gut getarnt ist. Harpyien sind Einzelgänger. Männchen und Weibchen leben zwar in der Brutzeit zusammen, vertragen sich aber nicht so richtig. Deshalb kommt es immer wieder vor, dass das Weibchen das Männchen vertreibt. ∎

STECKBRIEF

Größe: Schulterhöhe bis 75 cm, Gewicht bis 150 kg

Merkmale: schwarze ringförmige Flecken mit einem schwarzen Punkt darin

Ernährung: Fische, Reptilien, Säugetiere bis zur Größe eines Tapirs

Vorkommen: Mittel- und Südamerika

Besonderheiten: Der Jaguar kommt nur in der Nähe von Wasser vor.

Jaguar Der Jaguar ist der Leopard Südamerikas. An der Zeichnung sind die sonst recht ähnlichen Tiere leicht auseinander zu halten. Im Gegensatz zum Leoparden haben die ringförmigen Flecken des Jaguars immer einen dunklen Tupfen in der Mitte. Diese Fellzeichnung finden wir vor den kahlen Wänden eines Raubtiergeheges im Zoo sehr auffällig. Im Regenwald hingegen sind die Tier sehr gut getarnt und fallen überhaupt nicht auf. Weil nur vereinzelt Sonnenstrahlen durch das dichte Blätterdach dringen, herrscht hier ein Nebeneinander von dunklen und hellen Flecken, in dem sich der Jaguar unbemerkt bewegen kann. Gute Tarnung ist für einen Jäger nämlich genauso wichtig wie für die Beutetiere. Es gibt auch ganz schwarze Exemplare, allerdings sind sie beim Jaguar viel seltener als beim Leopard in Afrika und Asien.

Der Jaguar liebt den Wald und das Wasser, der Regenwald ist deshalb der ideale Lebensraum für ihn. Besonders gerne hält er sich in der Nähe von Flüssen auf. Er jagt viele verschiedene Tiere, vor allem ▶ Pekaris, Hirsche und Affen, Vögel und sogar Fische. Gelegentlich entdeckt er auch ein ▶ Faultier. Jaguare können sich zu jeder Zeit fortpflanzen. Das Weibchen bringt bis zu vier Junge auf die Welt. Leider ist das schöne Raubtier durch die Zerstörung seiner Lebensräume und durch die Pelztierjagd selten geworden. ∎

Kolibri Niemand weiß, was das Wort »Kolibri« ursprünglich bedeutet. Die Engländer nennen diese Vögel »hummingbirds«, das heißt »Summvögel«. Kolibris bewegen ihre Flügel so schnell, dass tatsächlich ein summender Ton entsteht. Kleine Arten bringen es auf 80 Flügelschläge in der Sekunde. Wie Hubschrauber können sie in der Luft stehen bleiben und blitzschnell in alle Richtungen davonfliegen, auch rückwärts. Im Geradeausflug erreichen sie Geschwindigkeiten von 110 Kilometer pro Stunde. Solche Leistungen erfordern viel Energie. Kolibris müssen deswegen unentwegt Blütennektar saugen. Der enthält ziemlich viel Zucker, aber praktisch keine Proteine. Deswegen fressen alle Kolibris zusätzlich auch die Kleininsekten, die sie

in den Blüten finden. Beim Saugen setzen sich die Kolibris nie auf die Blüten, sondern bleiben schwebend vor ihnen stehen und tauchen ihren meist sehr langen Schnabel ein. Mit der röhrenförmigen Zunge nehmen sie den Blütennektar auf. Kolibris kommen nur in Amerika vor. Man kennt 300 Arten. Die größten erreichen eine Länge von 22 Zentimetern. Die Hummelelfe ist mit fünf Zentimetern Länge der kleinste Vogel der Welt. Um zu überleben, muss sie jeden Tag etwa vier Gramm Nahrung zu sich nehmen. Tagsüber sind Kolibris dauernd unterwegs. Nachts kühlen sie von rund 40 Grad Celsius normaler Körpertemperatur bis auf 19 Grad ab, um Energie zu sparen.

 STECKBRIEF

Größe: Die größte Kolibriart wird 25 cm, die kleinste nur 5 cm lang.

Merkmale: Schwirrflug, oft sehr bunte metallische Farben und ausgefallene Federformen.

Ernährung: Blütennektar und Insekten

Vorkommen: Amerika

Besonderheiten: Im Sommer ziehen einige Kolibriarten sehr weit in den Norden Nordamerikas – fast bis nach Alaska.

 STRUKTUR- UND PIGMENTFARBEN

Braunes Haar ist deswegen braun, weil im Inneren der Haare ein dunkler Farbstoff liegt, das Melanin. Mit zunehmendem Alter hört der Körper allerdings auf, Melanin zu bilden. Die Haare werden erst grau und dann weiß. Sie enthalten dann kein Melanin mehr, sondern nur noch Luft. Licht, das auf das Haar fällt, wird vollständig zurückgeworfen. Deswegen erscheinen die Haare eines älteren Menschen weiß. Die Farbwirkung »weiß« kommt also nicht durch Farbstoffe oder Pigmente zustande, sondern durch eine physikalische Erscheinung – in diesem Fall die vollständige Reflexion des Lichts. Man spricht von Strukturfarben, weil der Aufbau des Haars, seine Struktur, die Farbe bedingt. Die braune Haarfarbe hingegen ist eine

Pigmentfarbe, die auf das Pigment Melanin zurückgeht.

Sehr viele Tiere, besonders solche, die im Regenwald leben, glänzen in schier unglaublichen Metallicfarben, zum Beispiel die ▶ Kolibris, die Prachtkäfer und die ▶ Morphofalter. Diese Farben sind allesamt Strukturfarben, das heißt, sie kommen durch rein physikalische Erscheinungen und nicht durch Farbstoffe zustande. Das Licht wird an flachen Plättchen oder Schuppen gebrochen und gebeugt und erzeugt so genannte Interferenzen. Am treffendsten ist der Vergleich mit einem Tropfen Öl oder Benzin auf einer Wasserlache: Auch hier sind aufgrund derselben physikalischen Erscheinungen bunt schillernde Farben zu sehen.

STECKBRIEF

Größe: Spannweite der Lanzennase bis 35 cm

Merkmale: lanzenförmiger Aufsatz auf der Nase

Ernährung: Kleinsäuger, Vögel, auch Früchte

Vorkommen: Mittel- und Südamerika

Besonderheiten: Die Lanzennase ist ein ausgesprochener Fleischfresser.

Lanzennase Die Blatt- oder Lanzennase ernährt sich nicht wie die anderen ▶ Fledermäuse von Insekten, sondern sie fängt mit großen Geschick Kleinsäuger, andere Fledermäuse und auch Vögel. Dafür hat sie ein deutlich raubtierhaftes Gebiss. Nur wenn sie keine Beute findet, frisst sie auch Früchte. Ihren Namen verdankt die Lanzennase dem eigenartig geformten Nasenaufsatz. Er leitet die Echos der Ultraschallschreie zu den Ohren.

Noch weiter spezialisiert hat sich das südamerikanische Hasenmaul. Es fliegt nur knapp über der Wasseroberfläche von Weihern und nimmt mit seinem Echoortungssystem die feinen Wellen oberflächennaher Fische wahr. Die packt es dann mit seinen mächtigen Hinterfüßen. Den Höhepunkt der Spezialisierung aber haben die ebenfalls in Südamerika lebenden Vampirfledermäuse erreicht: Sie saugen tatsächlich Blut! Dazu bringen sie Warmblütern, vor allem Haustieren, mit ihren messerscharfen Zähnen eine Hautwunde bei. Damit das Blut reichlich sprudelt, spritzen sie ein gerinnungshemmendes Mittel ein. Dann lecken sie das Blut

mit der Zunge auf. Die Vampirfledermäuse gehen so vorsichtig vor, dass ein schlafendes Tier ihre Landung und ihren Angriff kaum bemerkt. ■

Morphofalter Es ist der Traum eines jeden Zoologen, den Morphofalter einmal in freier Natur zu sehen. Die manchmal riesigen Schmetterlinge fliegen hoch oben in den Baumkronen. Erst wenn sie herunter zum Boden kommen, etwa um Wasser zu trinken, sieht man ihre unvorstellbar schönen metallisch blauen Farben. Je nach Blickwinkel scheinen sich diese Farben zu verändern. Der Vergleich mit einem funkelnden Edelstein ist zwar abgedroschen, stimmt aber trotzdem. Sobald sich der Morphofalter hinsetzt, verschwindet plötzlich die ganze Pracht. Der Schmetterling klappt nämlich seine Flügel zusammen, und die Unterseiten sind braun und sehen einen trockenen Blatt mit einer Mittelrippe täuschend ähnlich. ■

 STECKBRIEF

Größe: Spannweite bis 20 cm

Merkmale: leuchtende, metallisch schillernde Farben, meist hell- bis dunkelblau

Ernährung: Die Falter saugen Blütennektar, die Raupen leben von Blättern bestimmter Pflanzen.

Vorkommen: Südamerika

Besonderheiten: Morphofalter werden heute in Schmetterlingsfarmen gezüchtet. Ihre Flügel verarbeitet man zu Schmuckgegenständen.

Nasenbär Seinem Namen macht dieses waschbärgroße Tier alle Ehre: Man könnte den Nasenbären glatt für eine riesige Spitzmaus halten. Die Nase ist so sehr in die Län-ge gezogen, dass man besser von einem Rüssel sprechen sollte. Sie ist sehr beweglich. Bei Revierkämpfen biegen die Männchen ihre Nasen nach oben und zeigen ihr spitzes Raubtiergebiss. Doch dieses Drohen führt oft nicht zum gewünschten Erfolg. Deswegen kommt es nicht selten zu echten Kämpfen mit zum Teil erheblichen Verletzungen.

Nasenbären bilden größere Gruppen, die jedoch nur aus Weibchen bestehen. Zur Fortpflanzungszeit stößt ein Männchen hinzu. Außerhalb dieser Zeit sind die Männchen Einzelgänger. Wenn die Zeit der Geburt herannaht, zieht sich das Weibchen von der Gruppe zurück und bringt seine Jungen allein zur Welt. Fünf Wochen lang behütet die Mutter ängstlich ihre Jungen. Erst dann kehren sie gemeinsam zur Gruppe zurück. ■

STECKBRIEF

Größe: Kopf und Rumpf bis 60 cm, Gewicht bis 6 kg

Merkmale: weit vorgezogene Schnauze, Schwanz mehr als körperlang

Ernährung: Insekten, Echsen, Frösche, Nagetiere, auch Eier und Früchte

Vorkommen: Mittel- und Südamerika

Besonderheiten: In ihrer Gestalt erinnern die Tiere eher an riesige Spitzmäuse als an Bären.

Pekari (Halsbandpekari) Die Pekaris sehen unseren Wildschweinen sehr ähnlich und sind auch mit ihnen verwandt. Auf deutsch heißen sie »Nabelschweine«, aber dieser Name beruht auf einem Irrtum. Die Pekaris tragen hinten am Rücken nämlich eine Drüse, die einen stark riechenden Stoff absondert. Die Tiere einer Gruppe berühren sich damit: Durch das Übertragen des Dufts drücken sie ihre Zusammengehörigkeit aus. Nur: Ein Nabel ist diese Drüse natürlich nicht. Die Nabelschnur der Pekaris tritt – wie beim Menschen und bei den übrigen Säugern – am Bauch aus.

Alle Pekaris leben in Rotten bis zu 100 Tieren. Immer wieder wird erzählt, dass sie in dieser großen Zahl auch Raubtiere und Menschen angreifen und in eine prekäre Lage bringen können. Die Pekaris besitzen nämlich beeindruckende Eckzähne, die sie durch den Gebrauch dauernd aneinander schärfen. Bis 1972 waren nur zwei Pekari-Arten bekannt. Doch dann entdeckten amerikanische Zoologen in Paraguay eine neue Art, die allerdings schon von Knochenfunden aus der Eiszeit bekannt war. Neuentdeckungen derart großer Tiere kommen ausgesprochen selten vor. ■

STECKBRIEF

Größe: Kopf und Rumpf bis 1 m lang

Merkmale: sehr ähnlich unserem einheimischen Wildschwein, doch mit einer Rückendrüse

Ernährung: Wurzeln, Knollen, Gras, Früchte, auch Insekten und Reptilien

Vorkommen: Mittel- und Südamerika

Besonderheiten: Das Pekari tritt in Gruppen von bis zu 100 Tieren auf und gilt als ziemlich wehrhaft.

STECKBRIEF

Größe: Schulterhöhe bis 110 cm, Gewicht bis 250 kg

Merkmale: rüsselförmige Schnauze und deutlicher Kamm am Nacken

Ernährung: Früchte und andere Pflanzen

Vorkommen: Südamerika

Besonderheiten: Tapire können sehr gut schwimmen.

Tapir Tapire sind trotz ihrer rüsselförmig verlängerten, sehr beweglichen Schnauze nicht etwa mit den Elefanten, sondern mit den Nashörnern und den Pferden näher verwandt. Sie zählen zu den Unpaarhufern, das heißt, ihre Hufe sind aus jeweils einer Zehe entstanden (wie beim Pferd) und nicht zweien (wie bei der Kuh). Tapire sind die letzten Überlebenden einer Tiergruppe, die mit vielen Arten vor 40 Millionen Jahren Europa, Asien und Amerika bewohnte. Heute sind nur noch vier Arten bekannt. Drei davon kommen in Südamerika vor, eine lebt in Malaysia. Man kann sie alle als lebende Fossilien betrachten.

Tapire bewohnen vor allem Wälder und Dickichte. Dort bewegen sie sich gerne auf Trampelpfaden. Manchmal entstehen dadurch richtige Tunnel im Dickicht, die offensichtlich über Generationen hinweg verwendet werden. Tapire können rasend schnell durch das Unterholz laufen. Dabei streifen sie Zecken und andere Hautparasiten und manchmal sogar festgekrallte Raubtiere ab. Ihnen selbst macht das Gestrüpp nichts aus, denn ihre Haut ist außerordentlich fest. ■

DIE GESCHICHTE DES ZOOS

Eines der ersten Tiergehege, von denen wir wissen, richtete Alexander der Große im 4. Jahrhundert v. Chr. ein. Darin lebten auch Elefanten. Einige Jahrhunderte später schafften die Römer aus allen Winkeln ihres Reiches exotische Tiere in ihre Hauptstadt. Nur wenige wurden gehalten, um sie anzusehen, die meisten mussten im Zirkus gegen Gladiatoren oder gegen Tiere antreten.

Wer es sich leisten konnte, Tiere aus fernen Ländern zu holen, war als reicher, mächtiger Mann angesehen. Dies galt auch noch zur Zeit der Renaissance. Deswegen ließ ein Fürst bei einer Feierlichkeit einen großen, mit Goldfarbe bedeckten Elefanten durch die Straßen Roms führen. Das wurde dem Tier leider zum Verhängnis: Es starb kurz darauf, und man vermutet, dass das Tier durch die Farbe nicht schwitzen könnte und an Überhitzung gestorben ist.

Im 16. Jahrhundert entdeckten die Menschen ihr Interesse für fremde Pflanzen und Tiere. Es entstanden die ersten botanischen Gärten, die auch bald zu einem Hort für exotische Tiere wurden. Da man über die Tiere so gut wie nichts wusste, waren die Haltungsbedingungen natürlich schlecht. Besonders schlimm ging es in den Wandermenagerien zu, die vor allem im 19. Jahrhundert durch ganz Europa zogen. Sie zeigten die »wilden« Tiere in viel zu engen Käfigen. Die modernen Tiergärten bemühen sich sehr um eine artgerechte Haltung der Tiere, wenn es auch den natürlichen Lebensraum nicht ersetzen kann. Allerdings sind die meisten Zootiere bereits in Gefangenschaft geboren und hätten Schwierigkeiten, sich in freier Natur zurechtzufinden. Heute leisten Zoos einen wichtigen Beitrag bei der Erhaltung und beim Schutz gefährdeter Tiere. Durch gezielte Nachzucht und anschließende Wiederauswilderung versuchen Zoos die Artenvielfalt auf unserer Erde zu erhalten. So gibt es durch die Bemühungen der zoologischen Gärten heute wieder Oryx-Antilopen in der Arabischen Wüste.

Totenkopfäffchen Samtschwarze Augen, eine weiße Gesichtszeichnung, das Mundfeld grau – das erinnert an einen Totenkopf. Das Äffchen dieses Namens sieht aber nicht gruselig, sondern eher niedlich aus. Sehr gewandt bewegt es sich im Geäst des Regenwalds, wobei es stets den Schwanz als fünfte Hand einsetzt. Die Totenkopfäffchen sind in Gruppen von mehr als 300 Tieren unterwegs, und trotzdem bewegen sie sich völlig lautlos. Auf den Boden kommen Totenkopfäffchen nur selten. Ihre Nahrung, Früchte, Insekten, Baumfrösche, finden sie in den verschiedenen Baumregionen des Dschungels. Weil sie so geschickt in den Ästen turnen, nennen die Engländer sie »squirrel monkey«, das heißt »Eichhörnchenaffe«.

Bei ihren Streifzügen durch den Wald halten sich die Männchen eher an den Rändern der Gruppe auf. Die Weibchen mit ihren Jungen befinden sich in der Mitte. Alle Tiere sind sehr verspielt und lassen sich immer neue Spielvariationen einfallen. ■

STECKBRIEF

Größe: ungefähr katzengroß, Schwanz länger als Kopf und Rumpf zusammen

Merkmale: trotz der Totenkopfzeichnung auffallend »kindlich« wirkendes, sympathisches Gesicht

Ernährung: Früchte, Blätter, Kleintiere

Vorkommen: Südamerika

Besonderheiten: Totenkopfäffchen reiben sich mit ihrem eigenen Urin ein, um eine individuelle Duftnote zu erhalten.

Tukan Wenn man die bunten Vögel mit den riesigen Schnäbeln sieht, fragt man sich unwillkürlich, wie viel Kraft der Tukan braucht, um einen derart schweren Schnabel überhaupt waagerecht zu halten. Doch die Größe täuscht, in Wirklichkeit ist der Schnabel wie beim ▶ Nashornvogel federleicht. Er entspricht in der Bauweise den Knochen der Vögel. Und die bestehen aus zahlreichen Bälkchen, zwischen denen sich Luft befindet. Das führt zu hoher Stabilität bei geringem Gewicht. Übrigens hat jeder Tukan ein eigenes Schnabelmuster: Wahrscheinlich erkennen sich die einzelnen Tiere daran.

Tukane leben in Gruppen von rund zehn Tieren hoch oben in den kronennahen Ästen. Sie ernähren sich vor allem von Beeren, die sie mit der Schnabelspitze packen. Mit einer knappen Bewegung werfen sie die Beere hoch und lassen sie dann in ihren Schlund fallen. Tukane fangen aber auch kleinere Echsen, Insekten und Jungvögel. Ihre Nester bauen sie in Baumhöhlen weit oben in der Krone. ■

STECKBRIEF

Größe: Länge bis 60 cm

Merkmale: riesengroßer Schnabel ohne Aufsatz

Ernährung: Früchte und Kleintiere, auch Säuger

Vorkommen: Mittel- und Südamerika

Besonderheiten: Tukane werfen gerne Früchte in die Luft, um sie dann mit dem Schnabel wieder aufzufangen.

Stichwortverzeichnis

Alle Tiere im Stichwortverzeichnis sind in diesem Buch vertreten.
Die Zahl hinter dem Namen gibt an, auf welcher Seite du
Informationen zu dem gesuchten Tier findest. Fettgedruckte Zahlen
bedeuten: Dieses Tier hat einen eigenen Lexikoneintrag.

C

D

E

H

I

J

K

L

M

N

O

P

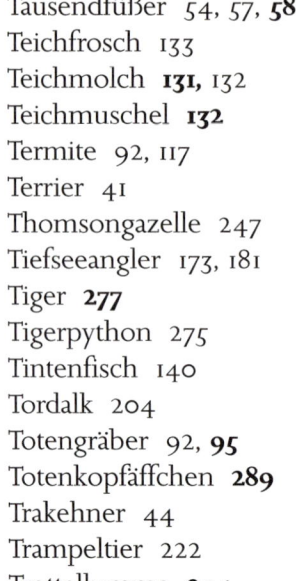

T

U

V

Verzeichnis der Infoboxen

Bildquellenverzeichnis

Umschlag

Bibliographisches Institut & F. A. Brockhaus, Mannheim: Bison, Bobtail, Fetzenfisch, Großtümmler, Gottesanbeterin, Hauskatze, Löwen, Norwegisches Fjordpferd, Pinzettfisch, Präriehunde, Roter Rotkehlchen, Sibirischer Tiger, Tagpfauenauge

Corbis, London und Frankfurt am Main: Fischadler, Gecko (Kopf), Pinguinpaar, Schlafender Flamingo

Getty Images Deutschland, München: Bär, Giraffen, Gorilla, Kücken, Schildkröte, Schlange

MEV Verlag, Augsburg: Bären, Elefanten, Flamingo, Krokodil, Tukane

Tierbilder Okapia, Frankfurt am Main: Koala, Marienkäfer

Inhalt

Okapia, Frankfurt am Main: alle Fotos

Werner Ring, Kleinfischlingen: alle Illustrationen